"우리의 추억이 조국 현대사에 별처럼 반짝이고 있다는 사실을 우리 인생의 자부심과 긍지로 간직합시다."

— 박태준, 2011년 9월 19일, 생애 마지막 연설에서

K-축복

짧은 인생을
영원 조국에

아시아

차례

프롤로그

'궁핍 골짜기'에서 '융성 대평원'으로 건네주는 철교(鐵橋),
그 건설 총감독을 기리며 하늘에 띄우는 편지 10장 | 이대환 9

제1부

박태준의 길, 천하위공의 길 | 이대환 37

제2부 박태준은 우리의 축복이다

경영자의 살아 있는 교재 | 이병철 77
자리에 연연하지 않는 담백함과 강인함 | 정주영 81
부드럽고 따뜻한 청렴의 대명사 | 신격호 83
"내가 맡은 이상 그렇게는 못합니다." 이 단호한 한마디에 | 김철우 94
공익 앞세우는 원칙주의자 | 정두화 100
국토녹화의 숨은 공로자 | 이정환 118
열린 마음의 큰 그릇 | 이맹기 121
무에서 유를 창조한 '국익 지상주의자' | 류찬우 139
산·학·연 협동체제의 선도자 | 정수창 166
교수 초빙에 관심은 많아도 일절 간여하지 않은 이사장 | 김호길 174
청렴결백 철학과 바른 건의를 듣는 안목 | 황경로 178
박태준 작곡의 교향악 '포스코 스피릿'으로 | 여상환 192
무사욕(無私慾)의 탁월한 리더십은 'K-축복'이었다 | 이대공 206

제3부 박태준은 한국의 축복이다

장무상유(長無相遺), 국경을 초월한 우정과 신뢰 | 아카자와 쇼이치 225
청렴을 체질화한 모범 동양인 | 우쓰미 기요시 235
불 같은 의지와 신념의 사내, 거시적인 안목의 설계자 | 후쿠다 다케오 247
진정한 애국심으로 무장한 국제 신사 | 나카소네 야스히로 253
자유와 평등을 동시에 생각하는 리더십 | 다케시타 노보루 259
마음을 휘어잡는 리더십, 한국의 축복 | 유고 세키라 267
미래지향적인 지도자, 뛰어난 친화력의 소유자 | 데이비드 로데릭 275
깊은 통찰력과 강한 결단력의 철강인 | 윌리엄 호건 284
신비한 느낌을 주는 동양의 거인, 유머 감각이 뛰어난 세계인 | 엘리저 바티스타 294
가장 신뢰할 수 있는 파트너, 박태준은 한국의 행운이다 | 헬무트 하세크 305
한국에 봉사하는 것이 지상명령인 사람 | 로베르 미테랑 314
한국 산업화의 견인차 | 레너드 홀슈 321
높은 도덕심, 탁월한 선견지명 | 스기우라 빈스케 333
내가 가장 존경하는 사람 | 브라이언 로톤 342
주어진 사명에 신명을 다하는 애국자 | 야히로 도시쿠니 348
한일(韓日) 교류의 가교 | 세지마 류우조 359
거시 경제이론의 실천자 | 미무라 료헤이 361

제4부

태어나서 곧 사라질 번한 포항제철(POSCO)이
전화위복의 새 지평을 열어젖히는 그날까지 | 이대환 371

프롤로그

'궁핍 골짜기'에서 '융성 대평원'으로 건네주는 철교(鐵橋), 그 건설 총감독을 기리며 하늘에 띄우는 편지 10장

이대환

작가, 『박태준 평전』의 저자

하나, 영일만 세모래

모국어 한글을 세계만방에 널리 빛내준 시인 고은(高銀)은 영일만 백사장의 '세모래'를 기억합니다. 저 아득한 1960년대 중반 어느 달빛 교교한 밤, 시의 디딤이를 곤두세우고 그곳을 소요한 적이 있었거든요. 그때 시인의 손등이며 발등에는 세모래, 보드랍고 고운 모래 알갱이들이 먼지 같은 느낌으로 달라붙었을 겁니다.

이승에서 당신과 대작할 기회는 없었으나, 1990년대 중반에 하루는 시인이 『만인보』 서재로 「박태준」을 초대해 큰 호흡으로 읊었습니다.

일본의 제철을 억척으로 배워다가
일본 제철을 능가한 대장부였다

포항 영일만 갈대와 세모래 갈매기
대신 시벌건 쇳물이 흘러가며

식어가며

한 덩어리 무쇠가 되는 곳

세계 6대주가 그를 탐냈다

박태준 그로 하여금

석기시대 청동기시대 지나

철기시대 지나

이제야말로 그의 무쇠와 더불어

한국이 중공업의 나라가 되었다.

1969년 초겨울 포항종합제철 공장부지를 가로지르는 '포항-구룡포' 옛 도로(바람 잔잔한 날, 지표는 모래투성이)

1978년 10월 중국 덩샤오핑은 일본에 가서 중국도 포항제철(POSCO, 포스코)에 버금갈 훌륭한 제철소를 가지려면 "박태준을 중국으로 수입하면 되겠다." 했지요. 고은의 「박태준」은 당신에게 정말 어울리는 모국어입니다.

1958년 영일만 갯마을에서 태어나 1968년 포항제철 터 닦기 공사가 시작되면서 이주한 날까지 거기 살았던 당신의 평전 작가는 앞의 시를 읽는 독자들이 흔히 놓치기 쉬운 '세모래'도 유난히 주목하고 눈에 날아든 모래알처럼 아파합니다.

둘, 물혹 속 규사와 편지

2001년 7월 하순, 미국 뉴욕은 찜통이었지요. 일흔네 살의 당신은 코넬대학병원에 누워 있었습니다. 왼쪽 옆구리 33센티미터를 째고 갈비뼈 하나를 톱으로 잘라 통째로 빼낸 다음 그 구멍으로 폐 밑에서 폐를 압박해온 '타조알처럼 생긴 단단하고 큼직한 물혹'을 끄집어내는 대수술이었지요. 소요 시간 6시간 30분, 물혹 무게 3.2킬로그램. 일찍이 어머니가 당신을 출산하면서 겪은 진통 시간에 견줄 만하고, 갓 태어난 당신의 몸무게보다 무거울 만한 기록이었습니다. 물혹을 해부한 의사들이 통역 맡은 당신의 맏사위에게 물었습니다.

"이런 경우는 처음 봤어요. 어떻게 혹 속에 많은 규사가 들어 있나요? 설명이 필요합니다."

맏사위는 장모에게 듣습니다.

"포항제철 초창기에, 특히 늦가을부터 봄까지 매일같이 불어댔던 모래바람 때문이었을 거다."

영일만 모래바람은 참으로 엄청났습니다. 평전 작가는 훤히 압니다. 겨울에는 집 뒤의 왕릉 같은 모래더미가 밤새 저만치 옮겨가 있곤 했지요. 낮에는 눈을 뜨기 어려웠고, 해넘이 즈음의 초가집 쪽마루엔 아침 서리보다 훨씬 두텁게 '세모래'가 덮이곤 했지요. 남루한 가옥들과 우거진 해송들을 모조리 치워버린 1970년 겨울의 허허벌판 건설 현장은 사막의 모래폭풍을 방불한 때도 있었을 겁니다. 누구나 사람은 신체의 약한 데를 타고 난다는데, 이순(耳順) 지나서는 특히 폐에 신경을 쓰며 살아갔던 당신…….

2001년 코넬대학 병원 대수술 후 회복기에 걷기운동을 하는 박태준·장옥자 내외.

대수술의 후유증을 엔간히 이겨낸 2001년 늦가을에 당신은 일흔네 번째 생일을 뉴욕에서 보내고 세밑에는 따뜻한 로스앤젤레스로 옮겼습니다. 그때 만년필로 쓴 육필을 포항에 거처하고 있던 평전 작가에게 띄웠지요. 건강 회복에 대해 안도하며 새 삶을 다짐하는 정신이 마치 결승점을 통과한 마라토너의 환호하는 숨소리처럼 들려오는 사연이었습니다.

5시간 걸린 대륙간 횡단여행을 하면서 어디에서든가 문제가 생기지 않나 하는 염려와 더불어 비행기에 올랐으나 아무런 이상 없이 L/A에 왔습니다. 기후도 온난하고 한인들이 더 많이 살고 계시니 고향이 가까워진 느낌입니다. 대수술하고 최초의 5시간 여행이고 보니 모든 것을 일차 시험을 한 것 같습니다. 동시에 제2의 인생의 출발신호와 같아 퍽 마음이 설레기도 했습니다.

당신은 어린아이 같은 심경도 드러냈지요. 아들이 마련해준 생일잔치에 "아버지의 생명이 더 길게 하겠다." 하는 아들의 소망이 두드러지게 표현돼 있어서 "최고의 만족"이었다더니 갑자기 일본 속담을 꺼내며 쑥스러워했습니다. 한국 속담에도 '자식 자랑하는 바보'란 말이 있지요.

이 선생, 일본 속담에 '親バカ'란 말이 있습니다. 지금 나의 행위가 '가타고리'에 딱 들어맞는 것입니다.

그리고 당신은 평전 작업에서 당신의 '어린 시절'을 잘 얘기해줄 일본 친구가 세상을 떠나버린 점을 아쉬워하고, 지갑 두꺼운 적 없었던 작가가 감당해나갈 비용도 헤아려줬습니다.

유년시대에 같이 지낸 친구들은 재작년에 한 사람이 돌아가시고 이젠 이야기할 사람이 없어졌을 것입니다. 일본 시골의 인맥(人脈)이 그렇게 적막하리라고는 생각하지 못했습니다. 연말까지는 일본 열도까지는 가보려고 의

사와 협력 계획을 세우고 있으니 일본까지 가면 기후의 영향상 남쪽(九州)이 후보지가 될 가능성이 가장 클 것 같습니다. 그때 가서 여러 가지 가능한 방법을 이야기해 봅시다. 비용도 같이 이야기해야 할 문제라고 생각합니다.

『박태준 평전』을 쓰는 여로에서 '유년 시절'은 그다지 까다롭지 않았습니다. 당신이 졸업한, 도쿄 중심부에서 자동차로 두어 시간 걸리는 아타미의 소학교도 찾아갔고요. 1930년대 이토센 철도 건설의 터널 공사장에서 터져 나온 온천수에 시달리며 노동한 '아버지의 긴 장화'도 당신의 까마득한 기억에서 불려 나왔으니까요.

"비용"은 처음부터 상의할 대상이 아니었지요. 아마도 당신 혼자서 작가의 살림살이 형편을 배려했었나 봅니다. "동지(同志)"라 부르며 "늘 동생같이 생각하고 있소."라는 뭉클한 편지도 보내온 당신이었으니……. 그러나 '박태준과 이대환'의 어떤 계약에 근거해 『박태준 평전』을 시작한 것이 아니었으니까 작가는 당신의 포근한 마음만 가슴에 담았었지요. 박태준의 생애와 정신과 투쟁을 그냥 묻어두는 것은 사회적 큰 손실이라는 작가의 담담한 판단과 발의, 고심 끝에 내놓은 당신의 동의—이것이 우리 둘 사이의 전부였습니다. 다만, 취재 과정에는 당신을 존경하는 몇 분이 작가에게 편의를 제공해줘서 일본이든 하와이든 낯선 땅을 찾아다니는 일이 노역의 수준은 아니었습니다.

회생의 첫 여행을 무사히 마친 당신은 그때 만년필을 이렇게 놓았습니다.

아이고, 좀 통증이 옵니다.

이대환에게 보낸 박태준의 육필 편지들

셋, 하와이 구상

포스코는 4막 대하드라마지요. 프롤로그 같은 1막은 1965년 6월부터 1969년 12월 대일청구권 자금 확보까지, 2막은 포항제철 1기 착공부터 4기 완공까지, 3막은 광양제철 1기 착공부터 4기 완공까지, 4막은 당신이 스스로 회장직을 사임한 1992년 가을부터입니다.

1막, 2막의 기획과 제작은 박정희, 감독과 작가는 박태준. 포스코는 1막에서 끝장날 수도 있었지요. 1965년 어느 하루 대통령이 대한중석 사장 박태준을 청와대로 불러 "나는 고속도로, 임자는 종합제철"이란 특명을 내린 그때부터 종합제철은 당신의 운명이 되었습니다. 자본(차관 조달)과 기술은 미국 영국 독일 이탈리아 프랑스 5개국 8개 철강회사의 컨소시엄 KISA가 맡았지요. 당신은 1967년 11월 한국 정부와 "코쟁이들"이 서명한 서류를 넘겨받으며 책임자로 공식 임명돼 1968년 4월 1일 포항종합제철주식회사(POSCO)를 창립했습니다. 하지만 자본도 기술도, 경험도 자원도 없는 무(無)의 상태. 국가 대업의 책임자는 맨손이었지요. 더구나 그때 이미 당신은 중고 설비를 들이거나 과다 견적서로 돈을 빼먹으려는 코쟁이들의 장삿속을 알아차리고 KISA에 대해 "어중이떠중이 장사치들"로 규정했습니다.

1969년 1월 하순에도 KISA가 차관 조달의 약속을 이행하지 않자 당신은 황경로(2대 포스코 회장)에게 '회사 청산 준비' 밀명을 내리고 직접 미국 피츠버그로 날아가 담판을 지었습니다. 예상 그대로 결렬이었지요. 한국 관료들이 계약해 놓은 종합제철 건설계획이 모래성처럼 허물어진 대사건이었습니다. 새로운 돌파구를 모색하느라 모든 신경을 곤두세우고 돌아오는 길, 당신은 하와이에 내려 어둠 속에서 빛을 간구하듯 묘책을 고민했습니다. 과연 뜻이 있는 곳에 길은 있었습니다. 당신의 좌우명 그대로 '절대적 절망은 없다' 였습니다.

대일청구권자금 일부 전용, 포스코 역사가 '하와이 구상' 이라 명명하게 되는 그 아이디어를 기획자가 승인한 즉시 당신은 일본으로 날아가 양명학 대가로서 전후 일본 정·재계에 막강한 영향력을 끼치는 야스오카의 지원을 끌어냈습니다. 이나야마 일본철강연맹 회장과 만나 기술협조 약속을 받아내고, 일본 각료들을 거의 빠짐없이 방문해 연쇄적으로 격파하듯 설득했습니다. 일찍이 여섯 살 때부터 해방 직후까지 일본에서 성장하며 원어민처럼 익혀둔 일본말이 큰 힘이 되었지요. 당신은 후쿠다 다케오 대장상과 마주앉아 "철강산업을 일으켜 국가건설의 초석이 되겠다. 그것이 내가 한국 땅에 태어난 운명이다." 라고 밝히기도 했습니다. 통역을 거친 말이었다면 어찌 상대의 심금을 울렸겠습니까?

포항제철이 한국 산업화의 견인차였다는 공적에 비춰본다면, 신생아 상태에서 절명 위기를 맞았던 포항제철에 기사회생·전화위복의 전기를 제공한 당신의 '하와이 구상' 은 한국 산업화 대성취의 역사에도 참으로 중대한 전환점이 되었습니다. 그래서 『박태준 평전』은 다음과 같이 관찰합니다.

> 생존의 길을 찾아 일본으로 들어간 아버지의 뒤를 좇아 현해탄을 건너갔던 수많은 식민지 아이들 가운데, 사춘기를 벗어난 무렵에 해방된 고향으로 돌아와 빈곤에 허덕이는 신생독립국의 어른으로 성장한 다음, 유·소년기에 어쩔 수 없이 익혔던 일본어와 일본 문화로써 가장 훌륭하고 가장 탁월하게 조국에 이바지한 인물은 박태준일 것이다.

넷, '우향우'의 순정과 불굴 도전

대일청구권자금은 '일제식민지 배상금'을 그럴싸하게 포장한 일본 정부와 한국 정부의 외교적 수사였지요. 그 돈의 일부가 포철 1기 103만 톤 체제의 밑천이 되었습니다. 자본이 마련되고 기술을 신일본제철이 지원하는데, 경험은 전무(全無) 상태였습니다. 아무리 쪼들려도 당신은 사원들의 해외 제철소 연수를 공장 건설만큼이나 중시합니다. '기술'과 '경험'을 예비해야 공장 준공 후 첫날부터 직접 '우리 손'으로 돌릴 수 있게 되니까요. 그에 못잖게, 아니 그보다 훨씬 더 중시한 것이 있으니 사원들의 정신, 포철의 혼(魂)입니다. 성공이냐 실패냐. 무겁고 두려운 질문이었습니다. 모든 구성원이 똑바로 정신을 차리고 시대적 대업을 짊어지고 있다는 사명감을 공유해야만 했습니다. 당신은 짧게 정리해 외쳤습니다.

> "조상의 혈세로 건설하는 제철소다. 기필코 성공해서 양질의 철강제품을 안정적으로 국제 시세보다 낮은 가격에 공급하는 것이 우리의 사명이며, 이것이 '제철보국'이다. 제철보국은 우리의 생활신조가 되고 인생철학이 돼야 한다. 실패하면 조상에게 엄청난 죄를 짓는 것, '우향우' 해서 영일만 바다에 투신하자. 제철보국! 우향우!"

당신은 하루에 서너 시간 눈을 붙이고 현장을 누볐습니다. 모래바람을 무시했습니다. 감기에 걸리면 이틀치 주사약을 단번에 맞곤 했습니다. 솔선수범, 선공후사, 청렴강직, 안전제일, 원칙중시, 기본충실, 세계일류 등은 당신의 대명사가 되었습니다. 리더십의 정신이 조직의 정신으로 살아났습니다. 리더십의 일상언어가 조직의 일상언어로 쓰였습니다. '조상의 혈세'는 민족주의를 자극했습니다. '우향우'는 비장한 애국주의를 고양했습니다. 드디어 '제철보국'의 최고 자양분이었습니다. 그것은 민족과 국가를 위한 대역사에 참여한다는 자긍심을 조직에 불어넣으며 빠르게 '포철 혼(魂)'으로 뿌리내렸습니다. 순정한 정신이 불굴 의지로 거듭났습니다. '자원은 유한하고 창의는 무한하다', 그 창의에 도전의식이 싱싱하게 넘쳐났습니다.

다섯, 절대적 신뢰에 응답하다

당신이 이끄는 포항제철은 국제 가격보다 20~40% 저렴하게 국내 기업들에 공급하는 '제철보국 경영'을 지켜내는 가운데 놀라운 흑자 행진을 이어나가며 '영일만 신화'를 완성한 뒤, 1981년 12월 광양만으로 가서 "포항에서 익힌 기술, 광양에서 꽃 피우자!"라고 결의했습니다.

그러기 이태 전이었던 1979년 10월 26일, 포항제철 기획자가 비극적으로 세상을 떠났습니다. 고인과 당신은 "철강 2000만 톤 시대를 열자." 하는 대의를 세웠으니, 그때는 아직 절반에도 미달이었습니다. 고인이 당신에게 남긴 가장 무거운 선물은 '제2제철소도 건설하라'는 것이었고, 보이지는 않아도 가장 귀중한 선물은 '절대적 신뢰'였습니다.

신뢰란 일방이 아니지요. 반드시 쌍방입니다. 당신은 1964년 12월 대한중석 사장에 내정된 자리에서 대통령에게 건의했습니다. "저에게 맡기신 이상 정부나 여당이 일절 경영에 간섭하지 않도록 해주십시오." 박정희는 그런다고 했던 약속을 지켰습니다. 1970년 대일청구권자금으로 설비를 들여오는 포항제철에 관료들의 부당한 간섭도 심각하고 정치자금 조달을 내세운 여당의 청탁도 집요했습니다. 당신은 청와대로 들어가 독대 자리를 마련해준 대통령에게 설비구매의 자율권을 건의했고, 대통령은 당신의 메모지에 사인을 해서 돌려주며 "이게 필요하겠다."라고 했습니다.

70. 2. 3 日本技術用役團에서 提起한 問題를 韓國側의 利益을 最大限 保障할 수 있도록 하는 考慮下에 韓國이 決定해주어야 할 購買方式에 關하여 아래와 같이 建議함

購買方法決定에 考慮될 要素

1. 兩國政府間에 合議된 金額範圍를 可能한 限 遵守한다.
2. 性能保障에 關하여 技術協力会社나 機械供給会社가 責任지도록 한다.
3. 工期, 工程을 可能한 限 履行할 수 있도록 한다.
4. 請求權資金 運用節次를 簡素化할 수 있는 範圍內에서 最大限 簡便한 手段方法을 考慮한다.

위와 같은 要素에 依據 다음과 같이 行政節次를 取할 수 있도록 한다.

㉮ 浦項綜合製鐵이 日本技術協力会社와 協議하여 機械製作 및 供給者를 隨意대로 選定可能하도록 한다.

㉯ 境遇에 따라서는 設計製作等 部分的으로 事前施行을 可能케 하는 簡便契約을 施行했을 時 政府에서 이를 保證해준다.

㉰ 이러한 方式으로 推進해나가기 爲해 兩國政府間에 追加的인 協議文書가 交換될 必要가 있다면 政府에서 이를 推進한다.

1970年 2月 2日

종이마패 (왼쪽 맨 위 모서리는 '대통령 박정희'의 사인)

이른바 '종이마패'라 불리는 겁니다. 너무나 가벼운 종이 한 장, 그러나 그것은 종합제철공장의 무게와 맞먹는 '쌍방 간 절대적 신뢰'의 상징이었지요. 지금은 포스코역사관에 오래된 흑백사진처럼 보관돼 있지만…….

1992년 개천절에 당신은 고인과 약속한 '철강 2000만 톤 시대'를 초과해 2100만 톤 시대를 열어젖히고 '종이마패'의 절대적 신뢰에 응답했습니다. 국립 현충원 박정희 대통령 묘소 앞에 두루마리를 펼쳐 들고 영혼 보고를 올렸지요.

> "임무를 마쳤습니다. 돌이켜보면 참으로 형극과도 같은 길이었습니다. 그러나 조국 근대화 제단에 불러주신 것에 머리 숙여 감사드릴 따름입니다."

여섯, 천하위공(天下爲公)의 두 레일

천하는 공(公)이 된다. 『예기』 '예운편'에 나오는 그 말을 당신이 영혼 속에 자아성찰의 거울처럼 품은 때는 대한중석 경영실적을 높여놓은 1966년 어느 날이었습니다. '짧은 인생을 영원 조국에', '절대적 절망은 없다'. 1953년 7월 청년장교로서 휴전 무렵에 세워둔 두 좌우명을 삶의 기둥으로 삼아온 당신의 정신에 인생관, 세계관이 확립된 것이었지요. 나이는 때마침 불혹(不惑) 언저리.

천하위공은 포스코 경영에서 어마어마한 돈을 다루는 당신에게 부질없는 욕망을 잠재우는 청렴 리더십의 근원이 되기도 하고, 대성취의 포스코가 주식공개를 결정한 때나 스스로 회장직을 사임한 때나 공로주 1주(株)조차 받지 않은 것으로도 나타났습니다. 그리고 그것은 대한중석 사장 시절에 품었던 '일류대학' 설립을 제철보국의 힘으로 결행한 장면에 이르러 찬란히 빛나게 됩니다. 그때가 1985년 새해였지요.

당신은 캘리포니아공과대학(CALTECH, 칼텍)을 모델로 삼은 포항공과대학교(POSTECH, 포스텍)를 한국 최초 연구중심대학으로 설립하고 세계 일류대학으로 육성하느라 온갖 정성과 노력을 아끼지 않았습니다. 방사광가속기가 필요하다는 총장의 건의를 받고는 거의 즉각적인 공부를 거쳐 단호히 실행했습니다. 포스코 내부의 불만에 대해서는 눈앞의 이익 몇 푼보다 국가백년대계를 생각하라며 엄중히 설득하고, 포스텍에는 국가와 민족의 융성, 인류의 행복에 기여하는 과학기술의 요람으로 성장해야 한다고 역설했습니다.

"교육이 일본에 앞서야 일본을 앞지를 수 있다."

그 지론을 굽힌 적 없었던 당신은 포항제철 1기 건설에 몰두하는 1971년에 처음으로 유치원을 세우는 당시에도 "안데르센 동화에 나오는 집처럼 지어야 한다."고 했던 사람이지요. 돌이켜보면, 그 한마디가 당신이 도전하고 실현한 '교육보국'의 핵이었습니다. 제철보국과 교육보국, 이것은 천하위공으로 전진하는 당신의 인생 열차에서 두 레일이었습니다.

한국인 노벨과학상 수상자를 위해 마련해둔
포스텍 중앙광장의 빈 좌대를 짚고
미래의 주인공이 어서 나오기를 바라는 박태준

일곱, 3단계 극일론(克日論)

1927년에 태어난 당신이 여섯 살 먹어 어머니의 손을 부여잡고 부관연락선 삼등실에 새우처럼 빨려들었던 그 시간, 틀림없이 어린아이는 두려웠을 겁니다. 시모노세키에서 아타미까지 야간열차로 이동하는 동안도 내내 두려웠을 겁니다. 터널 공사장에 일하는 아버지와 재회한 다음에야 비로소 콩닥콩닥 뛰는 가슴을 가라앉혔을 겁니다.

식민지 아이가 지배자의 땅에서 '조센진' 손가락질을 받으며 성장하는 세월에는 어린 내면에 설움과 아픔도 켜켜이 쌓아야 했습니다. 그러한 의식과 감정은 청년시대에 진입하며 민족의식과 애국의식으로 전화됐지요. 해방과 더불어 와세다대학 기계공학과를 중단하고 귀국한 당신은 "건국에는 건군이 필수"라며 군복을 입었습니다. 전쟁의 사선을 넘나들고도 멀쩡히 살아남은 뒤, 1950년대 악명 높게 부패했던 군대사회에서 당신은 자신도 모르게 청렴·강직의 유능한 장교라는 명성을 얻었습니다. 그 길의 나침반이 '짧은 인생을 영원 조국에'였지요.

포항제철은 신일본제철의 제자로 출발했습니다. 당신은 유년 시절과 청소년 시절의 '조센진'을 가슴 깊은 곳에 넣어두고 처음부터 "세계 일류가 되자!"라는 비전을 내걸었습니다. 1970년대와 1980년대, 당신이 포스코를 이끌었던 시대는 일본이 거의 모든 방면에서 세계 일류로 인정받았습니다. 특히 제철은 일본이 세계 최고였지요. 그러니까 당신의 세계 일류는 일본과 견주는 수준이 되거나 일본을 넘어서지 못한다면 그냥 '희망사항'으로 끝나야 했습니다. 그러한 조건에서 설상가상 한국인은 반일감정이 드셌습니다. 일본인과 잘 지내면 친일분자라는 목소리마저 높아지는 저잣거리에는 한때 "박태준은 어머니가 일본 여자란다." 하는 루머와 모함마저 시끌벅적 떠돌았습니다.

그러나 당신은 언제든 어디서든 당당히 3단계 일본관을 설파했습니다. '지일(知日)-용일(用日)-극일(克日)'이었습니다.

"일본을 알고(공부하고), 일본을 활용(이용)해서, 결국은 일본을 극복하자."

누가 뭐래도 흔들림 없이 그 길을 걸어간 당신은 1992년 10월 광양제철소 4기를 준공하면서 '포항제철 4반세기 대역사'를 마무리한 무렵에는 마침내 그 뜻을 이룩했습니다.

요즘 회상해보면 당신도 미소 지을 추억 하나가 떠오를 겁니다. 1970년대에 포항제철이 신일본제철보다 유일하게 앞서는 것이 축구경기였습니다. 한국에서 열린 두 팀의 친선경기였지요. 포철팀이 세 골 먹인 전반전을 마치고 선수들을 격려하러 찾아온 당신에게 한국 축구의 영웅 이회택 선수가 물었습니다. "후반전에는 그만 넣을까요?" 당신은 버럭 소리를 질렀습니다. "기술 얻으러 다닌다고 일본 가서 받은 설움이 얼만데, 무슨 소리 하고 있나!" 그래서 그때 스코어를 이회택은 차마 말하기 싫다고 합니다.

1979년 6월 박태준을 만나러 포항에 와서 기념휘호를 쓰고 있는 일본 수상 후쿠다 다케오. 백련제철(百鍊製鐵), 끊임없는 담금질과 기술개발로 세계 최고의 철강회사가 되기를 기원한다는 뜻.

여덟, 산업화와 민주화의 화해, 그 국민통합의 디딤돌

무릇 인생에는 불운도 닥치기 마련입니다만, 당신의 휘어지기 싫어하는 성품이 대통령 되기 직전의 김영삼과 불화를 만들었습니다. 4년여 해외를 떠돌다 귀국한 당신은 1997년 여름 포항에서 인생 최초로 자신의 선택에 따라 지역구 국회의원선거에 출마했지요. 더구나 무소속이었습니다. "겡제는 가라, 경제가 왔다!" 경제를 '겡제'라 발음하는 대통령의 경제적 참사를 질타하는 '경제'에게 포항시민이 승리를 안겨줬고, 그 여세를 타고 새로 정계에 들어선 당신은 그해 후반기 대선 정국을 맞아 '미구에 닥쳐올 엄청난 국난'을 극복하고 '21세기 벽두에 국가 운명의 새벽길'을 열기 위해서는 "산업화 세력과 민주화 세력의 화해, 영남과 호남의 정치적 화합"이 더 늦출 수 없는 시대적 과제라며 김대중 후보와 손을 잡았습니다.

당신의 예고대로 1997년 초겨울에 기어코 국가부도(모라토리엄) 직전의 외환위기사태(IMF사태)가 들이닥쳤지요. 우리 국민 대다수는 처음에 생뚱맞은 뉴스로 여겼습니다. 잠시 어리둥절했습니다. 곧이어 "6·25 전쟁 이후 최대 국난"이란 말이 회자했습니다. 그해가 정축년이라 "정축국치"라 부르는 지경에 닿았습니다. 김대중 후보가 참으로 아슬아슬하게 대통령에 당선됐지요. 헌정사상 초유의 수평적 정권교체를 이루었습니다. 한국 민주주의 지수가 아시아 최고 등급을 기록했습니다. 하지만 당신은 '반김대중 정서'가 90% 넘는 지역에서 어떡하든 그 밑으로는 낮춰보겠다며 선택했으니 얼마나 고독한 결단이었습니까. 영광도 컸습니다. 일찍이 당(唐)나라 시인 두보(杜甫)가 '인생칠십고래희(人生七十古來稀)'라 읊었지만, 일흔 살의 당신이 내린 그 결단의 영광은 '수명(壽命) 고래희'가 아니었습니다. 망가진 국가경제 복구에 인생의 여력을 쏟아 바칠 수 있는 영광, 또한 '겡제' 대통령이 앉혀뒀던 포스코 회장을 밀어내

1997년 12월 구미시 박정희 대통령 생가에서 화해를 말하는 김대중 대통령 후보와 함께
(맨 왼쪽은 박지만).

고 포스코 경영권을 포스코 후배에게 돌려주는 영광이었지요.

1997년 12월 5일이었지요. 꼬박 스물아홉 해 전 대통령 박정희가 〈국민교육헌장〉을 공표한 바로 그날, 당신은 김대중 후보 내외를 경북 구미시 '박정희 대통령 생가'로 안내했습니다. 고인의 외아들 박지만도 같이 데려갔습니다. 산업화 세력과 민주화 세력의 화해, 그 국민통합의 역사적인 디딤돌을 놓는 자리였습니다. 2025년 세밑의 오늘 이 시각에도 조촐한 기념물 하나 없습니다만, 더 늦기 전에 이제는 그때 모습이 재현되고 다음의 글이 새겨져야 합니다. 김대중은 박정희에게 이렇게 말했습니다.

"고인이 경제에 7할을 바치고 인권에 3할을 쓴 분이었다면, 고인과 정치적으로 대결하던 시절의 나는 인권에 7할을 바치고 경제에 3할을 쓴 사람이었습니다. 고인과 나의 차이는 바로 거기에 기인한 것이었습니다."

그날로부터 다시 스물여덟 해나 더 지난 2025년 12월 5일을 기준으로 잡아도 대한민국은 국민통합을 절실한 시대적 난제로 짊어지고 있습니다. '김대중-박태준'의 그 선각(先覺) 자리에 기념비조차 세우지 못하고 있는, 아니 그럴 생각조차 내본 적 없는 이른바 '여의도 정치'가 극단적 분열과 대립의 쪽으로 정파적 대세를 몰아가는 관습이 무엇보다 중대한 근본적 원인입니다.

1998년 2월 대통령에 취임한 김대중은 '민주주의와 시장경제의 병행발전'을 국정지표의 깃발로 올렸지요. 그것은 '민주화와 산업화의 화해'라는 뜻으로도 들리고 '국민통합으로 가자'는 뜻으로도 들렸습니다. 당신과 함께했던 '박정희와의 화해 연설'에 대한 실천적 전략으로 읽히기도 했습니다.

TJ(박태준)가 DJ(김대중)와 연대하는 현안을 놓고 고심에 잠긴 1997년 초가을이었지요. 당신이 작가를 "동지"라 부를 만한 대화를 우리는 진지하게 나눴고 또 그것을 신의의 언약처럼 지켰습니다. 두 가지가 중요했습니다. TJ 주변의 압도적 다수가 DJ와의 연대를 펄쩍 뛰며 반대했으나 당신은 그때의 두 가지를 명분과 사명으로 삼았습니다. 그래서 화해와 통합의 디딤돌로 기억돼 마땅한 '1997년 12월 5일 김대중 후보의 박정희 대통령 생가 방문과 화해 연설', 그 역사적 기념비 자리도 거리낌 없이 준비할 수 있었습니다. 당신은 결심을 세운 아침에 곧장 김대중 캠프로 전화를 걸었지요. "김 후보를 모시고 박 대통령 생가로 가자." 이 전화를 받은 상대는 젊은 국회의원 김민석이었습니다. 당신이 김대중 정부에서 총리를 지냈듯이 공교롭게도 2025년 12월 현재 그는 이재명 정부의 총리입니다.

두 가지 중요한 대화의 하나는, 자본주의와 사회주의의 관계 설정 문제였습니다. 비록 한반도 허리는 갈라져 있어도 21세기가 눈앞인데 대한민국에서 두 체제의 관계를 어떻게 인식해야 세계 역사의 전진에 뒤처지지 않을 수 있겠는가? 당신과 작가는 서로 공감한 결론을 얻었지요.

> 21세기를 앞둔 지금 여기서 인류가 가야 하는 사회체제는 시장경제에 기반한 자본주의와 자유민주주의라는 정답이 제출돼 있다. 그런데 건강한 개인의 신체에도 탈이 생기고 병이 생기는 것처럼, 시장경제의 자본주의와 자유민주주의에도 탈이 생기고 병이 생기기 마련이다. 양극화와 빈곤층의 문제, 복지와 의료의 문제, 인간 윤리와 인간성의 문제, 기후위기와 생태계의 문제 등이 그 대표적 목록이다. 그래서 탈과 병을 잘 비춰주는 진단의 거울이 반드시 있어야 한다. 거울의 이름은 사회주의, 생태주의다. 자본주의와 자유민주주의는 두 거울에 알몸을 비춰보고 세심히 살펴서 고치며 나가야 한다.

그러나 현실적 정치세력은 오늘도 여전히 '김대중-박태준'이 마련해둔 화해와 통합의 디딤돌을 거들떠보지도 않습니다. 파당적으로 필요한 적기에 예의차려 호명을 해도 얄팍한 계산서에 올리는 것뿐이지요. 화해 없는 통합이란 억지로 꿰맨 봉합에 불과하여 머잖아 실밥들이 툭툭 터져버립니다. 화해와 통합은 선후(先後) 관계이면서도 동전의 양면 같거늘, 통합을 외치면서 화해를 팽개치니 그것은 통합을 거듭 내치는 패악이지요.

두 가지 중요한 대화의 또 하나는, 화해를 이룬 다음 그걸 딛고 통합으로 나아갈 때 가장 주의할 문제였습니다. 당신과 작가의 일치한 견해는 이랬지요.

> '정치의 통합'과 '통합의 정치'는 명백히 구분해야 한다. '정치의 통합'이란 있어서는 안 되는 일이고 궁리하거나 기도해서도 안 되는 일이다. 우리국민은 그것을 수용하거나 용납하지 않는다. 왜냐, 일당독재 전체주의이기

때문이다. 그러나 '통합의 정치'는 반드시 추구해야 하는 일이다. 우리 정계의 지상과제라 규정해도 좋다. '통합의 정치'에서는 '통합'이란 말을 서로 다른 것이 하나가 된다는 뜻으로 해석하지 말아야 한다. 하나로 결속한다는 뜻의 '통합'이 아니라는 말이다. 그러한 '통합'은 '정치의 통합'에서 뜻하는 '통합'이다. '통합의 정치'에서는 '통합'이란 말을, 서로가 상대의 공적을 긍정하면서 자신의 과오를 인정하는 가운데 그 신뢰를 바탕으로 서로가 합리적으로 비판하며 경쟁한다는 뜻으로 받아들여야 한다. 이러한 '통합의 정치'만이 이 나라에서 국민통합의 길을 만드는 시대적 대업에 앞장설 수 있다.

아홉, 생애 마지막 연설

당신이 포항제철 건설 초창기에 마셨던 영일만 '세모래'가 폐부에 터를 잡고 오랜 세월에 걸쳐 키워놓은 물혹, 2001년 여름에 적출했던 그놈이 십여 년 지나 재발하고 말았습니다. 2011년 여름에도 시시때때로 고통스러운 기침에 시달린 당신은 어느덧 함께 늙어가는 포철 초창기의 현장 직원들과 19년 만에 한 번 만나려 했습니다. 남몰래 버킷 리스트에 올려뒀던 겁니까? 한가위 지난 무렵, 400여 노인들이 모여든 포항 한마당체육관은 곧 눈물의 호수로 바뀌었습니다. "여러분은 저의 인생에 가장 보람차고 가장 아름다운 선물을 안겨준 사람들입니다. 여러분께 진심으로 감사드리고, 여러분과 함께 청춘을 바친 그날들에 대하여 하느님께 감사를 드립니다." 이렇게 마음 깊이 쌓아둔 고마움을 털어놓은 당신은 울먹이며 벅차게 말했습니다.

"우리의 추억이 포스코 역사에, 조국 현대사에 별처럼 반짝이고 있다는 사실을 우리 인생의 자부심과 긍지로 간직합시다."

그리고 당신은 포스코 후배들이 길이 잊지 말아야 하는 일들을 당부했습니다.

"가장 먼저 기억할 것은, 회사의 종잣돈이 조상들의 피의 대가였다는 사실입니다. 바로 여기서 포스코에 요구되는 고도의 윤리의식이 나옵니다.

박정희 대통령을 잊을 수 없습니다. 제철소가 있어야 근대화에 성공할 수 있다는 그분의 일념과 기획과 의지에 의해 포항제철이 탄생했고, 그분은 저를 믿고 완전히 맡겼을 뿐만 아니라, 온갖 정치적 외풍을 막아주는 울타리 역할도 해주셨습니다.

지역사회의 이해와 협력도 기억해야 합니다. 포항제철을 위해 수많은 주민들이 정든 고향을 떠나야 했고, 신부님과 수녀님들은 귀중한 시설을 포기했으며, 포항시민은 인내와 협조를 보내주었습니다. 그래서 지역사회와 포

2011년 가을 창업 초기 직원들과 19년 만에 재회하여 생애 마지막 연설을 하기 직전의 박태준.

항제철은 공생공영의 공동체로 거듭날 수 있었습니다.

일본에도 포스코를 위해 진심으로 협력해준 사람들이 있었습니다. 특히 두 분을 잊을 수 없습니다. 이미 오래전에 고인이 되신 신일본제철 이나야마 회장과 양명학의 대가 야스오카 선생입니다.

우리 모두가 간직해야 할 이름들이 있습니다. 조업과 건설 중에 유명을 달리하신 분들은 우리의 마음과 포스코의 역사에 영원히 살아 있어야 합니다."

열, 궁핍 골짜기에서 융성 대평원으로 건네준 철교(鐵橋)와 'K-축복'

1959년 영국 BBC가 〈A Far Cry〉라는 40분짜리 다큐멘터리를 방영했습니다. 그해 한가위에는 포항지역과 남해안 일대에 사라호 태풍이 덮쳐서 어마어마한 재해를 남겼지요. 절대빈곤과 사라호 태풍은 정말 가혹한 설상가상이었고, '머나먼 울음'으로 번역하면 좋을 그것은 배고픔에 시달리며 헐벗은 한국 아이들의 비참한 실상을 적나라하게 만천하에 폭로했습니다. 당신도 엔딩 화면의 마지막 말이 무엇인지 모르시지요? "이 아이들에게 희망은 있는가?" 이것이었습니다.

그로부터 여남은 해쯤 지났을 때 영일만 모래벌판에 '제선공장' '제강공장' '열연공장' 같은 깃발들이 나부끼고 있었습니다. 다시 스무 해쯤 더 지났을 때 그제야 평전 작가는 깨닫게 됩니다. 그 깃발들이 마치 대한민국의 절망적인 미래를 예단하는 것처럼 던져놓은 '서른 해 전 엔딩 화면'의 영어 질문에 대한 우리말 대답이었다는 것을……

"대한민국의 미래에 희망이 있느냐고? 그래, 여기 있다. 늦었지만, 어디 한번 지켜봐라."

이런 대답이 그 깃발들이었던 겁니다. 소리 없는 아우성처럼 나부낀 깃발들은 어쩌면 당신과 동지들이 영혼을 걸고 맹세하는 떨림이었는지 모릅니다.

'조상의 혈세'로 포항제철 1기를 건설하는 1970년 4월 1일 착공식에서 당신은 카랑카랑한 목소리로 약속했었지요. "종합제철 건설은 강력한 국민 의지의 발현이며 우리의 오랜 꿈을 현실화하는 가교가 될 것"이라고요.

'우리의 오랜 꿈'은 산업화를 성취해서 '잘사는 나라'이고, 당신의 꿈은 거기서 더 나아간 '일류국가'였습니다.

"우리 세대는 다음 세대를 위해 순교자적으로 희생하는 세대다."

"다음 세대의 행복과 다음 세기의 번영을 위하여 포스코는 국민기업의 지평을 창조해 나가야 한다."

"과학기술은 국방과 국부의 원천이고, 문화와 함께 일류국가의 기둥이다."

당신이 약속한 '가교(架橋)'는 일류국가로 건네주는 다리로 멋지게 세워졌습니다. 세계에서 가장 튼튼하고 가장 위대한 철교(鐵橋), '빈곤 골짜기'에서 '융성 대평원'으로 건네주는 대한민국의 철교를 담당했습니다. 그 건설 현장의 가장 강력한 정신적 동력은 당신의 절절한 외침들이었지요.

궁핍과 고난의 시대는 영웅을 창조하고, 영웅은 역사의 지평을 개척합니다. 당신이 그런 영웅입니다. 그러나 인간의 얼굴과 체온을 상실한 영웅은 청동이나 대리석으로 만든 우상처럼 공적(功績)의 표상으로 전락하게 됩니다. 당신의 고뇌, 당신의 정신, 당신의 투쟁이 반드시 기억되고 전승돼야 하는 이유입니다. 그것이야말로 당신이 우리에게, 후세에게 남겨준 최고의, 최대의 유산이기 때문입니다. 지금은 사라져 어디서도 흔적조차 찾을 수 없지만, 당신의 몸 속으로 들어갔던 영일만 신화의 '세모래'와 함께…….

당신이 조국의 품에 안겨 잠든 지도 햇수로 열 손가락을 꼽아야 했던 2021년 7월, UNCTAD(국제연합무역개발회의)가 창립 70년 만에 최초로 대한민국을 미국 영국 독일 프랑스 같은 선진국 그룹에 포함한다고 공식적으로 발표했습니다. 당신과 동지들, 그리고 이 땅의 당신 세대는 실제로 선진국 기반을 만들어준 세대였지요. 거의 모두가 타계했어도 여전히 봄볕 같은 축복의 빛으로 머물고 있습니다.

솔선수범 언행일치 청렴강직 천하위공, 이것이 생애의 뼈대였기에 당신이 외친 말들은 세월이 물같이 흘러간 다음에도 스러지지 않을 것입니다. 우리네 삶을 실은 배는 오늘 밤에도 거친 바다를 헤쳐 나아가야 하거늘, 저 멀리 반짝이는 등대의 빛입니다.

제1부

박태준의 길, 천하위공의 길

이대환

박태준과 '제철보국 경영'의 단면

1953년 여름, 한국전쟁이 휴전으로 멈추는 즈음에 멀쩡히 살아남은 청년 장교가 자신의 영혼에다 조각칼로 파듯이 좌우명을 새겼다. '짧은 인생을 영원 조국에', '절대적 질밍은 없다'. 1977년 5월, 조업과 건설을 동시에 감당해 나가는 포항제철소에서 절박한 목소리로 외치는 아버지가 있었다. "우리 세대는 다음 세대를 위해 순교자적으로 희생하는 세대다." 1992년 10월, 대한민국 조강 연산 2100만 톤 시대를 열어젖힌 20세기의 철강왕이 광양제철소에서 차분히 다짐했다. "포스코는 다음 세기의 번영과 다음 세대의 행복을 위해 국민기업의 새 지평을 열어가겠습니다." 2011년 9월, 포항 한마당체육관에서 포철 현장 출신 400여 노인들을 바라보며 울먹이는 목소리로 생의 마지막 확신을 털어놓는 노인이 있었다. "우리의 추억이 포스코 역사에, 조국 현대사에 별처럼 반짝이고 있다는 사실을 잊지 말고, 그것을 우리 인생의 자부심과 긍지로 간직합시다." 도무지 낡을 줄 모르는 젊은 날의 그 좌우명, 그 신념의 나침반으로 삶의 길을 개척하면서 다른 쪽으로 한 발도 벗어나지 않는 일생을 완주한 것이었다.

바로 그 사람이 박태준이다.

박태준이 진두지휘해서 세계 최고 철강회사로 육성한 포항제철(POSCO)에 대해 1987년 9월 서울대학교 사회과학연구소는 『포항종합제철의 국민경제 기여 및 기업문화 연구』에서 다음과 같이 분석했다. 그의 '제철보국 경영'에 대한 단면 또는 하나의 확증과 다름없는 것이다.

> 만일 국내 수요가들이 포항제철 제품을 구입하는 대신 전량 수입했을 경우의 수입액에 대한 비용절감액을 보면 1979년에는 25.6%, 1982년에는 42.0%, 그리고 1985년에는 33.9%이어서 무려 예상 지출액의 3분의 1이나 됨을 알 수 있다. 즉, 이 기간 중 국내 철강수요가들은 포항제철 제품을 구입함으로써 약 3분의 1을 절약한 셈이 된다. 포항제철이 그 설립 이래 우리나라 철강 관련 산업의 생산원가를 크게 낮춤으로써 우리나라 경제발전에 공헌한 바가 얼마나 큰지 짐작할 수 있다.
>
> 포항제철이 없다면, 1986년부터 1년 동안에 GNP 대비 4.85%인 9조2천억 원의 생산 감소와 2조5천억 원의 부가가치 감소, 26만 명의 고용 감소가 있을 수 있다.

하노이에서 길을 가리키다

2010년 1월 하순, 여든세 살의 박태준은 3박4일 일정으로 베트남 하노이를 방문했다. 마침 하노이 시가지에는 '수도 천 년'의 경축 현수막들이 축제 분위기를 자아내고 있었다. 1010년 리타이또 황제 시절에 처음 수도로 지정된 이래 천 년째 베트남의 중심을 지켜내느라 오욕과 영광을 간직한 하노이. 오욕은 중국, 프랑스, 미국이 남긴 침략의 상처이고, 영광은 그들을 차례로 극복한 자부심이다. 하노이의 기억에 남은 가장 끔찍한 야만의 언어는 무엇일까? "하노이를 석기시대로 돌려주겠다."고 했던 미국 장군 커티스 르메이의 호언장담일 것이다. 항미전쟁 기간에 미군의 무자비한 폭격이 거의 석기시대로 돌려놨던 베트남의 수도, 그 중심가에 1996년 현대식 특급호텔이 들어섰다. '하노이대우호텔'이다.

박태준은 한국 경제계의 후배 김우중이 세운 호텔에 여장을 풀었다. 이때 김우중은 하노이 교외에서 지친 황혼을 쉬고 있었으며, 박태준은 한 차례 김우중을 방문해 아침 시간을 '조용히' 함께 보냈다. 하노이대우호텔을 세운 당시만 해도 "세계는 넓고 할 일은 많다"며 글로벌 경영의 기세를 펼치는 김우중에게 그 입지를 추천한 이가 바로 박태준이었다. 왜 그는 후배에게 하노이의 요지를 추천할 수 있었을까?

박태준이 생애 처음 하노이(베트남)를 방문한 때는 1992년 11월 하순이었다. 그의 인생으로는 홀가분하고도 씁쓸한 계절이었다. 1968년 4월 1일에서 1992년 10월 1일까지 포항제철소와 광양제철소를 완공하여 연산 2100만 톤 조강체제를 갖춤으로써 장장 사반세기에 걸친 제철의 대역사를 성공리에 마치고 스스로 세계 최고 '철의 용상(龍床)'을 물러나 포스코 명예회장으로서 중국과 동남아 진출을 적극 모색하는 그의 기분은 매우 홀가분했을 것이며, 머지않아 한국 최고 권력자로 등극할 YS(김영삼)가 몸소 광양까지 찾아와 12월 대선의 '선거대책위원장'을 맡아달라고 간청했으나 끝내 거절하고 말았으니 서서히 다가오는 정치적 후폭풍을 예견하는 그의 기분은 자못 씁쓸했을 것이다. 한국 정부와 베트남 정부의 수교 합의(1992년 12월 22일)가 한창 무르익고 있던 그때, 박태준은 정장 차림으로 하노이 바딘광장부터 찾았다.

끝 모를 줄을 이루며 광장을 에워싼 인민들, 호치민(胡志明) 영묘의 상단 좌우를 지키는 붉은 바탕의 흰 글씨들. 그의 궁금증을 통역이 풀어줬다. "매일 저렇게 많은 참배객들이 찾아옵니다. 먼 시골에 사는 베트남 인민들도 호 아저씨 영묘 참배를 평생의 소원으로 삼는답니다." 이미 박태준은 '호 아저씨'란 호칭에 익숙해져서 '아저씨'에 담긴 탈권위적 친화감을 느끼고 있었다. 통역이 손가락으로 정면의 선명한 두 문장을 가리키며 알려줬다. "호 아저씨는 우리 사업 속에 영원히 살아 있다." "베트남 공산당이여 영원하라."

박태준은 묵묵히 호치민을 추모했다. 청렴하며 지혜롭고, 유연하며 단호했던 지도자. '자유와 독립보다 더 중요한 것은 없다.' 그는 기억했다. 호치민의 그 말을, 그 절대적 가치를 위해 항불전쟁과 항미전쟁에 승리한 베트남 인민의 위대한 사투를, 그리고 한국이 냉전체제의 최전선을 통과하며 산업화에 몰두한 시절에 '월남 파병'을 감행했던 뼈저린 과거를. 그래서 베트남 땅에 첫발을 디딘 그의 마음은 경건하면서 착잡했다.

1945년 9월 호치민이 주석단 한가운데 서서 베트남 독립을 선포한 그 자리에 마련된 영묘. 평안히 잠든 노인처럼 누운 고인에게 명복을 빌어준 박태준은 가장 청렴했던 지도자의 시신을 영원히 부패하지 않게 모셔둔 성역을 나서며 문득 묘한 생각에 잠겼다. '한국에 돌아가서 가장 부패한 정치지도자의 시신을 영원히 부패하지 않게 안치한다면, 그것이 한국 정치인들의 부패 예방에 어느 정도 효과를 낼 수 있을까?'

바딘광장을 떠난 박태준은 베트남 최고지도자와 만났다. '도이모이'라는 개방정책을 이끄는 두 모이 당서기. 박태준은 그의 인품과 영혼에서 호치민의 제자다운 냄새를 맡을 수 있었다. 그것은 인민에 대한 사랑과 국가경제 발전에 대한 순수한 염원이었다. 박태준은 미리 생각하고 있었다. 경제발전에 먼저 성공한 한국이 베트남에 투자하는 것은 베트남에 대한 한국의 엄청난 빚을 갚아나가는 길이며 한국의 도덕성을 높이는 길이라고. 주인은 경제개발 방향에 대해 묻고, 손님은 한국 경험의 장단점을 간추렸다. 손님이 보반 키엣 총리와 만나기로 약속한 시각에는 주인이 환히 여유를 부렸다. "내가 미리 말해뒀어요. 늦어도 좋으니 우리 이야기를 계속합시다." "결례가 안 되게 해놓으셨다면 안심하겠습니다." "내가 왜 이리 늦게 당신을 만나게 되었는지 원망스럽군요." 그리고 구체적 현안을 다뤘다. 연산 20만 톤 규모의 전기로 공장, 파이프 공장, 하노이-하이퐁 고속도로 건설 등이 화제에 올랐다. 베트남으로 진출하려는 박태준의 선구적 구상. 문제는 한국의 정치권력이었다. 과연 그것이 회장직을 스스로 그만두고 명예회장 직함을 받은 그에게 포스코 경영에 대한 영향력을 언제까지 보장해줄 것인가?

박태준과 두 모이의 만남은 그의 하노이대우호텔 입지 추천으로 이어졌지만, 정작 두 사람의 재회는 이뤄지지 못했다. 그의 '베트남 구상'도 거의 다 무산되어야 했다. 이듬해 3월 그가 정치적 이유로 조국 땅을 떠나 기약 없는 해외 유랑에 올랐던 것이다.

다시 박태준이 베트남을 방문한 때는 첫 방문으로부터 꼬박 12년이 지난 2004년 11월이었다. 사이공(호치민)을 찾은 일흔일곱 살의 포스코 명예회장은 1993년 3월부터 1997년 5월까지 이어진 자신의 해외 유랑과 더불어 물거품처럼 사라진 열두 해 전 '베트남 구상'을 회상했다. '그때 그런 일만 없었더라면 이 땅에서 많은 일들을 하고, 박정희 대통령 시절의 역사적 부채도 갚고, 근대화에 먼저 성공한 한국의 도덕성도 높이고, 이러한 일거삼득을…….' 어느덧 안타깝고 아쉬운 추억처럼 남은, 베트남 지도자들과 공유했던 희망과 약속이

희수(喜壽)의 영혼에 회한을 일으켰다.

박태준은 그들과 재회하고 싶었다. 두 모이 전 서기장은 너무 늙어서 거동이 불편하다며 "진정 그리웠다"는 인사만 전해왔다. 박태준은 예를 차렸다. "너무 늦어서 미안합니다. 저에게 사연이 있었습니다." 다행히 보반 키엣 전 총리는 만날 수 있었다. 어느덧 여든 고개를 넘어선 혁명과 개혁의 노인이 말했다. "왜 이제야 왔소?" 늙은 손님이 답했다. "미안합니다." 두 노인의 포옹과 악수는 길어졌다.

박태준은 젊은 지도자들도 만났다. 매년 7% 경제성장을 거듭하여 연간 철강소비량이 500만 톤에 이르는 베트남. 그가 오앙 트렁 하이(47세) 공업부 장관에게 충고했다. "이제 제철소를 세우시오. 조선, 자동차 같은 철강 연관 산업이 일어서야 중진국에 들 수 있소." 그의 제안은 포스코 후배 경영진에 의해 '포스코의 베트남 냉연공장 건설과 일관제철소 건설 프로젝트'로 구체화되었다. 붕따우의 냉연공장은 2009년 10월에 준공되었으나, 일관제철소 프로젝트는 베트남 당국과 포스코의 의견 차이로 성사되지 못했다.

2007년 6월 박태준은 세 번째로 베트남을 찾았다. 황경로, 안병화, 장경환, 백덕현, 박득표 등 필생의 포스코 동지들, 평전 작가와 함께 보름 일정으로 돌아볼 동남아, 홍콩, 중국 여행의 첫 기착지가 그들의 젊은 날에는 사이공이라 불렸던 호치민이었다. 이번에는 특별한 목적이 없었다. 베트남의 변화와 발전 양상에 대한 궁금증을 직접 풀어보려는 방문이었다. 식사 때마다 그는 베트남의 독한 소주를 반주로 곁들였다. "아주 좋은 술"이라며 기분 좋게 여러 잔을 거푸 마시는 그의 모습은 아직 천진한 청년 같았다. 2001년 미국 뉴욕의 코넬 대학병원에서 목숨을 걸고 감행했던 '폐 밑 3.2kg 물혹 적출'의 대수술 후유증에서 엔간히 벗어났다는 뜻이기도 했다.

생애 네 번째로 베트남을 방문한 박태준이 하노이대우호텔에 묵는 목적은 베트남 쩨 출판사가 번역 출간한 평전 『철의 사나이 박태준』 출판기념회 참석과 하노이국립대학교 특별강연이었다. 출판기념회는 2010년 1월 28일 저녁 하노이대우호텔에서 열렸다. 베트남의 고위 관료들과 대학 교수들과 철강업계 인사들, 베트남 주재 한국대사를 비롯해 현지 한국 기업인들이 식장을 가득 메웠다. 나는 저자(著者)로서 인사를 했다.

저는 1958년에 태어났습니다. 한국에서는 제법 유명한 말이 '58개띠'입니다. 한국전쟁 후 베이비붐 세대지요. 고향 마을은 바로 포스코의 포항제철소가 들어선 곳입니다. 그 마을을 열한 살 때 떠나야 했습니다. 포항제철 때문이었지요. 어른들이 낡은 트럭에 남루한 이삿짐을 싣는 즈음, 마을에는 '제선공장', '제강공장', '열연공장'이라는 깃발들이 나부끼고 있었습니다. 저게 뭐지? 저는 그저 시큰둥하게 허공의 그것들을 노려보았습니다.

그런데 아주 나중에 듣게 됐지만, 제가 태어난 이듬해, 그러니까 1959년이었지요. 영국 BBC가 〈A Far Cry〉라는 40분짜리 다큐멘터리를 방영했다고 합니다. 런던에서는 머나먼 한국, 그 〈머나먼 울음〉은 굶주리고 헐벗은 한국 아이들의 비참한 실상을 보여주는 것이었습니다. 그 아이들이 바로 저와 친구들이었다고 해도 틀리지 않습니다. 인간이라면 눈물 없이는 보지 못했을 다큐멘터리의 마지막 말이 무엇인지 아십니까? '이 아이들에게 희망은 있는가?', 이것이었습니다. 그 절망적이었던 질문에 대한 답변의 하나로서, 쉰 살을 넘어선 제가 보시다시피 조금 살진 얼굴에 점잖은 신사복을 입고 여기에 서 있으니, 중요한 증거를 보여드리고 있지 않습니까?

제가 고향에서 밀려난 무렵에 나부끼고 있었던 포스코의 깃발들이 한국의 희망이요 저희 세대의 희망이었다는 사실을 깨달은 것은 그로부터 이십 년쯤 지난 뒤였습니다. 그리고 저는 서른아홉 살에 박태준 선생과 처음 만나게 되었고, 2004년 12월에 한국어판 『박태준 평전』을 펴냈습니다. 그 책은 2005년에 중국어로 번역 출판되었고, 오늘 이렇게 베트남어판이 나왔습니다. 작가가 왜 전기문학을 써야 할까요? 전기문학은 왜 있어야 할까요?

고난의 시대는 영웅을 창조하고, 영웅은 역사의 지평을 개척합니다. 그러나 인간의 얼굴과 체온을 상실한 영웅은 청동이나 대리석으로 빚은 우상처럼 공적(功績)의 표상으로 전락하게 됩니다. 이 쓸쓸한 그의 운명을 막아내려는 길목을 지키는 일, 그를 인간의 이름으로 불러내서 인간으로 읽어내고 드디어 그가 인간의 이름으로 살아가게 하는 일, 이것이 전기문학의 중요한 존재 이유의 하나라고, 저는 생각합니다.

베트남에 여러 종류의 『호치민』 전기가 출간된 사정도 다르지 않을 것입니다. 저는 아무리 긴 세월이 흐르더라도 저의 주인공이 어떤 탁월한 위업을 남긴 인물로만 기억되는 것을 강력히 거부합니다. 그의 고뇌, 그의 정신, 그의 투쟁이 반드시 함께 기억되어야 한다는 것입니다. 한국의 가장 저명한 인물인 박정희 대통령과 저의 주인공이 국가적 대의와 시대적 사명 앞에서 어떻게 생각하고 행동했는지, 서로 얼마나 완전하게 신뢰했는지, 그것이 정신적으로 얼마나 귀중한 인생의 가치인지, 이러한 관점에서 함께 기억돼야 한다는 것입니다. 이것이 국가, 민족, 시대라는 거대한 짐을 짊어지고 필생을 완주한 인물에 대한 동시대인과 후세의 기본 예의라고 확신합니다.

이튿날 오전 11시, 하노이국립대학교 강당에는 총장과 보직 교수들, 대학생 오백여 명이 앉아 있었다. 순차 통역으로 한 시간 넘게 진행된 박태준의 연설은 여든세 살의 노인이 아니라 현역 지도자처럼 패기와 열정이 넘쳐났으며,

베트남과 한국, 아니 세계의 청년을 향해 던지는 그의 사상이 응축돼 있었다. 그래서였을까. 젊은 청중은 강연을 마친 노인을 향해 환호성을 지르고 열렬한 기립박수를 보냈다. 통역을 맡았던 여성(교수)이 젖은 눈빛으로 나에게 가만히 고백했다.

"빌 클린턴 전 미국 대통령, 장쩌민 전 중국 주석, 그리고 얼마 전에는 이명박 한국 대통령이 하노이대학에서 강연을 했고, 저는 그분들의 말씀을 경청했습니다. 그러나 박태준 선생의 강연처럼 저의 가슴을 울려주진 못했습니다."

과연 박태준의 어떤 말들이 베트남 젊은 엘리트들의 영혼에 잔잔한 파문을 일으키고 푸른 가슴을 일렁이게 했을까?

> 인간의 큰 미덕은 인생과 공동체의 행복에 대해 사색하고 고뇌하며, 실천의 길을 모색하는 것입니다. 내가 이 자리에 선 이유는, 한국의 경제개발 경험을 말하려는 것이 아닙니다. 파란만장한 격동을 헤치고 나온 경험을 바탕으로, 젊은 엘리트 어러분과 더불어 다시 한 번 인생과 역사를 성찰해보자는 것입니다. 역사에는 특정한 세대가 감당하는 시대적 고난이 있습니다. 그것은 개개인의 인생에 심대한 영향을 끼치고, 그 세대의 운명이 되기도 합니다.

이렇게 시작한 박태준의 연설은 한국과 베트남의 20세기에 대한 비교와 특정한 세대의 운명에 대한 생각으로 나아갔다.

> 나는 1927년에 태어났습니다. 한국에서 나의 또래는 일본 식민지에서 유년 시절과 학창 시절을 보내고, 청년 시절에 해방을 맞았습니다.
>
> 그러나 한반도는 불행했습니다. 세계적 냉전체제의 희생양으로 남북분단이 확정된 것이었습니다. 분단은 곧 처절한 전쟁으로 이어지고, 그 전쟁이

다시 휴전선이라는, 지구상에서 가장 살벌한 대결의 철책을 만들었습니다. 그때 한국에 남은 것은 남북 민족 간의 적개심과 국토의 폐허, 국가의 빈곤과 인민의 굶주림 그리고 부패의 창궐이었습니다.

한국전쟁에 청년장교로 참전하여 '우연히, 운이 좋아서' 살아남은 나는 인생과 조국의 미래에 대해 숙고하지 않을 수 없었습니다. 폐허의 국토를 어떻게 재건할 것인가? 우리 민족을 천형(天刑)처럼 억눌러온 절대 빈곤을 어떻게 극복할 것인가? 미국과 서구가 자랑하는 근대화를 어떻게 이룩할 것인가? 이 시대를 어떻게 살아야 하는가? 나는 엄중하게 좌우명부터 영혼에 새겼습니다. '짧은 인생을 영원 조국에!', '절대적 절망은 없다.' 돌이켜보면, 그 좌우명은 필생의 나침반이었습니다. 지금 이 순간에도 그것은 흔들리지 않습니다. 그것을 따라 걸어온 내 삶의 여정(旅程)에 대해 어떤 후회도 없습니다.

한국 정부가 경제개발의 깃발을 올린 1961년, 한국은 1인당 국민소득 70달러로 세계에서 가장 빈곤한 국가였습니다. 당시 경제개발계획에 참여했던 나는 1968년부터 종합제철소 건설과 경영의 책임을 맡았습니다. 자본과 자원이 없고, 경험과 기술이 없는 전무(全無)의 상태에서 포스코라는 종합제철소를 시작하여, 몇 년쯤 지나서 어느 정도 기반을 잡은 다음, 나는 동지들에게 이렇게 말했습니다. "우리 세대는 순교자처럼 희생하는 세대다. 우리 세대는 다음 세대의 행복과 21세기 조국의 번영을 위해 순교자적으로 희생하는 세대다." 우리에게 지상과제는 '조국 근대화'였습니다. 그것은 나의 세대가 짊어진 폐허와 빈곤, 부패와 혼란을 극복하기 위한 시대적 좌표였고, 마침내 우리는 근대화에 성공했습니다. 시련의 시대를 영광의 시대로 창조한 것이었다고 자부합니다. 그러나 나의 세대는 후세에 엄청난 과제도 넘겨야 했습니다. 바로 남북분단입니다. 남북화해와 평화통일, 이 짐을 다음 세대에 넘겨주게 되어 참으로 가슴 아픕니다.

지난 백여 년 동안, 베트남에도 각 세대가 감당한 시대적 고난이 있었습니다. 편의상 여러분의 할아버지와 할머니 세대, 아버지와 어머니 세대, 그리고 여러분 세대, 이렇게 삼대로 나누어봅시다.

여러분의 할아버지와 할머니 세대는 '자유와 독립보다 더 중요한 것은 없다'는 호치민 선생의 말씀을 실현한 세대입니다. 헤아릴 수 없는 희생과 고통을 넘어서야 했지만, 당신들의 숙명적인 비원이었던 자유와 독립을 쟁취했습니다. 그러나 1954년 7월에 베트남은 북위 17도선에서 분단되었습니다. 그때 어린 아이였을 여러분의 아버지들과 어머니들은, 통일로 가는 기나긴 전쟁이 자기 세대의 운명이 될 줄은 몰랐을 것입니다. 그분들은 자기 세대의 참혹한 운명을 감당했으며, 드디어 1975년 4월에 종전과 통일을 선언할 수 있었습니다. 그분들 세대는 휴식을 누릴 여가도 없었습니다. 전쟁에서 살아남은 사람들에게는 조국재건의 새로운 책무가 기다리고 있었기 때문입니다. 등소평의 중국이 개방의 길을 선도하고, 베트남은 1986년에 개방의 문을 열었습니다. 그것은 일대 혁신이었습니다. 모든 혁신은 다소간 혼란과 시행착오를 초래하기 마련이지만, 나는 베트남 지도부가 현명한 선택을 했다고 판단합니다. 이 자리에서 언급하자니 슬픈 일입니다만, 개방을 거부한 북한의 오늘이 그것을 반증해줍니다.

베트남은 한국보다 종전이 늦어진 그만큼 경제개발의 출발이 늦어졌습니다. 그러나 베트남은 통일국가고, 한국은 분단국가입니다. 이 자리의 '여러분 세대'는 선배 세대로부터 '자유와 독립의 통일국가'라는 위대한 기반을 물려받았습니다. 그 기반 위에서 '여러분 세대'의 시대적 좌표가 설정되어야 합니다. 현재 한국의 젊은 세대에게 '평화통일과 일류국가 완성'이라는 피할 수 없는 운명이 주어져 있다면, 베트남의 젊은 세대에게는 '경제부흥과 일류국가 완성'이라는 피할 수 없는 운명이 주어져 있습니다. 통일 문제를 고려할 경우에는, 한국의 젊은 세대가 베트남의 젊은 세대보다 더 무거운 운명을 짊어졌다고 하겠습니다.

두 나라 젊은 세대의 시대적 좌표를 제시한 박태준이 더 목청을 높여서 역설한 것은 지배층의 부패 척결과 인민의 자신감이었다.

세계 어느 나라를 막론하고, 한 나라가 일어서는 과정에서 무엇보다 중요한 전제조건은 지도층과 엘리트 계층이 부패하지 않고 자신감을 바탕으로 분명한 비전을 제시하는 것입니다. 물질적 유혹에 약한 것이 인간입니다. 인간은 강철처럼 강인하기도 하지만, 땡볕에 내놓은 생선처럼 부패하기도 쉽습니다. 부패는 인간 정신의 문제입니다. 지도층이나 엘리트 계층에 속한 인간이 부패하지 않는 것은 자기 정신과의 부단한 투쟁의 결실입니다. 역사 속의 모든 위인들은 끊임없이 자기 정신과 투쟁했습니다. 여러분이 훌륭한 지도자로 성장할 꿈을 간직하고 있다면, 지금부터 자기 정신과의 투쟁을 시작해야 합니다.

나는 지도층과 엘리트 계층이 자신감을 바탕으로 당대의 비전을 제시해야 한다는 주문도 했습니다. 그러나 자기 인생의 미래를 설계하지 않은 사람은 지도자가 될 수 없을 뿐만 아니라, 우연한 기회에 지도자가 된다고 해도 당대의 비전을 제시할 수 없습니다. 먼저, 개개인이 10년 뒤의 자기 모습을 그려보라는 충고를 하고 싶습니다. 여러분은 10년 뒤의 자기 모습을 그려놓고 있습니까? 만약 그려놓았다면, 치밀하고도 정열적으로 그 길을 가야 합니다. 만약 그려놓지 않았다면, 몇날 며칠을 지새우더라도 10년 뒤의 자기 모습부터 그려야 합니다. 개개인의 비전이 모여서 국가와 시대의 새 지평을 열게 된다는 사실을 명심하기 바랍니다.

거듭 강조하지만, 개발도상국이 경제발전을 추진하는 과정에서 가장 중요한 힘은 지도층이 부패하지 않는 것과 인민의 자신감입니다. 베트남에는 20세기의 세계 지도자 중에 가장 청렴했던 호치민 선생이 국부로 계시고, 프랑스와 미국과 중국을 물리친 자부심과 자신감이 있습니다. 문제는 그 위대한 정신적 유산을, 국가의 부강과 인민의 행복을 성취하기 위한 저력으로 활용하는 일입니다. 모든 역사에는 기복이 있지만, 지도층과 인민이 위대한 정신적 유산을 공유하고 그 바탕 위에서 손잡고 나아간다면, 반드시 일류국가를 만들 것이라고 확신합니다.

일류주의, 그 고투의 길과 천하위공

『박태준 평전』을 쓴 작가로서 내가 지켜본 박태준의 최고 매력은 무엇인가? 지장, 덕장, 용장의 리더십을 두루 갖춘 그의 탁월한 능력인가? 흔히들 그것을 꼽는다. 나도 흔쾌히 인정한다. 그러나 그것을 최고 매력으로 꼽진 않는다. 내 시선이 포착한 그의 최고 매력은 '정신적 가치'를 최상에 두는 삶의 태도였다. 박태준의 삶은 통속을 거부했다. 통속적 계산을 경멸하는 작가만큼 치열하게 자기 신념의 정신적 자계(磁界)에서 벗어나지 않았다. 주인공의 요청이나 부탁이 아니었건만 작가가 자발적으로 평전을 쓰게 만드는 그 매력을, 그는 나에게 연인의 향기처럼 풍겼다.

내가 박태준을 처음 만난 것은 1997년 초여름이었다. 그로부터 15년쯤 지나서 프랑스 《르몽드》가 "한국의 영웅이 떠나다."라고 박태준의 부음을 알린 2011년 12월 13일까지, 나는 그와 숱한 시간을 같이 보내며 그의 생애와 정신과 추억에 대한 온갖 대화를 나누는 '복된 기쁨'을 누렸다. 내가 그의 평전을 쓰는 작업은 인생의 황혼에 접어든 노인이 젊은이에게 제시하는 삶의 새로운 길을 따라 걸어가며 사색에 잠기는 것과 비슷한 일이었다.

나는 포항제철소가 들어선 영일만 갯마을에서 태어나 자랐다고 밝혔지만, 작가의식으로 박태준이란 이름에 깊은 관심을 기울인 때는 서른 살을 훨씬 넘긴 1990년대 초반의 어느 날부터였다. 그때까지 나는 그와 한 번쯤 악수를 나누기는커녕 먼발치에서나마 얼굴을 본 적도 없었다. 나에게 그는 신문이나 텔레비전이 알려주는 존재였다. 그런데 어쩌다 내가 그를 주목했을까. 물론 포항제철에 의한 '철거민'이요 '실향민'이라는, 포스코를 바라보는 삐딱했던 시각이 엔간히 철들었다고 할 이립(而立)을 넘어선 뒤로는 오히려 남다르게 포스코를 들여다보는 태생적 인연으로 바뀌었던 것이라는 점을 빼놓을 수 없을 테지만, 무엇보다 중요한 요인은 내 세계관에 대한 스스로의 조정이었다.

내가 이립한 즈음엔 고르바초프가 지각변동의 구심점 역할을 하는 시절이었다. 동·서독 분단의 장벽을 무너뜨린 독일시민이 베를린 브란덴부르크 문에 운집해 축제를 여는 밤, 그는 미모의 아내와 나란히 나타나서, "역사는 늦게 오는 자를 처벌한다."고 선언했다. 그때 나의 내면에도 무엇인가 굉음이 일어났다. 그것은 '한국적 1980년대'를 지탱해온 사회주의적 전망과 이상이 무너지는 소리였다. 그 뒤 현존 사회주의 체제의 좌절을 주제로 삼은 사회과학 논문들이 무수히 제출되었다. 그러나 나는 작가니까 인간에게서 답을 구했다.

'인간이 선의를 지니고 있긴 해도 결코 그것이 천부적으로 크게 결핍한, 사회주의를 실현할 윤리적 자질을 채워줄 수 없다. 이데올로기가 인간조건을 강제하고 규율할 수 있는 한계와 그 천부의 윤리적 자질의 한계가 서로 손을 맞잡고 거대한 절벽으로 인간사회에서 사회주의적 전망의 진로를 가로막고 있다. 이데올로기가 인간조건을 창조하는 것이 아니라 인간조건이 이데올로기를 창조한다. 유토피아도 일종의 이데올로기다. 유토피아란 그 절벽을 의식하는 인간의 관념과 이념이 저 아득한 먼 곳에 걸어둔 신기루 같은 것이다. 자유와 평등의 교집합을 부단히 넓혀나가는 것이 역사의 의지다. 이게 진화고 진보다. 그래서 모든 사회체제는 시민의, 인민의, 국민의 더 인간다운 삶에 기여하기 위해 생물체처럼 변화하고 적응해 나가야 하는 것이다.'

박태준의 최고 매력으로 나는 정신적 가치를 최상 가치로 받드는 삶의 태도를 꼽았는데, 실제로 그의 영혼은 강철 같은 정신(신념)의 덩어리였다. 모든 공사(公事)를 철저히 그것으로 관장하고 처리했으며, 그것으로 물질적 유혹을 제압하고 배격했다. 그의 솔선수범이란 그것에 당연히 따르는 일종의 부수적 현상에 불과해 보였다. 2010년 1월 그가 하노이국립대학교에서 '부패척결의 청렴한 리더십'을 역설한 것은 필생에 걸친 실천궁행의 당당한 웅변이었다.

포항제철 1기 착공 시기에 그가 일으킨 감동적인 일화는 저 유명한 '제철보국'과 '우향우'이다. 어려운 단어가 아니다. 제철보국이란 포항제철을 성공시켜 나라에 보답하자는 것이며, 우향우란 오른쪽으로 돌아 나아가 영일만 바다로 들어가자는 군대 제식훈련 용어다. 그러나 그 둘이 박태준의 정신 속에서 짝꿍으로 맺어지자 어마어마한 정신적 무장으로 거듭나서 포스코를 '성공의 고지'로 밀어 올리는 원동력이 되었다.

포항제철 1기 연산 103만 톤 조강체제 완공의 종잣돈은 대일청구권자금(일제식민지 배상금)의 일부였다. 박태준은 그 돈의 성격을 '조상의 혈세(피의 대가)'라 규정했다. 조상의 피의 대가로 세우는 국가적, 민족적 숙원사업인 포항제철을 어떻게 실패할 수 있는가? 실패하면 조상과 국가와 민족에 씻을 수 없는 죄를 짓는 것이니, 죽는다고 해서 용서받을 수 있는 것도 아니지만, 그래도 실패하면 우리는 목숨을 버려야 한다. 그때는 우향우 하자. 영일만 모래벌판에서 우향우 하면 시퍼런 바다, 그 바다에 빠져 죽자. 이것이 '우향우'다. 이렇게 강렬한 정신운동에 감히 부패가 파고들 틈이 생기겠는가. 그래서 나는 『박태준 평전』에 이렇게 썼다.

> 박태준은 비장했고 사원들은 뭉클했다. 그의 외침은 가슴과 가슴을 타고 번져나갔다. '조상의 혈세'는 민족주의를 자극했다. '우향우'는 애국주의를 고양했다. 그것은 '제철보국' 이념에 자양분이 되었다.

박태준의 강철 같은 정신의 덩어리, 그 핵은 무엇인가? 그의 좌우명이 일러준다. '짧은 인생을 영원 조국에', 이것이다. 애국은 애국인데, 어떤 애국인가? 제철보국에 담은 그의 국가는 어떤 국가인가? 이것이 중요하다.

박태준은 늘 일류를 희원했다. 포항제철의 첫 쇳물 생산보다 이태 앞선 1971년 4월에 발간한 사보(社報)《쇳물》, 그 창간호에 '무엇이든지 첫째가 됩시다!'라는 휘호를 만년필로 힘차게 써준 사람, 쇳물이 나올지 안 나올지 모르는 때에 구성원들에게 세계 일등을 꿈꾸자고 외친 박태준이었다. 그리고 그는 25년 동안 불철주야의 노심초사를 바쳐 마침내 초심의 맹세대로 포스코를 세계 최고 철강기업으로 일으켜 세웠다. 1985년 포항공대(포스텍)를 설립하는 장면에서도 "세계 최고 연구중심대학을 고집하고 추구하라!"고 다그쳤다. 포스텍은 한국 최고 연구중심대학을 넘어 세계 일류의 반열에 올라섰다. 그의 일류란 포스코와 포스텍이 보여주는 총체적 일류이며, 그의 일류국가도 포스코와 포스텍이 보여주는 것과 같은 총체적 일류국가였다.

왜 박태준은 일류 또는 최고 수준을 고집하며 추구하고 일류국가를 희원했는가? 왜 그는 일류주의와 일류국가주의를 잠시도 내려놓지 못했는가? 이것은 그가 관통해온 시대적 고난과 분리할 수 없는 것이다. 그의 일생은 우리 현대사의 한복판을 꿰뚫은 역정이었다.

1927년 부산시 기장군 임랑리 조그만 갯마을에서 태어난 박태준. 어머니의 손을 잡고 아버지를 찾아가는 유년의 도일(渡日) 뱃길에 그는 생애 최초로 부관연락선이라는 철로 만든 근대적 괴물(문명)에게 실존을 의탁한다. 영특하고 달리기와 수영을 잘하는 아이의 귀에는 자주 "조센진"이라는 말이 들려왔다. 유소년 시절은 몸을 키우고 지식을 늘리는 그만큼 조센진이라 불리는 쓰라린 모욕에 시달려야 했다. 모욕이 그에게는 의식의 씨앗이었다. 그 씨앗은 무엇이든지 일등을 해야 차별을 덜 당한다는 방어의식과 저항의식으로 발아하여 시나브로 애국정신과 일류의식으로 성장한다. 광복이 되어 와세다대 기계공학과를 중퇴하고 가족과 함께 귀향해서 군문으로 들어설 때, 그는 부모 앞에 뜻을 밝힌다.

"건국에는 반드시 건군이 있어야 합니다."

이 한마디는 되찾은 나라를 위해 살겠다는 도전의지를 응축한 말이었다.

태릉 골짜기, 육사 6기생도 박태준. 여기서 열 살 손위의 박정희를 은사로 만난다. 말이 많은 것도, 달변도 아니었지만 카랑카랑한 목소리로 생도들을 가르치는 박정희로부터 그는 많은 영향을 받았고, 지휘관의 길을 배웠다. 박정희는 그에게 단순한 교관이 아니라 스승이 되었다. 탄도학 강의시간에 어려운 수학 문제를 푼 유일한 생도였던 박태준을 주목한 박정희도 그에게 단순한 생도가 아닌 제자의 자리를 마련해주었다. 존경하는 스승과 믿음직한 제자의 관계로 출발한 그들의 사제관계는 평생토록 변하지 않았다.

박태준은 청년장교로서 6·25전쟁을 맞는다. 철원에서 서울까지 밀려나는 사흘 만에 자기 연대의 중대장 12명 중 10명이 전사한 가운데 구사일생 멀쩡히 생존한 중대장으로서 포항까지 후퇴했다 거꾸로 청진까지 북진하지만, 야전병원에서 급성맹장염 수술을 받은 몸으로 1·4 후퇴의 일원이 된다. 휴전 후 육군대학을 수석으로 졸업한 그는 당시의 부패한 우리 군대에서 지독한 '딸깍발이'로 손꼽히는 대령이었다. 일절 부정부패와 타협하지 않았다. 결코 용납하지도 않았다. 그 소문이 박정희의 고막을 건드렸다. 이것은 거사를 획책하는 박정희가 1960년 부산군수기지사령부 사령관으로 내려갈 때 그를 인사참모로 발탁하는 인연으로 맺어진다.

그들의 무수한 술잔에는 시대적 고뇌가 담겼다. 희망을 잃은 국민, 궁핍한 조국의 현실, 무능한 권력에 대해 그들은 울분을 공유했다. 언제까지 이렇게 비참하게 살아야 하는가, 왜 우리나라라고 못하는가. 새로운 꿈도 꾸었다. 그렇게 부산에서 함께 지낸 여섯 달 남짓. 조국을 근대화해야 한다는 열망과 신념을 가슴에 품은 사제(師弟)의 신뢰는 더욱 깊어졌다.

5·16정부에서 국가재건최고회의 의장 비서실장과 상공담당 최고위원을 역임한 박태준은 박정희의 정치참여 제안을 거절한 결과로 1965년 새해 벽두에 대한중석 사장을 맡게 된다. 그해 6월부터 박정희의 특명에 따라 종합제철 프로젝트에 깊숙이 관여하던 박태준은 1967년 가을에, 마치 끝모를 대물림의 절대빈곤 극복을 목메게 기다려온 우리 역사가 어떤 필연에 의해 성사시킨 일처럼, 종합제철 건설과 경영의 대임을 맡는다. 이때 박태준의 정신세계는 '천

하위공(天下爲公)'으로 확장돼 있었다. 식민지, 분단, 혼돈, 전쟁, 재분단, 폐허, 부패, 빈곤. 이것들이 불혹(不惑) 박태준의 나이테였다. 그러나 그는 저주받은 것 같은 나라를 체념해버리는 절망과 허무, 퇴폐와 좌절로 미끄러지지 않았다. 미래의 나이테를 희망과 풍요의 목록으로 채우려는 그의 도전의지에서 천하위공은 정신적 기반이었다.

천하위공이란 '천하가 모두 공적인 것이 된다', '천하는 모든 사람을 위한 것이 된다'는 뜻이다. 『예기(禮記)』 '예운(禮運)편'에 나오는 말이다. 중국 신해혁명을 이끈 쑨원[孫文]이 소중히 간직했다. 박태준이 "교육은 천하의 공업(公業)"이라 선언한 때는 1978년 9월이다. 하지만 그는 대한중석 사장(1965-1967)으로서 남몰래 대학 설립을 꿈꾼 때부터 천하위공을 영혼에 보듬고 있었다. 요즘 한국사회는 복지 씨름이 한창이지만, 포스코가 1970년대와 1980년대에 선구적으로 실행한 사원주택제도, 장학제도, 복지제도, 녹화제도 그리고 유치원·초·중·고 14개교, 포스텍 (포항공대), 포항방사광가속기 등은 천하위공을 실천한 그의 모범 사례들이다.

아담 스미스가 '보이지 않는 손'을 찍어냈다. 인간사회는 때로 그 손을 혐오도 하지만 시장체제의 쇄신을 관철하면서 여전히 자본주의를 선호하고 있다. 기존 자본주의를 뜯어고쳐야 한다는 불만이 팽배할 때는 전면에다 긴 거울을 세운다. 거울에 비친 자본주의의 전신을 살피며 수술 방법을 궁구하는 것이다. 그 거울의 이름을 근대 서양은 '마르크시즘' 또는'사회주의'라 지었다. 동양에는 까마득한 옛날부터 청동으로 만든 '천하위공' 손거울이 있었다. 인간의 선의(善意)를 신뢰하고 선양(煽揚)하는, 깨지지 않는 그 손거울을 박태준은 일생 동안 영혼의 주머니에 넣고 다녔다.

무(無)에서 유(有)를 창조한 포스코, 절명의 위기는 그 요람에 들이닥쳤다. 1969년 2월 미국, 영국, 서독(독일), 이탈리아, 프랑스 등 서방 5개국 8개 철강사들, 그들의 국제컨소시엄인 KISA(Korea International Steel Associates)가 포스코에 대한 자금과 기술을 책임지마고 했던 약속을 헌신짝처럼 팽개친 것이었다. 그들이 내세운 이유는 차관 제공을 승인해줘야 하는 세계은행(IBRD)의 '한국 종합제철 프로젝트는 시기상조'라는 분석적 보고서였다.

KISA를 쳐다보며 종합제철공장 건설 프로젝트를 추진해온 한국 정부는 졸지에 뒤통수를 얻어맞은 격이었다. 사람이 뒤통수에 가격을 당하면 쓰러지게 되듯이, 가난한 정부의 거대 프로젝트도 그런 경우와 유사한 꼴이 되었다. 자본주의의 비즈니스 시스템은 가혹하며 비정했고, 갓 태어난 포스코는 죽어야 했다. 박태준의 오른팔 황경로(제2대 포스코 회장 역임)가 사장의 비밀지시를 받들어 '회사 청산 계획'을 세워야 하는 상황이었다. 그러나 '절대적 절망은 없다'며 줄기차게 일본과 협력할 방안을 강구해오던 종합제철건설 책임자가 하룻밤 하와이에 머물며 기어코 비상한 돌파구를 찾아낸다. 대일청구권자금 일부 전용, 바로 이 아이디어가 그것이다. 박정희가 승인했다. 종합제철을, 포스코를 살려낼 다른 길은 없었다. 박태준은 일본 각료들과 철강업계 지도자들을 설득하는 데 앞장선다. 그리고 협조를 끌어낸다. 영일만 모래벌판에 아기무덤으로 남을 뻔했던 갓난아기 포스코가 기적처럼 회생하여 '식민지 배상금'에 담긴 민족과 국민의 이름으로 전화위복의 길을 개척하는 전환점을 마련한 것이다. 이를 포스코는 뒷날에 박태준의 '하와이 구상'이라 명명한다.

앞에서 한두 줄 언급했다시피, 박태준은 일류국가의 밑거름이 되려는 신념을 '포스텍' 설립에도 눈부시게 발휘했다. 1985년이었다. 새로 시작한 광양제철소 건설에 들어갈 자금도 엄청난 규모였으나 그는 과감하고 단호하게 한국 최초 연구중심대학 설립을 밀어붙인다. 그때 포스코는 국정감사 대상이었다. 정치권부터 의심과 반대의 목소리가 높았다. 내부도 마찬가지였다. 그러나 그는 흔들리지 않았다. 이미 유·초·중·고 14개교를 세워 세금의 도움 없이 최고 수준으로 육성한 교육의 신개척자는 오히려 포스텍 설립의 당위성을 알리는 전도사를 자임한다. "과학기술이 일류가 아닌 나라는 일류국가가 될 수 없다." "과학기술은 경제와 국방과 국력의 근본이다." "사람을 통솔하는 것은 곧 사람을 키워내는 일이다." "교육은 천하의 공업(公業)이다." 이들은 박태준 정신의 두 축에서 제철보국과 짝을 이루는 교육보국의 뼈대였다.

2010년 영국《더타임스》가 세계 대학 평가에서 28위로 매긴 포스텍, 그 개교를 넉 달쯤 앞둔 1986년 8월 27일, 그는 포스코 내부에 웅성대는 불만의 소리를 듣고만 있지 않았다.

> 회사의 사운을 걸고 시작한 포항공대 설립에 대해 당장 눈앞의 것만 생각한다면, 고생 끝에 얻은 성과가 우리에게 돌아오는 것이 아니라 다른 데에 쓰이는 것이 아닌가 하는 의구심이 발생할 소지가 있습니다. 그러나 포항공대는 회사 백년대계를 좌우하는 구심점이 되고 국가산업 발전에 기여하며 과학영재를 길러내는 대학이 되어야 합니다. 지금 당장의 이윤 추구가 아니라 국가 장래를 위해서 큰 힘이 된다고 하는 확신을 우리 스스로 가져야 하며, 특히 간부들이 이에 대한 소신을 가져야 합니다.

포스코, 포스텍과 포스코교육재단의 학교들을 통해 박태준은 제철보국·교육보국 정신을 실현했다. 일류주의도 실현했다. 또한 그것은 일류국가의 토대 구축에 지대한 공헌이 되었다. 과연 그의 인생을 짧은 문장에 담을 수 있을 것인가? 그의 인생에서 가장 중요한 공적이 포스코이고, 포스코가 한국 산업화의 견인차 역할을 했으며, 산업화의 물적 토대 위에서 억세고 끈덕지게 밀고 나간 민주화 투쟁으로 민주주의가 성장했다는 시대적 진실을 통찰할 경우, 요람의 포스코가 절명의 위기를 극복한 장면은 한국의 운명을 밝은 쪽으로 돌려준 큰 행운이었다. 아무리 축복해도 지나치지 않다. 그 주인공이 박태준이다. 무엇이 그것을 이루었을까? 물론 조국 근대화를 향한 그의 절박한 염원부터 떠올리지만, 아이러니하게도 만약 그가 일본에서 식민지 아이와 청년으로 성장하지 않았더라면, 다시 말해 그가 일본의 실력자들과 상대하는 자리에 통역을 데려가는 처지였다면, 그의 설득은 실패했을 것이다. 운명, 이 말을 떠올릴 수밖에 없다. 프롤로그에서 인용했으나 다시 불러온다. 『박태준 평전』에서 나는 이렇게 평가했다.

> 생존의 길을 찾아 일본으로 들어간 아버지의 뒤를 좇아 현해탄을 건너갔던 수많은 식민지 아이들 가운데, 사춘기를 벗어난 무렵에 해방된 고향으로 돌아와 빈곤에 허덕이는 신생독립국의 어른으로 성장한 다음, 유소년기에 어쩔 수 없이 익혔던 일본어와 일본문화로써 가장 훌륭하고 가장 탁월하게 조국에 이바지한 인물은 박태준이다. 신학문을 배우러 일본유학을 했던 청년학도를 포함시켜도 결론은 달라지지 않을 것이다.

정치 참여를 어떻게 볼 것인가

포스코를 세계 일류기업으로 성장시킨 명성은 주인공에게 정치참여의 문을 세 번 열어줬다. 물론, 박정희 서거 후의 일들이다.

첫 번째, 1980년.

박정희의 갑작스러운 죽음(1979년 10월 26일)은 포스코라는 한 기업의 처지에서 보면 정치적 외풍을 막아주던 튼튼한 울타리가 느닷없이 사라진 대사건이었다. 포항제철의 보이지 않는 성공요인으로는 박정희의 의지와 박태준의 리더십을 빼놓지 않는다. 하버드대학교, 스탠포드대학교, 서울대학교, 미쓰비시 종합연구소 등이 학문적으로 규명한 사실이다. 가장 중요한 관점은 그 의지와 그 리더십이 어떻게 결합할 수 있었는가 하는 것이다. 나는 『박태준 평전』에서 이렇게 보았다.

> 박정희는 박태준의 순수하고 뜨거운 애국적 사명감만은 '범할 수 없는 성역'처럼 옹호했다. 정치권력의 방면으로 기웃거리지 않고 당겨도 단호히 뿌리친 그의 기개를 높이 보았다. 여기엔 한 인간과 한 인간으로서, 한 사내와 한 사내로서 오직 두 사람만이 온전히 알아차릴 수 있는 서로의 빛깔과 향기가 있었을 것이다. 이러한 박정희와 박태준의 독특한 인간관계는 박태준이 자신의 리더십과 사명감을 신명나게 발현할 수 있는 '양호한 정치적 환경'을 조성해 주었다.

사욕을 비운 제자에 대한 박정희의 절대적 신뢰는 박태준을 모함으로부터 지켜주었으며, 박태준이 외압을 이겨내고 포스코를 세계적인 기업으로 키워나가는 길에 큰 힘이 되었다. 천하위공이라는 박태준의 정신, 그런 제자를 끝까지 엄호해준 스승으로서 박정희가 보낸 신뢰. 이 특별한 관계는 국가 중심적 경제성장(발전주의 국가) 시대 또는 개발독재 시대라 불리는 '박정희 통치 18년'을 통틀어 '박정희의 가장 밝은 자리'에 박태준을 독보적으로 우뚝 서게 만들었다.

십여 년에 걸쳐 언제나 듬직했던 포스코의 울타리가 홀연히 사라진 암담한 시기에 신군부 정치권력이 박태준을 불렀다. 공기업 포스코의 최고경영자에 대한 인사권자는 "포스코를 계속 맡아 주시오."라는 단서까지 달아서 놓아주지 않으려 했다. 이에 박태준은 자신이 정치권력에 직접 들어가야 포스코의 울타리가 될 수 있다는 판단과 각오를 앞세우고 정치에 한 발을 들여놓았다.

두 번째, 1990년.

김영삼, 김종필까지 하나로 엮으려는 기획을 마친 노태우가 포스코에 거의 전념하고 있는 전국구 국회의원 박태준을 여당 대표로 끌어들였다. 그는 사양했으나 대통령은 포스코 회장의 인사권자였다. '차출 당하여' 올라간 무대는 1992년 10월 차출 당했던 이가 스스로 정계를 떠나는 것으로 막을 내린다.

세 번째, 1997년.

정치적 이유의 해외유랑을 끝낸 박태준이 포항 국회의원 보궐선거에 무소속 출마했다. 이번에는 순전히 자기의지였다. 그해 대선 국면에서 그는 김대중·김종필과 연대하여 헌정사상 초유의 수평적 정권교체를 이룩하고, 6·25전쟁 후 최대 국란이라 불린 외환위기(IMF사태) 극복에 앞장서게 된다.

과연 박태준의 '정치적 인생'에 대해 부정적으로 여기는 선입견이 정당한 것인가? 동시대인의 부정적 통념은 크게 세 가지다.

하나는 '훌륭한 사람이 괜히 정치에 들어가서 몸을 더럽혔다'는 것이다. 이 세평(世評)은 박태준의 '첫 번째 정치참여'를 겨냥한 것으로, 한국 정치에 대한 국민의 일반적인 혐오증과 전두환 정권에 대한 거부감을 반영하고 있다. 그러나 그때 상황에서 그가 '차출'을 거부했다면 포스코 최고경영자에서 축출됨으로써 광양제철소는 당시 정부의 계획대로 아산만에 건설됐을 것이다.(1978년 현대의 정주영과 포철의 박태준이 제2제철소를 맡으려고 치열하게 경쟁한 상황에서 박정희가 '포철 제2공장'이라며 박태준에게 맡겨준 제2제철소의 입지 선정은 박태준의 확고한 의지와 설득으로 아산만에서 광양만으로 옮기게 되었다.) 그랬더라면 대성취를 보장할 수 있었을까? 또한 포항공과대학교(포스텍)는 탄생할 수도 없었을 것이다. 그러니까 그의 첫 번째 정치참여는 한국 산업화의 완성에 결정적으로 기여하고 한국 대학교육의 신기원을 개척하는 '좋은 권력'으로 재창조되었다.

다른 하나는 '훌륭한 사람이 괜히 정치에 들어가서 고생만 하고 실패 기록을 남겼다'는 것이다. 이 세평은 박태준의 '두 번째 정치참여'를 겨냥한 것으로, 그가 해외 유랑을 떠나야 했던 이미지를 반영하고 있다. 그러나 이미지일 뿐이다. 그는 말했다. "나는 YS를 구국의 지도자로 보지 않았다. 내 양심에 따라 그의 제안을 거절했다." 만약 박태준이 속류 정치인이었다면 대통령 당선이 확실시되는 권력자에게 머리를 숙여서 '권력 2인자'를 노리는 정치적 야합(선거대책위원장 제의에 대한 불편한 수락)을 선택했을 것이다. 정말 바람직한 일은, 박태준을 파트너로 삼겠다는 권력자의 눈에 그의 '일류'를 향한 비전과 능력이 보였어야 했다. 이도 저도 아닌 조건 속에서 그는 억압을 예견하며 권력의 유혹을 뿌리쳤다.

이른바 '문민정부'가 출범한 1993년 봄날, 박태준이 해외로 나가는 장면은 '박정희와 박태준'의 관계와 '김영삼과 박태준'의 관계가 전혀 다른 차원이라는 증거이기도 하다. 박정희는 자신의 정치 참여 권유를 거절하고 미국 유학을 떠나겠다는 그를 경제 방면으로 불러들인 반면, 김영삼은 그것을 거절한 그에게 보복의 권력을 발동했다. 묘한 노릇이지만, 그를 붙잡은 경우에 한국은 계량하기 어려운 경제적 거대 이득을 챙겼고, 그를 내쫓은 경우에 한국은 계량하기 어려운 경제적 외교적 거대손실을 입었다. 박태준의 해외 유랑은 그의 중국 구상, 베트남 구상, 미얀마 구상, IT사업 구상(일본 소프트뱅크 손정의와 손잡고 연간 1조원씩 10년간 투자한다는 계획) 등을 파도에 쓸린 모래성처럼 사라지게 했다. 이로 인한 국부(國富) 손실의 계산서를 아마도 역사는 완전히 망각할 것이다.

그리고 박태준의 '세 번째 정치참여'에 대한 부정적 통념은 'DJ와 손잡은 것 자체가 잘못'이라는 비난이다. 물론 극우적 성향의 목소리들이다. 올바른 것인가? 따져볼 일이다.

박정희 통치시대에 한국 근대화는 마치 산업화와 민주화가 동일한 역사 무대에 공존할 수 없다는 것처럼 반목과 갈등의 양상으로 전개되었다. 모순 시대였다. 그러나 고희(古稀)의 박태준은, 그때는 산업화와 민주화의 모순 시대가 아니라 '상보(相補) 시대'였다는 견해에 동의했다. 산업화와 민주화가 외양적으로는 모순관계처럼 대립했으나 내재적으로는 상보관계로 작동하면서 경제와 민주주의가 함께 발전하고 함께 성장했다는 견해이다. 경제와 민주의의가 어떻게 모순관계란 말인가? 근원적으로 상보관계다. 그래서 박태준은 1997년 늦가을 외환위기 사태 속에서 펼쳐진 대통령선거를 통해 "산업화세력과 민주화세력의 화해, 영남과 호남의 화합"을 외칠 수 있었다. 비록 고독한 외침이었으나 그것은 50년 만의 수평적 정권교체에 이바지한다. 그해 12월 5일에는 김대중을 구미의 박정희 생가로 안내하여 두 지도자에게 늦어진 화해 자리를 마련해준다. 박태준이 자발적 의지로 선택했던 세 번째 정치참여는 한국 민주주의의 성장에 합리적 보수세력의 힘을 보태고 외환위기 수습의 최고 일꾼으로서 생애 마지막으로 국난극복에 헌신할 기회를 자신에게 제공했다.

대한민국은 2012년 영국 이코노미스트가 발표한 민주주의 지수 평가에서 167개국 중 20위에 올랐다. 일본(23위), 대만(35위)보다 앞섰다. 특히 1997년 12월과 2007년 12월에 대립적 정치세력이 선거를 통해 평화적 정권교체를 이룩함으로써 민주주의 공고화 기준(two-turnover test)을 통과하고 선진형 민주주의에 진입했다는 것이다. 하지만 그 평가에 대해 한국인의 눈과 귀는 아둔해 보인다.

박태준의 세 번째 정치 참여에 대해 나는 『박태준 평전』에서 이렇게 정리하고 있다.

> 20세기 후반기의 한국 산업화 무대에서 단연 빼어난 주연이었던 박태준. 영일만-광양만의 신화를 창조하는 가운데 해방 이후의 우리 역사에서 그와 동시대를 살아온 모든 방면의 모든 지도자를 통틀어 유일하게 세계가 인정하는 '세계 최고' 철강인 박태준.
>
> 1997년 10월부터 2000년 4월까지 한국이 50년 만에 수평적 정권교체를 달성하고 비참한 국가부도의 위기를 극복해낸 그 절박한 시기에, 그는 정치권력의 무대에서 과거의 순수한 열정과 화려한 경력을 바탕으로 김대중의 자문과 조연을 맡았다. 다만, 역사의 관습은 조연에 대한 대접과 평가가 지나치게 옹색하다.

진정한 극일파(克日派), 그 영혼에 맺힌 말들

일본에 친구들이 많고 일본을 잘 아는 지일파(知日派) 박태준, 그의 일본에 대한 궁극적 목표는 극일이었다. 그는 진정한 극일파(克日派)였다. 그의 시대에서 한국은 어느 분야든 일본을 넘어서야 세계 정상을 바라볼 수 있었다. 1970년대 일본은 철강뿐 아니라 총체적인 일류국가였다. 극일하지 않으면 그의 일류주의는 성취할 수 없는 허상에 불과한 것이었다. 더구나 그때 일본 철강사들의 지도를 받는 포스코로서는 반드시 일본을 넘어야 세계일류에 올라설 수 있었다. '조센진'이란 차별과 모욕이 의식의 씨앗이 되었던 박태준에게 그것은 물러설 수 없는 과제였다. 극일을 못하면 포스코가 세계일류 반열에 오를 수 없고, 이것이 안 되면 조국은 일류국가에 도달할 수 없다. 이 엄청난 장벽 앞에서 그는 침착하고 치밀하고 집요했다. 명확한 전략이 있었다. 3단계 일본관(日本觀)을 피력했다. 먼저 일본을 알아야 한다(知日), 그래서 일본을 활용해야 한다(用日), 그리고 일본을 극복해야 한다(克日). 지일-용일-극일, 이 전략이었다.

상대도 알아챘다. 일본 최장수 총리를 지낸 나카소네는 "일본에서 하나라도 더 한국에 도움이 되는 것을 가져가려는 박 선생의 애국심"에 감동했고, 미쓰비시상사 회장을 지낸 미우라 료헤이는 "우리가 비즈니스를 위해 한국을 연구하는 것처럼 박 회장은 일본을 연구하는 전략가"라고 간파했다.

'포항제철 1기 연산 조강 103만 톤 건설'의 첫 장면에 등장하는 가장 중요한 일본인은 신일본제철 이나야마 요시히로 회장이다. 1969년 봄날 박태준은 도쿄로 날아가 그를 만나야 했고, 어떡하든 그의 마음을 열어야만 했다. 대일청구권자금의 일부를 포항제철 건설에 전용하는 과정에는 농업 분야에 배정해 둔 그것의 전용에 관한 한일(韓日) 양국 정부의 재합의가 있어야 했고, 그 재합의의 전제 조건으로 일본철강업계 대표들의 포항제철에 대한 기술지원 약속이 이뤄져야 했는데, 이나야마 요시히로는 일본 철강업계 최고 리더로서 일본철강연맹 회장이었다. 박태준은 이미 돈독한 관계를 맺어둔 양명학 대가 야스오카의 지원을 받아 철강업계 대선배를 찾아갔다.

그때 두 사람의 만남은 이른바 '역사적 회담'으로 남았다. 이나야마는 서방 5개국의 KISA에게서 버림받은 포스코의 절명적 위기에 관한 전후사정을 경청했다. 포항제철을 성공시키겠다는 '빈털터리 젊은 사장'의 뜨거운 의지와 순수한 사명감과 비즈니스 비전에 정신적 공명을 일으켰다. 그는 첫 만남에서 일본 철강업계의 전폭적 지원을 약속했다. 이것이 포항제철 건설을 지원하는 일본기술단(JG)으로 구체화되고, 그들이 허허벌판 영일만에 들어와 '경험도 기술도 전무한' 한국인들의 제철소 건설 현장에서 감독 역할을 맡는 인연이 되었다. 포스코가 태어난 것은 1968년 4월 1일이었지만 그로부터 꼬박 이태가 지난 1970년 4월 1일에야 박정희 대통령, 김학렬 부총리, 박태준 사장이 영일만에서 착공의 발파 버튼을 누를 수 있었다. 바로 그 2년 동안은 요람의 포스코가 아기무덤으로 남을 뻔했던 위기를 극복해가는 긴박한 드라마의 시간대였다.

신일본제철 중심의 일본 엔지니어들로 구성된 일본기술단이 영일만 건설 현장의 감독을 맡은 상황에서 박태준의 기술력 확보에 대한 단기적 목표는 '완공과 동시에 공장을 완전히 우리 손으로 돌리는 것'이었으며, 중기적 목표는 '기술종속에서 완전히 벗어나 기술자립을 이룩하는 것'이었고, 장기적 목표는 '세계 최고기술력을 보유하는 것'이었다.

단기적 목표 달성을 위해 박태준은 어려운 살림살이에도 직원들의 해외연수 비용을 아끼지 않았다. 하나의 기술도 놓치지 말라고 연수생들에게 보내는 그의 당부와 격려는 간곡했다. 이때도 이나야마는 깊은 배려를 보여주었다. 박태준의 부탁을 받아 홋카이도 무로랑제철소 전체를 포스코 연수생이 직접 돌려보게 하는 '대담한 선물'을 선사한 것이었다. 실제로 포스코는 톤당 생산단가 경쟁에서 압도적 세계 1위를 달성하며 포항제철 1기를 완공했을 때(1973년 7월 3일), 포스코 직원들의 손으로 공장 전체를 직접 돌리는 기록을 세웠다. '영일만 신화'를 쓰기 시작한 것이었다.

일본기술단이 영일만에서 완전히 철수한 때는 1978년 12월 포항제철 3기를 완공(연산 조강 550만 톤 체제)한 직후였다. 그들은 글을 남겼다.

모든 역경을 딛고 포항제철은 단기간에 일본의 제철소에 버금가는 대규모 선진제철소를 건설하는 데 성공했다. 이 회사가 4기 확장을 마칠 때면 아마도 생산능력과 시설 면에서 세계 최고가 될 것이다. 고급인력과 최고경영자의 탁월한 능력이 합쳐져 포항제철은 머지않아 세계 최고가 될 것이다.

포스코가 기술자립을 확신하고 일본기술단이 그것을 인정한 무렵, 중국 덩샤오핑이 신일본제철을 방문해(1978년 10월) 이나야마와 환담을 나누었다. 그 자리에서 중국에 포항제철과 같은 제철소를 지어달라는 덩샤오핑의 요청을 받은 이나야마가, "제철소는 돈으로 짓는 것이 아니라 사람이 짓는데 중국에는 박태준 같은 인물이 없어서 포항제철 같은 제철소를 지을 수 없다."고 답하자, 덩샤오핑은 잠시 생각에 잠겼다가, "그럼 박태준을 수입하면 되겠다."고 말했다. 이것이 유명한 덩샤오핑의 '박태준 수입' 일화이며, 그로부터 십여 년 뒤 그것은 포스코가 중국으로 진출하는 초기에 든든한 힘으로 작용한다.

일본 철강업계가 '부메랑 이론'을 들고 나와 포스코를 공격한 것은 1981년 여름이었다. 논리는 간단했다. 한마디로 일본 철강업계가 포스코라는 호랑이 새끼를 키웠다는 것이었다. 세계적 불황이 철강업계를 억누르는 상황에서 포항제철소 4기를 완공하고 연산 조강 1200만 톤 규모의 광양제철소 건설을 추진하는 포스코와 박태준을 향하여 이나야마의 후배들은 '협력 중단'을 결의했다. 그러나 포스코는 이미 기술자립에 들어서 있었다. 그렇다고 '스승'과의 불편한 관계를 지속하는 것은 피차 이로울 것이 없었다. 박태준은 어려운 상황을 전방위적 수단으로 치밀하고 과감하게 돌파해나갔다. 영일만에서 축적한 기술과 경험을 광양만에서 꽃피워 세계 최고 제철소로 설계해 나가는 한편, '선진국이 먼저 가고, 그 뒤를 중진국이 가고, 후진국은 또 그 뒤를 따라가는 것'이라는 순환론으로 신일본제철 사이토 사장을 몰아세우고, 일선에서 은퇴한 이나야마 회장을 움직여 후배들을 타이르게 하고, 광양제철소 설비구매에 대해 유럽 철강업계와 먼저 협의하는 '사업적 방법'으로 일본 철강업계를 자극하여 자중지란이 일어나게 만들었다. 광양제철소 설비계약이 진행될 무렵, 일본 철강업계는 스스로 부메랑을 거둬들인다.

1983년에 일본 철강업계가 '부메랑'을 거둬들이는 계기를 만드는 일에는 이병철 삼성그룹 회장의 도움이 지대했다. 이병철은 일본 휴양지 가루이자와로 박태준을 불렀다. 물론 이나야마가 같이 기다리고 있었다. 그 자리에서 이나야마는 "일은 일을 할 수 있는 사람이 있을 때 해야 한다."라는 말을 남겼다. 그리고 사이토를 비롯한 후배들에게 "포항제철과 협력을 재개하라."는 의사를 전달했다.

포스코가 세계 최고기술력 확보라는 장기적 목표를 광양제철소 완공과 더불어 성취하고 있을 때, 박태준은 자신의 '순환론'을 유감없이 실천한다. 1980년대 후반 들어 현대적 제철소 건설에 후발주자로 뛰어든 중국 철강업계에 업무 매뉴얼까지 제공한 것이다. 그는 걱정하는 후배들에게 말했다. "피할 수 없는 도리다. 우리는 더 좋은 기술로 더 앞으로 나가야지." 이를 실천하는 것처럼 포스코가 보여준 '세계 최고기술력'의 하나는 1992년 박태준의 지시로 시작한 '파이넥스 공법에 의한 쇳물 생산 상용화 연구'를 15년 만인 2007년에 세계 최초로 성공한 쾌거이다. 세계 철강사에 새 지평을 개척한 파이넥스 공법, 아직은 말썽을 일으키기도 하지만 그것은 기존의 고로 공법에서 가장 많은 탄소를 배출하는 공정인 코크스공장과 소결공장을 짓지 않아도 되는 친환경 쇳물생산 방식이다. 경제적으로도 전통의 고로 방식에 비해 투자비와 생산원가가 각각 15퍼센트씩 절감된다. 이제 포스코에는 신일본제철이 보낸 연수생도 온다. 세월이 흘러 바야흐로 여러 부문에 세계 최고 수준인 포스코는 '유소년기의 스승' 신일본제철과 전략적 동반관계를 맺기도 했다.

아마도 박태준이 공식 연설에서 일본을 가장 따끔하게 나무란 것은 2005년에 6월 서울 그랜드호텔에서 열린 한일국교정상화 40주년 기념 국제학술대회 기조연설이었을 것이다. 먼저, 그는 한일관계의 과제를 한국인의 시각에서 알아듣기 쉽게 제시했다.

> 일본은 한국을 가리켜 '일의대수(一衣帶水)'라 부르곤 합니다. 대한해협, 현해탄을 한 줄기 띠에 비유한 말입니다. 한국은 일본을 가리켜 흔히 '가깝고도 먼 나라'로 부릅니다. 가깝다는 것은 지리적 거리이고, 멀다는 것은 민족감정을 반영합니다. 한국, 일본, 중국이 쓰는 말에 '친(親)'자가 있습니다. 친교, 친숙, 친구 등 한국인은 '친'을 '사이좋다'는 뜻으로 씁니다. 매우 기분좋은 말입니다. 그러나 '친'을 매우 기분 나쁜 뜻으로 알아듣는 경우가 있습니다. 바로 '친일'이란 말입니다. '친일'의 '친'은 묘하게도 '반민족적으로 부역하다'라고 변해 버립니다. 이것은 국교정상화 40주년 한일관계에 내재된 문제의 본질에 대한 상징입니다. 한국인의 언어정서에서 '친일'의 '친'이 '사이좋다'는 본디의 뜻을 회복할 때, 비로소 한일수교는 절친한 친구관계로 완성될 것입니다.

이어서 박태준은 작심한 것처럼 신랄한 어조로 한반도 분단에 대한 일본의 책임을 추궁하고 반성을 촉구했다.

> 한국전쟁의 기원은 분단입니다. 분단의 기원은 식민지 지배입니다. 미·소 양극 냉전체제가 타협의 산물로 한반도 분단을 강요했지만, 식민지 지배라는 일본의 책임이 분단의 근원에 깔려있습니다. 아무리 패전국이었더라도 일본은 한반도 분단의 고통을 망각하지 말아야 합니다. 해방을 맞았으나 분

단에 이은 전쟁이 빈곤의 한국을 비참한 나락(奈落)으로 밀어 넣은 3년 동안, 과연 일본은 한국을 위해 무엇을 했습니까? 이 질문 앞에서 일본 지도층은 엄숙해지길 바랍니다. 한국전쟁에서 일본은 한국의 동맹국이 아니었습니다. 그때 일본은 미군의 군수기지 역할을 담당했습니다. 그것은 패전의 무기력과 잿더미 위에서 일본경제를 다시 일으키는 절호의 기회로 활용되었습니다. 일본 노인들은 1950년대 '진무경기[神武景氣]'라는 호황시절을 잘 기억할 것입니다. '진무'는 일본국 첫 번째 임금의 원호(元號) 아닙니까? 진무경기란 말은 '유사 이래 최고 경기'라는 민심을 반영했던 것입니다. 실제로 진무경기는 막강한 일본경제 성장의 기반이 되었습니다. 한국전쟁이란 특수경기가 일본경제 회생에 신묘한 보약으로 쓰였던 것입니다. 오죽했으면 한국 지식인들이 '한국전쟁은 일본경제를 위해 일어났다'라는 자탄을 했겠습니까? 그 쓰라린 목소리는 전쟁 도발자를 향한 용서 못할 원망도 담았지만, 분단의 근원에 대한 일본의 책임의식과 한국경제를 도와야 할 일본의 도덕의식을 촉구하고 있었습니다.

식민지, 분단, 전쟁, 폐허, 절대빈곤, 부정부패, 산업화와 민주화의 투쟁, 외환위기……. 박태준은 자신이 감당해낸 시대를 어떻게 기억했을까. 그의 평전 작가로서 나는 그것을 알아낼 실마리를 두 개쯤 잡을 수 있었다.

첫째는 박태준의 운명에 심대한 영향을 끼쳤던 식민지의 원인에 대한 그의 생각이다. 경술국치, 이 통곡할 비극에 대하여 그는 "조선이 일본에 일방적으로 얻어터지고 한입에 먹혔다."라고 곧잘 표현했다. 왜 조선은 일본을 때리진 못할망정 방어조차 못했는가? 이 문제를 거론하는 요새 한국인이 을사오적과 친일파의 멱살부터 잡아채는 것에 대하여 그는 씁쓸히 못마땅해했다. 반론은 이랬다.

"당시 세계정세에서 을사오적이 없었으면 조선이 일본에 안 먹혔겠소? 친일파가 없었으면 안 먹혔겠소? 물론 을사오적과 친일파 반민족자들의 죄과에 대해 역사적으로 엄히 추궁하고 징벌해야 하지만, 그들의 죄과보다 우선적으로 따져봐야 할 것이 있소. 그게 뭐냐? 조선 집권층, 지도층, 사대부, 소중화(小中華)를 우주라고 착각했던 지식인들, 그들 전체의 책임부터 엄중히 묻고, 다음으로 백성들의 책임도 물어야 되는 거요. 다 남의 탓이라고 하면 내 탓은 없어지는 것 아니오? 그러니 나라 전체의 책임부터 우선적으로 엄중히 묻고, 그 다음에 을사오적이다 친일파다 하는 그런 사람들의 반민족적 죄과를 물어야 한다는 거요. 을사오적이니 친일파니 그런 사람들을, 집권층과 지도층과 지식인들 전체의 책임과 죄과에 대한 면죄부로 둔갑시켜서는 결코 안 된다는 거요."

둘째는 박정희 통치시대를 염두에 둔 박태준의 근대화에 대한 기억의 방식이다. 그는 "독재의 사슬도 기억케 하고, 빈곤의 사슬도 기억케 하라."고 일갈했다. "다음 세대의 행복을 위해 순교자적으로 희생하는 세대"가 자기 세대라 외치며 그 길에 앞장섰던 박태준은 정치의 억압과 빈곤의 억압으로부터 해방된 젊은이들을 향하여, 우리 역사상 최초로 출현한, 공공적 거대억압으로부터 해방된 젊은이들을 향하여 대놓고 다음과 같이 묻고자 했던 것이다.

"산업화와 민주화가 원수지간처럼 으르렁거렸지만 그 기간 동안에 어느 한쪽이라도 진정성을 상실했더라면 우리가 산업화와 민주화의 성공토대를 동시에 마련할 수 있었겠는가? 젊은 자네들은 박정희에 대해 정치적 억압의 사례만 기억하려는 모양인데, 그 시대가 5천년 대물림 되어온 절대빈곤의 시대가 아니었다면 현명한 국민 대다수가, 영남 호남 구분할 것 없이 우리 국민 대다수가 그러한 리더십을 용인하기나 했겠는가? 그와는 반대로, 그 시대의 조건 속에서 그러한 리더십이 아니었다면, 과연 세계를 놀라게 한, 그렇게 빠른 속도의 압축적인 경제개발에 성공할 수 있었겠는가? 경제개발에 성공하지 못한 나라에서 민주주의와 복지제도가 얼마나 성장할 수 있었겠는가? 그러니 근대화 시대라는 현대사에 대한, 박정희 통치시대에 대한, 나도 모든 물욕과 사심을 버리고 일류국가의 밑거름이 되겠다는 사명감 하나에 미쳐서 헌신했던 그 시대에 대한 젊은 자네들의 기억방식이 공정해야지 않겠는가? 독재의 사슬도 기억하고 빈곤의 사슬도 기억해야 하지 않겠는가? 젊은 자네들의 기억이 공정하지 못하다면 나 개인만 해도 얼마나 억울하겠는가?"

박태준은 일류주의의 길을 열었다. 그것은 고독한 투쟁으로 공동체의 영광을 창조하는 길이었다. 그가 완주를 눈앞에 바라보는 즈음부터 비로소 동시대인들이 마치 이심전심 뒤늦게, 어떤 덮여있던 진실을 깨달은 것처럼 그를 '영웅'이라 부르고 있었다.

늙은 영웅은 영혼에 맺힌 말들을 미처 세상에 다 공개하지 못하고 눈을 감았다. 젊은 세대를 향한 저 역사인식의 문제도 공론화하지 못했다. 지금 여기에 몇 문장을 옮겨놓았지만 그것들은 『박태준 평전』 작가로서 내 기억에 고스란히 저장돼 있다. 이슬처럼 맺혔던 그의 말들이 내 안에는 구슬처럼 남을 것이다.

포스코 대성취에 바친 박태준의 공로가 아무리 적어도 1%는 될 것이라고 인정한 국가가 그에게 포스코 주식에서 공로주로 1%만 줬더라면, 그는 수천억 원을 소유한 재벌급 대부호로 살았을 것이다. 그러나 그는 공로주를 바라지도 않았고 한 주도 받지 않았다. 포스코가 늘 세계일류이기를 희원할 따름이었다.

박태준은 팔순을 넘어서도 통일의 실마리를 잡으려 했다. 원산 어디쯤에 종합제철소를 포스코 자금과 기술로 짓고 싶었다. "기술자야 인민군대서 차출해 포항, 광양에 데려다가 훈련시켜야지. 자금? 포스코 신인도면 은행이 줄을 서. 왜 평양이 문을 못 여나? 내가 지팡이라도 짚고 갈 건데. 제철소뿐인가? 근대화 교과서가 다 있어. 여기, 여기 말이야." 오른손 검지로 자신의 이마를 쿡쿡 찌르는 노인이 아이처럼 흥분했다.

천하위공, 그 머나먼 길을 애국정신·일류주의 두 발로 사심 없이 완주한 노인의 그 염원이 아직은 이 땅에 비원(悲願)으로 남아있다. 남북관계만 아니다. 산업화세력과 민주화세력의 화해, 영남과 호남의 정치적 화합이라는 국민통합도 그렇다. 1997년 12월 5일, 박정희가 국민교육을 공표하고 꼬박 스물아홉 해 흘러간 그날, 김대중은 박태준의 안내를 받아 박정희 생가를 처음 방문했다. 그때 김대중과 박태준은 국민통합의 디딤돌을 놓았다. 프롤로그에서 일러둔 김대중의 화해 목소리를 다시 들어보자.

> "고인이 경제에 7할을 바치고 인권에 3할을 쓴 분이었다면, 고인과 정치적으로 대결하던 시절의 나는 인권에 7할을 바치고 경제에 3할을 쓴 사람이었습니다. 고인과 나의 차이는 바로 거기에 기인한 것이었습니다."

대통령 김대중의 뒤를 이은 대통령 노무현은"국민통합"으로 나아가려는 가시밭길의 정치적 궤적을 남겼다. 포스텍 노벨동산의 박태준 조각상과 서울 현충원의 박태준 묘소를 참배했던 대통령 이재명은 선거 유세나 취임사에서 유난히 "국민통합"을 강조했다.

남북 화해와 평화.

산업화세력과 민주화세력의 화해, 영남과 호남의 정치적 화합, 그 바탕 위의 국민통합.

박태준의 영혼에 박혔던 두 비원은 2026년 새해에도 여전히 우리 겨레의 비원으로 걸려 있다. 그 실현의 길을 AI에게 물어본들, AI가 정답을 내놓은들 무슨 소용이겠는가?

역사는 늦게 오는 자를 처벌한다지 않나. 늦어도 너무 늦어졌다.

제2부

박태준은 우리의 축복이다

이병철

정주영

신격호

김철우

정두화

이정환

이맹기

류찬우

정수창

김호길

황경로

여상환

이대공

경영자의 살아 있는 교재

이 병 철 (1910-1987)

삼성그룹 창업회장

내가 박태준 회장을 처음 만난 것은 5·16 직후의 일이다. 5·16 당시 일본에 있었던 나는 귀국하자마자 박정희(朴正熙) 당시 국가재건최고회의 부의장과 대면하게 되었다. 박정희 부의장의 비서실장이 박태준 대령이었다. 박 부의장을 만나려면 비서실을 거쳐야 했으므로 그때 30대 중반의 박태준 씨를 잠시 볼 기회가 있었다.

그때의 만남에서 별다른 대화는 없었지만 내가 받은 인상은 단단한 체구와 광채 나는 눈, 굳게 다문 입 등 선이 굵고 선명한 인상에서 무언가 큰일을 해낼 사람이라고 느꼈다. 그러나 종사하는 분야가 서로 다르다보니 다시 만날 기회는 별로 없었다. 그 후 박 회장은 육군 소장으로 예편한 뒤 대한중석 사장을 맡고 다시 포항제철의 창립사장이 되었다.

이렇게 그가 군인에서 기업인으로 변신하면서부터 자리를 함께 하는 일이 많이 생겼다. 때로는 나라의 오늘과 내일을 함께 걱정하고, 때로는 기업경영의 어려움을 서로 토로하기도 하면서 지금까지 20년 세월 동안 박 회장과 나는 사업보국(事業報國)이라는 길을 함께 걷는 길벗이 된 것이다.

주위 사람들은 성격적으로나 생활습관의 면에서 박 회장이나 나나 비슷한 데가 많다고들 한다. 깔끔한 것을 좋아하고 매사를 완벽하게 해야 안심이 된다든지, 공정한 인사를 경영관리의 으뜸으로 삼는 점, 그리고 하루에 한 번씩은 꼭 목욕을 하는 버릇 등이 그것이다. 특히 목욕에 관해서 박 회장은 나름대로의 지론을 가지고 있다.

"몸가짐이 단정해지면 저절로 자기 주변을 청결히 하고 가지런히 정돈하기 마련이다. 반면에 자기 몸가짐이 불결하면 주변의 더러움에 둔감하게 된다. 이것은 공장에서도 마찬가지다. 작업자가 단정하면 공장이 청결해지고 공장이 청결하면 제품이 완전무결해진다. 불결한 작업자와 무질서한 공장에서 제대로 된 제품이 나오기를 바란다면 그야말로 연목구어가 아닐 수 없다." 과연 탁견이라고 생각한다.

그는 부하들에게 무섭고 엄격한 사람으로 알려져 있는 모양이다. 완벽할 것을 요구하고, 결백할 것을 요구하고, 철저할 것을 요구한다. 개개인에게 자기가 가진 능력의 일백 퍼센트 이상을 일에 쏟아부을 것을 강조한다.

이에 얽힌 일화가 있다.

언젠가 박 회장이 직원들을 일본에 연수 보내면서 훈시하기를 "여러분은 각자 맡은 분야의 기술을 남김없이 습득해 와야 한다. 그러나 그것만으로는 부족하다. 그 이외에 다른 기술 한 가지 이상씩을 가지고 오라. 그렇지 않으면 귀국 후에 나를 다시 볼 생각조차 하지 마라."고 했다 한다. 연수생들은 연수를 마치고 돌아온 뒤, 하나같이 박 회장에게 와서 약속대로 자기가 맡은 과목 외의 기술 한 가지씩을 내놓더라는 것이다.

일의 원칙을 어기고 주어진 목표에 미달했을 땐 추상같은 벌이 내려진다. 심지어 남의 회사 중역도 일을 잘못했거나 기본을 어겼을 땐 가차 없이 기합을 줄 정도이니 미루어 짐작할 만한 일이다.

그러나 내가 알기로 박 회장은 겉으로 칼날처럼 차고 날카롭지만 더없이 따뜻한 사람이다. 벌을 주어서 내보낸 사람도 꼭 다른 곳에 심어주어 일생을 책임지는 자상함을 가졌다.

그의 아호가 '청암(靑巖)'이 아니었던가. 항상 범접할 수 없는 푸르름을 발하면서도 풍상우로를 안으로 용해하는 너그러운 바위처럼 외유내강의 조화가 박 회장의 특징의 하나이며, 그것이 포철인을 일사불란한 애사심으로 뭉치게 하는 마력이 아닌지 모르겠다.

신앙이 무엇이냐고 물으면 그는 서슴없이 '철(鐵)'이라고 대답한다. '청암'은 군인의 기(氣)와 기업인의 혼(魂)을 가진 사람이다. 경영에 관한 한 불패의 명장이다. '한 번의 패배는 영원한 패배'라는 투철한 군인정신이 그 원동력이 되었을 것이다.

만성적자에 허덕이던 대한중석을 맡자마자 그는 보기 좋게 흑자로 전환시켰고, 기술도 자본도 부존자원도 없는 모래벌판 위에 철강왕국을 건설했다. 포철 창립 초기 미국, 영국, 독일, 이태리, 프랑스 등으로 구성된 대한 국제제철차관단이나 세계은행조차도 '안 될 일'이라고 등을 돌린 곳에 세계에서도 손꼽히는 제철회사를 기어코 만들어낸 것은 그 주역이 바로 박태준 회장이었기 때문에 가능했다고 나는 생각한다.

박태준 회장은 일본이나 중국도 부러워하는 세계적인 철강인이다. 몇 해 전 중국의 실력자 등소평(登小平)이 일본의 신일본제철을 시찰한 자리에서 이나야마(稻山) 회장에게 부탁하기를 "우리에게도 포항제철 같은 제철소를 하나 지어달라."고 했다 한다. 얼마 전 작고했지만 그때 이나야마 회장은 이렇게 말했다고 한다. "중국에는 박태준이 없지 않습니까?"

기업의 역사가 짧아 뛰어난 기업인이 많지 않은 우리의 풍토에서 박 회장이야말로 후세의 경영자들을 위한 살아있는 교재로서 귀중한 존재이다.

철강인들에게 주는 노벨상으로 권위가 널리 알려진 114년 전통의 〈베세머 금상〉을 현역 기업인으로서는 세계 최초로 박 회장이 수상한 것은 박 회장 개인의 영광인 동시에 우리나라 경제인들의 자랑이라 하지 않을 수 없다.

나는 평소부터 '기업은 사람'이며, 모든 것은 사람이 기본이라고 생각해 왔다. 역사가 인물을 만드는 것이 아니라, 사람이 역사를 창조한다고 나는 믿는다. '청암' 같은 훌륭한 기업인이 앞으로 우후죽순처럼 많이 배출되기를 바란다.

---

* 이 글은 필자가 생전에 마지막으로 남긴 글이다.

자리에 연연하지 않는 담백함과 강인함

정 주 영 (1915-2001)

현대그룹 창업회장

효곡(孝谷) 박태준 회장은 나의 30년간 친우(親友)로서 처음 만났을 때나 지금이나 한결같은 그의 담백한 성품과 강인(强靭)한 기질은 효곡이 생애에 이룩한 모든 일의 성과가 답을 해주고 있다. 또한 공사의 구별이 분명하고 강직한 성품과 철두철미한 신념으로서의 성공은 많은 사람들로부터 존경과 사랑을 받고 있다.

효곡은 많은 것을 우리나라 경제사회에 시범(示範)하였다. 군의 장성(將星) 출신으로 근대 산업사회에 투신한 그는 우리나라 산업의 중추적인 역할을 선도하는 종합제철공업을 개척하기 시작, 무(無)에서 유(有)를 창조하여 오늘날 한국을 세계의 철강 강대국으로 키워 놓았다.

효곡은 오늘날 세계경제를 지배하고 있는 일본의 지도급 인사들이 지니고 있는 모든 장점을 수련(修鍊), 사업에 주입·실천하여 종합제철공업에 있어 일본의 모든 민영 종합제철들과 비교하여도 높은 경쟁력을 갖도록 했으며 우리나라의 철강을 소재로 하는 모든 산업에 활기찬 경쟁력을 북돋우고 있다.

나는 평소 모든 기업은 민영화하여야 한다고 주장하는 사람이다. 그것은 민영기업의 최고 책임자가 국영기업의 최고 책임자보다 자유롭게 창의력을 발휘할 수 있기 때문이다. 일반적으로 국영기업이 많을수록 국영기업이 점유하는 산업분야는 침체되는 것이 국내외의 현실이다.

효곡 박태준 회장의 생애는 나의 민간기업주의론에 재검토를 가져오게 하였다. 그것은 나의 획일적인 민간기업주의론에 '사람에 달려있다'는 단서를 달도록 하는 수정을 불가피하게 만든 것이다. 국영기업으로 방대한 종합제철이 성공한 것은 효곡이 총괄하는 한국의 포항제철 하나뿐이다. 국영기업이 민영기업보다 탁월하게 국제경쟁력에서 우월한 것도 우리나라에서 포항종합제철 하나뿐이요, 세계에서도 포항제철 하나뿐이다.

복잡한 정부의 감독을 비롯한 어려운 여건과 창의력을 발휘할 수 없는 국영기업의 환경에서 효곡이 어떠한 경영철학으로 국영기업이, 아니 한국경제가 비약적인 발전을 이룩하게 하였는지 경영연구가들의 훌륭한 연구 과제라고 생각한다.

여러 가지 원인이 있겠지만 효곡의 강인한 성품, 지도력, 실행력, 인재의 포용력, 다른 사람들이 부러워하는 높은 직위의 자리에 연연하지 않는 담백함 등이 그로 하여금 그 중요한 자리에서 20여 년간 확고부동한 신뢰를 국가 최고 통치자를 비롯한 모든 사람으로부터 지속적으로 받을 수 있게 하는 주된 요인이며 그의 높은 성실성, 창의력이 오늘날 그가 한국 경제발전에 크게 기여하여 불후(不朽)의 공적을 세우게 한 것이다.

앞으로도 그가 가지고 있는 모든 훌륭함을 기초로 이 나라 발전에 더욱 큰일을 담당하여 지도적 인물로 찬연(燦然)한 삶을 누리기 바란다.

박태준 회장의 아호 '청암(青巖)'은 호암(湖巖) 이병철 회장이 지어준 것으로, 그 전에는 '효곡(孝谷)'이라 했다.

부드럽고 따뜻한 청렴의 대명사

신 격 호 (1922-2020)

롯데그룹 창업회장

종합제철 타당성 조사로 맺은 인연

나는 재일동포로서 일본에서 맨손으로 사업을 시작하였다. 일본의 패전 후 미군이 일본에 진주하자 그들이 처음으로 일본인에게 내민 것은 추잉껌이었다. 그런데 많은 일본인들이 미국제 껌을 즐겨 씹고 있었으나, 일본에는 껌을 생산하는 공장이 없었다.

와세다대학을 나와 무슨 사업을 할까 하고 고민하고 있던 나는 일본인들이 껌을 즐기는 것을 보고, 수공업식으로 껌을 제조하여 시장에 내놓았다. 운이 좋았던지 내가 만든 껌은 불티나게 팔렸으며 그로 인해 탄탄한 사업기반을 갖출 수 있었다. 껌 시장을 점유한 다음, 초콜릿을 생산하여 우리 회사 상품의 시장 점유율을 높였다. 그러다 보니 우리 회사는 창업 100년의 역사를 가진 모리나가(森永), 메이지(明治) 등 일본의 유명 제과 회사들과 어깨를 나란히 할 수 있었다.

언젠가 서울에 갔을 때의 일이다. 고향(경남 울산) 친구이자 당시 청와대 비서실장으로 근무하던 이후락 씨가 나를 만나고자 했다.

이후락 씨는 나를 만나자 대뜸 이렇게 말하는 것이었다.

"현재 박 대통령께서 국가의 기초 산업이 될 제철소 건설을 계획하고 계시다네. 그러나 알다시피 우리나라에 뭐가 있는가? 기술이 있나, 자본이 있나. 그러니 계획만 거창할 뿐 이 일을 실행에 옮길 수가 없네. 그러니 자네가 좀 발 벗고 나서서 도와주게. 자네는 일본 정계에도 영향력이 있지 않은가?"

이후락 씨의 제안을 받은 나는 얼떨떨하지 않을 수 없었다. 제과업으로 성공을 거두어 유통업에까지 진출한 나였지만, 그리고 박 대통령의 산업입국에 대한 의지를 모르는 바는 아니었지만 그 제의가 금방 내 가슴에 와닿는 것은 아니었다. 왜냐하면 우선 나는 철(鐵)이란 것에 관해서는 문외한이었기 때문이었다.

내가 머뭇거리자 그 자리에 함께 있던 청와대 경제수석 비서관이 "철에 관해서라면 재일동포로서 일본에서도 유명한 K모 박사가 있으니 함께 의논해 보십시오."라면서 말을 거들었다.

나는 일본으로 돌아오자마자 도쿄(東京) 근교의 지바(千葉)에 있는 〈동경대학 산업기술연구소〉에 비서를 시켜서 전화를 걸게 했다. 그곳에는 일본 문부성의 기술연구관 겸 동경대학 교수인 K박사(본인의 요청에 따라 이름은 밝히지 않기로 한다)가 근무하고 있었다. K박사는 나와 같은 재일동표였으나 이전까지 우리는 서로 아무런 면식도 없었다.(필자가 말하는 K박사는 김철우 박사다._엮은이)

내 비서의 전화를 받은 K박사는 처음에 매우 의아하게 생각했다고 한다. 그도 그럴 것이, 당시 그도 나의 회사인 〈롯데〉는 알고 있었지만, 그 회사의 사장인 나를 일본인인 줄로만 알고 있었으며, 더군다나 철(鐵) 전문가인 자신과 롯데와의 관계로 보아서는 도무지 만날 일이 없었기에 만나자는 의도가 무엇인지를 짐작도 할 수 없었다는 것이다.

어쨌든 그 이튿날, 그와 나는 동경 시내의 한 중화요리집에서 만나게 되었다. 음식점에서 만난 K박사에게 나의 소개를 한 다음 이후락 씨로부터 들은 이야기를 전했다. 그 말을 들은 K박사는 기뻐하면서 조국을 위해 기꺼이 그 사업에 동참하여 지원을 아끼지 않겠노라고 했다.

동병상련이라고나 할까? 사실 나는 일본에서 어느 정도 사업적 성공을 거두고 있었으나, 한국인을 경시하는 일본의 사회 풍토에서 세계적으로 인정받는 고로(高爐) 전문가인 K박사가 한국인이라는 사실에 긍지를 가지게 되었고 그 후로도 그와 매우 가깝게 지내게 되었다.

그와 나는 대번에 의기투합되어 연간 100만 톤 규모의 종합제철소의 기본기술계획(Master Plan)과 타당성 조사(Feasibility Study)에 착수했다. 나는 당시로서는 거금이었던 3천만 엔 이상을 투입하였고, K박사는 모든 일을 제쳐두고 이 작업에 몰두하였다.

현재는 후지제철과 야하다제철이 합병되어 〈신일본제철〉로 되어 있지만, 당시만 하더라도 두 회사는 서로 다른 별개의 회사였다. 나는 K박사로부터 두 회사 중 K박사의 동경대 대학원 동료교수가 기술개발본부장으로 근무하던 후지체철의 나가노 시게오(永野重雄) 사장을 소개받았다. 나가노 사장도 이 일에 적극 찬성하였다.

나가노 씨의 협조를 얻은 우리는 후지제철 기술자 22명과 동경대학의 전문인력 및 기술자 12명을 합쳐 이 작업에 착수한 것이었다. 일을 착수한 지 8개월 만에 우리는 종합제철소에 대한 기본기술계획과 타당성 조사를 마칠 수 있었다.

호랑이 같은 첫인상, 담백하고 솔직한 사람

K박사와의 인연은 이쯤 해두고 이제 본론인 박태준 회장과의 만남에 대한 이야기를 해보자.

K박사와의 첫 대면 이후, 나는 어려운 일이 있거나 즐거운 일이 있거나 간에 K박사를 찾아 고락을 나누었다. 너무도 그분을 존경하고 신뢰했기 때문이었다.

그러던 어느 봄날이었다. K박사가 나를 찾는다는 전갈이 왔다. 나는 순간 의아해했다. 이때까지 내 쪽에서 K박사를 청했으면 청했지 K박사가 나를 청한 적은 한 번도 없었기 때문이었다.

'뭔가 중대한 일이 있음에 틀림없다.'

그런 생각을 하고 약속 장소인 동경대학으로 가면서도 나는 은근히 '무슨 일일까?' 하고 궁금해했다. 동경대학에 도착하여 K박사의 연구실 문을 열고 들어섰을 때, 나는 직감적으로 '아! 저 사람 때문에 나를 이곳으로 불렀구나.' 하고 느꼈다. 그곳에는 짙은 눈썹에 형형한 눈빛을 하고 있는 호랑이 같은 인상의 한 사람이 앉아 있었다. 마치 거대한 산이 버티고 앉아있는 듯한 강렬한 느낌을 주었다. 그가 바로 박태준이었다.

그날 밤, 우리 세 사람은 밤을 새우며 얘기를 나눴다. 그러는 동안 나도 모르게 점차 그에게 이끌려 들어가는 느낌을 받았는데, 지금 생각해보니 그것은 내가 그의 신념에 찬 어조와 장부다운 기백에 이끌린 것만이 아니라, 마치 계곡을 흐르는 물처럼 맑은 서로의 교감 때문이었다고 생각된다.

그는 나에게 담백하고 솔직한 사람이라는 첫인상을 남겼다. 그 느낌은 20년이 훨씬 지난 오늘까지 그대로 남아있다. 그는 산중의 물처럼 맑고 깨끗한 사람이다. 그러나 노자(老子)가 얘기하는 물처럼 그는 자기를 고집하지 않는다.

노자는 '최고의 선은 물과 같다'고 했거니와 만물을 이롭게 해줄 뿐 결코 다투지 않는 물처럼, 그는 오늘날까지 자기를 고집하지 않으면서도 결코 자신을 잃어본 적이 없는 사람이다. 어떤 일본인은 그를 '고대 무사풍(武士風)의 인물'이라고 평하기도 했는데, 그것은 그를 잘 모르는 데에서 나온 말이다. 그렇게 박태준과 나와의 첫 대면은 퍽 인상적으로 이루어졌다.

박태준 씨는 그때 자신이 종합제철소의 기획 및 건설 책임자로 내정되어 있다면서 자신을 소개했다. 박 회장의 설명을 들은 나는 그동안 조사해 두었던 자료를 박 회장에게 넘겼다.

KISA의 농간과 정치권의 압박을 물리친 청렴강직 애국심

박 회장을 만나기 이전 종합제철소 건설 프로젝트에 매진하고 있었던 나는 아주 충격적인 소식을 접하게 되었다. 그것은 미국에서 제철소 건설을 맡게 되었다는 것이었다. 그 일은 내게 적지 않은 충격을 주었다. 그러나 그것은 어쩌면 박태준과 나와의 인연을 맺게 해주려는 하늘의 배려로 생겨났던 사건인지도 몰랐다. 하여튼 나는 미국 측의 프로젝트를 면밀히 검토해 보기로 했다.

검토 결과, 미국의 '유 에스 스틸(U. S. Steel)'이 자기네들에게는 쓸모가 없어진 구시 설비와 낡은 고로를 터무니없이 비싼 가격으로 한국에 떠맡기려 한다는 것을 알게 되었다.

당시 한국에는 고로 전문가는 물론 제철 분야의 전문 인력이 거의 없는 형편이었기 때문에, 한국 정부가 고철에 가까운 설비들을 미국으로부터 도입하려는 것을 이해하면서도 나는 내심 매우 당황해했다. 그런 엉터리 공장을 짓는다는 것은 우리나라의 산업발전을 영원히 후진국의 늪으로 떨어지게 하는 것과 마찬가지의 일이기 때문이었다. 그런데도 대부분의 사람들은 일본보다는 미국과 손을 잡을 것을 주장하고 있었다. 나는 몹시 심기가 불편하였으나 달리 손쓸 여지가 없었다. 한국의 정치인들은 장기적인 산업발전이야 어찌되든 제철소 하나만 건설하면 그만이라는 생각을 하고 있었던 모양이었다.

그때 단신으로 미국의 프로젝트에 대한 부당성을 지적하고 나선 사람이 있었으니 그가 바로 박태준이었다. 그는 미국과 일본을 오가며 제철소 건설에 필요한 최신 정보를 입수하려고 무진 애를 썼다.

그는 톤당 건설비가 미국 측은 300달러임에 비해 일본 측은 180달러로 훨씬 저렴했음을 알았고, 미국 측이 폐기 처분해야 할 낡은 설비를 주겠다는 것에 비해 일본 측에서는 최신식 설비를 제공하겠다는 사실을 간파했다. 따라서 그는 일본 측의 프로젝트를 받아들여야 한다고 주장했다.

그러나 정치자금에 군침을 흘리고 있던 당시의 일부 정치인들은 계속해서 미국의 프로젝트를 받아들일 것을 고집했다. 박태준은 원리원칙에 입각해서 미국 측 프로젝트의 부당성을 지적하고 나섰다. 사태가 이렇게 되자 미국은 자기들이 주도하고 있던 'KISA(Korea International Steel Associate: 대한국제철차관단)'의 해체를 운운하며 압력을 넣었고, 세계은행의 차관사업 타당성 조사단에서도 매우 회의적인 보고서를 작성하기에 이르렀다. 한국은 제철소를 건설할 능력도, 운영할 여력도 없다는 것이었다.

그 시점에서 과감하게 모든 사태에 대한 명확한 판단을 내린 박태준은 곧바로 나를 찾아왔던 것이었다. 그러나 이번에는 일본 측에서도 한국의 제철소 건설에 대해 회의적인 태도를 보이기 시작했다. 그는 조금도 자신의 뜻을 굽히지 않고 일본 정계와 재계의 중요 인사들을 개별적으로 찾아가서 설득을 했다.

당시 한국의 제철소 건설 타당성 조사단장으로 내한해 있던 경제기획청 조정국장 아카자와 쇼이치(赤澤璋一)는, 성실하고 끈질긴 설득을 계속해 오는 그에게 마침내 인간적인 호의를 가질 수밖에 없었다고 나중에 회고했다. 박태준은 한국이 제철소를 건설해야 하는 이유를 역설했던 것이고, 아카자와는 그의 인품과 성실성에 매료된 것이었다.

일본의 각계각층에 있는 인사들도 내가 박태준을 처음 만났을 때처럼, 그의 사심 없는 태도에 매혹되었던 모양이었다. 그가 만났던 거의 모든 사람들은 그의 뜻에 찬동을 했고, 반대 측 인사들까지도 돌아서게 되었다.

나는 그의 뜨거운 애국심과 사업가다운 일에 대한 높은 사명감에 감동을 받았다. 박태준 같은 사람이 한국에 있는 한, 한국의 경제발전은 보장되어 있는 것과 마찬가지라는 믿음이 생겼다. 미국과 일본 측에서 한국의 경제 여건에 대해 회의적인 태도를 보이고 있다는 것은 별 문제가 되지 않았다.

'경영은 곧 사람'이라는 금언처럼, 사업에서는 어떠한 경제적인 조건에 앞서, 사람이야말로 가장 큰일을 해내는 으뜸 조건이 되는 것이다. 나는 그를 조건 없이 신뢰하게 되었다.

그때 박태준의 나이가 마흔을 막 넘어서고 있을 때였다. 나는 포항제철의 구체적인 건설 계획과 원료 문제, 장차 대제철소로 성장하게 될 청사진과 일본 철강업계와의 문제 등을 그와 논의하기 시작했다. 그러나 가장 큰 걸림돌은 역시 건설 자금이었다. '뜻이 있는 곳에 반드시 길이 있다'라는 신념을 가지고 바태준은 일본의 재계를 노크하기 시작했다. 그리고 그의 진지한 노력과 열성에 힘입어 그는 마침내 1억 달러라는 상업차관을 끌어들이는 데 성공하였다. 그렇게 해서 그는 사업가로서의 거보를 내딛게 되었다. 아무리 어렵고 힘든 일이라도 노력하면 된다는 것을 본보기로 보여주는 쾌거라 아니 할 수 없었다.

그러나 장애물은 요소요소에 버티고 있었다. 정치인들이 상업차관의 일부를 정치자금으로 내놓을 것을 요구하며 은근히 압력을 가해왔던 것이다. 그때 그의 대답은 단연코 '절대불가'였다. 그러나 사방에서는 그에게 돈을 내놓으라고 아우성이었다. 정치인들의 등쌀에 못 이긴 그는 사표를 써 가지고 청와대로 들어가 박 대통령과 독대를 했다고 한다.

"일본으로부터 받은 상업차관은 단 한 푼도 다른 곳에 쓸 수 없습니다. 그러니 포항제철 책임자로는 다른 사람을 쓰시는 것이 좋겠습니다."

그는 침통하게 자리에서 일어섰다.

그러자 박 대통령은 웃음을 터뜨렸다.

"좋아. 자네 소신껏 해보게."

박 대통령은 그에게 악수를 청했다. 그러나 그 후로도 그는 여전히 보이지 않는 압력의 손에 시달려야 했다.

정보기관의 조사, 가택수색 등이 실시되었다. 그러나 그들은 박태준이 건설자금 중 단 한 푼도 유용했다는 증거를 찾지 못했다. 지금도 그 당시의 자금 내역을 소상하게 알려주는 정산서가 기업인들의 바이블처럼 여겨지고 있다는 것은 그가 얼마나 사심 없는 인간인가를 잘 말해주고 있는 것이라 하겠다.

일례로 28년째 살고 있는 아현동의 자그마한 그의 자택을 보면, 그가 얼마나 강직한 성품의 소유자인가를 알 수 있을 것이다.

국민을 하늘같이 아는 사람

솔직히 말해서 나는 그의 성품이 티끌 한 점 없이 맑고 깨끗하다는 것에 대해 어느 정도 걱정을 했던 것이 사실이다. 사람이 맑다는 것은 무능하고 융통성이 없는 고집불통의 인간이라는 뜻도 되기 때문이었다. 그러나 그를 본 후, 나는 그의 맑고 깨끗한 정신이 마침내 한국 경제에 번영의 기반을 구축하게 될 것임을 믿었다. 그리고 그렇게 되었다.

오늘날 그가 세기를 뛰어넘는 철강 신화를 이룩하고 나자, 그를 '철강의 마술사'니 '강철 같은 사나이'니 하는 말들을 하고 있는 모양이지만, 나는 박태준을 처음 만났을 때 느낀, 내 고향의 시냇물처럼 맑고 정다운 그의 눈빛과 마음을 잊을 수가 없다.

그는 부드럽고 따뜻한 사나이다. 모든 사람들이 그를 외압과 내우를 과단성 있게 도려내는 강한 성품의 소유자라고 격찬하지만, 그의 내면에는 시냇물 같은 인간미가 면면히 흐르고 있는 것이다. 그것은 나를 박태준과 만나게 해 주고 얼마 전까지 포철의 포항산업과학연구소(RIST) 소장으로 신명을 바쳤던 K 박사도 깊이 공감하고 있는 바이다.

앞서 인간 박태준은 외강내유의 성품을 가졌다고 얘기한 바가 있다. 그러나 20년을 넘게 그와 교류를 계속해 오면서 내가 느낀 또 하나는 그가 매우 문학적인 사람이라는 것이다. 이목구비가 뚜렷한 그의 인상과 군 장성 출신이라는 선입견을 가지고 있는 사람들은 아마 의외라고 생각할 것이다. 그가 공학도이자 문학 애호가라는 사실을 알고 있는 사람은 드물다.

나는 젊은 날의 꿈이 소설가였고, 그래서 기업 명칭도 『젊은 베르테르의 슬픔』의 주인공 이름을 따서 〈롯데〉라고 붙였다. 그래서 나는 요즘도 서점에 자주 들르는 편이다.

어느 날 나는 우연히 그의 호텔방에 새벽까지 불이 켜져 있는 것을 발견했다. 이튿날, 그에게 새벽까지 무얼 했냐고 물었더니 독서를 했다는 것이었다. 그때서야 나는 그의 방에 많은 분량의 책이 쌓여 있었다는 것이 생각났다.

그 후, 나는 그가 〈동경 북 센터〉 같은 대형 서점을 들를 때 어떤 종류의 책을 고르는지 유심히 살펴보았다. 그런데 그가 고르는 책들은 공학이나 경영이론에 관한 전문서적보다는 환경, 문학, 예술 분야의 책이었는데, 열심히 메모까지 해가며 여러 권을 사는 것이었다.

'자신과는 전혀 상관이 없다고 믿어지는 부류의 사람들의 삶을 이해함으로써 자신의 영역은 더욱 풍요로워질 수 있게 된다'라고 토인비가 『역사의 연구』에서 설파한 것처럼, 아마 그는 기업가로서 자칫 어느 한쪽으로 편중되기 쉬운 자신의 의식을 부드럽게 다스리고, 생각을 풍부하게 넓혀가기 위해서 문학을 탐닉한 것 같다. 그의 그러한 문학적 취향과 면모는 포항제철의 종업원 복지시설 속에 잘 나타나 있다.

마치 유럽의 어느 공원 같은 느낌을 주는 종업원들의 주택가, 컴퓨터를 비롯해서 풍부한 도서와 각종 악기를 갖춘 포철 단지의 초등학교를 둘러보면, 그가 종업원들의 복지뿐만 아니라 그 가족들의 문화생활에까지 신경을 쓰고 있다는 것을 알 수 있다. 그러한 그의 배려는 인간을 아끼고 인재를 키우려는 그의 심오함에 의한 것이다.

그는 포항제철이 세계적인 제철 회사로 성장한 것은 오직 성실한 인재들이 쌓아올린 노력의 공이라고 믿고 있다. 그것은 '자원은 유한, 창의는 무한'이라는 포항제철의 슬로건에도 잘 나타나 있다. 또한 5천만 달러 이상을 투자해서 포항공과대학을 설립한 것도 이와 맥을 같이하는 부분인 것이다.

또 짚고 넘어가야 할 부분이 있다. 그가 인재와 종업원들을 소중히 생각하고 그들을 포철과 이 땅의 주인으로 받들고 있는 것처럼, 그는 국민들을 하늘로 생각하고 있다. 그것은 그가 세금을 얼마나 소중하게 여기는가 하는 것을 보면 짐작할 수 있다. 그는 지금의 포철을 키운 것은 국민의 힘이라고 믿고 있다. 나는 그가 대한민국의 299명 선량들 중에서 가장 정통한 세무 전문가라고 알고 있다.

> "국회의 심의 과정을 재정규모 팽창이나 조세부담 증가에 대한 국민적 합의 과정을 의미하는 것이라고 한다면, 정부나 국회가 다 함께 국민들의 조세부담 경감과 공평과세의 실현이라는 공통선을 추구하는 데 최선을 다하는 노력을 보여 주어야 한다. 특히 재정 당국에서는 자신의 주장만을 고수하는 종전의 배타적인 자세를 지양하고, 국회 심의 과정에서 표출되는 국민의 소리를 경청하며, 이를 긍정적으로 수용할 수 있는 유연한 태도를 견지하는 것

이 소망스러운 일이라고 생각된다."

이러한 박태준의 말 속에서 세금은 바른 곳에 쓰여야 하며, 국민을 무서워할 줄 알아야 한다는 그의 마음을 읽을 수 있는 것이다.

물은 언제나 아래로만 흐른다. 아래로 아래로 흐르는 물은 서로 모여서 강이 되고 바다가 되는 것이다. 한 방울의 물은 하잘것없이 보일지 모르지만, 강물이나 바다는 위력이 있고 크다. 즉 가장 유약해 보이는 것이 가장 강할 수도 있는 것이다.

박태준! 그는 물처럼 낮게 처신하면서도 깨끗하고 유연한 태도를 잃지 않는, 이 시대에서 가장 튼튼한 사업가이다.

"내가 맡은 이상 그렇게는 못합니다." 이 단호한 한마디에

김 철 우 (1926-2013)

도쿄대학 연구교수, 포항산업과학연구원 초대 원장

사람에게는 탄생 선택권이 없다. 나는 1926년 3월 일본 시즈오카 현에서 태어났다. 집안은 가난했다. 아버지는 경남 의령, 어머니는 합천이 고향이다. 일찍이 부모께서 부관연락선에 몸을 실었던 까닭은 순전히 생계 문제였다. 일본으로 들어온 아버지는 열심히 일했으나 가난의 굴레를 벗지 못했다.

생활이 빈궁해도 희망을 놓지 않았던 나는 금속학도의 길을 택했다. 도쿄공업대학, 도쿄대학교 대학원을 거쳐 도쿄대 생산기술연구소에 자리를 잡았다. 첫 봉급이 12,000엔이었다. 적었지만 드디어 식사는 제대로 해결할 만한 수준이었다. 장차 18년을 근무하게 되는 일터였다.

박태준 대한중석 사장과의 첫 만남은 1965년에서 1966년에 걸친 언저리였다. 대한중석의 도쿄 주재원인 주영석 씨에게 뜻밖의 전화를 받고 약속된 호텔 식당으로 나갔다. 내 봉급으로는 출입하기 어려운 곳이었다. 이미 박 사장은 종합제철소에 관심이 많았다. 아마도 박정희 대통령의 언질을 받았을 것이다. 그가 나에게 도와달라고 부탁했다. 후식으로는 못 본 과일이 나왔다. 내가 이름을 물었더니, 박 사장이 망고라고 알려줬다. 이렇게 우리의 첫 만남에는 망고가 내 기억에 남았다. 가난하게 살아온 나는 그것을 '대단한 사람'이나 먹는 과일이라고 알았던 것이다. 그 뒤로는 대단해 보인 박 사장과 가끔 만나게 되었다.

박 사장이 왜 나를 찾았을까? 나는 한 번도 물어본 적이 없었으나 당시에 자주 만났던 신격호 롯데 사장을 떠올리게 된다.

새천년도 5년쯤 지나는 오늘의 기준에서 보면 어느덧 40년도 더 흘러간 1960년 중반의 어느 날이었다. 신격호 사장이 비서를 시켜 나에게 만나자는 연락을 넣고 승용차를 보내왔다. 울산이 고향인 그는 동향의 이후락 씨(당시 박정희 대통령 비서실장)로부터 "한국에서 제철소 해봐라. 박 대통령이 어떡하든 하라는 엄명이다." 하고는 도움을 청해왔다. 나는 조국을 위해 좋은 일이니 도와드리겠다고 답했다. 내 주변의 제철 전문가는 20명쯤 되었다. 특히 후지제철소 기술본부장으로 있는 은사가 중요했다.

은사의 소개로 신 사장과 함께 나가노 후지제철소 사장을 만나러 갔다. 이때 나가노 사장은 터키(튀르키예)에서 자신을 찾아왔던 제철소 관계자 얘기를 들려줬다. 50만 톤짜리 제철소를 하기로 했는데 중간에 뜯어 먹혀 20만 톤도 어려우니 도와달라는 부탁을 하더라는 것이었다. 여기서 나는 제철소 건설과 부패한 정치권력의 위험한 관계를 알아챘다.

껌과 초콜릿과 과자로 일본에 널리 알려진 신격호 사장은 나가노 사장에게 이렇게 말했다.

"저는 얇은 것은 잘 만들지만 두꺼운 것은 못 만드는데 한국 청와대에서 김철우 박사를 만나면 잘 풀릴 거라고 하여 오늘 이렇게 같이 왔습니다."

이 자리에서 나가노 사장이 소개해준 사람이 뒷날에 포항제철의 일본기술단(JG) 단장을 맡게 되는 아리가 부장이었다. 아리가도 돕겠다는 뜻을 밝혔다.

한번은 신격호 사장과 나, 박태준 사장, 우리 셋이서 긴 대화를 나누게 되었다. 신 사장과 박 사장의 중간에 있던 내가 주선한 자리였다. 그때부터 롯데와 제철소는 완전히 멀어졌다. 종합제철소 건설이라는 정부 프로젝트의 책임자로 내정돼 있다는 박 사장을 전적으로 신뢰하게 된 신 사장이 후지제철소 전문가들과 내가 같이 준비해온 모든 서류들을 박 사장에게 아무런 조건 없이 건네준 것이었다.

서울대학교 윤동석 박사와 최형섭 박사는 나와 친했다. 윤 박사는 포항제철 창립요원으로도 참여해 초장기에 힘을 보탰고, 최 박사는 과학기술처 장관과 한국과학기술연구소(KIST) 초대 소장도 역임했다. 두 사람은 미국이나 유럽으로 출장 가는 길에 중간기착지인 도쿄에 내리면 나를 찾곤 했다.

1967년 어느 날이었다. 일본 제철소에 연간 10만 톤쯤 철광석을 수출한다는 강원도 함태탄광의 김 사장이 나를 찾아왔다. 수입처에서 불순물을 핑계로 자꾸 가격을 깎으려 덤비니 우리 광석의 성분을 분석해 달라는 부탁이었다. 내가 조사해보니 불순물 같은 것은 없었다. 오히려 슬래그(쇳물을 만드는 과정에서 나오는 일종의 쇳물 찌꺼기)를 부드럽게 해주는 성분이 높았다. 그가 해달라는 대로 내 이름을 기입한 확인서도 발부해줬다.

이러한 사연으로 도쿄에 들어올 때마다 나를 초대해 불고기를 대접해준 김 사장이 하루는 "제철소를 세우고 싶다."라고 했다. 물론 소규모였다. 빙글빙글 돌려서 쇳물을 만드는 독일의 그룹식 제철법이어야 했다. 그런 방식의 소규모 제철소가 일본에는 한 곳이 있었다.

김 사장의 초청을 받아 나는 일본인 전문가 한 명을 데리고 김포공항에 내렸다. 약속한 목적지는 강원도 함태탄광이었다. 그런데 그쪽 임원이 아닌 두 사람도 공항에서 나를 기다리고 있었다. 낯익은 사람은 윤동석 박사, 낯선 사람은 청와대 경제비서였다.

나는 윤 박사를 상대했다. 어떻게 알고 나왔느냐, 우리 정보기관이 알려줬다……. 이러한 대화가 이뤄졌다. 나는 함태탄광 일로 약속하고 왔으니 거기에 먼저 갔다가 시간이 남으면 다시 만나서 얘기해 보자고 했다. 마중 나온 함태탄광 임원이 쩔쩔맸다. 우리 일은 나중에 보아도 좋으니 어서 같이 가시라는 식이었다. 하지만 나는 함태탄광으로 먼저 갔다.

그때 조국 방문에서 청와대로는 가지 않게 되었다. 마침 베트남 대통령의 방한 기간이어서 박 대통령의 일정이 빡빡했던 것이다. 도쿄 가는 비행기를 타려고 서울로 돌아와 동행을 먼저 보내고 남산의 외교구락부로 갔다. 박태준 사장, 박충훈 상공부 장관, 윤동석 박사, 김포공항에서 기다리고 있던 경제비서 등과 만났다. 종합제철소 기술문제가 대두했다. 나는 교육을 시키면 인도, 인도네시아, 필리핀, 파키스탄 사람보다 한국인이 월등히 빨리 익힐 것이라고 말했다. 두뇌의 문제로 보았던 것이다.

KISA의 포항종합제철 GEP(일반기술계획)에 대한 검토는 나에게도 맡겨졌다. 나는 후지제철소로 가져가 살펴보았다. 문제가 많았다. 설비도 기술도 최신이 아니었다. 이러한 검토 내용들이 포스코에 전달됐다.

한국 정부가 포항종합제철 건설에 일본의 식민지배상금(대일청구권자금)을 쓰기로 하는 과정에 나는 큰 걱정부터 앞섰다. 대표적으로 그때 인도네시아에서는 권력자 개인과 정당이 그 돈을 뜯어먹었다는 것을 알고 있었기 때문이다. 내가 박태준 사장에게 그런 사례를 들춰내며 염려를 털어놨다. 그러자 박 사장은 단호히 답했다.

"그런 실례가 있기는 있는데, 내가 맡은 이상 그렇게는 못 합니다. 김 박사는 나를 잘 모르실 겁니다. 한국에 오셔서 내 주변 사람들에게 물어보면 나를 아시게 될 겁니다."

그 자리에서 나는 박 사장에게 감명을 받았다. '이 사람은 믿어도 되겠구나.' 하고 마음을 놓았다.

나는 1971년 도쿄대학에 휴직을 했다. 박태준 사장이 나를 포스코로 부른 것이다. 나는 비즈니스에는 소질이 없는 데다 학문의 길로 가겠다는 생각에도 변함이 없었기에 휴직을 했던 것이고, 박 사장도 그렇게 하라고 했다. 기술고문인 줄 알고 왔더니 기술담당 상무이사라는 명패가 책상에 놓여있었다. '포항제철 2기 270만 톤 건설'의 계획위원장도 겸했다. 박 사장의 뜻이었다.

그러나 나는 1973년 졸지에 영어의 몸이 되고 말았다. 북송선을 타고 떠났던 혈육들과 만나기 위해 1970년 북한에 한 번 다녀왔다는 사실이 나를 간첩 혐의자로 몰아갔고, 법정에서 10년 형을 선고받아 6년 6개월이나 감옥에 갇혀있었다. 내가 석방된 날은 1979년 8월 15일이었다. 광복절을 맞아 새 삶의 빛을 회복한 격이었다. 곧이어 '법원의 판결을 무효로 한다'라는 사면복권을 받았다. 모든 혐의를 벗었다. 아무리 억울해도 이미 돌이킬 수 없는 시간이었다. 일본에서 태어나 성장하면서 반공법이니 국가보안법이니 이런 것들을 아예 모르고 살아왔던 그 무심한 실수가 나를 그토록 가혹한 상황으로 내몰았던 것은 분명히 극단적 냉전체제, 분단 조국의 비극이었다.

일본 친구들의 도움으로 일본 영주권을 회복해 도쿄대에 복직한 나는 1980년 완전히 대한민국으로 귀국했다. 박태준 사장이 나를 다시 불러서 포스코로 돌아왔던 것이다. 포스코 부사장 대우를 받았다. 1987년에는 포항공과대학교(POSTECH)와 함께 설립된 포항산업과학기술연구원(RIST) 초대 원장을 맡기도 했다. 박 사장의 배려로 귀국한 나는 무엇보다 나로 인해 뜻밖의 고초를 겪어야 했던 고향의 친지들을 위해서라도 다시 떳떳해져야 했고, 또한 그렇게 떳

떳하게 살아갔다고 자부한다.

여든 고개에 올라서려는 지금, 나는 대전에서 재단법인 한국테크노마트 이사장으로 일하고 있다. 우리나라와 아시아 지역의 중견 · 중소기업을 대상으로 하는 국제적 기술이전 기관이다.

1964년에 우리말을 거의 못하는 금속학도로서 처음 조국에 들어왔을 때, 나는 부산의 제일제당, 대구의 제일모직, 영월의 화력발전소 등으로 안내받았다. 기껏 그게 자랑거리인 우리나라가 너무 가난해 보여 가슴이 찢어지는 것만 같았었는데……. 오늘날의 번영 앞에서 나는 포항종합제철(포스코)의 기여도를 새삼 뿌듯해하고, 더 나아가 박정희 대통령의 공적을 높이 평가한다. 비록 그때 냉전체제가 나 같은 사람에게도 기나긴 고통을 강요했지만 말이다.

공익 앞세우는 원칙주의자

정 두 화 (1920-2006)

수진원 장학회장

고춧가루가 맺어준 인연

1950년 중반에서부터 1970년대에 이르는 나의 군납업 18년은 내 생애에서 가장 보람 있던 시절이었다. 그때는 내가 나의 소중한 삼사십 대의 세월을 바쳐 사업을 일으킨 시기였으며, 군으로서는 전후 복구기에서 5·16을 거치는 격동의 시절이었다.

당시 우리의 군 장비는 미군이 쓰던 것들을 겨우 개조하거나 고쳐 쓰던 형편이었고, 사병들은 배부르게 먹고 춥지 않게 자는 것만이 소원이라고 말하던 시절이었다. 지금으로서는 상상이 가지 않는 얘기들이다.

그런 시절에 내가 부식 납품업을 하여 그들의 배고픔을 덜어준 셈이니, 사업

필자는 기업 일선에서 은퇴한 후 그의 고향인 경기도 용문(龍門)에서 '양평 농부의 집'으로 불리는 수진원(修眞園)을 설립하여, 조용히 영농후계자 양성에 전념했다. 젊은 시절에는 백범 김구(金九) 선생의 애국심에 감동하여 선생을 따랐으며, 선생 역시 청년 정두화의 솔직담백하고 정의로운 자세를 높이 사 그를 매우 총애했다고 전해진다. 전후(前後) 1950년대에 군 장병의 부식 납품업자로서 첫 사업을 시작한 그는 당시 부조리가 만연했던 군부대와의 거래에서도 항상 떳떳한 태도로 일관하였다. 이것이 딸깍발이 대령 박태준과의 돈독한 인연을 맺어줬다. 그가 만든 '말표구두약'은 지금까지도 한국 구두약의 대명사로 불리고 있는데, 이 사업에 결정적인 도움을 준 사람은 박태준이었다.

치고는 보람 있는 사업이었다. 게다가 그 일을 계기로, 한 사업체를 세웠으니 나로서는 그때가 더없이 값진 시절이 아닐 수 없다.

고희를 넘은 지금에 와서 그때를 돌아보면, 새삼 소중한 것을 얻었음을 느끼게 된다. 그중에서도 훌륭한 군인들을 친구로 얻게 된 일은 내게 정말 소중한 소득이었다. 그 군인들은 당시 참모장이었거나 연대장이었거나 또는 사단장이었다. 또한 그들의 대부분은 전역 후에도 나라의 큰일을 맡은 분들이기도 하다.

내가 만난 훌륭한 군인 중 박태준 대령을 만난 것은 더없이 귀한 인연이었다. 그때의 만남으로부터 지금까지 40여 년을 이어오고 있으니 인연치고는 예사로운 인연이 아닌 듯싶다.

그와의 첫 만남은 그가 25사단 참모장으로 부임했을 때니까, 벌써 39년 전의 이야기이다. 그 인연은 고춧가루로 비롯된 것이었다.

1954년 늦가을 저녁 무렵, 25사단 군수 장교 윤 대위가 청량리 용두동 뒷골목에 있던 나의 열서너 평짜리 〈태양사(太陽社)〉 2층 사무실을 찾아온 것은 아주 이례적인 일이었다. 업자가 찾아가 만났으면 만났지 시세말로 당시 끗발 있던 군수 장교가 그것도 전방 사단에서 서울로 업자를 만나러 온다는 것은 거의 생각할 수 없는 일이었다.

윤 대위는 나의 사무실에 도착하자마자, 지금 당장 함께 전방 부대로 올라가야 하니 채비를 하라고 독촉했다. 그때는 나도 군인과 같은 생활을 하던 때라 물들인 군복에 워커, 그리고 불하받은 지프차를 타고 다녔기에 나로서는 채비할 것도 없었다.

"언제는 찬밥 취급을 하더니, 웬일로 이 정두화를 만나러 예까지 오셨소? 가는 일이야 어렵지 않지만 연유나 알고 갑시다."

모양새뿐 아니라 말투도 반군인인 셈이라 반말 비슷하게 윤 대위에게 내가 가야할 이유를 물었다.

이때는 내 심사가 매우 뒤틀어져 있던 차였다. 서너 달 전에 있었던 일 때문이었다. 전방군단에 부임한 모 장군이 부임하자마자 나에게 부대운영비 조로 500만 원을 내놓아야 한다는 것이었다. 하긴 당시 군납업자는 시세말로 '군수부대의 봉'이었으니까 탓할 일은 아니었다. 그러나 예나 지금이나 나의 신조가 '적어도 알고는 부정을 하지 않는다. 이는 가장 큰 죄악이다.'라는 것이어서 이에 응할 수가 없었다. 그것은 함께 도둑놈이 되자는 얘기나 같은 것이었다. 그렇게 큰돈을 주고 나면, 자연히 납품하는 부식이 허술해질 것은 당연한 일이었기 때문이다.

나는 이를 단호히 거절했다. 그랬더니 아니나 다를까, 며칠 후 다른 업자의 부식을 쓰겠으니 포기각서를 쓰라는 것이었다. 나는 불쾌하였지만 미련 없이 도장을 찍어 주었다.

따라서 이 사건으로 인해 내 사업은 크게 위축되어 있었고, 윤 대위가 나의 사무실에 오기까지 3개월째나 고전 중이었다. 이런 상황에서 사단 군수 장교가 왔다는 것은 구세주나 다름없었던 것이다. 그러나 오기 반 의구심 반으로 그를 달갑게 대할 수가 없었다. 오기란 납품을 못 하면 못 했지 부정은 않겠다는 심사였고, 의구심이란 업자 선정에 있어서는 그들을 찾아가서 별별 명목의 비용을 뒷거래해야 하는 것이 통상적이었는데 오히려 그 쪽에서 나를 만나자는 것이 이상했던 것이다.

내가 머뭇거리자 군수 장교는 시계를 쳐다보며 다시 독촉을 했다. 나는 누가 나를 찾느냐고 다시 물었다.

"새로 온 참모장이오. 박태준 대령이란 사람인데 골치 아파요. 어떻게 알았는지 굳이 정 사장을 찾더니 오늘 중으로 데려오라는 거요."

박태준 대령, 나는 이미 그에 대한 여러 소문을 접하고 있던 터였다. 마당발 업자로 통했던 나는 누구보다도 전방 부대 인사정보를 많이 접할 수 있었다. 박 대령에 대해서도 이미 여러 달 전부터 얘기가 돌고 있었다. 그래서 내가 오히려 윤 대위에게 새 참모장에 대해서 얘기해 주는 꼴이 되었다.

수도사단을 포함한 여러 사단에서 박태준 대령을 높이 평가하여 서로 그를 참모장으로 영입하려고 한다는 소문을 들은 바 있었다. 이런 일로 해서 이미 나는 전부터 박 대령의 유명세를 알고 있었다. 그런 그가 나를 찾는다고 하니 어떤 기대감이 생겼다. 그래서 오히려 내 쪽에서 출발을 서둘렀다.

부대에 도착할 즈음 윤 대위가 박 대령이 나를 찾는 이유를 설명해 주었는데, 그 설명을 듣고서 나는 박 대령의 성격을 미리 알 수 있었다. 윤 대위의 얘기는 이러했다.

박 대령은 부임하자마자 바로 예하 부대를 순시했다. 그때가 마침 김장철이어서 양념 보급사항을 점검하게 되었는데, 당시 고춧가루 품귀현상이 일어난 사실을 감안해서인지 고춧가루만을 집중 점검했다. 결과는 뻔했다. 당시 일부 업자들은 고춧가루를 구하기 어려운 때가 아니었음에도 쓸 수 없는 막고추에다 고추꼭지나 대궁까지 빻아 물을 들여 납품했다. 그런데 그 당시는 고추파동이 있던 때라 군납용은 당연히 가짜가 납품될 수밖에 없는 처지였다.

전 사단의 상황을 일일이 살핀 박 대령은 납품받은 가짜 고춧가루의 전량 폐기를 명령하고 업자를 바꾸기로 했다. 그러나 여러 업자들을 불러다 물어봐도, 고춧가루만큼은 부대에서 제시하는 가격으로는 댈 수 없을 뿐 아니라 일시에 대량을 구할 수도 없었다. 그러자 박 대령은 군수 납품업자들에 대한 세세한 자료조사를 한 뒤 직접 나를 지목하여 찾게 되었다는 것이다.

윤 대위는 미리 얘기하면 오지 않을 것 같아서 이제야 한다고 말했다. 나는 왠지 박 대령의 유명세와 깐깐한 성격에 은근히 이상한 오기가 생겼다. 그래서 '그래 한번 부닥쳐 보자.'라는 마음으로 윤 대위에게 걱정 말란 듯이 지프차의 속도를 높이라고 했다. 그때만 해도 서울을 벗어나면 거의가 비포장도로였다. 우리는 서울을 출발한 지 4시간이 지나서야 사단 본부에 도착할 수 있었다.

참모장실에는 꽤 늦은 시간이었는데도 사단 내 보급 장교와 하사관들이 대기하고 있었다. 내가 들어서자 모두들 왜 이제야 오느냐는 듯 얼굴을 찌푸렸다. 그중 박 대령만 일어서서 반갑게 악수를 청했다. 박 대령은 앉자마자 본론을 얘기하였다.

"사정은 윤 대위로부터 들었을 줄 압니다. 지금의 일정상으로는 2, 3일 내에 김장을 담그지 않으면 급식 일정에 차질을 빚게 됩니다. 고춧가루를 모레까지 납품해 주십시오. 전량 진짜여야 하며 납품가격은 규정대로입니다. 제 판단으로는 정 사장이 아니면 안 되겠다는 생각에 여기까지 오시게 했습니다."

박 대령의 어투는 시종 명령조였다. 그런데도 왠지 불쾌하다거나 거절해야겠다는 생각이 들지 않았다. 그의 겸손하면서도 단호한 업무집행 태도에 오히려 마음이 끌렸다. 어쨌든 나는 그 자리에서 "좋다."라고 대답했다.

20여 분 동안 참석자들과 납품일정을 얘기한 다음 일어서려 하자 박 대령은 악수를 청하며 다시 한 번 좋은 것으로 납품시켜 달라고 당부했다. 그러면서 거두절미하고 이런 말을 하는 것이었다.

"이제부터는 불합리한 거래 외적 요구는 없을 것입니다. 마음 놓고 우리 사단에 물건을 대시오."

이틀 만에, 그것도 일일이 제분과정을 지켜보는 검사관들을 앞세우고 양질의 고춧가루를 전량 납품하여 김장 기일을 맞출 수 있었다. 시장이란 시장을 다 뒤져서 최상품으로 전량 구매해 마련한 것이었다. 이때만큼 내가 내 일에 성의를 다했던 때도 별로 없었다. 이러한 우여곡절을 거쳐 25사단(수도사단)의 김장 작업은 무사히 끝났고, 후일 김장 품질 평가에서 우수평가를 받았다 한다. 돌이켜보면 애국이란 특별한 것이 아니라 제 규정에 맞게 일을 해내는 것이라는 생각이 든다.

과거는 모두 아름답다고 하지만 그때의 '진짜', '진짜'를 강조했던 박 대령의 인상, 그리고 업무에 임하는 그의 철저함, 공정함은 정말 잊지 못할 추억이다.

그 후 우리는 '진짜'에 대한 얘기를 한 번도 한 적이 없다. 그만큼 그 이후의 모든 일에서 그의 애국심은 변치 않았고, 나도 규정들을 어긴 적이 없다. 그래서 우리의 신뢰는 지금까지 유지되고 있다.

박 대령의 눈물

막걸리로 유명한 포천의 이동에서 부식공장을 운영하고 있던 때다. 박태준 대령이 25사단의 연대장 시절이었으니까 아마 1958년이었을 것이다.

최전방은 아니지만 지역 자체가 추운 곳이었다. 그해 아주 추운 어느 겨울날, 공장에 도착하니 박 대령 사택에서 급히 와 달라는 전화가 왔다고 직원이 알려주었다. 다른 공장을 도느라 1주일에 한 번 정도 이동 공장에 들르는 날인데, 내가 그의 전화를 받은 것은 공교로운 일이었다. 나는 바로 차를 몰아 사택으로 달려갔다.

당시 연대장 사택은 연대 본부 맞은편 산 아래에 있었는데, 그야말로 오막살이 초가집이었다. 숙소에 도착하자 당번병이 박 대령의 아이가 몹시 아파서 모두들 걱정을 하고 있다는 얘기를 해주었다.

방에 들어서니 아기를 가운데 눕혀두고 박 대령, 군의관, 박 대령 부인 이렇게 셋이서 무거운 표정으로 앉아있었다. 분위기가 너무 가라앉아 있어 인사도 없이 엉거주춤 앉을 수밖에 없었다.

한참 동안 침묵이 흘렀다. 군의관은 아기의 눈꺼풀을 젖혀보고, 이마를 짚어 보고 하였으며, 박 대령의 부인은 아기를 싼 포대기를 여미며 안타까운 듯 신음을 토했다. 박 대령이 군의관에게 물었다.

"어떤가?"

힘없이 묻는 말에 군의관도 역시 힘없이 대답했다.

"저로서는……. 너무 심해서, 도저히……."

잠시 무거운 침묵이 흘렀다. 박 대령의 부인이 흐느끼기 시작했고, 박 대령도 손으로 눈물을 훔쳤다. 박태준의 눈물, 어떤 경우에도 눈물을 보이지 않는 사람으로 생각되었던 그가 눈물을 흘렸던 것이다.

나는 보다 못해 일어서며 말했다.

"갑시다. 서울로 후송합시다. 도대체 저 꼴이 되도록 왜 이렇게 두었어요? 가요. 이러다가 정말 큰일 나겠소."

그제서야 군의관도 최선을 다해 보자면서 서울로 후송할 것에 동의했다. 박 대령 부인도 울음 섞인 말로 그렇게 하자고 하며 박 대령을 쳐다보았다. 내가 또 서둘렀다.

"이럴 시간이 없습니다. 사모님, 빨리 아이를 안고 제 차에 타세요. 아, 어서요, 빨리."

내가 내 차를 타자고 한 것은 박 대령의 사정을 잘 알고 있었기 때문이다. 그때에도 연대장에게는 일반 지프차로써 사택에서 쓰는 차와 부대에서 쓰는 차가 따로 있었다. 그런데 박 대령은 우리 군대 형편에 사택에서 쓸 차가 어디 있느냐면서 사택에서는 차를 못 쓰게 하고 부대에서만 썼던 것이다. 그뿐 아니라 모든 비품을 사적으로 사용하는 것은 나라 물건을 도둑질하는 것이라며 철저히 통제를 했다. 이러한 사정을 알기에 내 차로 가자고 말한 것이었다.

나의 서두름에 박 대령은 그제서야 결심을 굳힌 듯 부인을 향해 고갯짓을 했다. 이날의 힘없는 모습은 내가 평소 알고 있던 박 대령의 모습이 아니었다. 일순간, 나는 아무리 강한 남자도 자식의 아픔 앞에서는 어쩔 수 없구나 하는 생각을 했다.

박 대령의 부인은 아기를 포대기로 싸고 또 싸서 안고 나왔고, 나는 바람구멍을 막기 위해 차의 여기저기를 손봤다. 군의관은 박 대령 부인과 나에게 안국동에 있는 소아병원의 이선근 박사를 만나라는 말을 되풀이했다. 내가 알겠다는 신호로 손을 내흔들며 차에 오르자, 박 대령이 내 손을 잡으며 무슨 말인가를 하려 했다. 내가 먼저 입을 열었다.

"야간이긴 하지만 밟으면 얼마 안 걸릴 거요. 뭐, 걱정 마십시오."

병원에 도착한 시간은 새벽녘이었다. 다행히 응급치료를 받고,그 이튿날 소아과 권위자인 이선근 박사의 치료로 아기는 목숨을 건질 수 있었다. 이선근 박사는 감기를 제대로 치료하지 않아 폐렴이 되었고 위독한 상태까지 이르렀던 것이라고 했다.

인도의 숨을 내쉰 박 대령의 부인은 몇 번이나 병원치료를 받아야 한다고 했는데도 군의관은 의사가 아니냐면서 병원에 가는 것을 거절했다는 박 대령을 원망하였다. 그리고 집안일에는 정말로 주변머리 없는 양반이라면서 푸념을 했다.

첫딸 진아 양의 창백한 얼굴, 석유램프 불 아래에 비치던 박 대령의 눈물. 아마 이 이후 박 대령은 눈물을 흘린 적이 없으리라고 나는 생각한다. 정말 사심 없던 전방 부대 연대장 박태준의 모습이었다.

어머니의 갈라진 손끝과 반창고

참모장 시절이든 연대장 시절이든 박태준 대령에 관한 얘기는 많기도 하다.

그가 지휘하던 부대는 항상 군기가 세었다. 어떤 훈련이든지 그냥 지나치는 일 없이 꼭 확인하였다. 그는 철저한 현장주의자였다. 그래서 사병들보다 하사관이나 장교들이 오히려 더 무서워했다.

보급품이나 부식 확인에 있어서도 단순한 서면보고로 끝내지 않았다. 일일이 사병들을 만나서 확인하고, 취사장까지 수시로 들러 정량 급식이 되고 있는지의 여부를 직접 확인했다. 사병들에게는 좋았으나 소대장이나 중대장들은 당시 군대말로 '고로웠다(괴로웠다)'였다.

특히 하사관이나 영외 장교들은, 취사장에 생선이 나오거나 육류가 나오는 날에는 자존심이 상할 만큼 힘이 들었다. 당시만 해도 이들은 부대에서 부식을 조달해 먹는 경우가 많았기 때문이었다. 그런데 박 대령은 간부가 사병 몫을 빼내는 것은 나라 물건을 도둑질하는 것이라며, 철저히 부식의 영외 반출을 금지시켰다. 그러자니 위병소에서는 퇴근하는 간부들의 소지품을 확인하지 않을 수 없었다.

이러한 성격의 연대장이었으므로 그가 지휘하는 부대에서는 이야깃거리가 많았다. 한번은 이런 일이 있었다.

일 년에 한두 번씩 연대 사병 전원이 동원되는 RCT 훈련 때였다. 이때 당번병들은 대개 열외가 된다. 그런데 박 대령은 이 훈련만큼은 군인인 이상 누구도 열외될 수 없다고 해서 사택 당번병까지 동원시켰다. 대신, 기간요원이 당분간 당번 일을 보게 되었다. 그런데 이때 임시로 온 당번병이 부대에서 생선 네 마리를 사택으로 가져왔다. 박 대령 부인은 당연히 당번병이 시장에 가서 사온 줄로만 알고 신경을 쓰지 않았다고 한다.

저녁이 되어 박 대령이 식사를 하다가 식탁에 생선이 있자, 당번병을 불러 생선의 출처를 물었다. 그랬더니 그 당번병이 아무렇지 않다는 듯이 영내 취사장에서 가져왔다고 대답을 했다. 그랬더니 박 대령은 먹던 수저를 내려놓고 당번병을 그 자리에서 원대 복귀시켰다. 결국 며칠간 사택에는 당번병이 없었고, 부인이 고생을 해야 했다.

전 군단 보급관계 사병, 하사관, 장교 들을 만나는 일이 내 일이었으므로 나는 누구보다 그에 관한 얘기를 많이 들을 수 있었다. 또 하나의 얘기는 아마 박 대령의 연대장 근무 말기 때였을 것이다. 이 얘기는 나와 관련이 있기 때문에 잊을래야 잊을 수 없는 기억 중의 하나이다.

어느 주말 오후였다. 저녁에 만나자는 박 대령의 전갈을 받고, 나는 그의 사택에 가게 되었다. 박 대령의 부인은 양산(현 부산시 기장군) 임랑에 사시는 노모께서 오셨는데 몇 가지 별미를 마련해 오셔서 함께 저녁식사를 하자고 불렀다고 귀띔해 주었다. 나는 부인의 안내로 노모께 인사를 드리러 방으로 들어갔다.

첫인상에 매우 야무진 분이라는 생각이 들었다. 내가 절을 하자 송구스럽다는 듯 두 손을 들어 사양하다 인사를 받았다. 그런데 열 손가락 끝마디에 흰 것이 삼겨져 있어 마치 골무를 낀 듯했다. 내가 의아해하자 박 대령의 부인이 시어머니의 손을 잡고 이런 말을 하는 것이었다.

"농촌에서 밭일, 논일을 하시니 손끝이 모두 갈라져 터졌어요. 어머님 말씀이 미제 반창고로 바짝 감아두면 다시 아문다고 하셔서, 그이가 며칠 전에 구해다 주신 거예요."

나는 식사 후에 넌지시 박 대령 부인에게 말을 건넸다.

"참, 노모에 대한 정성이 대단하신 분이군요."

"어머님이 오셔서 그이에게 부탁하길래 두고 보려 했어요. 어머니 부탁인데도 군대 물건 쓰지 않나 하고요. 그런데 이튿날 그것을 구해다 직접 어머니의 손가락 마디마디에 감아 주시잖아요. 참 모를 일이에요."

결혼한 지 4년 만에 처음 있는 일이라니, 그의 부인이 놀라워하는 것도 무리가 아니었다.

사족이 되는 얘기일지는 모르지만, 나는 우리 수진원 장학금으로 졸업한 장학생들이 결혼한 후에 찾아오면 내가 쓴 시「기다리는 마음」의 배경을 얘기해 준다. 그런데 박태준 씨 부인은 포철 직원들이 결혼한 후에 찾아오면 바로 이때의 얘기를 들려주고 이렇게 다짐시킨다고 들었다.

"남편이 부모에게 어떻게 하느냐에 따라 며느리도 시부모에게 효도를 하게 된다."

그렇다면 시어머니에게 극진하다는 박태준 씨 부인의 마음가짐은 그때의 일로부터 비롯된 것이 아닐까?

'말표 구두약' 비화

요즘 우리나라에서는 이쑤시개나 젓가락까지도 마구 수입해 쓰고 있다. 그러니 다른 고가 특수품들의 음성적 수입은 짐작이 가고도 남는다. 이런 실정에서도 아직 외국 구두약은 우리나라에서 제대로 발붙이지 못하고 있다. 그만큼 국산 구두약은 질이 좋고 값이 싸게 생산되고 있다는 증거일 것이다.

오늘날 이렇게 국산 구두약이 탄탄한 기반을 구축할 수 있게 된 데는 나와 박 회장이 특별한 관련이 있음을 공개하는 바이다. 수입 구두약 범람을 막는 데 두 사람이 기여를 했다니 무슨 소리냐고 의아해할 사람이 많을 것이다. 그러나 그것은 사실이다. 내가 우리나라 최초의 가정용구두약인 〈말표구두약〉을 생산해서 성공한 것은 자타가 인정하는 사실인데, 바로 이 일이 이루어질 수 있도록 배려를 해준 분이 박태준 회장이었던 것이다.

태양사 말표구두약의 성공, 여기에는 몇 가지 비화가 숨겨져 있다. 그중 두 가지만은 꼭 후인들에게 남기고 싶다.

전쟁 직후, 전군은 물론이거니와 많은 민간인들까지 미군 군화를 즐겨 신었다. 그래서 미국 군수물자 중에서 군화가 가장 많이 들어왔다. 그런데 미국 원조담당자들의 조사에서 유독 한국군의 군화수명이 매우 짧다는 사실이 밝혀졌다. 처음에는 민간으로의 유출이 많은 탓이라고 생각했으나, 해가 지나도 그 수치가 줄어들지 않았다. 이 때문에 미군은 한국군 군화의 보급상황과 관리상황, 그리고 폐기과정까지를 철저하게 조사한 적이 있었다.

몇 달 후 거기에 대한 조사결과가 나왔다. 그런데 그 결과는 한국군들이 구두약을 쓰지 않아서 군화가 쉽게 망가진다는 것으로 밝혀졌다. 이에 미군들도 놀랐지만, 한국군도 놀라지 않을 수 없었다. 그때까지만 해도 한국군은 미군들이 군화에 구두약을 칠하는 것이 광택을 내기 위해 멋으로 칠하는 것쯤으로만 생각했기 때문이다. 즉, 구두약이 군화의 가죽을 보호하는 것으로는 생각하지 않았던 것이다.

그래서 우리 국방부에서는 미군에게 군화와 함께 구두약도 지급해주기를 원했다. 그러나 그 양이 엄청나자 미군 측에서는 국내에서 생산, 보급하는 것이 타당할 것이라는 충고를 해주었다.

이렇게 되자 국방부에서는 국내 업체를 물색하기에 이르렀고, 국내에 구두약 생산업체가 없자 다른 품목을 취급하는 군납업자 중에서 구두약을 생산·납품할 대상을 찾았던 것이다. 바로 이때 구두약 납품업자로 내가 나서게 되었다.

이것이 내가 우리나라에서 최초로 가정용구두약 생산업을 시작한 연유이고, 이때 탄생한 것이 비록 질적으로는 떨어졌지만 국내 최초의 가정용구두약인 말표구두약이었다.

초기 구두약 생산형태는 가마솥에 원료를 넣고 끓여서 일일이 수작업으로 깡통에 넣은 다음, 군납 마크를 찍어 생산하는 가내수공업이었다. 그런데 시작한 지 2년이 지나자 군 관계자들로부터 우리 제품의 질이 나쁘다는 불평이 나오기 시작했다. 그러면서 그들은 '국산은 역시 국산'이라고 비아냥거리는 것이었다.

여기에 이르자, 자존심이 상할 대로 상한 나는 새로운 방법을 강구하지 않을 수 없었다. 그것은 당시 유명한 〈존슨 구두약〉을 생산하는 미국 회사와 기술제휴를 맺어 기술을 지원받아야 되겠다고 생각한 것이다. 이런 생각이 들자 하루라도 빨리 기술지원을 받고자 중간에 사람을 넣어 교섭을 했다. 지금도 마찬가지지만 그때 나는 외국어에 능숙하지 못할뿐더러 외국여행에도 익숙하지 못했다. 그래서 나는 그저 그들이 한국으로 와주기만을 학수고대했다.

교섭을 시작한 지 1년이 다 되어서야 존슨사의 간부 1명과 기술자 2명이 찾아왔다. 나는 공장이 공장답지 않아 호텔에서 논의를 하려 했는데, 그들은 굳이 우리의 공장시설과 규모를 먼저 본 후에 얘기를 하자고 했다. 하는 수 없이 가마솥에 끓이는 생산과정과 원료를 배합하고 실험하는 시설들을 보여줬다. 시설을 본 다음 배합과정을 담당하는 자와 실험자를 만나고 싶다기에, 모두 내가 담당한다고 대답해버렸다. 그러자 그들은 고개를 가로젓는 것이었다.

이튿날 그들이 통역자에게 남긴 메시지는 '이런 상태에서 기술제휴를 한다는 것은 처음 시작하는 것보다 어렵다.'는 것으로, 사실상 기술제휴를 거절한 꼴이었다. 내 계획이 여지없이 빗나간 것이었다.

우리 제품 품질에 대한 불평은 계속되었다. 더욱이 겨울에는 부산의 구두약 성질과 최전방의 구두약 성질이 달라야 하기 때문에 제조공정이 여간 까다롭고 고된 것이 아니었다. 나는 크게 좌절감을 느끼고, 이를 어떻게 타개해야 하나 하는 생각에 골몰하였다. 더구나 이때 나는 다른 것을 모두 정리하고 구두약 제조업으로 업종전환을 한 때였기 때문에 더욱 고심할 수밖에 없었다.

그러던 어느 날, 전역 후 대한중석에 근무하던 박태준 사장을 만났는데, 나는 목하 고민 중인 얘기를 털어놓지 않을 수 없었다. 그랬더니 박 사장은 일본에 가게 되면 일본 구두약 회사와 연결할 수 있는지 알아보겠다고 했다. 그러면서 내가 알고 있는 일본의 구두약 회사가 있느냐고 물었다. 나로서는 일본을 가보지 못했으니 아는 회사가 있을 리 만무했지만, 어렸을 때 〈3H〉라는 일본제 구두약이 있었던 것을 기억한다고 말해주었다. 이 3H라는 구두약은 일제시대 때 본 것인데, 치약처럼 튜브에 들어있어 짜서 쓰는 구두약이었다.

이 얘기가 있은 뒤 한 달쯤 지나서였다. 박 사장으로부터 전갈이 왔다. 그 내용은 일본의 정계·재계 원로들로부터 3H사가 한국의 태양사와 기술제휴를 맺도록 협조해 달라는 요청이 있었다는 것이었다. 나는 내가 얘기한 것과 내용이 달라서 되물었으나 그는 그냥 기다려보라는 얘기만으로 전화를 끊었다.

나는 내가 3H사를 원한다고 했는데, 박 사장 얘기는 오히려 3H사가 우리를 원하고 있다는 식으로 말한 것이었다. 뒤에 안 일이지만 이것은 박 사장이 일본에 대한 자존심 때문에 그렇게 되도록 일을 도모한 것임을 알았다. 결국 그렇게 얘기가 되어 우리는 3H사로부터 쉽게 기술제휴를 받을 수 있었다.

그 후, 3H사에서 실무자 4명이 한국으로 들이닥쳤다. 그들은 나를 만나자마자, 일본의 정계·재계의 인사들이 보잘것없는 중소업체인 자신들을 불러, 어떻게 한국의 박태준 회장과 태양사를 알고 한국에 기술제휴를 제의했느냐며 궁금해하더라면서 오히려 시종 저자세였다. 그러면서 내가 요청하기도 전에 기술자 파견과 시설 가설에 대한 일정을 잡는 것이었다. 나는 어안이 벙벙한 채로 그들의 제의를 받아들일 수밖에 없었다. 속된 말로 호박이 넝쿨째 굴러들어온 것이었다.

이렇게 초기 기술제휴를 바탕으로 해서 명실공히 태양사의 말표구두약은 세계적 수준의 상품이 되었고, 1974년에는 육·해·공 전군에 말표구두약을 납품하게 되었다. 결국 이 말표구두약의 사장은 나였지만, 그 성공을 보이지 않게 지원해 준 이는 박태준 사장이었다.

바꾸어 말하면, 오늘날 구두약만큼은 외국산이 발을 붙일 수 없도록 한 공헌자가 바로 박태준 사장이었던 것이다. 그의 기지와 선견지명, 바로 그의 덕이었다.

아들 여섯을 나라에 바쳤다는 함경도 노인과 풍전아파트

박 회장이 5·16 군사혁명으로 탄생한 국가재건최고회의 의장 비서실장을 지내던 시절의 정치 비화 한 토막이다. 그 무렵 나는 전방 부대 근처에 군납공장 서너 개를 운영하던 때라 서울과 전방을 하루에도 몇 번씩 왕래하곤 했다. 무더위가 한참일 때였으니까 아마 7월쯤이었을 것이다. 박태준 실장 역시 나랏일로 바빴을 때였고 나 역시 매우 바쁜 시절이었다.

그러던 어느 날, 박 실장이 나에게 사람을 보냈다. 그 사람은 며칠 내로 박 실장의 부인을 한 번 만나봐 달라고 했다. 나는 시절이 시절인 만큼 큰 비밀 얘기이겠거니 하고 며칠을 긴장하고 있다가 틈을 내어 부인을 만나게 되었다. 사정 얘기는 대충 이런 것이었다.

어느 날 박정희 의장에게 면담을 요청한 노인이 있었다. 이 노인은 함경북도에서 살았었는데 아들 6명이 6·25 때 모두 전사하여 혈혈단신으로 제주도에서 조그만 이발소를 운영하며 지내고 있었다. 그런데 아들 6명을 나라에 바치고도 이렇게 살고 있다면서 신세 한탄을 했다고 한다. 그 동안 이승만도 만날 수 없었고, 장면도 면담을 거절했지만, 군인은 자신의 심정을 알아줄 것이라며 의장을 만나면 먹고 살 수 있는 대책을 세워 달라고 할 참이라는 것이었다.

당시 상황으로 의장이 이런 개인사에 신경을 쓸 여유가 없음을 알지만, 이 노인의 처지가 워낙 딱하고 또 너무 간절하게 면담을 요구해, 비서실장 직권으로 면담을 주선해주었다. 그런데 면담 결과, 박정희 의장은 이 노인에 대해서 최대한 편의를 봐주도록 지시했으며, 그 책임을 박 실장에게 위임했다. 이렇게 되자 노인은 매일 박 실장을 찾아와 성가시게 굴었다.

그러던 어느 날 노인은 굴레방다리 근처에 있는 적산가옥인 풍전아파트를 불하받아 먹고 살게 해 달라는 요청을 했다. 그래서 박 실장이 사람들을 통해 이를 알아봤더니 그 아파트는 적산가옥이기 때문에 관세청장의 관할 하에 있었고, 또한 이미 미8군 독신 장교들의 숙소로 국방장관이 임대해서 쓰고 있어 불하는 불가능하다는 것이었다. 박 실장은 이러한 사정을 노인에게 설명하고 다른 일을 찾아보라고 했으나 노인은 막무가내였다. 하는 수 없이 관세청과 국방부에 특별협조를 얻어 최종적으로, 완전 불하는 절차상 시일이 걸리나 임대는 해줄 수 있다는 확답을 받았다. 그래서 미군 장교 숙소를 옮기는 등 야단법석을 떨어 겨우 임대계약을 하기에 이르렀다.

그런데 문제는 이 건물이 엘리베이터까지 가설되어 있기 때문에 보증금, 화재보험료, 임대료를 합쳐 당시 돈으로 약 350만 원 정도의 계약금이 있어야 했다. 그러나 국가재건최고회의 자체에도 돈이 없었고, 산하 기관에도 더 이상의 강압은 곤란한 처지라 박 실장은 큰 고민에 빠지게 되었다.

이 문제를 박 실장이 맡고 있다 보니 그의 부인까지 동원되었던 것이다. 부인의 말로는 일이 잘되면 노인이 꼭 갚겠다고 하니, 내가 돈을 마련해서 박 실장 걱정을 덜어 달라는 것이었다. 그러면서 자식 6명을 나라에 바친 분을 도와야지 어떻게 하겠느냐고 신신당부하더라는 것이다.

며칠 후 나는 박 실장의 부인과 함께 나온 그 노인을 만나보았다. 그의 하소연을 들어보니 박 의장이나 박 실장이 동정하지 않을 수 없는 처지였다. 나는 기한 내에 최대한 해보겠다는 약조만으로 헤어지려 했다. 그랬더니 노인은 앞으로 이 건물을 어떻게 활용해야 돈을 벌 것인지에 대해서도 나에게 의지하겠다는 것이었다. 역시 박 실장 부인의 뜻도 그러했다.

이렇게 해서 이 노인을 결국 내가 떠맡게 되었다. 노인은 매일 용두동의 내 사무실로 출근했고, 그 등쌀에 나도 매일같이 그 건물을 돌아보면서 건물 활용 구상을 해야 했다. 다행히 예정대로 350만 원이 준비되어 임대계약을 마칠 수 있었다. 그런데 막상 임대를 하고 보니, 어떻게 활용하여 돈을 벌어서 그 임대계약금을 받아내야 할지가 막막하였다. 사실 그때 350만 원이라면 매우 큰 돈이었다. 그것도 박 실장의 부탁이라 차용증서 하나 없이 거래를 했으니, 나로서는 걱정이 되지 않을 수 없었다.

나는 여러 가지로 검토를 한 뒤 결론을 내렸다. 그것은 주위의 가옥들을 구입하여 터를 넓힌 다음 호텔로 개축하는 계획이었다. 마침 이듬해에는 경복궁에서 세계 산업박람회가 열리기로 예정되어 있어, 외국인들의 유치가 가능하다는 판단에서였다. 물론 이미 교통부 등의 협조를 얻어 가능성을 확인했던 것이다.

나는 노인에게 이런 계획을 설명하고 다시 박 실장을 만나 주위 주택 일부의 이주와 건축비 문제 등을 협조해 달라고 했다. 이에 박 실장은 협조하기로 했고 모든 일은 나의 계획대로 추진되어 갔다. 그러던 중 이 노인이 세간인들의 입에 오르내리기 시작했다. 이 노인이 박정희 의장과 친척이 된다는 둥, 또 누구의 군대 상사였다는 둥 발 없는 소문은 꼬리를 물고 퍼지기 시작했다.

그러자 신문, 잡지 등에서 이 노인을 자주 다뤘고, 이들은 한결같이 나라에 아들 6명 모두를 바친 애국자라느니, 세계 전쟁사에도 이런 분은 유일하다는 등의 보도를 하며 야단들이었다. 그러나 이 노인의 뒤에서 어떤 이들이 도와주고 있다는 사실에 대해서는 철저히 보안을 지켜 공개되지 않았다.

신축 호텔의 조감도가 발표되고, 또 노인의 신상이 알려지자 함경북도 실향민들이 현장에 문전성시를 이루었다. 그들의 대부분은 일거리를 달라고 오는 이들이었다. 이 노인이나 나는 이들을 어떻게 처리해야 될지 걱정이었다. 그러나 하루가 다르게 건물형태가 갖추어지자 우리는 기분이 들떠, 알겠으니 기다려 달라는 식으로 이들을 다독거릴 수밖에 없었다. 공사는 순조로웠다.

그런데 이게 웬 날벼락인가! 어느 날 박정희 의장 앞으로 진정서 하나가 날아왔다. 이 진정서는 각 신문사에도 동시에 날아들었다. 진정서 내용은 대충 이런 것이었다.

〈노인에게는 아들이 없다. 그러니 전사한 아들도 있을 수 없다. 그는 함경북도에서 월남했는데 고향에서도 행실이 좋지 않았던 인물이다. 이런 사람에게 특혜를 준다는 것은 있을 수 없으니 이를 철저히 조사해서 처벌해주길 바란다.〉

보다 못한 동향인의 투서였다. 이 사실은 이튿날 신문에 보도되었고, 이를 본 박 의장, 박 실장은 물론 나도 놀랐다.

몇 번이고 "세상에 이럴 수가……." 하고 되뇌어 보았지만 조사 결과 사실임이 밝혀졌고, 급기야는 노인이 구속되는 사태에까지 이르렀다. 다행한 것은 연일 이에 대한 보도가 있었지만, 노인을 도와주었던 그 배경에 대해서는 임시 정도로만 나타났고, 특히 내가 공범으로 몰리지 않은 것은 천만다행이었다.

돌이켜보면 박 실장도 무척 의협심이 강한 양반이라는 생각이 든다. 그 노인이 아들 6명을 잃었다는 데에 그만 넘어가고 말았던 것이다. 어쩌면 혁명정부의 혼란했던 시대상의 결과였는지도 모른다.

언젠가 그의 부인으로부터 "이를 어쩌면 좋아요."라는 말로 위로를 받았다. 임대계약금은 돌려받았지만 나도 노인에게 속은 것에 몹시 불쾌하였다. 그러나 그 사건은 그와 나 사이의 믿음과 신뢰가 더욱 다져지는 계기가 되었다.

이 사건은 박 실장이 관여된 일이었지만 이승만 대통령, 장면 총리, 박정희 의장 3대에 걸쳐 셋 모두 속아 넘어간 희대의 사기극이었다.

국토녹화의 숨은 공로자

이 정 환 (1921-2013)

국립지질연구소(현 한국지질자원연구원) 소장

나의 평생을 통해 잊을 수 없는 사람은 수없이 많으나 그중 1960년대 초 우리나라 광업개발과 지질연구사업의 중요성을 이해하고 정책적으로 적극 지원하여 주시던 당시 상공담당 박태준 최고위원(현 포철 회장)에 대한 감회는 늘 새롭다.

나는 해방 직후인 1945년 9월 당시 우리나라의 유일한 지하자원 조사연구기관인 국립지질광물연구소에 입소했다. 그러나 고위 정책담당 행정가들의 몰이해로 해방 당시 정원이 150명에 달했던 일급 연구기관이 감원에 감원을 거듭하면서 1961년 말에는 25명의 직원을 가진, 명맥만을 유지하는 기관으로 몰락하여 지하자원 조사와 광업개발 연구에 실질적인 공헌을 할 수 없게 되었다.

특히 5·16 혁명 직후 산업관련 기관은 모두 제1차 경제개발5개년계획을 추진하는 것과 함께 활발한 업무활동을 시작했으나 지질연구사업만은 계획사업으로 인정받지 못해 국립지질광물연구소는 더욱 유명무실한 기관으로 취급되어 전 직원은 사기가 땅에 떨어지고 허탈감에 빠져 있었다.

이러한 상황에서 1962년 1월 5일자로 동 연구소장 서리에 임명된 나는 어떻게든 지하광물자원 개발을 경제개발5개년계획에 포함시키기 위한 묘안을 짜내기 위해 부심했다.

결론적으로 '산림녹화를 위해서는 국내 부존자원을 개발해야 한다. 무연탄을 쓰면 자원도 되고 산림녹화도 된다'는 취지의 캐치프레이즈를 내걸기로 하고 밤을 새워가면서 상부기관에 보고할 브리핑 자료를 마련했다. 브리핑 내용은 1차 경제개발5개년계획 기간 동안 지질조사사업계획의 중심목표를 무연탄 조사로 하고 사업추진에 필요한 연구직 인력과 소요예산을 밝힌 것이었다.

준비된 브리핑은 1개월 만에 상공장관 보고를 거쳐 박태준 상공담당최고위원 앞에서 보고할 기회를 겨우 가질 수 있었다. 나로서는 초면인 박태준 위원 앞에서 1시간 30분에 걸쳐 당시 3천만 톤에 불과했던 무연탄 매장발견량을 15억 톤으로 늘릴 수 있으니 이를 위해 연구소 인원을 25명에서 220명으로 늘리고 연간 3억 원씩 5년간 15억 원의 예산을 투입해줄 것을 건의했다.

그러나 박 위원의 반응은 의외로 무표정했고 가부의 말없이 그냥 돌아가 있으라고만 하기에 광물자원 개발에는 그다지 관심이 없는 사람으로 생각하고 낙담한 채 돌아왔다.

그런데 이틀 후 예고도 없이 박 위원이 박정희 당시 최고회의의장을 모시고 남영동 소재 연구소를 직접 방문해 "지난번 보고한 내용을 자세하게, 그리고 소신껏 박 의장께 보고 드리라."고 일러주었다.

그 자리의 참석자들은 모두 군장성급들이었고 공무원복 차림은 나를 포함한 두 명뿐이어서 긴장감이 더했으며 당시 분위기로 보아 광물 및 지질조사연구사업의 장래가 결정될 것 같은 느낌이었고 또 그렇게 됐다.

나름대로의 열과 성을 다한 설명 및 건의가 끝난 뒤 박 의장은 이 사업의 중요성을 실감하고 그 자리에서 연구소의 정원을 내 건의대로 220명으로 대폭 늘리고 연간예산도 전년의 2천만 원에서 15배로 늘려 3억 원으로 늘리도록 관계 장관에게 지시했다. 기존 기관의 인원 및 예산이 이런 정도로 크게 확대된 것은 유례가 없는 일이었던 만큼 다른 기관들의 부러움도 대단했던 것으로 기억된다.

박 의장의 순시를 계기로 그때까지 부진했던 지질조사 및 광물개발사업은 본궤도에 오르게 됐고 1차 5개년계획이 끝날 무렵에는 우리나라 가용 무연탄 매장량은 1962년 초의 3천만 톤에서 16억 톤으로 무려 50배가 넘게 증가 확보할 수 있게 되었다. 이에 따라 대단위 탄좌회사가 국책으로 설립됨으로써 오늘에 이르기까지 무연탄이 중요한 에너지 자원으로 쓰여 온 것이다. 이러한 배후에는 당시 박태준 최고위원의 지하자원 개발사업에 대한 남다른 관심과 이해가 숨겨져 있었다.

오늘날 지질조사사업이 활기찬 발전을 계속할 수 있도록 계기를 마련해주신 그분에 대해서는 필자뿐 아니라 1960년대 광업계에 몸담고 있던 전체 기업인들의 뇌리에서 영원히 잊을 수 없는 덕망 있는 분으로 기억되리라 믿어 의심치 않는다.

*1984년 10월 19일 《한국경제신문》에 처음 게재됨. 원제는 「지하자원 개발의 숨은 공로자」.

열린 마음의 큰 그릇

이 맹 기 (1925-2004)

제6대 해군참모총장, 대한해운 창업회장

동네 색시 이쁜 줄 모른다더라

박태준 회장의 진가를 아는 사람이 과연 얼마나 될까 하는 것이 언제나 내가 갖고 있는 생각이다. '동네 색시 이쁜 줄 모른다'는 옛말이 있듯이, 우리나라 사람들은 박태준 씨에 대해 몰라도 한참 모르는 것 같다. 그는 오히려 세계적으로 널리 알려진 인물이다. 그런데 남의 나라 철강왕 카네기(Andrew Carnegie)는 알아도 이 나라 철강왕인 박태준은 잘 모른다니 안타까운 일이다.

외국의 저명인사들을 만나보면 박 회장을 일컬어 '제너럴 팍'이니 '헤네랄 팍'이니 하여 모르는 사람이 없다. 그것은 그의 회갑 때 해외의 저명인사들이 보내온 축전만 봐도 알 수 있지 않을까?

나와 박 회장과의 교우 역사는 꽤 오래된다. 우리 둘은 국회의원 아닌 입법의원을 두 번이나 함께했다. 한 번은 5·16 후인 1962년 9월 혁명정부가 구성한 국가재건최고회의 의원시절이었고, 또 한 번은 1980년 10월 국가보위입법회의 의원으로 참여한 때다. 그러나 박 회장과 충정 어린 마음으로 머리를 맞대고 마음을 나눈 것은 국가재건최고회의 의원시절이라고 나는 생각한다.

박 회장은 당시 상공담당 위원이었고 나는 해군 참모총장으로서 당연직 최고 위원이었다. 벌써 30년 전의 일이다.

내가 그에게서 받은 첫인상은 날카로우며 또한 범상한 사람이 아니라는 그낌이었다. 함께 일을 하면서 인상뿐 아니라 일솜씨도 깐깐하고 빈틈없다는 사실을 알았다. 젊었을 때여서인지 상당히 미남형이었던 것으로 기억된다. 그러나 그와의 본격적인 친분은 1960년대 말 종합제철소 건설계획이 확정되면서부터가 아닐까. 그때는 바로 제철소 장소 선정 문제로 논란이 분분한 시기였다.

당시에 박 회장과 나는 안보상 여건을 우선했고, 해로(海路)관계나 조석(潮汐)관계를 고려하면서 포항을 지목했다. 그런데 두 사람의 의견만 포항으로 일치했을 뿐 많은 다른 사람들은 포항이 아닌 다른 곳을 제철소 부지로 지목했다.

예를 들면 당시 울산, 삼척, 진해, 목포 출신의 실력자들이 자기네 지역으로 제철소를 유치하려고 경쟁했다. 또한 경제기획원은 항만으로서의 조건이 좋다는 이유로 삼천포를 지명했고, 미국의 코퍼스(Koppers)라는 조사용역업체에서는 울산을 후보지로 천거했다. 이에 따라 해당 지역민들도 서로 자기 지역에 제철소를 유치하려고 서명운동이니 환영회니 하는 제철소 유치 운동으로 매우 시끄러웠다. 그런데 이때가 바로 제6대 대통령과 제7대 국회의원 선거 운동 막바지 때인지라 서로 선거공약으로 자기 지역구에 제철소를 유치하겠다는 공약을 내세웠으며, 청와대와 경제기획원에는 저명인사들이 서명한 유치 탄원서가 연일 날아들었다.

이 와중에서 정부는 1967년 5월 11일, 본격적으로 월포, 포항, 삼천포, 보성 등을 후보지로 선정하고 이들 지역에 대해 타당성 검토를 시작했다. 이런 분위기 속에서도 박 회장은 박 대통령에게 포항이 제철소가 들어서야 할 적지라고 강력하게 주장했으니, 당연히 다른 지역을 천거한 각료나 의원들로부터 미움을 살 수밖에 없었다. 그때 박 회장의 주장은 후에 입증되었다시피 정말 타당했다.

포항에 제철소가 들어서야 할 이유로는, 첫째는 안보상 적지라는 점과, 둘째는 항만 안벽의 길이가 적당하고, 셋째는 조수 간만 조건상 건설비용이 저렴하다는 경제성, 넷째는 공업용수의 풍부함을 들 수 있다. 박 회장의 이 주장은 대통령에게 신빙성 있게 받아들여졌고, 결국은 포항이 최종 후보지로 선정되었다.

사실 이 포항 지역은, 내가 해군 상륙전단 사령관을 맡고 있던 시절, 해군 상륙작전 훈련지였던 곳이었기 때문에 나 역시 포항의 군사적 가치나 항만의 조건은 누구보다도 잘 알고 있었다. 그렇지만 최종 선정지가 포항으로 결정된 이유 가운데 하나로서, 무엇보다 박 회장에 대한 박 대통령의 깊은 신뢰를 빼놓을 수 없을 것이다.

박 회장의 말은 설득력이 있을 뿐 아니라 언제나 진실했다. 박 대통령은 그 점을 오래전부터 아끼고 있었기에, 제철소에 관한 한 그에게 맡겨야겠다고 마음을 굳혀 왔던 것 같다. 1965년 대한중석 사장 시절에 대통령으로부터 제철에 관해 공부를 해놓으라는 지시가 있었다고 후에 나에게 박 회장이 밝힌 적이 있었다. 그래서 박 회장은 대한중석 부설로 금속연료 종합연구소를 가동하였으며, 그때부터 이미 제철소에 대해 상당한 지식을 쌓아두었다.

박 회장에 대한 대통령의 인간적 신뢰와 더불어 그의 능력에 대한 신뢰에 따라 포항이 제철소 부지로 선택되었던 것이 아닐까? 당시 국제적인 명성을 갖고 있던 IBRD 조사단도 포항을 아예 후보지로 보지 않았다.

그리고 여기서 꼭 짚고 넘어가야 할 것으로 안보상의 문제가 있었다. 당시 북한은, 비록 작지만 이미 무기제조를 위한 제철소가 있었다. 북한의 재침 위협 등을 감안할 때 박 대통령의 제철소 건설의지가 단호했던 이유와 박 회장의 조기건설 집념을 이해할 수 있고, '제철보국(製鐵報國)'이란 말의 참뜻을 알 수 있게 된다.

이야기가 길어졌지만, 박 회장과 나는 포항을 제철소 입지로 주장하던 때의 의기투합했던 한마음이 지금까지 이르고 있다고 보아도 틀림없다. 그는 오랜 친구일 뿐 아니라 내가 가장 존경하는 사람이기도 하다.

오늘 이 우람한 포항종합제철소를 놓고, 말하기 좋아하는 사람들은 그 당시 박 대통령의 제철소 건설에 대한 의지로 보나 여건상으로 보나, 박태준 회장이 간여하지 않았어도 건설이 가능했었지 않았느냐 하는 의문을 제기하기도 하는데, 나는 결코 그렇게 생각하지 않는다.

'역사엔 가정법이 없다'라는 말처럼 '포철 경영에 있어 박태준이 아니었더라면…….'이란 가정법은 있을 수 없다는 것이 나의 솔직한 심정이다. 굳이 말을 만든다면 작은 규모의 제철소, 또는 실패한 제철소는 있었을지도 모른다. 그러나 지금과 같이 성공한 포항제철소는 단연코 불가능했으리라고 나는 단언한다.

박 대통령과 박태준 씨와의 인연담은 세상에 널리 알려져 있다. 박 회장은 1948년 5월에 277명과 함께 6기로 육사에 입학했다. 그런데 그 당시 2개 중대 8개 구대 중에서 박 회장은 제2중대 중대장인 강창선 대위 소속이었다. 그때 1중대장은 박정희 대위였다. 박정희 대위는 2중대에 탄도학 강의를 한 적이 있었다. 첫 수업시간에 박정희 대위를 본 생도 박태준은 무슨 이유에서인지 매우 긴장했다고 한다. 그러던 중 또 다른 수업시간에 박 대위가 어려운 미분방정식 문제를 냈는데, 그것을 푼 생도가 박태준뿐이었다. 그 후 어딘가에서 두 사람이 우연히 만났는데, 박정희 대위가 "수학 문제를 푼 생도구먼." 하고 금방 알아보더라는 것이었다.

후에 박 회장이 '내 생애를 돌이켜 생각해 보면, 나를 사관학교로 떠밀어 들어가게 하고 이에 따라 군에 머물게 했던 어떤 필연이 있었다면, 그것은 나로

하여금 박정희 교관을 만나게 하려던 운명의 의지가 아니었을까?' 하고 회고하던 것을 나는 지금도 기억한다.

해방 직후, 당시 일본에서 귀국한 유학생들은 대개 학교 교사로 근무하였으며, 혼란한 정치세계에 뛰어든 사람들도 많았다. 그럼에도 불구하고 박 회장 같은 공학도가 군인이 되겠다고 결심했다는 것은 지금 생각해도 의외가 아닐 수 없다.

박 회장은 자신이 군문에 들어서게 된 이유를 "일본에서 징병면제를 받아 살아난 보답으로 우리나라에 충성하는 군인이 되겠다."는 생각 때문이라고 말했다.

포철을 박 회장이 맡게 된 이유가 있다. 우선, 당시 국내에서 공학을 전공한, 더구나 포철 경영을 맡길 만한 사람이 박 회장 외에는 없었다. 또 안보 전략상 제철소의 필요성을 인식하고 사명을 다할 만한 사람을 찾기도 어려웠다. 당시 분위기로 보아 박 대통령은 자기 소신을 굽히지 않고 관철시킬 수 있는 뱃심 있는 사람이 필요했는데, 박 회장 외에는 적당한 인물이 없었다. 그런 점을 잘 알고 있는 대통령이었으니, 그를 믿고 지원해준 것이다.

박 대통령이 박 회장을 믿은 것이 옳았음은, 수많은 중상모략을 견디면서도 차관을 유치해서 제철소를 건설했을 뿐 아니라 경영에서도 대성공을 거둔 결과로 증명된다. 말이 대성공이지, 건설된 지 4반세기 만에 세계 3위의 제철소로 일어선 것은 기적이 아닐 수 없다.

박 회장이 일본 와세다대학에서 이공학을 수료하여 고도의 수리 개념을 지녔기 때문에 제철소 건설이 가능했으며, 안보 전략상 제철소 건설의 필요성을 인식한 것은 박 회장이 군인 출신이기 때문이라고 할 수 있다. 박 회장은 마치 전투에 임하듯이 포철을 만들어낸 것이다.

털어도 먼지 안 나는 사람

여기에 한 가지 덧붙이고 싶은 에피소드가 있다. 이것은 세상에 널리 알려지지 않은 이야기이다. 원래 박 회장은 생산적인 이야기가 아니면 별로 하지 않기 때문에, 자신이 당한 억울한 일 등은 쉽게 내놓고 이야기하지 않는다.

그의 소위 '롬멜 장군', '효자동 주지' 시절에 들은 이야기인데, 한때 박 회장이 건설자금을 해외 모 은행에 도피시켰다는 중상모략이 나돌았다고 한다. 한번은 부부가 포항에 있는 동안에 모처에서 와서 집안을 수색한다고 연락이 와, 부인이 서울로 올라와보니 몇 사람이 와서 집안 구석구석을 샅샅이 뒤졌다는 것이었다. 그러니까 포항 입지 선정에서부터 건설, 그리고 차관협상을 맡고 있는 동안 그를 곱지 않은 눈으로 본 사람이 있었던 것이다. 그래서 그들은 그 과정에서 무슨 꼬투리를 잡을 일이 없나 하고 가택 수택을 했던 것이다. 그런데 해외 도피자금 통장은 고사하고 초라한 집안 살림살이만 드러났다고 한다.

박 회장이 입지 결정에 있어서 일부 정치꾼처럼 야합을 했을지도 모르며 건설비를 횡령했을지도 모른다는 견제세력 특유의 지레짐작이 빗나가도 한참 빗나간 것이었다. 뒤에 대통령이 이 사실을 알고 "그 사람은 그런 사람이 아니다."라고 하면서 그들에게 크게 화를 냈다는 일화도 있다. 누가 박 회장을 중상했는지 그것을 말하려는 것이 나의 의도가 아니다. 내가 말하고 싶은 것은, 그런 모함을 당하면서도 소신을 잃지 않고 관철시켜 나갔던 박태준이라는 인물의 됨됨이를 이야기하고자 할 뿐이다. 그런 세력, 그런 단체, 그런 사람이 어디 한둘이었을까?

여기에서 이미 널리 알려진 이야기이긴 하지만, 소위 박 회장의 '하와이 구상'이라는 것을 밝히고 싶다. 이 하와이 구상이 결국 포항제철을 낳게 한 직접적인 계기가 되었으니 말이다.

하와이 구상이란, 미국이 종합제철소 건설차관을 줄 것이냐의 여부를 확인하기 위해 1969년 1월 31일에 박 회장이 미국에 갔다가, 미국 측의 차관공여 거부 태도를 확인하고 돌아오던 길에 하와이에서 잠시 머물러 대일청구권 자금전용과 조기 활용기획안을 세운 것을 말한다.

그런데 여기에서 중요한 것은, 과연 당시 박 회장이 이렇게 중요한 일을 단독으로 기획할 만큼 권한을 가지고 있었느냐 하는 문제이다. 결국 되풀이되는 이야기이지만 당시의 중요 결정은 박 대통령의 신임 여부에 달려 있었다.

그 당시에는 제철소와 관련된 무슨 무슨 위원회니 협회니 연구소니 하는 것이 수없이 많았다. 물론 여기에 박 회장이 직접, 간접으로 소속되거나 관여를 했다.

그러나 이것들이 다 견제세력일 수도 있고 반대세력일 수도 있었다. 그런데도 박 회장이 자기의 유니크한 아이디어인 하와이 구상을 할 수 있었던 것은 아무래도 박 대통령의 의지를 잘 알기 때문에 구상할 수 있었을 것이고, 또 그 구상이 박 회장의 치밀한 머리에서 나왔기 때문에 수용될 수 있었다고 본다.

인간적인 신임이야 이미 1961년 5·16 후 박정희 부의장의 비서실장을 맡았을 때부터 쌓여진 것이다. 또 샤프한 수리적 능력은 이미 그의 육사시절에 인정된 것이고, 그래서 박 대통령은 그 구상이 만용이거나 오버액션이 아니라는 것을 알고 있었던 것이다. 게다가 박 회장의 협상능력을 이미 알고 있는 박 대통령으로서는 당연하게 그 안을 받아들였다. 그는 이미 1964년에 대통령 특사의 자격으로 거의 1년 동안 일본에 가 있기도 했던 것이다.

어쨌거나 대통령과 제철소와 박태준 간에는 속된 말로 궁합이 맞았다는 것으로 보면 이해가 빠를 것이다. 모든 조건이 잘 맞았다는 것은 보통 인연이 아니다. 그러나 그 인연도 그가 갖고 있는 특출한 판단력, 추진력, 업무처리 능력 등이 없었다면 맺어질 수가 없었을 것이다.

박 회장의 대일협상 능력에 대해서 그 당시 박 대통령이 이미 인정하고 있었다는 이야기는 널리 알려져 있다. 한일국교정상화 회담 때 일본의 정·재계를 설득시킨 사실도 있었고, 그 당시 일본 학계의 태두였던 대유학자 야스오카 세이도쿠(安岡正篤) 씨와 한일문화협회 이사장인 야기 노부오(八木信雄) 씨 등이 박 회장을 아주 높이 평가했다는 사실도 아는 사람은 알고 있다.

이런 사실은 박 회장이 국내에서보다 해외에서 인정을 받았다는 것과 이런 분들로부터 인정을 받을 만큼 신뢰가 있었다는 말이기도 한데, 이런 바탕 위에서 하와이 구상이 탄생할 수 있었고 또 그것이 성공하리라는 확신을 갖게 된 것이라고 봄이 좋다.

당시 가뜩이나 한일 간에 국교정상화 회담으로 첨예한 분위기가 남아 있었으며, 게다가 청구권자금의 나머지를 다른 용도로 쓰면서, 또 미리 달라는 박 회장의 제의에 일본이 순순히 응했다고 보기는 어려웠음을 생각해 볼 때 박 회장의 협상 능력이 얼마나 뛰어난 것인가를 짐작할 수 있다.

이건 후일담이지만, 그 당시 근본적으로 한국 측의 요구는 무리였다는 것을 박 회장이 회고한 적이 있었다. 우선 대일청구권 자금용도가 주로 농업 분야에 한해 10년 간 균등 지출하기로 한 것인데, 이를 제철소 건설자금으로 전용한다는 사실에 당연히 일본 경제계가 반발했고 또 일본 내의 정치상황으로 봐서는 친북한계인 사회당과 같은 야당의 공격이 거셀 것은 불을 보듯 뻔했기 때문에 일본 정부의 태도는 냉담했다. 더구나 당시 유사한 형태의 배상을 해야 할 대상국인 필리핀 등 다른 나라에 자극을 주어서는 안 된다는 점이 있었기 때문에 더욱 그러했다.

그런데도 그는 해냈다. 1969년 8월 26일 제3차 한일각료회담에서 모진 산고 끝에 공동성명을 통해 협력방식으로 청구권자금을 종합제철 건설자금으로 충당한다는 발표를 얻어낸 것이다. 만일 하와이 구상과 그 구상의 성공이 없었다면 적어도 오늘의 포항·광양제철소는 없다고 보아도 무방하리라.

결단하면 즉시 추진한다

박 회장의 포철 건설에 얽힌 이야기에서 벗어나서 박 회장의 가족 이야기를 하기로 하자. 박 회장의 가족상황을 잘 모르는 사람들이 일본과 연관시켜 엉뚱한 흑색소문을 만들었던 경우가 있기 때문이다.

내가 알고 있기로는 1934년, 그러니까 박 회장이 일곱 살 때 가정 형편상 부친을 따라 일본에 갔다고 한다. 최근에 나온 《신동아》라는 잡지에서도 상세하게 자신이 직접 밝히고 있듯이, 가정 형편상 먹고 살기 위해서였다. 초등학교는 몇몇 학교를 전전했고 중학교는 동경의 아사부(麻布)중학교에 다녔다. 중학교를 졸업한 그는 당시 징병 대상에서 면제되던 와세다대학 이공계에 들어가 1947년에 수료를 했다.

박 회장의 집안은 밀양 박씨 중 경남 양산 상안을 본으로 한 종갓집이었다고 나는 알고 있다. 그의 어머니 김소순 여사는 현재도 경남 양산군 장안면 임랑리에서 노년생활을 보내고 있다. 아마 팔십오륙 세쯤 되셨을 것이다. 지극한 효자로서 박 회장이 노모에게 깍듯하다는 것은 근동에 소문이 나있을 정도이다. 그런데도 일부 허튼 말 좋아하는 사람들은 박 회장의 어머니가 일본인이며, 그래서 그가 친일파라는 근거 없는 말을 하기도 한다.

박 회장은 한국 내에서 첫손에 꼽히는, 어쩌면 어떤 의미에서 유일한 지일(知日) 인사가 아닐까? 박 회장이 화갑문집으로 낸 『신종 이산가족』이란 책을 보면 이를 이해하는 데 도움이 되는 구절이 많다.

"우리는 이웃나라인 일본에 대해 사사건건 과민반응을 보이고 있다. 그러나 이제 우리는 그들을 과대평가하지도 말고 과소평가하지도 말자. 그러나 그들을 아는 데 대해서는 좀 철저할 필요가 있다."

이 말을 곱씹어보면 그를 지일 인사라고 한 말이 이해가 될 것이다. 아니 극일 인사라고 하면 어떨까? 《신동아》에서 그는 '공부하자. 그것이 극일의 길이다'라고 쓰고 있다.

박 회장이 포철 사원들에게도 "일본을 알아야 하고 일본의 기술을 따라잡아야 한다."고 늘 강조하고 있다. 그래서 창사 초기, 사원들을 일본에 기술연수를 보냈을 때도 습득 예정된 기술 외에 또 한 가지씩을 배워오지 않으면 안 된다고 엄명하여 사원들이 그대로 실행했다는 이야기도 있다.

또 일본에서 공부했던 시절, 수학을 좋아했고 이공계를 택한 이유에 대해서 "수학을 좋아한 것은 일본말을 쓰지 않고도 할 수 있기 때문이고, 와세다대학 이공계를 간 것은 일본 군인이 되어서는 안 된다는 결심 때문이었다."라고 밝힌 글을 본 적도 있다. 그런 그가 해방이 되자 귀국하여 군의 문을 두드린 것이다. 나라의 안위가 가장 중요하다고 생각했기 때문이다.

박 회장의 성격 가운데 가장 두드러진 것은 남의 좋은 기술, 좋은 습관을 충실히 받아들이는 열린 마음이다. 대표적인 것으로 목욕에 관한 일화가 있다. 알다시피 그는 언제나 깔끔하며 복장이나 자세가 삐뚤어진 것을 볼 수 없다.

일본 유학시절 한 번은 박태준 씨가, 주인이 밖에 갔다 오면 아무리 바빠도 반드시 목욕을 한 후에 집안일을 보는 것에 대해 불만을 표시했단다. 그랬더니 하숙집 주인은 "집안일을 바르게 하기 위해 자신의 몸을 먼저 깨끗이, 바르게 하지 않을 수 없다."라고 자상하게 설명을 해주더라는 것이다. 그때부터 그는 그 말이 평생 자신의 가슴속에 깊이 뿌리박혔다고 했다. 필부에 지나지 않는 일본인 하숙집 주인에게서조차 배울 것이 있으면 배운다는 박 회장의 됨됨이를 알 수 있는 일화인 것이다.

포철과 박태준 회장은 역사의 일부인 정치사나 경제사의 한 부분으로 평가되어서는 안 된다. 말하자면 현대사 속에서 평가되어야 한다는 말이다. 그렇다면 적어도 한 세대가 지난 후 사가(史家)에 의해 그의 업적이 평가되어야 당연하다. 그렇지만 먼저 실물경제를 신봉하는 우리 경제인들 입장에서 만일에 지금 당장 포항제철이 없었다면 우리나라 전체 경제의 흐름에는 어떤 변화가 있었겠느냐를 관심 있게 살펴보았다.

내 기억이 정확하다면 1987년이었을 것이다. 서울대학교 사회과학연구소에서 포항제철의 업적을 조사·발표한 적이 있다. 1987년의 경우, 포항제철이 없다면 1986년부터 1년 동안에 GNP 대비 4.85%인 9조2천억 원의 생산 감소와 2조5천억 원의 부가가치 감소, 26만 명의 고용 감소가 있을 수 있다는 보고였다.

이 보고만으로서도 포항제철이 국가경제를 이끄는 견인차임이 입증됐다. 또 있다. 우리나라 수출액의 50% 이상이 전자, 조선, 자동차 등 철강재 상품이다. 이러니 철을 생산하는 포철이 없었다면 모두 수입해서 써야 되는데, 지금과 같은 수출이 가능한 이야기인가? 바꾸어 말하여 박태준 회장의 경영능력이 없었다면 지금과 같은 경제성장은 있을 수 없다고 보는 것이 옳다.

제철소 설립을 성공적으로 이끌었듯이, 포항제철의 성공적인 경영 또한 박 회장이 아니었다면 불가능했다는 것이 일반적인 견해이다. 그의 많은 능력 중에서도 강한 리더십이 첫손에 꼽힌다. 박 회장은 특히 리더십의 가장 중요한 요소인 결단력이 있는 분이다.

『전쟁론』의 저자이며 전략가인 크라우제비츠는 리더십의 기본이 결단력에 있다고 보면서 이렇게 강조하였다. '어떤 명참모도 지도자의 결단력만큼은 보좌할 수 없다.'

나도 이 말을 전적으로 지지하는데, 바로 박 회장은 이 결단력에서 대단한 능력을 발휘했다고 본다. 기업이나 국가운영에 있어서도 결단력을 어떻게 발휘하느냐에 따라 그 운명이 달라진다. 그리고 누구에게나 결단력을 필요로 할 때가 있는데, 이때 어떤 결단을 내리느냐에 따라 그 사람의 운명이 좌우되기도 한다.

앞서도 언급을 했지만, 박 회장이 결단력을 보인 사례는 우선 제철소의 필요성과 입지 선정, 그리고 조기 건설 등의 과정에 여러 차례 있었다고 나는 알고 있다. 되풀이되는 말이지만 IBRD를 비롯한 조사단체가 종합제철소 건설 자체에 경제성이 없다는 판정을 내림으로 인해 국내에서도 많은 반대가 있음에도 불구하고, 이를 극복하고 소신대로 일한 데에 힘든 결단이 있었을 것이다.

이야기가 좀 빗나가는 것 같지만, 당시 IBRD는 한국에 대해서는 차관 제공을 하지 않았고, 터키와 브라질의 제철소 건설에 차관을 제공했었다. 그런데 이들 두 나라는 실패했고 우리는 성공을 했다. 설령 과학적 분석으로는 비관적이었다 하더라도, 필요성에 대한 신념과 이를 관철시키고자 하는 경영자의 확고한 의지와 결단력이 있다면 무엇이든지 이룰 수 있다는 교훈을 확인한 셈이다. 이를 세상에서는 '포철의 신화', '박태준의 신화'라고 하지만…….

포철 내의 우향우 정신의 사풍도 박 회장의 지도력에 따르는 사원들의 자발적인 사풍이며 정신일 것이다. 공장도 짓기 전에 주택이며 학교를 먼저 짓는다는 비난을 무릅쓰고 직원·사원 주택단지와 교육시설에 투자한 사실도 박 회장의 색다른 경영, 인간교육 철학의 일단을 말해 준다. 이때도 많은 비난이 있었다고 한다.

그러나 박 회장은 쓸 만한 인력을 확보하고 이직률을 낮추기 위해서는 이런 것이 선결요건이라고 보아 결단하였던 것이다. 그리고 또 한 가지로서 연구원 확보와 연구소 건립을 빼놓을 수 없다. 이것도 앞을 내다보는, 그의 말대로 10

년 후를 생각하는 판단력에서 나온 결단이라고 나는 단언한다.

다시 말해, 첫째의 결단력은 건설자금 유치와 성공적인 공기(工期) 내 제철소 건설, 그리고 적절한 입지 선정 등이었고, 둘째는 사원 복지시설 확충과 교육에 대한 투자, 셋째는 연구에 대한 투자로 요약될 수 있다. 사원 복지, 그중에서도 주택문제는 주택 구입비의 1/3 정도의 자금만 있으면 자기 주택을 소유할 수 있도록 회사에서 20년 무이자로 대여해 해결하고 있다. 이런 주택이 포항에 120만 평, 광양에 80만 평의 규모로 조성되어 있다. 그리고 교육기관과 연구소의 경우, 국내에서 최초로 실시한 산·학 협동의 형태로서 매우 바람직한 것으로 평가되고 있다.

광양제철소 건설 역시 박 회장의 결단에 따른 소산이다. 이 광양제철소에 대해서는 우리 회사(대한해운)가 일을 하고 있어서 내막을 잘 아는 편인데, 여기에서도 입지 선정에 따른 말이 많았다. 미국의 전문 조사단은 아산만을 최적지로 내세웠지만, 본인은 항만 조건으로 볼 때 광양만이 단연 우위에 있음을 박 회장에게 조언했다. 아산만은 간만의 차가 크고 조류가 빨라 인천항과 같이 선박물자의 양하를 위해 인공 갑문 부두를 만들어야 하나 광양만은 부두만 건설하면 천혜의 항구가 되기 때문이다. 장차 수송물량이 증가할 것을 생각하면 더욱 그렇다.

그런데 뒤에 박 회장으로부터 들은 이야기로는 당시 광양을 부지로 결정하는 데 있어서는 지역경제의 균등문제도 크게 감안했다고 했다. 나도 광양제철소가 실물경제 측면에서나 안보상에 있어서, 또 요즘 우리가 노래처럼 말하는 지역감정 해소에도 큰 역할을 하고 있다고 본다.

사실 말로만 지역갈등 해소를 떠들었지 지역경제를 고려해서 그 실효를 거둔 이가 박 회장 외에 누가 있는가? 정치권에서 매일 무슨 대회니 청문회니를 한다고 해서 해결되겠는가? 나는 박 회장이 광양을 제철소 부지로 선정한 결단력과 추진력을 높이 평가해야 한다고 생각한다.

광양 지역은 지금 급속도로 발전하고 있다. 최근의 조사결과에 따르면, 1991년도 동광양시 전체 지방세 220억 원 중에서 광양제철소가 103억 원을 부담함에 따라, 시 재정자립도를 97.8%로 끌어올렸다고 한다. 동광양시는 제철소가 들어선 이후 곧바로 호남 제일의 공업도시로 성장한 것이다.

철학 박사(鐵學博士), 효자사(孝者寺) 주지

이 글의 서두에서 나는 '동네 색시 이쁜 줄 모른다'라는 말을 했다. 그 말은, 우리가 우리 주변에 있는 훌륭한 인사를 오히려 알지 못하고 있다는 뜻으로 한 말이다. 그런 의미에서 나는 박 회장의 또 다른 일면을 보임으로써 그를 알리고자 한다.

박 회장에게는 별명이 많다. 먼저 '철교(鐵教) 주교'가 있고, '철은 산업의 쌀이다'처럼 아예 노랫말처럼 된 것이 있는가 하면, 언론에서는 '한국의 카네기'라고도 했다.

이 밖에 그는 '롬멜 장군'이라는 별명도 가지고 있다. '롬멜' 하면 우선 떠오르는 것이 2차 대전 당시 사막에서 헬멧과 보안경을 쓰고 독일군을 지휘하고 있는 모습이다. 그런데 박 회장이 황량한 포항의 바닷가에서 건설을 독려하고 지휘하는 모습이 '롬멜'의 모습과 흡사하였던 모양이다. 하지만 나는 박 회장의 그런 모습에서보다는 오히려, 물론 침략군이었기는 하지만, 자기 조국을 위해 분전하는 '롬멜'의 불굴의 정신과 박 회장의 추진력에서 함수관계를 찾고 싶다.

당시 박 회장이 건설현장을 지휘하면서 기거하던 현장 사무소도 '롬멜 하우스'로 불렀다. '롬멜 하우스'는 현장 사무소일 뿐 아니라 초창기에 건설을 지휘하던 요원들의 침실 노릇도 했다고 한다. 이 건물은 1968년 5월에 지금의 1분괴공장 옆 언덕에 세워졌던 60평 규모의 목조 2층 건물이었는데, 처음으로 사기(社旗)가 게양된 역사적 장소라고 한다. 비록 내가 직접 보지는 못했지만, 당시 이 건물 주위에 중장비가 도열해 있는 것을 보면 마치 사막에서 롬멜을 중심으로 기계화 사단이 도열하고 있는 것 같은 장관이었다고 한다. 특히 이곳은 박 대통령이 불시에 방문하면서부터 명소가 되었는데, 지금은 분괴공장이 들어섬에 따라 당시의 원형 그대로 포철 홍보센터 뒤뜰에 옮겨져서 기념관으로서의 구실을 하고 있다.

또 그가 자주 입에 올린 '제철보국(製鐵報國)'이란 말도 아예 별명처럼 되어있다. 이 말은 사원들의 사기 진작에도 많은 도움이 된 것으로 알고 있다. '철로써 무기를 만들어 국방력을 강화하고 산업을 발전시키는 기본재를 공급하는 것이 바로 여러 사원들의 몫이며, 그것이 나라에 보답하는 길이다'라는 뜻이었을 게다. 결국 그는 그의 말대로 제철을 함으로써 나라에 크게 기여했다.

'무쇠 왕초'라는 별명도 기억이 난다. 그것은 박 회장의 복상이 모든 포철 직원과 똑같은 것이었으나 유독 지휘봉을 들고 정열적으로 지휘하는 모습에서 딴 것이라 한다.

'철학(鐵學) 박사'라는 별명도 있다. 이 별명은 그가 평소 "인류 문명의 발전은 철에 의해 가능했다."라는 말을 입이 닳도록 한 데에서, 수많은 철학(哲學) 박사와는 달리 유일무이한 철학(鐵學) 박사 즉 쇠 박사라는 뜻으로 붙여졌다.

'한국의 카네기'라는 별명은 언론에서 지어낸 것으로서, 제철보국한 데다 베서머 상을 수상한 전력이 흡사하여 붙여진 것이다. 카네기는 사후에서야 도서관 사업으로 부(富)를 사회에 환원했는데, 박 회장은 이미 각종 예술·문화 단체에 지원하였을 뿐 아니라 공연장을 지어 사회 환원을 한 것으로 보아 '한국의 카네기'란 별명이 오히려 박 회장에게 실례되는 것은 아닐지…….

이외에 '주선(酒仙)', '철혈(鐵血)의 사나이', '효자사 주지'가 있었는데, 가장 재미있는 별명이 '효자사 주지'가 아닌가 한다. '효자사 주지'란 별명은 박 회장의 생활태도와 박 회장의 숙소인 외딴집을 아주 함축성 있게 표현한 애칭으로, 포스코맨들이 즐겨 부른다.

이 별명의 유래는 다음과 같다. 포항시 효자동은 포철 직원들의 주택단지가 들어선 동명(洞名)인데, 박 회장이 가족은 서울에 둔 채 1968년 창업 초기부터 계속 사택에서 혼자 비구승처럼 생활한 것을 빗대어 붙인 것이다. 그러나 이 별명 속에는 박 회장의 의지, 청렴성, 포철에 대한 애정이 함축되어 있다. 실제 포철 직원들은 자기들끼리 이 별명을 즐겨 부르며 여기에서 묘한 일체감을 느낀다고 한다. 즉 그들은 박 회장을 '효자사 주지'라는 별명으로 부름으로써 포철 직원으로서의 자긍심과 함께 박 회장의 인간적 온기를 느낀다는 것이다. '효자동 주지' 노릇으로 결국 그는 '신종 이산가족'이 될 수밖에 없었던 것이다.

'주선(酒仙)'이란 별명은 우리들끼리 즐겨 부른다. 박 회장은 두주불사(斗酒不辭)의 주량을 가지고 있다. 민자당 최고위원직을 맡기 전까지만 하더라도 주량이 대단했던 것으로 알고 있다.

하루는 내가 웬 술을 그렇게 하시느냐고 묻자, 그는 "술도 하려면 최고로 해야 되지 않겠습니까?"라고 하여 함께 웃은 일도 있었다. 그렇지만 박 회장은 술을 아무리 먹어도 절대 실수가 없다. 또 전날 마신 술 때문에 출근이 늦는다거나 약속시간에 늦는다거나 하는 일은 더구나 없다.

하루는 박 회장과 함께 몇 명이 밤늦게까지 술을 마시고 헤어진 적이 있었다. 이튿날 일찍 조찬모임이 있었는데 나는 전날의 과음으로 겨우 시간에 닿게 도착하였다. 물론 아예 나오지 못한 분들도 있었다. 그런데 박 회장은 이미 약속시간 이전에 그 장소에 나와 있었던 것이다. 물론 언제 과음을 했느냐는 듯이 깔끔한 얼굴과 옷맵시로 말이다. 그때 나는 속으로 '아! 이분은 정말 무서운 사람이다.'라고 생각했다. 여기에서 무서운 사람이란, 자신에게 철저하다는 뜻이다. 그만큼 의지가 굳다는 이야기이다. 그래서 우리는 그를 '주선(酒仙)'이라 부르고 있다.

포철 직원들은 건설 초기에 수없이 들었던 '우향우 정신'을 자주 이야기한다. 포항제철 건설 초기에 박 회장은 직원들에게 수시로, "포철은 대일청구권 자금으로 이룩되는 민족기업이다. 선조들의 핏값으로 짓는 공장이 바로 포항제철이다. 그러니 우리가 이 과업에서 실패하면 우리는 선조들에 대한 죄인이 될 수밖에 없으며 따라서 현장 사무소의 오른쪽에 있는 영일만으로 우향우하여 바다에 빠져 죽을 수밖에 없다."라고 훈시하였다고 한다. 이 이야기를 들은 초기의 건설 역군들은 이 '우향우'란 말을 슬로건으로 삼고 사명감에 불타올랐던 것이다.

박 회장의 별명 중 하나로서 10년 전쯤에 들었던 '미장부'란 것이 있다. 전 국방장관이었던 박병권 씨로부터 들은 것인데, 육사시절 '장부다우면서도 미남'이란 뜻으로 박 회장을 칭한 말이라고 한다.

박 회장에 대한 별명 이야기는 이 정도로 하고 그에 대한 중요한 일화 한두 가지를 소개하고자 한다. 지금부터 10여 년 전의 이야기이다. 한 번은 경제단체장들이 모여서 담소를 하던 중에 박 회장의 말이 나왔다. 정주영 씨가 "나는 민간기업주의론자인데, 공기업이나 국영기업체도 경영인을 잘 만나면 훌륭한 기업이 될 수 있다고 느꼈어요. 이때까지 공기업에 대한 나의 부정적 사고가 박태준 회장으로 인해 수정된 거지요." 하고 말했다.

작고하신 이병철 씨는 일본에서 들은 이야기를 우리에게 들려준 적이 있었다. 중국의 등소평이 일본의 신일본제철 이나야마 회장에게 "우리에게도 포항제철 같은 제철소를 지어 달라."고 하자, 이나야마 회장이 등소평에게 "중국에는 박태준이가 없지 않습니까?"라고 했다는 것이다.

우리는 그 이야기를 듣고 어떤 통쾌함을 느껴 박장대소하였지만, 잠시 후엔 모두 숙연한 표정이었다. 나 역시 당시 두 분의 경제 거두가 한 말을 마음 깊이 새겨두고 있다. 박 회장의 능력과 성품을 흠모하면서.

이와 같은 박 회장의 경영 능력은 그 바탕에 국영기업체장임에도 불구하고 사기업체장 못지않은 애착과 청렴한 성품이 있었기 때문에 가능할 수 있었다고 나는 생각한다.

그의 청렴한 성품은 군 재직 시에도 나타나 있다. 그가 연대장으로 복무하던 시절, 1군단 산하 연대장회의가 있어서 출장을 가게 되었는데, 그의 성품을 잘 모르던 연대 재무담당관이 그에게 여비를 주었다. 이런 일은 당시 군 사회에서는 통상적인 일이었다. 그런데 박 회장은 대뜸 화를 내며 "이게 당신 돈이오? 당신이 뭔데 공금을 함부로 쓰는 거요? 그럴려면 군을 떠나시오!" 하고 호통을 쳤다고 한다.

공과 사를 분명히 할 줄 아는 사람, 매사 신중하게 생각하여 결단을 내리고 일단 결단을 내린 다음에는 아무리 어려운 일이 닥치더라도 업무를 추진하는 추진력, 그러면서도 사원들의 후생복지에는 남다른 배려를 아끼지 않는 사람. 그와 교우하면서 느낀 점은 아무리 많은 찬사와 수식어를 동원해도 부족하다는 것이 지금의 내 느낌이다.

무에서 유를 창조한 '국익 지상주의자'

류 찬 우 (1923-1999)

풍산금속 창업회장

하와이 구상

전통적인 우리나라의 제철산업 형태는 대장간이다. 삼사십 년 전만 하더라도 전국 도처에 산재한 대장간에서 장인들이 쇠를 달구고 녹여 칼, 낫, 호미, 쇠스랑, 곡괭이, 망치, 도끼 등 일상 생활용품과 농기구를 만들었다. 그러한 대장간은 1960년대 말까지 명맥을 이어왔는데, 서울의 경우 왕십리를 중심으로 수백 개의 대장간이 있었다.

대장간에서는 사람들이 개인적으로 필요로 하는 조그마한 물건 정도는 만들어 쓸 수 있지만, 국가나 대형 공장에서 필요로 하는 도구나 설비를 만드는 소재로서의 철을 생산할 수는 없다. 말하자면 대장간은 제철산업에 있어서 소꿉장난에 불과하다.

우리의 전통적인 대장간 형태와 전혀 다른 제철소는 한반도를 지배하던 일본인들에 의하여 선보였다. 1913년 조선총독부의 권유로 일본의 미쓰비시가 1917년에 황해도 겸이포에 한국 최초의 제철소를 세웠다. 이어서 1937년에 청진제철소, 1941년에 조선제철소 평양공장과 조선이연금속의 인천공장,

1943년에 시천제철 삼척공장이 세워졌다.

해방 직전, 이들 제철 공장들의 총생산량은 제선(製銑) 60만 톤, 제강(製鋼) 16만 톤에 불과했다. 그것도 우리가 우리 손으로 한 것이 아니라 일본 정부가 일본 자본으로 일본 기술에 의하여 한반도에서 생산하는 식민신탁 생산이었으며, 그나마 일본이 일으킨 제2차 세계대전의 패망에 따라 가동이 중단되고 말았다. 따라서 북한 지역의 것들을 제외하고 남한에서 제철산업은 다시 황무지 상태가 되었다.

쇠가 없으면 전쟁도 불가능하다. 실제로 우리나라에서는 1950년 6·25 동란을 맞아 총 한 자루, 탱크 한 대 만들 기술도 없었고, 총과 탱크의 재료인 철을 생산하는 곳도 없었다. 북쪽에 있었던 제철공장은 국토가 분단되자 북한의 손아귀에 들어갔고, 남쪽에 있던 것은 동란 중 대부분 파괴되었다. 그 후 자유당 정부나 민주당 정부에서도 우리의 기간산업을 밑받침할 제철업체를 육성하는 데에는 실패하였고, 5·16 군사혁명 이후에도 제철산업에 관한 계획을 세워 몇 차례 외국 정부와 교섭을 시도한 바는 있었다. 그동안 우리 정부는 서독 및 각종 국제기구를 통하여 기술과 자본을 교섭했으나 번번이 그 결과는 낙심천만이었다.

이해관계가 얽혀 있는 국제 정치에서 속고 속는 것이 기술도입 문제이다. 국내 정치에 있어서는 못된 놈은 다스릴 수 있으나 국제무대에선 어림없는 소리이다. 당시 하늘을 나는 새도 호령 한마디면 땅에 떨어져 파닥거리게 할 정도의 위력을 가진 박 대통령이었지만, 이 문제만은 아무리 생각해도 이렇다 할 해답을 찾지 못하였던 것으로 나는 알고 있다.

그러던 중, 박 대통령은 중대한 결심을 하게 되었다. 당시 대한중석을 맡고 있던 박태준에게 제철소 설립 기획에서부터 섭외, 건설, 경영까지 맡겨보자는 것이었다.

그에 따라 1967년 11월 초겨울, 박태준은 종합제철건설추진위원회 위원장직을 맡았다. 다음 해 4월, 정식으로 포항제철주식회사가 발족되고 초대 대표이사 사장에 취임하게 되었으니, 박태준의 운명을 바꾸어놓은 순간이었다. 그것은 박태준으로 하여금 철인(鐵人)이 되게 하는 순간이었으며, 또 영일만이 더 이상 오지가 아닌 산업기지가 되게 하는 순간이었으며, 우리나라로 하여금 제철산업 분야에서 세계 제3위를 마크하게 하는 결정적인 순간이었다.

이렇게 큰 사업을 추진하려면 첫째는 돈이 있어야 하고, 둘째는 기술이 있어야 한다. 그러나 그때까지만 해도 식량문제까지 미국의 원조로 해결하던 때라 정부에 돈이 있을 턱이 없고, 전통적으로 인문을 중시하고 기술을 멸시하던 우리나라에 쓸 만한 기술자가 있을 리가 없었다.

그러나 박태준은 맨몸으로 일본으로, 미국으로, 유럽으로 돌아다녔다. 외국으로 가기만 하면 누구든 만나 일을 성사시킬 것 같은 희망을 가지고 갔으나, 결과는 그렇지 못했다.

"한국을 어떻게 믿고 돈과 기술을 주느냐? 동족 간에 싸워 나라는 둘로 갈라지고, 산업은 원시상태에서 벗어나지 못해 후진국 중에서도 후진국인데……."

이런 면박을 당하면서도 그는 굽힐 줄 모르는 의지를 불태우며 선진 각국을 돌아다녔다. 1969년 1월 31일의 미국 출장은 그의 인생과 포항제철의 앞날에 결정적인 계기를 제공하였다.

정부의 요인과 동행한 이 출장에서 미국인들과 접촉해본 결과, 그는 미국의 자본을 도입한다는 것은 불가능하다는 판단을 했다. 그래서 그는 다른 일정 모두 집어치우고 귀국하던 중 잠시 하와이에 들렀다. 그때 소위 박태준의 '하와이 구상'이라 불리는 한 생각이 떠올랐다.

"옳다! 그렇게 하자!"

그는 서둘러 여장을 정리하여 일본으로 날아갔다. 일본에서 자신의 하와이 구상을 실현하는 데 도움을 줄 수 있는 몇몇 인사들을 만나 협조를 부탁한 다음, 급거 귀국하여 청와대 경제수석에게 자신의 구상을 설명하고 대통령을 만나 진언하겠다는 말을 했다. 그 말을 들은 경제수석은 정부 측에서도 미국에 정부요인을 파견해 놓고 있으니 그 결과를 본 다음에 대통령을 만나라고 했다. 그러나 박태준은 곧바로 박 대통령을 면담했다.

"각하! 미국 친구들을 믿는다는 것은 감나무 밑에서 감이 떨어지길 기다리며 입을 벌리고 있는 것과 같습니다. 그 감이 쉽게 떨어집니까? 제 입만 아플 뿐입니다. 그러니 이렇게 하시면 어떨까요?"

미국 친구들을 믿을 수 없다는 귀국보고 일성에 순간 낙담했던 대통령도 박태준의 하와이 구상에 대한 자세한 설명을 듣고서는 무릎을 쳤다. 박태준의 구상과 결단에 대통령의 재가가 났다. 여기에서 잠시 박태준은 누구이며 어떤 사람인가를 살펴보자.

부실공사 폭파로 펼친 대장부의 기개

박태준은 복잡한 사안에 대한 판단이 빠른 사람이다. 종합제철의 건설 사업은 국내외적으로 너무나 복잡하게 얽히고설킨 사안이었다. 솔직히 말하면 돈과 기술을 대줄 사람이 많은 듯하면서도 따지고 보면 단 한 사람, 단 한 회사, 단 한 나라도 선뜻 도와주지 못할 사안이었다.

그러나 박태준은 희망이 없다고 해서 낙망하는 사람이 아니다. 그는 미국에서 태평양을 건널 때에 어떻게 해야 이 일을 성사시킬 수 있을까 하는 생각으로 가득 차 있었고, 그 실마리를 풀기 위하여 잠시 하와이에 내렸던 것이다. 거기서 그는 대일청구권 자금의 전용을 생각해냈다.

박태준은 돌다리도 두드려보고 가는 사람이다. 하와이에서 옳다! 하고 생각은 했지만, 이 일의 실현은 일본인들의 마음을 움직이지 않으면 불가능한 일이었다. 그래서 그는 귀국길에 일본에 들러 자기의 아이디어를 성사시켜줄 사람들을 만나 협력을 구했다.

박태준은 계단을 한꺼번에 뛰어오르는 단거리 선수가 아니다. 아무리 바쁘더라도 한 계단 한 계단 밟고 오르는 사람이다. 그의 앞을 가로막을 수 있는 것은 없다. 한국 경제의 향방을 좌우하는 대통령의 경제수석이 다음에 대통령을 만나라고 가로막았지만, 그는 경제수석의 말을 따르지 않고 곧바로 청와대 본관에 올라가 대통령을 만났다.

이러한 성격의 박태준은 끓어오르는 쇳물과 같다. 그래서 나는 박태준을 만나면 '청암(青巖)'이라는 그의 아호를 즐겨 부르며 이런 농담을 던진다.

"여보, 청암! 당신 성격은 어떤 때 보면 꼭 불 같아!"

그는 겉으로 보면 허허 웃는 신사이지만, 마음속 깊은 곳에는 조국에 대한 끊임없는 열망의 불을 품고 있는 것이 확실하다. 아니, 순간적으로는 불보다 더 강한 다이너마이트 같은 기폭제를 언제나 가슴 한복판에 품고 사는 사람인지도 모른다.

그 어려운 상황 하에서 거대한 역사를 진행하고 있던 1977년 여름, 드디어 그 다이너마이트가 터져 세인을 놀라게 했다. 그날, 박태준은 불 같은 표정으로 명령했다.

"포철 전 임직원 및 시공업자와 그 간부, 발전송풍 공사현장으로 즉시 전원 집합!"

포철 간부와 시공업자들이 황급히 뛰어왔다. 박태준의 노기 띤 눈과 마주친 그들은 모두 고개를 숙였다. 옆에서 바삭 하는 소리만 나도 천둥이 떨어질 것 같은 살얼음판의 분위기였다. 드디어 박태준의 지시가 떨어졌다.

"저 콘크리트 건물에 다이너마이트를 장치하라!"

아무도 말릴 사람이 없었다. 겁에 질린 인부들이 허겁지겁 다이너마이트를 설치했다. 설치완료 보고를 받은 박태준은 잠시 모여 있는 사람들의 얼굴을 하나하나 뚫어지게 쳐다보았다. 그리고 그 다음 순간, 박태준의 명령이 떨어졌다.

"폭파!"

천지를 진동하는 폭음과 함께 먼지와 불길, 파편들이 거대하게 튀어오르면서 그 건물은 일순간에 무너져 내렸다.

그리고 박태준은 그 자리를 떴다. 사무실로 돌아온 그는 미친 사람처럼 천장이 무너져 내릴 정도로 고함을 쳤다.

"용서할 수 없다! 이게 무슨 돈으로 건설하는 공장인데, 부실공사를 한단 말인가? 내 사전에는 부실이라는 단어가 없다. 또 발견되면 발견되는 대로 모조리 폭파할 것이다. 설령 공사가 100% 이상 진행되었다고 하더라도 부실이 발견되면 또 폭파할 것이다."

이 다이너마이트 폭파사건은 박태준의 인간성을 상징적으로 보여주는 좋은 예가 된다. 이 사건이 보도된 후, 그 어떤 포철의 임직원도, 그 어떤 포철의 시공업자도, 그 어떤 포철의 공사현장 인부도 자기의 책임을 완수하기 위하여 전전긍긍하지 않을 수 없었다.

박태준을 빼고는 누구도 이 나라 건설 공사 역사상 현장폭파란 감히 생각할 수도 없는 일일 것이다. 하나의 건물을 세우기 위해 들어가는 예산과 인력을 생각하고, 닥쳐오는 공기(工期)를 생각하지 않을 수 없는 경영자의 입장에서는 부실공사를 발견하더라도 대개는 울며 겨자 먹기로 그냥 눈감아주고 넘어가는 것이 통례이다. 나도 몇 개의 공장을 지으면서 숱한 착오와 부실을 발견하였으나, 보완 보수 조치는 하였을망정 청암처럼 통째로 폭파해버리고 다시 짓도록 하는 장부(丈夫)의 뜻을 펴지는 못했다.

이 일이 있은 후 포철 공사현장에서 부실공사란 단어조차 없어진 것은 말할 나위가 없다. 기초공사도, 지상공사도 하늘을 향하여 천 년 세월을 견딜 양으로 튼튼하고 건실하게 우뚝우뚝 치솟아 올랐다.

사안의 안팎을 제대로 알지 못하는 사람들은 국가 재정을 운영하여 공장을 건설하는 국책 사업이 수월할 것으로 생각할지 모르나, 사실은 제 돈 가지고 제 손으로 제 사업, 제 공사를 하는 것보다 더 어려운 일이 국책 사업이다.

자기의 개인적인 사업이라면 폭파를 하든, 난파를 하든 자기 한 사람의 일로 끝이 나지만 국책 사업에서는 그럴 수가 없다. 하나의 일이 발생하면 그에 따른 다각적인 조사와 보고가 뒤따르고, 이러한 과정에서 본의 아닌 오해와 모함을 받아 불명예 퇴진을 하는 경우가 허다하다. 박태준이 그걸 모르는 사람이 아니다. 일이 잘못되면 모진 어려움이 따를 것을 알면서도 부실공사를 보고 그냥 넘어가지 못하는 박태준의 결단력이 여기에서도 잘 나타났다.

"모든 책임은 내가 진다. 부실공사만 하지 마라. 조국의 백년대계가 이곳에서 출발한다."

그는 항상 스스로 책임을 질 줄 안다. 다 된 공사를 폭파했다고 해서 책임을 지라면 질 것이다. 그러나 그는 그 공사현장을 폭파할 때에 하나의 확신이 있었다.

"이것은 폭파가 아니다. 이것은 이 나라의 운명을 좌우하는 하나의 기폭제일 뿐이다. 폭파를 하지 않고서는 진정한 포철의 꿈을 이룰 수 없을 뿐 아니라, 미구에는 쓰러지거나 중단되고 말 것이 불 보듯 뻔하기 때문이다."

결국 그의 생각이 옳았다. 공사현장을 폭파했다고 시비하는 사람은 한 명도 없었을 뿐더러 오히려 저렇게 작은 체구에 어떻게 그 큰 담력과 지략이 나왔느냐는 찬탄만 있었을 뿐이다.

그 일이 있은 지 15년이 지난 오늘까지도 나는 청암을 만나면 늘 이런 말을 한다.

"여보, 다이너마이트 영감! 어디 또 폭파할 곳 없소?"

그러면 청암은 소년처럼 활짝 웃으며 대답한다.

"그 후로는 포항제철이라는 사전에서 부실공사라는 단어가 없어졌소."

악성 루머와 각종 모함도 흔들지 못한 '리틀 자이언트'

사람들은 남의 말 하기를 좋아한다. 하지만 남의 말 하는 경우, 좋은 것은 그리 많지 않다. 당사자의 입장이야 어떻든 그저 가십거리로 남을 얘기하는 경우도 있고, 더 나아가 있지도 않은 사실을 왜곡되게 퍼뜨려 당사자를 곤란에 빠뜨리려는 모함성 소문도 우리 주위에서 흔히 볼 수 있다.

나는 경상북도 안동 지방에서 태어났다. 조선 중기 임진왜란과 정유재란 때 풍전등화 같았던 나라를 구하는 데 크게 기여한 서애 유성룡 선생의 후손으로서 그 사실만큼은 자랑스럽게 얘기하고 다닌다.

세상 사람들이 나를 커다란 기업의 창시자이며 경영자라고 추켜세우는 모양이다. 이 점에 대해서는 굳이 부인하고 싶지 않다. 비록 삼성, 금성, 현대, 대우 등 유수한 재벌기업들이 수두룩하지만, 나는 나름대로 한눈팔지 않고 단일 품목을 지속적으로 생산해왔기 때문에 이 분야에서는 세계의 어느 회사에도 뒤지지 않는다고 생각한다.

실제로 비철금속, 특히 구리 제품 생산업체로서 우리 회사의 규모는 세계 10위권 안에 든다. 물론 아직 미흡한 것도 많지만, 나는 내 나름대로 최선을 다하여 우리나라의 기초산업과 방위산업에 기여했다고 자부한다. 미흡한 점에 대한 것은 내가 퇴진한 후 우리 회사를 이끌어나갈 새로운 경영인이 보완해야 할 몫이라고 생각한다.

기업을 하든 공직에 있든 공인(公人)들은 가끔 악성 루머에 휩쓸리기 쉽다. 나도 가끔 나에 대한 나쁜 소문을 들어 왔다. 그 대표적인 예가 풍산의 유 회장은 재일교포이며 땅 부자란 것이다. 처음에는 이 말을 듣고 매우 흥분하기도 했지만, 이젠 그런 말을 들으면 또 맹랑한 소문이 도는구나 하고 쓴웃음을 짓고 만다.

딱히 그 악성 루머를 해명하려 함은 아니지만, 나도 이 지면을 통해 나에 대한 오해를 불식시킬 필요가 있다고 생각한다. 그것은, 후술하겠지만 나의 친구 박태준도 숱한 악성 루머에 시달리고 있으며, 그러한 루머가 사실이 아니라는 것을 독자들이 비교 분석하게 하기 위함이다.

내 칠십 평생 일본에서 산 햇수는 10년뿐이다. 일본에서 태어난 것도 아닐뿐더러 일본에서 공부한 적도 없다. 오로지 사업을 위해 일본으로 건너간 것뿐이다.

내가 일본으로 건너간 것은 한일 국교정상화 이전의 일이다. 사업을 같이하던 미국인의 권유에 의해서였다. 그와 함께 일본에 도착한 후, 갖은 고생 끝에 베트남을 상대로 무역을 할 수 있었으며, 제법 많은 돈을 모을 수 있었다.

1968년, 일본에서 번 돈을 가지고 귀국한 나는 우리나라에서는 당시 미개척지나 다름없던 비철금속 분야에 몽땅 투자했다. 그런데도 세인들은 나를 재일교포로 알고 있으며 따라서 국내에서 번 돈을 일본에 가져간다는 허튼소리를 하는 것이다. 앞서 말한 것처럼 나는 경북 안동 지방의 '풍산'이라는 곳에서 유성룡의 후손으로 태어났고, 고향을 언제나 자랑스럽게 생각하여 우리 회사 이름도 〈풍산금속〉이라 지었다.

또 한 가지, 내가 땅 부자라는 소문도 있다. 이건 더욱 맹랑하다. 얼마 전 정부에서 30개 그룹사에 대한 부동산 소유관계를 조사한 적이 있었다. 그 조사 결과, 조사 대상 업체였던 30개 그룹사 중 비업무용 토지와 사옥(社屋)이 없는 회사는 우리 회사뿐이었다. 물론 내 명의로 된 것은 단 한 평의 땅도 없었음이 밝혀졌다.

나에 대한 오해와 풍문은 제6공화국 들어서면서 더욱 심화되었다. 소위 5공 청문회의 엑스트라 노릇을 할 정도였으니 말이다. 사실 나 같은 미미한 존재가 청문회의 증인으로 채택된 사실도 우습지만, 어떻게 하겠는가? 국회의원들께서 특별히 나를 초청(?)하셔서 증언해 달라니 가지 않을 수 있었겠는가? 나는 원래 많은 공부를 한 사람도 아닐뿐더러 성격 또한 솔직하고 명쾌하기 때문에 그들의 질문에 거리낌 없이 답했다.

"전두환 대통령과는 어떤 관계요?"

"학교 동문입니다."

"왜 그에게 돈을 주었소?"

"예, 우쭐하는 기분에서였습니다."

이 같은 나의 증언에 청문회는 순간 폭소의 도가니로 변했고, 청문회가 생중계됨에 따라 TV를 시청하던 전국의 국민들이 박장대소하였다는 말을 후에 들었다. 그것이 나의 본모습이다.

청문회에 나온 나의 모습이나 나의 말투를 본 사람들은 희미하게나마 나라는 사람의 존재를 알 수 있었을 것이다. 투박하며 세련되지는 않았지만, 말장난을 한다든가 잔머리를 쓴다든가 거짓말을 하는 것은 도무지 내 생리에 맞지 않는다. 주위에서는 이미지 메이킹의 한 방법으로 좀더 세련된 말투를 사용하라는 조언도 하지만 나는 그럴 필요를 느끼지 않을뿐더러 그렇게 할 자신도 없다. 어찌 된 일인지 요즘 '류찬우는 재일교포 땅 부자이며, 재산 해외도피자'라는 소문은 없어진 것 같다.

내가 청암의 얘기를 하면서 나의 얘기를 다소 장황하게 늘어놓은 데는 이유가 있다. 그것은 청암이 정계에 뛰어든 이후 입지가 점차 부각되자, 이를 시기하는 일부 인사들이 별의별 허무맹랑한 유언비어와 모략으로 국민들을 혼란케 하고 있고, 나 역시 그런 경험을 한 바 있었다는 것을 밝히고 싶었기 때문이다.

소문이란 참으로 묘한 것이어서 좋은 소문은 쉽게 잊혀지고 그 소문의 수명이 길지 않은 데 비하여, 좋지 않은 소문은 꼬리에 꼬리를 물고 널리 퍼지며, 또 그 소문이 훨씬 불어날 뿐 아니라 오래 지속된다.

게다가 일단 악성 루머에 휩쓸리면 당사자가 좀체 그것으로부터 빠져나오기 힘들게 되어 있다. 청암 역시 정치인으로서의 이미지에 많은 손상을 받았는데, 그를 잘 알고 있는 나로서는 그 음해에 대해 분노를 느끼지 않을 수 없고 앞에 나서서 해명하지 않을 수 없는 것이다.

박태준은 나이로 보아서는 나의 연하이나 사업으로 보아서는 나와 동갑내기이다. 청암이 포철을 세운 해가 1968년 4월이고, 내가 풍산을 세운 해는 1968년 10월이다. 그는 제철을 시작했고, 나는 비철금속을 시작해서 둘 다 소재산업의 개척자가 되었다. 다른 것이 있다면 그는 국책 기업의 창업 경영자라는 점이요, 나는 개인 기업의 창업 경영자라는 점이다.

같은 시기에 비슷한 일을 시작하여 4반세기가 지난 오늘날, 청암은 대성한 사람이 되었고 나는 그저 그런 정도의 성공을 거둔 사람밖에 되지 못했지만, 우리 둘은 어떤 의미에서 서로가 알 것을 다 안 발가벗은 것 같은 사이가 되었다. 따라서 그의 인생 행로와 가정 내막에 대해서는 내가 누구보다도 더 잘 안다.

어느 날 회장실을 찾아온 우리 회사의 어느 중견 간부가 내게 이런 말을 했다.

"회장님! 박태준 회장님의 어머님이 일본 사람이라는 말이 있는데, 그것이 사실입니까?"

이 말을 들은 나는 껄껄 웃으면서 그에게 내가 아는 청암의 생애를 길게 얘기해 준 일이 있다.

청암은 1927년, 그러니까 한일합방이 된 지 17년 후, 9월 29일 경상남도 양산군(현 부산시 기장군) 장안읍 임랑리에서 아버지 박봉관(朴鳳官)과 어머니 김소순(金小順) 씨의 6남매 중 장남으로 태어났다.

임랑은 현재 고리원자력 발전소가 위치한 바닷가이다. 1920년대와 30년대에는 갯바람이 해송마저 살지 못하게 시샘했던 땅이다. 그런 척박한 이 땅에 말뚝을 박고 살던 박씨 형제들이 있었는데 그곳에서의 생활이란 빈궁하기 짝이 없었다. 그래서 두 형제 중 한 사람이 더 나은 생활을 위하여 일본에 갔다. 그분이 바로 그곳에서 갖은 고생을 하며 자리를 잡은 청암의 큰아버지였다.

"아우님! 가족들을 데리고 이곳으로 와서 살지 않겠나?"

일본에서 어느 정도 자리를 잡은 청암의 큰아버지가 동생에게 연락을 했다고 한다. 청암이 일곱 살 때의 일이다. 목구멍이 포도청이라는 말이 있듯이, 너무나 궁핍하게 살던 청암의 아버지는 오로지 먹고 살기 위하여 전 가족을 이끌고 형님이 계신 일본으로 갔다.

나 또한 일본에 건너가서 사업기반을 잡아 귀국한 일이 있지만, 박 회장의 경우와는 다르다. 나는 대구보통학교를 졸업한 다음 먹고 살기 위해서 양조장에서 술지게미를 만지며 살기도 했다. 그러다가 방직공장과 도자기공장에서 직공 노릇을 하다 무역업에 손을 댄 것이 인연이 되어 1950년대 말에 정식 비자를 받고 일본에 갔지만, 나보다 20여 년 전에 일본으로 떠난 박 회장은 자의가 아닌, 아버지의 일본행에 따른 것뿐이었다.

낯선 일본에 간 청암은 그곳에서 중학교를 졸업한 후 와세다대학 이공계에 진학하여 엔지니어의 꿈을 키웠다. 그러던 중인 1945년, 그가 열아홉 살 때에 제2차 세계대전에서 일본이 패망하고 조국이 해방되었다.

청암은 해방된 민족의 기쁨과 패망한 나라의 처절함을 보고 귀국했다. 당시 조국은 좌·우 이념 대립으로 인하여 혼란에 빠져 있었다. 공부를 할 셈으로 귀국 다음해인 1946년에 다시 일본에 갔으나 일본 역시 패망국으로서의 분위기 때문에 공부를 계속할 여건이 되지 못했다. 그래서 그 다음해인 1947년에 다시 귀국했다.

공부를 계속하기 위하여 이 대학 저 대학의 문을 기웃거렸으나 여의치 않았다. 인천에 기계를 만드는 회사가 있다는 소리를 듣고 찾아가기도 했으나 그 회사도 문을 닫아버려 일자리도, 공부할 곳도 그에게는 없었다. 그때 청암은 선배 한 사람을 만났다. 그 선배는 청암에게 육군사관학교에 진학할 것을 권했다. 이것이 계기가 되어 육사에 입학한 청암은 그곳에서 교관으로 있던 박정희 전 대통령을 만나는 기회도 얻었다.

내가 알기로는 포항제철과 광양제철을 건설하던 지난 세월, 청암에 대한 음해는 몇 날 밤을 새워서 얘기해도 다 하지 못할 만큼 많았다.

하루는 박정희 대통령이 가족들과 함께 지나는 길에 우리 풍산의 안강(安康) 공장에 들렀다. 방위산업에 대하여 지대한 관심을 가지고 있던 박 대통령인지라 우리 안강 공장에 대해서도 큰 관심을 가져주었다. 박 대통령 가족은 회사의 실정과 생산설비를 시찰하고 떠났다. 나는 박 대통령이 가족과 함께 경주를 가는 길에 잠시 우리 공장에 들른 것으로만 알았다.

그런데 후에 들으니 그런 것이 아니었다. 대통령은 경주에 가지 않고 포항제철을 시찰했던 모양이다. 시찰이 끝난 다음에 청암이 대통령에게 책 한 권을 드리며 이렇게 말했다고 한다.

"각하! 혹시 밤에 잠이 오지 않거든 이 책을 보십시오."

박 대통령은 직감적으로 청암에게 좋지 않은 일이 있다는 것을 판단했다.

"박 사장! 무슨 일 있나?"

"각하! 저는 지금 6개월 동안 서울에 있는 집에 한 번 가지 못하고 이곳에서 불철주야 오직 포철 건설 일념으로 지내고 있는 중입니다. 그런데 제가 무슨 비리를 저질렀다고 내자 혼자 사는 집에 수사관들을 보내어 숟가락 젓가락을 다 뒤지고 사진을 찍고 난리들입니까? 조사를 하시려면 제가 있는 포항제철과 사택을 뒤져야지요. 저는 이제 그만두겠습니다. 그 책 속에 저의 사표가 들어 있습니다."

당시에 청암은 어떤 모략에 걸려들어, 모 기관으로부터 내사를 받았던 것이다. 박 대통령을 모시고 있던 청와대의 어떤 인사가 대통령 모르게 청암의 뒷조사를 했던 것이다. 대통령은 청암의 손을 어루만지며 다음과 같은 한마디를 남겨놓고 포철을 떠났다고 한다.

"괜한 생각하지 마. 내가 모르는 사이에 누가 엉뚱한 짓들을 한 모양이구먼. 이 일을 완성할 사람은 임자밖에 없어. 흔들리지 말고 더 힘을 내야 해!"

그 이후 박 대통령이 불의의 사고로 서거하고, 제5공화국이 출범한 후에도 청암은 포철의 사장 직무를 계속 맡고 있었다. 회사가 워낙 큰 터라 사장자리에 군침 흘리는 사람도 많았고, 청암 자신도 이쯤 했으면 물러날 때가 되었다고 생각하였으나, 이 나라에는 포철을 맡을 사람이 청암 외에는 없었다. 그래서 그는 그 자리를 지킬 수밖에 없었다.

그때 제5공화국 정부에서는 포철에 버금가는 또 하나의 제철소를 설립하고자 하는 계획이 있었다. 이때 제2제철의 주체는 누가 될 것이며, 그 장소는 어디로 할 것이냐에 대한 논란이 많았던 것으로 재계에는 잘 알려져 있다.

청암은 포철을 세운 경험에 따라 여러 후보지의 입지조건을 면밀히 조사한 후, 제2제철의 적임지는 전남 광양만이라는 판단을 내리고 그곳에 제2제철을 세우려는 사안을 검토하여 추진하고 있었다. 그런데 엄청난 장벽이 그를 가로막고 있었다. 대통령 주위에는 광양을 반대하는 사람들이 너무 많았던 것이다.

포철 초창기에 청암이 하와이 구상을 대통령에게 재가받을 때 대통령의 경제수석이 잠시 만류한 일이 있었으나, 그때는 경제수석의 말을 듣지 않고 곧바로 대통령을 만나 사안을 해결한 적이 있다고 전술한 바가 있다. 그러나 이번에는 그런 방법을 선택하지 않았다.

청암은 호주머니에 사표 한 장을 써 넣고 청와대에 가서 경제수석 앞에 다짜고짜 내밀었다. 깜짝 놀란 경제수석이 그것이 무엇이냐고 물었다.

"내 사표요! 그래야 당신이 편할 것 아니요?"

그러자 당황한 경제수석이 청암을 잡았고 둘은 장시간 얘기를 나누게 되었다. 이렇게 해서 제2제철은 광양에 세워지게 된 것이다. 청와대와 정부, 그리고 재계에서 그때의 내막을 아는 사람들은, 박태준이 아니었다면 오늘의 광양제철소 설립은 상상도 못할 일이었다고 이구동성으로 말하고 있다.

그렇다면 청암은 왜 고집스럽게도 광양을 끝까지 고수했던가? 이에 대하여 그 자신이 말한 적이 있다.

"내가 그들의 말을 들었으면 대통령도, 청와대 비시도, 정부도 우선은 편했을 것이요. 그러나 나는 옳지 않은 길로 가는 그들의 말을 들어줄 수가 없었소."

참으로 당찬 사람이다. 나는 그런 그의 지칠 줄 모르는 추진력에 감탄하며 농담을 던졌다.

"여보, 박 회장! 그러면 제3제철은 어디에 세울 작정이요?"

"아이고, 영감님! 제 역할은 포항제철과 광양제철에서 연간 철강 2천만 톤을 생산하는 것을 보는 날 끝이 납니다."

그 말을 듣고 나는 벌써 그가 떠나야 할 시기까지 정해놓고 있는 사람임을 알았다. 청암이야말로 '리틀 박'이 아니라 정말 '리틀 자이언트'라는 생각이 떠오르지 않을 수 없었다.

백수의 왕인 사자는 몸은 그리 크지 않지만 어떤 짐승에게도 지지 않는다. 그러나 그러한 사자도 한 마리의 파리가 남겨놓은 더러운 음식이나, 한 마리의 모기가 물어댄 상처에 의하여 목숨을 잃을 수도 있다. 청암같이 통과 담력이 크고 판단력이 강한 거인일지라도, 물고 늘어지는 미물들이 많으면 견딜 수 없을 것이다. 그에게는 그런 미물과 함께 거대한 공룡까지 주위에 포진하고 있었다.

'국익(國益) 지상주의'라는 강고한 원칙

제4공화국 때에도 자이언트 박을 물고 늘어지는 청와대 브레인들이 있었다. 낌새를 알아챈 나는 박 회장과 청와대 브레인을 엔지니어 클럽으로 동시에 초청하여 만나게 해놓고 서로 할 얘기가 있으면 다 해보라고 종용한 적이 있었다. 그 결과 청와대 브레인은 브레인대로, 박 회장은 박 회장대로 같은 나라를 위한 일을 하는 데도 약간의 방법상 차이로 소원해진 것으로 밝혀졌다.

"문제를 쉽게 풉시다. 두 분 다 나라를 위하는 일이니, 두 분의 생각을 합하면 나라는 곱빼기로 커지는 것 아닙니까?"

두 사람의 사이가 금방 회복되었음은 물론이다. 청암이 국가이익 우선주의자라는 것을 청와대 브레인이 이해한 것이다.

한때는 한국의 재벌 기업을 대표하는 분과 청암의 사이가 소원해진 일도 있었다. 그 낌새를 알았을 때도 나는 그 재벌 회장을 찾아갔다.

"회장님! 박 회장은 회장님을 진심으로 존경하고 있습니다. 그와 가깝게 지내시지요."

"유 회장! 쓸데없는 소리 마시오. 그 사람이 왜 나를 좋아하겠소?"

"아닙니다, 회장님! 회장님께서 포철 제품을 가장 많이 쓰시는 분이라 박 회장은 진심으로 회장님을 감사하게 생각하고 있습니다."

"그래요?"

그 후로 우리 셋은 열심히 어울려 다녔다. 그 재벌 총수 역시 청암이 자신의 사업을 방해하려 한 것이 아니라 국가이익 우선주의자라는 것을 알고, 자기가 하려던 사업을 국가를 위하여 청암에게 양보하기로 했다.

내가 청암과 사귀어오는 동안에 있었던 이러한 일화들은 하나같이 박태준은 개인주의자가 아니라는 점을 극명하게 나타내주고 있다. 설령 한때 그를 개인주의자로 오해한 사람도 있었지만, 그들도 박태준의 진정한 실체를 안 다음에는 자기 자신의 주장보다 오히려 박태준의 주장을 돕는 후원자로 입장이 전환되었다.

우리나라의 경제계에서는 이렇듯 독보적인 존재이지만, 정계에서 보면 박태준은 어쩌면 신인일지도 모른다. 그가 1961년 당시 정치의 핵이었던 박정희 장군의 비서실장을 지내기는 하였지만, 그 후 포철 건설이라는 막중한 임무 때문에 정계와는 먼 곳에 떨어져 있었다. 그의 주위에서 일찍부터 정계에 나서라는 권유도 많았으나 그는 포철을 떠나지 않았다.

제5공화국이 출범하면서 전국구 의원으로 정계에 진출한 그를 본 정치인들은 긴장했을 것이다. 실제로 국회의사당에 박태준이 들어서자 여기저기서 수군거리는 정치인들이 있었다고 한다.

"여! 저기 '포철 신화'가 온다."

그가 국회에 진출하면서 여당과 야당, 그리고 정부 각료들이 그와 사적인 자리를 같이할 기회가 종종 있었다. 그들이 처음 대해 본 청암에 대한 견해는 거의 이렇다고 했다.

"저분은 국무총리감이다."

"저분이야말로 대통령을 하셔야 할 분이다."

행정부의 각료들 역시 사석에서 박태준을 만나보고 나서 그런 생각을 했다고 한다.

나는 이 말을 듣고 이 시대에 청암이 무엇을 해야 할 것인가를 시사해 주는 바가 크다고 느꼈다. 내가 확실히 말할 수 있는 것은, 청암은 국무총리를 해도, 대통령을 해도 잘할 사람이라는 사실이다. 그러나 그것만큼은 하늘의 뜻에 맡겨야 한다. 국민의 손에 맡겨야 한다. 나 같은 장사꾼이 섣불리 얘기할 사안이 아닌 것이다.

등소평이 부러워한다니

내 생애 중 장사 이외에는 한 일이 없어서 정치에 관한 깊은 지식이나 경험은 없지만, 그래도 내 가슴에 멍이 들게 한 몇 가지 정치적 사건이 있었다. 물론 나의 개인적인 것에 국한된 사건은 아니다.

1945년 나라가 일본 제국주의자들의 식민 통치에서 해방되던 날, 나는 뛸 듯이 기뻤다. 그러나 그 기쁨은 다음 날 순식간에 사라져버렸다. 마을마다 좌우익 다툼이 벌어졌고, 서울은 물론이요 대구와 여수 그리고 제주 등지에서 일대 이념투쟁 소동이 일어났다.

"아, 이러면 안 되는데……."

당시에 적어도 나는 그렇게 느꼈다. 나의 염려대로 우리나라의 형편은 다시 돌이킬 수 없는 상황으로 변했다. 38선은 국경 아닌 국경으로 변했고, 한 민족, 한 동포가 남북으로 갈라졌으며, 남은 남대로, 북은 북대로 새로운 국가를 창설했다. 그때 나는 이 나라의 암울한 장래에 대하여 너무나 큰 아픔을 느꼈다.

이어서 6·25가 터졌다. 나는 미국에서 남북전쟁이 일어난 것은 알고 있었지만, 우리나라에서도 그런 전쟁이 터지리라고는 추호도 생각한 적이 없었다. 그러나 어찌하랴! 국토는 이미 불덩이가 되었고, 전쟁이 끝난 후에는 도처에 폐허만 남아있을 뿐이었다.

먹을 것도 없고, 입을 것도 없고, 잠잘 곳도 없고, 일할 자리도 없는……. 아비규환, 초근목피, 동가식서가숙의 생활이 이어졌다. 그때 나는 어떻게 해야 나 자신과 이 나라가 먹고, 입고, 살고, 자고, 일할 수 있을까에 대하여 심각하게 생각하였다.

당시 대통령은 이승만 박사였다. 70노구에 독립운동가였던 그분은 전쟁이 끝나자 초토화된 국토를 재건하기 위하여 미국을 상대로 원조 외교를 펼치고 있었다. 나는 그때 어떻게 하면 우리가 남의 원조를 받지 않고 살 수 있는 나라가 될 수 있을까를 곰곰이 생각했다.

지금 생각하면 기가 막힌 세월이었다. 당시 국민에게는 가난과 질병이 숙명처럼 고삐로 채워져 가난에 울고 질병에 울었으며, 가난에 죽고 질병에 죽어갔다. 실제로 당시 우리나라에는 폐결핵이 상당히 퍼져있었다. 가난한 집에서는 폐결핵에 걸리면 약 한 번 쓰지 못하고 세상을 떠났다. 이 가난, 이 질병을 어떻게 해야 몰아낼 수 있을 것인가? 그때 한 생각이 떠올랐다. 우선 가난에서 벗어나야 질병이 찾아와도 퇴치할 수 있다는 생각이었다. 그러한 생각은 비단 나 개인뿐만 아니라 우리 식구들, 우리 가족들, 우리 동네 사람들, 우리나라 사람들 모두의 생각이었다.

나는 청년기에 남들처럼 나라를 위하여 일하겠다고 거창한 깃발을 드는 정치입문가가 아니라, 우선 우리 집부터 가난과 질병을 쫓아내야 한다는 생각에 집착한 졸장부였는지 모른다.

갖은 고생 끝에 먹고 사는 것을 해결하고 약간의 돈을 모았을 때의 정신적 편안함이란 이루 말할 수가 없었다. 그때부터 나는 장사꾼이라는 소상인의 범주를 벗어나 사업가로 입지할 뜻을 품게 되었고, 그때의 결심에 따라 일생을 사업에 바쳐 이제 인생 잔고(?)도 얼마 남지 않은 세월로 접어들었다.

그렇다면 지금의 나 류찬우는 어떤 생각을 하고 있는가? 두 가지가 있다.

하나는 나 나름대로의 '꼬리표'를 달아야 한다는 생각이다. 이 꼬리표는 자기가 달 수도 없고 볼 수도 없다. 남들이 달아주는 것이다. 따라서 남들이 내게 어떤 꼬리표를 달아줄 것인가를 면밀히 관찰하고 자기 자신을 지난 세월보다 더욱 엄격하게 관리하여 성찰해야 한다는 점을 잠자리에서도 잊지 않고 산다. 이 범주에서 내가 바라는 것이 있다면, 이 나라에서 비철금속에 생애를 바쳐 세계적인 회사를 창업해놓고 세상을 떠났다는 꼬리표와, 생전에 돈 많이 숨겨놓았다는 욕을 먹던 사람이 죽고 나서 보니 호주머니에 만 원짜리 지폐 몇 장밖에 없는 사람이더라는 꼬리표가 붙기를 원한다.

나는 이런 꼬리표가 나에게 붙게 하기 위하여 부단히 노력을 하고 있지만 아직은, 세상 사람들이 그렇게 인식해주지 않고 있다는 것을 안다. 그러나 믿건 말건 간에 내가 세상을 떠나면 이 부분은 명쾌하게 증명될 것이다.

다른 하나는 내가 창업한 풍산과 나를 낳고 키워준 이 나라에 대한 것이다. 나야 이미 다 산 사람이니까 걱정할 것이 없고, 또 자식들도 다 키우고 공부를 시켰으니 자식 걱정도 없다. 다만 이 회사와 이 나라의 장래가 어찌 될 것인가에 대한 염려가 늘 머리에서 떠나지 않는다는 것이 이 늙은이의 솔직한 고백이다.

나 개인으로서는 풍산에 대해서 결심이 섰다. 그 결심의 핵심은 풍산을 사회에 환원시킨다는 것이다. 그래야 마음이 편하다. 하지만 나라에 대한 걱정은 아직도 많다.

앞에서도 말했지만, 나는 장사꾼으로 시작하여 사업가가 되었고 또 기업인으로 죽어야 하기 때문에 나라의 오늘과 내일을 점치는 정치에 대해서는 실질적으로 관여할 기회가 없다. 다만 국민의 한 사람으로서, 기업가의 한 사람으로서 나라의 장래를 걱정하고 있을 따름이다.

이 문제에 관한 나의 판단은 간단하다. 나라가 잘 되려면 결국 정치가 잘 되어야 하고, 정치가 잘 되려면 정치 일선에서 수고하는 정치가가 잘 해야 한다는 점이다. 나는 가장(家長)이 한 가정을 일으키고, 자연인이 한 기업을 일으키는 것처럼 이 나라도 이 나라의 운명을 맡은 사람만이 융성한 나라로 만들 수 있다고 본다.

지난 반세기 동안 우리나라를 이끈 정치지도자들은 그 시대적 배경 때문인지는 모르나, 경제에 관심은 있었지만 경제를 안다고 할 만한 사람은 없었다. 이승만 박사는 나라의 독립에만 전념한 분이었고, 장면 박사는 민주화에 몰두한 분이며, 박정희 대통령은 나라의 경제적 기틀을 박은 분이지만, 사실은 경제보다 안보에 더욱 정통하였으며, 전두환 대통령 또한 경제보다는 안보를 더 중시한 분이었다.

이렇듯 경제에 정통하지 않았던 분들이 정치지도자로서 소임을 다한 이유는 우리나라가 그때까지만 해도 경제보다는 나라 지키기에 더욱 신경을 써야 하는 시대에 있었기 때문이다. 어떻게 해야 남침의 위협에서 벗어나 안심하고 살 수 있는가가 당대 정치지도자들의 최우선 정책 선택 기준이었다.

그러나 2000년대의 문턱에 서있는 오늘의 우리나라의 현실은 어떠한가? 남북의 대결과 긴장이 수그러들면서 점차 평화와 우호의 분위기로 치닫고 있다. 어떤 정치지도자는 '이 나라에 또다시 전쟁은 없다'고 단언하였지만 내 생각으로는 그렇게까지 단언할 수는 없어도 남북 평화 무드가 상승하고 있는 것만은 확실한 것 같다.

그렇다면 이제 우리는 앞으로 다가올 평화시대에 대비할 새로운 정치지도자가 필요하지 않나 하는 생각을 하게 된다. 전쟁의 위협이 줄어듦에 따라 안보 전문가가 주역을 맡을 필요성 또한 줄어드는 것은 당연하고, 이미 민주화가 되었는데 민주화 전문가가 이 나라의 지도자가 되어야 할 필요 또한 없다.

이제 이 나라는 안보 전문가와 민주화 전문가가 이끌 시대는 지났다. 이제는 그런 정치지도자보다 경제를 아는 정치지도자가 이 나라를 이끌 시대에 진입했음을 우리는 알아야 한다. 내가 청암 박태준을 중히 여기는 이유가 있다.

어떤 면에서 박태준은 국내에서보다 국외에서 더 유명한 사람이다. 오스트리아 정부에서는 박태준에게 그레이트 실버 메달과 그랜드 골드 메달을 수여하였으며, 페루에서는 최대공로훈장과 대십자공로훈장을 수여하였다. 브라질에서는 십자대훈장을 수여하였고, 독일연방공화국은 공로십자훈장과 남십자성훈장을 수여하였다. 브라질에 가면 한국의 대통령 이름은 몰라도 '티 제이 박(T. J. Park)'은 알고 있을 정도로 유명하다. 이것뿐만이 아니다. 제철의 노벨상으로 알려져 있는 영국의 베서머 골드 메달을 살아있는 사람으로서 받은 것은 박태준이 최초이다.

모택동 이후 중국을 지도하고 있는 등소평이 일본에 와서 일본 정치지도자들에게 부탁을 한 적이 있다고 한다.

"우리에게도 한국의 포철 같은 것을 하나 지어 주시오."

중국 대륙을 지배하는 등소평도 알 만큼 한국의 포항제철은 유명해졌다. 그러나 나는 이 말을 듣고 좀 다른 생각을 했다.

'아이고, 등소평 영감도 늙어서 망령이 났군. 일본 사람들한테 포철 같은 것을 지어 달라고 해서 일이 되나? 일이 되려면 한국에 찾아와서 박태준을 달라고 해야지!'

포철 같은 기업을 세울 땅은 중국 천지에 수없이 많고, 포철 같은 제철회사를 등소평이 세우겠다면 세계의 유수한 국가들과 기업들이 자금과 기술제공을 마다하지 않을 것이다.

그러나 일이 그렇게 쉽게 성사되는 것은 아니다. 땅과 돈과 기술을 확보한다고 하더라도 그런 거대한 일을 해낼 박태준 같은 사람이 없는 한 그 땅, 그 돈, 그 기술은 무용지물(無用之物)이 되고 마는 것이다.

박태준은 우리에게 정말 소중한 사람이다. 수많은 역경을 이겨낸 사람, 수많은 소인배들이 많은 상처를 냈지만 흉터 하나 남지 않은 사람. 그는 이 시대 이 나라에서 경제를 아는 정치지도자로 손색이 없는 사람이다. 나라가 평화를 향하여 치닫고 있으니, 이럴 때일수록 등소평도 탐낼 만큼 경제를 알고 정치능력을 소지한 박태준과 같은 사람이 이 나라의 지도자가 되어야 한다고 본다.

신앙이 '철(鐵)'이라는 큰 그릇

우리나라 여성교육의 선각자인 김활란 여사의 뒤를 이어 이화여대 총장을 역임하였으며 문교부장관을 지낸 고 김옥길 여사는 청암을 '깨끗한 사람'이라 했다. 사실 따지고 보면 이 나라에서 자기 몸을 청암만큼 깨끗하게 씻는 사람도 드물 것이다. 그는 매일 밤 목욕을 하는 사람이다.

그러나 김옥길 여사가 청암을 가리켜 '깨끗한 사람'이라 했음은 목욕을 자주 해서 깨끗하다는 것이 아니다. 그분이 언제 청암이 발가벗고 목욕하는 것을 보았을까? 여사는 부정을 모르고 부패하지 않은 인간 박태준의 인격을 높이 평가한 말이다. 아무리 털어도 먼지가 안 난다는 사람, 박태준은 30년을 북아현동의 작은 집에서 살고 있다.

이 나라 경제계의 태두인 삼성그룹의 창업자 고 이병철 회장이 박태준을 만나 나눈 얘기가 있다.

"여보, 박 사장! 당신의 신앙은 무어요?"

"네, 저의 신앙은 철(鐵)입니다."

이병철 회장은 박태준의 대답을 듣고 참으로 아쉬워했다고 한다.

"저런 사람이 우리 삼성을 이끌어야 하는데……. 박태준이 철을 신앙으로 알고 일하듯이 삼성을 신앙처럼 알고 헌신할 인재가 없을까?"

그 후 이병철 회장은 사람들을 만날 때마다 입을 굳게 다물어 과묵하고 선이 굵으며 빛나는 눈동자를 가진 청암에 대한 얘기를 자주 하였고, 그에 대한 글도 남겼다고 한다.

1980년대 정치부 기자로 맹활약을 한 바 있고 현재 《조선일보》의 논설위원으로 있는 주돈식 씨는 청암이 5공화국 때 정치 일선에 나온 것을 보고, "정치자금을 내라고 압력을 가하면 정치자금은 한 푼도 내지 않고, 또 그런 행동을 밉게 본 사람들이 어떠한 압력을 가해도 끄떡 않고 우뚝 서있는 버티기의 명수가 국회에 들어왔다."고 평가했다. 맹렬 민완 기자다운 주돈식의 평이다. 세상에 박태준보다 더 버티기를 잘하는 사람이 어디 있을까?

일본의 후쿠다 다케오 전 수상은 한마디로 청암을 '오모노(大物: 큰 그릇이라는 의미)'라 칭했다. 얼굴로 보나 몸집으로 보나 분명히 청암은 나보다 소물(小物)인데 어찌하여 후쿠다 같은 분이 청암을 대물이라 했을까? 내게는 청암과 같은 대담한 담력과 추진력이 없다. 새삼 작달막한 청암이 그렇게 커 보일 수가 없다.

우리나라 말에 '과례(過禮)가 비례(非禮)'라는 말이 있다. 예의가 지나치면 오히려 예의가 아니라는 말이다. 청암에 대한 추억의 글을 쓰면서 자료를 찾다 보니 나 이외의 사람들이 청암을 극찬한 글이 너무 많았다. 그걸 더 거론하면 청암에 대한 과례요 비례가 될 것 같아 청암에 대한 인물평은 여기에서 그치고, 몇 가지만 더 인용하고자 한다.

‘철의 오케스트라’ 지휘봉에는

포철 건설 현장에서 그를 만난 어떤 사람이 청암의 손에 지휘봉이 잡혀있는 것을 보고 이상하게 생각한 모양이다. 지휘봉이라면 흔히 군인들이 부대를 지휘할 때에 사용하는 것으로 알고 있기 때문이다. 마침 청암도 오랜 기간 군 생활을 했으니 그를 보고 군인 냄새가 난다는 소리를 하는 게 당연할지도 모른다.

이 말을 들은 청암은 껄껄 웃으며 지휘봉에서 군인 냄새가 난다는 말이 오히려 이상하다는 듯이 이렇게 물었다.

“오케스트라를 지휘하는 사람이 무엇을 들고 있습니까?”

“지휘봉이지요.”

“그렇습니다. 포항제철은 종합제철소입니다. 한마디로 철의 오케스트라입니다. 저는 이 오케스트라를 지휘하는 사람이지요. 따라서 나는 지휘봉을 가지고 있을 뿐입니다.”

지금도 청암이 지휘봉을 들고 다니는지 모르지만, 언젠가 내가 포철을 방문했을 때에도 청암은 예의 그 지휘봉을 들고 나왔다. 방대한 땅에 펼쳐져있는 그 거대한 시설물들을 청암은 지휘봉으로 가리키며 신명나게 설명을 해주었다.

이 두 가지 사안을 근거로 판단해본다면 청암의 지휘봉은 청암이 말한 대로 종합제철이라는 오케스트라만 지휘하는 지휘봉이 아니었다. 시찰 온 사람을 안내할 때는 ‘안내봉’이었고, 현황판을 내놓고 설명을 할 때는 ‘설명봉’이었으며, 부하를 호되게 꾸짖을 때에는 ‘꾸중봉’이 되었고, 정치를 하면서는 ‘정치의 지휘봉’이 되었다.

그는 일의 시작을 중요시하는 사람이다. 시작이 잘못된 일이 있으면 원위치에 되돌아가 다시 시작하여 차근차근 진행하는 사람이다. 이런 자신의 성격을 잘 나타내주는 그의 글이 있다.

"첫 단추를 잘 꿰라."

첫 단추를 잘못 꿰어놓고 급하다고 계속 꿰면 결국 모든 단추를 다시 꿰야 하지 않느냐는 것이다. 일이 잘못되었으면 처음으로 돌아가 다시 시작하라는 말은 그의 생활철학이요, 생활패턴이다. 아무리 바쁘더라도 첫 단추를 신중히 꿰어 그 다음 나머지 단추는 쉽게 꿰는 사람처럼, 그는 무슨 일이든 차근하게 시작하고 일사천리로 진행하여 마무리 짓는다.

이런 그의 성격을 실제로 보여준 곳이 광양제철 건설이다. 나는 광양제철을 보고 이건 사람이 한 것이 아니고 신이 한 것이라고 느꼈다. 그 거대하고 복잡한 제철소가 어떻게 그렇게 단숨에 이루어질 수 있는가에 대해서 감탄한 것이다. 그것은 인간 박태준이 이룩한 대역사였다. 광양만 입지 선정이라는 첫 단추를 꿸 때는 그렇게도 신중에 신중을 기하더니 일이 착수되자 순식간에 완성해낸 것이다. 나는 청암이 정치를 해도 그렇게 할 것으로 믿고 있다.

그의 문집 중 6·25사변을 회상한 글에 '절대적인 절망은 없다'는 교훈을 얻었다는 대목이 있다. 생사의 갈림길을 수없이 지나고, 전쟁터라는 죽음의 계곡을 수없이 헤쳐 나온 청암이 전쟁에서 얻은 교훈이다. 그는 남들이 불가능하다는 포철을 건설하고, 남들이 안 된다는 광양제철을 건설하면서도 늘 마음속으로 다짐했을 것이다.

'절대적인 절망은 없다.'

나는 그가 이 나라의 정치지도자가 되면, 경제를 아는 사람이어서 이 나라의 장래에 절망보다 희망을, 불가능보다 가능성을 제시하고 실천하는 위인이 될 것을 믿어 의심치 않는다. 그는 항상 불가능을 가능으로, 절망을 희망으로 이끈 사람이기 때문이다.

그는 마지막 1%를 중요하게 생각하라고 권하는 사람이다. 무슨 일을 하든

지 처음이 중요하듯 마지막 1%도 잘 해야 일을 그르치지 않는다는 뜻에서 한 말이다. 그는 이 말을 더욱 실감나게 하기 위하여 다음과 같이 표현하고 있다.

"최후에 웃는 자만이 진정한 승리자이다."

큰일을 해본 사람이 아니면 감히 이런 말을 할 수 없을 것이다.

이제 더 이상 청암 박태준에 대하여 길게 얘기할 필요가 없게 되었다. 인생의 반려자로서, 비즈니스의 반려자로서 4반세기를 같이 살아온 나는 청암에게 다음과 같은 꼬리표를 붙여주고 싶다.

'경제를 아는 정치지도자'

그는 이 시대에 꼭 필요한 일꾼이다.

산·학·연 협동체제의 선도자

정 수 창 (1919-1999)

대한상공회의소 회장, 두산그룹 회장

추진력, 무사욕, 기획력의 융합

내가 박 회장을 만나게 된 계기는 참으로 아이러니하다. 아이러니하다는 것은 다름이 아니라, 같은 한국인이면서 서로 일면식이 없다가 일본인으로부터 박 회장을 소개받은 것이다.

나에게는 일본인 친구가 있었다. 그는 우에무라 고고로(植村甲午郎)라는 사람이었는데 나와는 중학교 동기동창이었다. 우에무라는 당시 〈이시카와지마 하리마(石川島播磨)〉라는 회사의 부사장으로 있었다. 그 회사는 포항제철 설립 초기에 중기계를 납품하고 설치하는 등 매우 중요한 업무를 맡고 있었다. 우에무라는 바로 포항제철의 카운터파트로서 박 회장과 매우 가깝게 지냈던 것이다.

우에무라라는 친구가 하루는 나에게 와서 입이 마르도록 박 회장을 칭찬하면서 나에게 그를 만나보는 것이 좋겠다고 조언하는 것이었다. 우에무라가 박 회장에 관해 한 말은 다음과 같다.

박 회장은 기계에 정통한 경영자이다. 이런 일이 있었다. 하루는 박 대통령이 박 회장을 불러서 매우 나무랐다고 한다.

"이것 봐! 당신이 대통령이야? 왜 말을 듣지 않는 거야?"

"각하, 저는 포항제철의 대통령입니다. 따라서 포항제철에 관한 한은 저의 고유 권한입니다."

"……."

박 대통령이 단독으로 기계나 기술 도입선을 지정하여 구입하라고 했지만, 박 회장이 판단하여 박 대통령이 지시한 기술이나 기계가 좋지 않다고 생각하면 지시를 어기면서 자기 소신껏 구입한 데서 일어난 일이었단다.

나는 새도 떨어뜨릴 정도의 권력을 지닌 당시의 박 대통령에게, 그것도 다분히 권위주의적이었던 제3공화국 시절에 대통령의 지시를 받아들이지 않은 박 회장에게는 나름대로의 이유가 있었을 것이다.

그것은 그가 기업의 효율성과 생산성을 위한 것이라면 어떤 압력과 회유도 뿌리칠 수 있다는 것을, 대통령이라는 거대한 권력으로부터도 자유로울 수 있다는 것을 포철 건설 현장의 모든 이들에게 보여주기 위한 것이었는지도 모른다. 이것은 순전히 나 자신과 우에무라의 생각인지도 모르지만.

어쨌든 나는 그에게서 무한한 감동을 받았다. 그의 소신, 결단력에 대해서 이처럼 큰 감동을 받은 적이 없었다. 게다가 그는 리베이트라는 달콤한 제의를 받아들인 적도 없었다. 리베이트 제의를 해오는 거래선과는 아예 만나주지도 않았다. 사실 당시 한국 사회의 부정적 풍토를 이미 익혔던 나로서는 의외였으나 그의 인품을 알고부터는 수긍이 갔다. 사실 리베이트란 중개자가 받는 것이지, 경영자가 받는 것이 아닌 것으로 나는 알고 있다.

이러한 이야기의 결론에서 우에무라는 단언했다. "포항제철은 틀림없이 성공한다. 그것도 세계에서 손꼽히는 걸출한 기업으로 말이다. 그것은 포항제철은 틀림없이 성공한다. 그것도 세계에서 손꼽히는 걸출한 기업으로 말이다. 왜냐하면 박 회장 같은 분이 경영을 맡고 있기 때문이다. 그의 추진력과 사심 없는 인품, 철저한 기획 그리고 그를 조건 없이 따르는 스태프들을 보노라면 그런 생각이 절로 든다. 정 회장 당신도 그런 분을 알아두어 나쁠 것이 하나도 없으니 그와 만나보라."

이렇게하여 나는 우에무라의 소개로 당시 한일경제협력위원회 회장직을 맡고 있던 박태준 회장을 만나게 되었다. 그를 만나보니 우에무라의 말이 하나도 과장됨이 없었다. 이후 그와 나는 매우 친해졌고 기탄없는 대화를 나눌 수 있었다.

나의 친구였던 우에무라는 박 회장을 소개해 주었다는 사적인 일에서부터 한일경제협력위원회의 일본 측 기술협력분과위원회 위원장으로서 한국의 기술 발전에도 많은 기여를 하였다.

그러던 중 우에무라가 그만 세상을 떠났다. 박 회장과 나는 우리 사이의 가교 역할을 했던 우에무라의 죽음을 애도했고, 그의 인품에 대해 얘기한 적이 있었다. 그 얘기 중에 내가 박 회장에게 이렇게 건의했다.

"박 회장님, 우에무라 씨가 우리나라 산업기술에 공헌을 한 바가 많으니 그에게 훈장을 주면 어떨까요?"

박 회장은 그 말을 듣고 크게 기뻐하며 자기도 그런 생각을 했다면서 그러겠노라고 했다. 그 후 한일경제협력위원회가 포항제철 내에서 열렸을 때 우에무라 씨의 미망인이 훈장을 받았다.

그와의 만남에 대한 얘기는 이쯤 하고 내가 잘 알고 있는 포철학원과 산업과학기술연구소에 대해서 얘기하고자 한다. 언젠가 효자동에 위치한 포철학원을 방문할 기회가 있었다. 포철학원을 방문한 직후 나는 박 회장을 다시 보게 되었다. 그것은 다름이 아니라 이때까지 내가 갖고 있던 박 회장에 대한 존경이 배가되었기 때문이다.

나는 단지 박 회장이 사심 없고, 기획력과 추진력이 강한 경영자라고만 알고 있었다. 그런데 포철학원의 설비와 환경을 보고는 직원 복지에 관한 따뜻한 배려와 한국 기술의 장래에 대한 깊은 안목을 느낄 수 있었다. '이분이 정말 인간인가? 도대체 이분의 능력 한계는 어디까지일까?' 하는 것이 당시 나의 솔직한 느낌이었다. 학원 시설에 있어 무엇 하나 부족한 것이 없었던 것이다.

자주과학, 자주기술의 기반 구축을 선도하다

이후 한국의 MIT라 일컬어지는 포항공대와 산업과학기술연구소(RIST, '산기연'이라 칭한다.)가 생겼을 때도 나는 새로운 감회를 느낄 수 있었다. 박 회장으로부터 포항제철 부설 산기연의 이사로 일해 달라는 제의가 있었을 때 기꺼이 승낙한 것은, 비록 내 능력이 미치지 못함을 알고 있음에도 그가 국내 최초의 산·학·연 협동 시스템을 구성하고자 하는 의욕을 높이 평가하였기 때문이다.

이제 내가 이사로 있는 산기연에 대해 얘기해 보자. 1986년 8월 26일, 포항제철 연수원에서 산기연 발기인 총회가 있었다. 초대 이사장으로 박 회장이 선임되었고, 이사로는 당시 상공회의소 회장이었던 나, 최형섭 포철 고문, 최성진 한국과학재단 이사장, 김상주 서울대학 교수, 이진우 변호사, 안병화 포철 사장, 김호길 포항공대 학장, 김철우 포철 기술연구소장 등이 선임되었으며, 감사로는 황경로 동부제강 사장이 선임되었다.

이날 우리 이사진들은 시종 한국 최초의 산·학·연 협동 시스템 구현의 선구자라는 벅찬 감동으로 총회에 임했다. 그때 박 회장의 이사장 취임 인사는 우리 이사진들의 가슴을 벅차게 하기에 충분했다. 내 기억이 정확하다면 그는 이런 말을 했었다.

본 산업과학기술연구소는 포항제철을 비롯한 국내 금속소재 산업의 발전뿐 아니라 첨단기술과 순수기초과학의 연구에 이르기까지, 우리나라 과학기술 발전에 기여할 종합연구소로서 오늘 새롭게 출발하게 되었다.

무릇 한 나라의 과학기술 수준은 산업발전의 원동력이 되는 동시에 국력의 척도가 되는 것이다. 오늘의 세계는 정치·경제·사회·문화 등 모든 분야에서 급격히 발전하고 있으며, 특히 과학기술 분야에서는 분, 초를 다툴 정도로 변화와 혁신이 거듭되고 있다.

더욱이 1980년대에 들어와 선진공업국을 중심으로 하는 첨단산업기술의 개발이 급속도로 진전되고 있으며, 국가경제에 있어 과학기술이 점하는 비중이 한층 높아지게 되었을 뿐 아니라 기술보호주의가 날로 팽배해가는 경향을 보이고 있다.

그러므로 부존자원이 빈약하고, 경제의 대외의존도가 높은 우리나라가 국제적인 산업구조의 변화와 치열한 기술개발경쟁에 능동적으로 대처하면서 국민적 목표인 선진국 대열에의 진입을 앞당기기 위해서는, 선진국의 기술보호장벽을 뛰어넘을 수 있는 자주과학, 자립기술의 기반을 구축해 나가는 것이 시급한 과제라 하겠다.

창업 이래로 우리나라 중화학공업의 발전과 자력성장의 기반구축에 선도적 역할을 담당해 온 우리 포항제철은 일찍이 기술혁신과 자주적인 기술개발 능력 향상이 국가적 과제임을 인식하고, 1977년 기술연구소를 발족시키는 등 연구개발의 노력을 꾸준히 증대시켜 왔다.

오늘날 포항제철이 최강의 경쟁력을 보유한 세계 철강업계의 선두주자로 성장하기까지에는 기술발전을 위한 이러한 노력이 큰 힘이 되었다. 그러나 우리가 당면한 대내외적 경제 여건은 결코 순탄한 것만은 아니다.

우리나라를 강력한 경쟁상대로 의식하고 있는 선진 철강국들은 우리에 대한 견제와 압력을 가중시키고 있으며, 후발 철강국 또한 우리를 목표로 추격의 고삐를 늦추지 않고 있다.

이처럼 급변하는 기업환경 속에서 우리가 세계 최강의 경쟁력과 국제적인 비교우위를 확고히 지켜나가기 위해서는 고급두뇌의 뒷받침을 통한 연구개발능력의 극대화가 절실한 과제라는 판단에서 연구중심의 포항공과대학을 설립한 바 있으며, 이제 기존의 기술연구소를 발전적으로 개편한 산업과학기술연구소를 출범시키게 된 것이다.

그러므로 본 연구소에서 제철소의 건설과 조업을 통해 축적된 경험과 기술, 그리고 포항공과대학의 뛰어난 연구역량을 유기적으로 결집시킬 수 있는 이상적인 산·학·연 협동 체제를 구축함으로써 우리나라 철강 및 소재산업의 위치를 세계정상으로 끌어올려야 하는 막중한 사명이 부여되어 있는 것이다.

아무쪼록 산업과학기술연구소의 연구원과 관계자 여러분은 이러한 시대적 소명을 깊이 새겨서, 우리나라 과학기술의 발전을 선도하는 개척자로서의 긍지와 자부심을 가지고 연구에 전념해 주시기를 당부하는 바이다.

회사는 연구소가 본래의 기능을 다할 수 있도록 필요한 모든 뒷받침을 아끼지 않을 것이다.

산기연은 1987년 3월 27일에 창립되었다. 연구소장에 김철우 박사가 임명되었고, 부소장으로는 김동한·이창희 박사와 이찬주 씨가 임명되었다.

산기연이 출범한 후의 연구실적은 훌륭했다. 기초과제, 개발과제, 시험과

제, 응용과제 등으로 나누어 연구한 결과는 포항제철의 경영, 관리, 기술에 큰 기여를 하게 되었다. 또 산기연은 선진국의 기술보호장벽에 대처하고 자체개발기술 보호를 위해 공업소유권의 출원을 장려하고 있고 수백 가지의 특허, 실용신안 등이 등록되었고 외국에도 몇 가지 특허권이 등록되었다.

현재는 기술 경쟁 시대이다. 기술의 고도화 및 다양화가 급속히 진행되는 상황에서 한정된 연구개발 자원의 제약을 극복하기 위해서는 자금, 인력, 시설의 효율적인 협동 연구가 불가피하다.

특히 연구개발의 과제가 대형화·국제화되어 가고, 연구의 전문성이 심화됨에 따른 연구 결과의 불확실성에서 오는 위험부담을 줄이기 위해 선진국에서는 일찍부터 역할 분담에 의한 산·학·연 협동 연구가 성행하고 있다. 일본의 쓰쿠바 연구학원 도시, 독일의 아헨 공대, 미국의 스탠포드 대학, 영국의 세필드 대학을 중심으로 한 협동 연구가 그 좋은 예이다.

그들보다 조금 늦게 추진되었지만 마침내 우리나라에서도 시설, 인력, 시스템에 있어서 결코 뒤지지 않는 포철 · 포항공대 · 산기연의 협력체제가 갖추어짐은 실로 다행한 일이 아닐 수 없다 하겠다.

이러한 산·학·연 협동 시스템이 갖추어지기까지에는 박 회장의 예지력과 추진력이 크게 작용하였다고 본다. 포항제철의 설립에서부터 성공적인 경영, 국내 최초의 산·학·연 협동 시스템 구성, 그리고 광양제철소의 설립과 성공적인 경영 등 박 회장이 한국의 산업과 교육의 발전에 기여한 바는 이후 우리나라의 경제사, 아니 우리나라의 역사의 한 페이지를 크게 장식할 수 있을 것이다.

다만 안타까운 것은 본의든 타의든 간에 고결한 인격의 소유자인 박 회장이 이전투구 속의 정치 세계로 뛰어든 것이다. 그러나 이미 그것이 실행에 옮겨진 일이고 보면, 나의 개인적인 소망은 박 회장이 그 진흙 속에서도 연꽃처럼 고고하게 피어나기를 바라는 것이다. 그리고 그럴 가능성을 충분히 갖춘 인물로 보기에 나는 그리 걱정을 하지 않는다. 단 한 가지, 정치계에 기생하는 소인배들의 모략과 음해가 그의 이미지를 손상시키지 않을지 그것이 걱정일 뿐이다.

교수 초빙에 관심은 많아도 일절 간여하지 않은 이사장

김 호 길 (1933-1994)
포스텍 초대 총장

현직 학장이 임명권자인 재단이사장의 면모에 관해 언급하는 것은 망설이지 않을 수 없는 일이다. 그러나 마음속으로부터 좋아하는 지도자 박태준 회장이다. 여기서 포항공대(포스텍)와 관련된 몇 가지 얘기로 그분의 진면목을 살펴보려 한다.

돌이켜보면 필자가 포항공대 초대 학장(총장)으로 교섭을 받기 전까지 박 회장을 비롯하여 포철의 어떤 분과도 인사를 나눈 일조차 없었다.

진주에서 연암공전(蓮菴工專) 학장으로 있던 필자를 어떤 경로로 알게 되었는지 분명하지는 않지만, 당시 이대공 포항공대건설본부장의 끈질긴 권유로 1985년 6월 처음으로 포항을 방문, 박 회장과 저녁을 함께 하게 되었다.

박 회장은 중학시절 수학을 특히 좋아했고, 광복 전 일본의 와세다(早稻田)대학 기계공학과에서 수학하였는데 기계공학자가 되는 것이 꿈이었다는 말로 대화를 풀어 나갔다.

우리나라의 사정이 박 회장을 포철의 창업자로 만들어 민족기업을 탄생시켰지만, 필자는 그의 폭넓은 지식과 논리적인 화술에 빠져 들어가면서, 박 회장이 학계에 투신했더라도 학계의 지도자로 부상했으리라는 생각을 가지게 되었다.

일의 선후와 본말(本末)을 빨리 파악하고 공학도적(工學徒的) 정확성을 바탕으로 면밀한 계산을 하는 동시에 미래에 대한 혜안으로 계산된 모험을 감행할 수 있는 보기 드문 지도자의 자질을 가진 분이라는 첫인상을 받았는데, 첫 대면에서 느낀 이러한 인상은 지금도 변하지 않고 있다.

그때 필자는 박 회장이 오래전부터 육영사업에 대해 깊은 관심을 가지고 있었음을 감지할 수 있었다. 그분은 필자를 만나기 전에 이미 미국의 일류대학을 시찰한 바 있는데, 평소의 관심과 그러한 경험을 토대로 박 회장은 소수정예교육, 연구중심대학, 산학협동, 재단의 건실화, 대학운영의 자율성 등 모든 문제에 깊은 이해를 가지고 있었다.

그분은 우리나라의 선진화를 위해서는 대학이 올바른 정신자세 하에 유용한 전문지식을 갖춘 졸업생을 배출해야겠으며, 국제적 수준의 연구를 할 수 있는 대학이 우리나라에 있어야 하고, 특히 포항제철이 세계 정상의 기업으로 유지되기 위해서는 포항공대에서 세계 최고수준의 연구가 이루어져야 한다는 신념을 피력하면서 필자의 동참을 권유하였다.

필자는 몇 차례 박 회장을 만나면서 스스로 황색제복(黃色制服)의 대열에 참여할 결심을 굳히게 되었는데 이것은 첫 대면 시에 받은 그분의 강렬한 인상에 매료되었기 때문이라 해도 지나치지 않다.

연구중심의 대학을 위해서는 연구능력이 뛰어난 교수초빙이 첫째 문제이다. 그분은 교수채용을 학장과 교수들에게 일임했으며, 학장의 요청이 있었을 때는 아무리 바빠도 중진학자들을 직접 만나서 설득했다. 한국적 현실 하에서 교수채용과 관련해 그분에게 무수한 청탁이 있었던 것으로 듣고 있지만, 그 문제에 재단이사장으로서 간여한 일은 한 차례도 없었다.

그러면서도 대학 건설에 관계되는 많은 보고 중 교수초빙 보고에 이사장의 관심이 가장 컸었다. 어려운 결재를 받기 위해서는 우수교수 초빙보고를 먼저 하는 것이 좋겠다는 말이 나올 정도였다.

이처럼 교수채용정책 하나만으로도 능히 대기업을 일으킨 그분의 면모를 읽을 수 있었다.

일류대학을 만들기 위해서는 교수와 함께 좋은 시설, 그리고 우수학생 유치가 동시에 이루어져야 한다. 박 회장은 '신설대학은 후기모집'이란 문교부의 정책에 예외적 조치를 얻기 위한 홍보작전에 포철의 모든 역량을 총동원했으며, 포철에 관계하는 외국업체로부터 700만 달러 상당의 실험기기를 기증받는 일도 직접 진두지휘했다.

우리 학교의 한 젊은 교수는 '지도자를 중심으로 뭉친 조직의 힘이 얼마나 클 수 있는가'를 포항공대에 부임한 후 실감했다고 말한다. 기술도, 자본도, 경험도 없는 철강불모의 땅에 세계 제일의 철강회사를 아무나 만들 수 있는 것은 아니며, 연구중심대학의 필요성과 운영문제를 깊이 이해하고 아낌없이 지원하는 기업가를 찾아보기는 더욱 힘든 일이다.

지도자란 역사의 도도한 흐름 가운데서 모래알 같은 존재라는 사관(史觀)을 얘기하는 사람도 있지만, 필연적인 듯한 역사의 흐름에 큰 변화를 일으킨 배경에는 언제나 위대한 지도자가 있었다. 개인은 사회 속에 존재하여 그 영향을 안 받을 수 없지만, 사회는 개인이 모여서 형성되는 것으로 사회변화에 미치는 개인의 역할을 과소평가할 수는 없는 것이다.

길게 보면, 포항제철과 포항공대는 역사에 나타나는 시대적 산물이겠지만, 그 이면에는 미래에 대한 혜안을 가지고 적재(適材)를, 적기(適期)에, 적소(適所)

에 배치하고, 조직을 인화로 뭉치고, 각자가 맡은 일에 열성을 다하게 한 지도자의 역할이 필수적이었다는 것을 후세에 사가들이 기록해줄 것으로 믿는다.

신라 천년의 슬기를 모아 흐르는 형산강(兄山江)을 굽어보며 육대주(六大洲)의 기슭과 잇닿은 영일만 푸른 물을 내려다보는 언덕에, 2년 전에는 없던 현대식 건물이 들어서 있고, 배움과 연구에 전념하는 겨레의 지성이 모여 있다. 장차 이곳에서 겨레와 인류에 공헌할 위대한 업적이 이루어졌을 때, 대학의 역사를 뒤돌아보면, 이 대학을 탄생시킨 박태준 회장에게서 우리나라의 참 지도자상을 찾을 수 있게 되리라 믿는다.

청렴결백 철학과 바른 건의를 듣는 안목

황 경 로 (1930-2025)

포스코 창립요원, 포스코 제2대 회장

'장부'를 없애고 '코드'로 관리하라

창업 포스코의 기획관리부장으로 출발한 나는 처음부터 '코드'를 생각했다. 21세기 들어 한국사회에 '코드인사'라는 신조어(新造語)가 널리 퍼지면서 갑자기 '코드'란 단어가 널리 회자한 적도 있었지만, 벌써 50년이나 흘러간 그때는 서울 시민들도 '코드'라고 하면 기껏 전기와 관련된 도구쯤으로 알아들었다.

그러나 나의 코드는 '패거리, 전류의 원활한 소통'과는 아무런 관련이 없었다. 차라리 '포스코의 혈관'으로 해석하면 근접되겠다. 포스코의 심장과 대뇌로 드나드는 '돈의 흐름'을 투명하고 효율적으로 관리하는 기법이었기 때문이다.

포스코 창업 시절, 한국 기업과 국가 기관은 한결같이 '시커먼 장부'로 회계를 관리하고 있었다. 어쩌면 그건 후진국의 한 상징이기도 했다.

창업에는 회계질서가 곧 회사질서로 직결된다. 이 사실에 주목한 나는 포스코에서 '하나의 혁명'을 단행하겠다고 구상했다. 그때 기획관리부장으로서 내가 박태준 사장에게 건의한 내용은 한마디로 요약할 수 있겠다.

"장부를 없애고 코드로 관리하는 것이 좋겠습니다."

물론 박 사장은 단박에 찬성했다. 그런 획기적 발상의 배경에는 나의 경력과 기질이 깔려있었다.

그 결정에 따라 창업 포스코는 '시커먼 장부' 없이 출발했다. 대신에 전표가 등장했다. 타자기로 한 번 두들기면 겹겹의 묵지가 한꺼번에 똑같은 전표를 6~7장씩 생산했다. '통합관리' 시스템의 도입이었다. 이것은 초창기의 내부질서 형성에서 제일 중요한 요소인 '내부견제' 효과로는 만점에 가까웠다. 모든 물품구매와 예산집행에 똑같은 전표가 7장씩이나 나오고 모든 관련 부서가 차곡차곡 철해 둬야 하니, 누군가 엉뚱한 흑심을 품더라도 똑같은 전표의 상호 견제작용 때문에 적어도 네댓 명은 공모해야만 이뤄질 것이었다.

"빠짐없이 코드를 부여하라."

이 결정에 따라 창업 포스코의 공장과 부서마다 빠짐없이 주민등록번호처럼 '고유 코드번호'가 매겨졌다. 모든 비용이 당연히 코드번호를 통해 지출되고 결산되었다.

전표와 코드는 '투명경영'과 '효율경영'의 원천이었다. 예산의 흐름이 투명해지고, 설비별 취득총액이 일목요연하게 드러나 감가상각비 계산이 쉬워지고, 각 공장의 월별 회계결산서와 원가계산서가 익월(翌月)의 열흘 이내에 완성되었다. 이래서 매월 10일에 정기적으로 열리는 '전사(全社)운영회의'는 그 자료들을 바탕으로 심사와 분석을 적기에 정확히 수행할 수 있었다.

'금전 있는 곳에 사고 있다.'

이 말은 인류 역사에 지울 수 없는 고색창연의 진리를 담고 있다.

나는 처음부터 토요일의 현금지불을 금지했다. 어떤 완벽한 견제장치도 돈의 유혹에 빠진 인간의 욕망까지는 통제할 수 없으므로 관리자는 항상 '사고는 터질 수 있다'라는 가정을 해둬야 한다. 만약에 사고가 터지는 경우, 최선의 수습책은 24시간, 늦어도 48시간 안에 그것을 발견할 수 있어야 한다. 토요일의 현금지불 금지, 이것은 바로 그에 대비한 장치였다. 내가 관리하는 동안 금전 사고는 딱 한 건 일어났다.

무릇 빡빡한 시스템은 '경직성'이 큰 흠이다. 나는 '유연성' 확보를 고려했다. 예비점검 시스템을 만들어, 여기에 마치 종합병원의 '접수에서 퇴원까지의 과정'에 비유될 만한 세부체계를 마련했다.

그리고 나는 기술자들의 예산 요구 앞에서 늘 '대패'를 챙기고 있었다. 이런 악연은 '야박한 사람'이라는 입방아로 돌아오곤 했다. 하지만 종종 그들을 집으로 초대했다. 대작과 대국의 자리는 딱딱한 관계를 부드럽게 풀어나가는 시간이었다.

내가 정한 관리원칙의 하나는 '판매에는 업무추진 비용을 박하게 주고, 구매에는 후하게 주는 것'이었다. 이건 소문이 나기도 했다. '파는 게 힘들지 사는 게 힘드냐?'라는 통념을 깨버렸으니 참 묘한 원칙이라고 고개를 갸우뚱거리는 사람들이 많았다. 하지만 그것은 '설비구매'로 넘쳤던 창업 포스코에서 '최고품질 최저구매' 실현의 윤활유로 감돌았다.

기업에서 최고경영자가 검증된 숫자에 의해 회사의 상황을 한눈에 파악할 수 있는 것이 예산·회계 제도이다. 그래서 창업 포스코의 관리시스템이 지향하는 핵심은 예산·회계 제도였으며, 이를 뒷받침하는 것이 장부체제가 아닌 전표체제였다. 아직 전산시스템이 없는 시절이었으나 장부도 없었던 창업 초기의 포스코에는 전표가 곧 장부였다. 그것도 정밀한 분류를 통해 부서별, 사안별 '코드'를 부여해둬서 전표를 다 모아놓으면 절대 조작할 수 없는 '수정불가'의 장부였다. 어느 공장에서 누가 무슨 일을 했다는 것까지 다 파악할 수 있게 해주는 것이었다.

박태준과 인연을 맺다

6·25전쟁 나흘째인 1950년 6월 28일, 무사히 한강을 건넌 다음에 나는 교복을 벗어 던지고 대한유격대에 들어갔다. 여러 차례 구사일생을 겪은 내가 9주짜리 단기 장교양성소를 거친 뒤 정식으로 장교 군복을 입은 것은 1951년 1·4후퇴 다음의 일로서, 이때부터는 수색중대장으로 활약했다.

휴전이 되고 불안한 평화가 정착되자, 나는 두 차례 미국 군사학교에 연수를 다녀와서 경리장교로 전환되었다. 야전 보병장교가 내 기질에 맞았으나 경리 쪽으로 나간 것이 뒷날에 내 인생을 포스코로 이끌어가는 불가사의한 인연의 힘으로 작동했다.

1954년이었다. 미국 연수를 마치고 육군사관학교 교수부로 발령을 받았다. 그때 박태준 육사 교무처장과 만났다. 이것이 그분과의 첫 대면이었다. 우리는 서로 좋은 인상을 쌓아가게 되었다.

그로부터 십여 년이 지난 무렵이었다. 1965년 어느 날, 대한중석에서 감사(監事)를 포함한 전 임원과 주요 간부를 대상으로 예산회계시스템에 대해 강의를 해달라는 제안이 들어왔다. 박태준 사장의 지시였다. 매일 오전 8시부터 9시 30분까지 열흘 동안 관리회계시스템, 경영관리시스템, 일반관리시스템 등에 대해 강의를 하게 되었다. 알고 보니, 그건 무엇보다 박태준 사장의 나에 대한 테스트였다. 제3공화국이 출범하면서 1964년에 열 달 가까이 박정희 대통령의 장기간 일본 특사를 다녀온 뒤 대한중석 경영을 맡은 박 사장이 회사의 경영관리시스템이 매우 부실하다고 판단하고 이 부문을 맡길 전문가를 물색하는 과정에서 나에게 강의를 시켜 내 실력을 살펴본 일이었다.

나로서는 아무것도 아니었다. 이미 풍부한 경력을 쌓아둔 것이었다. 일례만 들자면, 5·16 직전, 그러니까 1960년에 육군경리학교 교관으로 있던 나는 육·해·공군 전 장성을 대상으로 하는 2주 과정의 기본관리 교육도 맡았었다. 당시 모든 장성들이 육군 대위의 강의를 진지하게 경청했다. 5·16 후의 군정(軍政) 시기에 그 사람들이 내각은 물론 시장·도지사까지 맡았으니 내 강의에서 배운 지식을 많이 써먹었을 것이다.

어쨌든 열흘 일정의 특별 강의는 내 인생의 향로를 바꾸는 전환점이었다. 그것이 계기가 되어 나는 막 벌여놓은 개인 사업을 접고 대한중석으로 옮겨 앉으면서 '박태준, 포스코'와 굵고 질기고 가장 보람찬 인연을 맺게 되었으니…….

대한중석에서 포철 창업의 실무책임을 맡다

1967년 9월 12일, 우리 정부가 공식적으로 '대한중석'을 종합제철 건설의 주체이자 실수요자로 결정했다. 그러자 박태준 사장이 대한중석 관리부장인 나를 사내에 조직돼 있던 종합제철사업추진 실무책임자로 임명했다. 부책임자로는 노중열 개발실장이 임명됐다. 노중열은 육군 통역장교 출신으로 나하고는 막역한 사이였다. 1965년 여름에 박 사장에게 그를 대한중석 간부로 천거한 사람도 나였는데, 그때 막 출근한 노중열이 의아해했던 일은 텅스텐 채굴하고 수출하는 회사에 취직했는데 곧바로 '종합제철건설'에 대한 업무도 나와 같이 겸임한 것이었다.

대한중석에는 1965년 여름 즈음부터 이미 종합제철을 공부하는 정예요원이 존재했다. 그것은 그즈음에 박정희 대통령의 특명을 받은 박태준 사장의 지시로 이뤄진 일이었다. "경부고속도로는 내가 맡을 테니 자네는 지금부터 종합제철을 맡는 각오로 준비하라." 이것이 박 대통령의 특명이었다.

1967년의 대한중석은 가장 합리적인 경영을 하는 국영기업체로 평가되고 박 사장의 경영능력도 높이 인정되는 회사였다. 내가 종합제철추진 실무자로서 가장 먼저 해야 할 일은 대한중석의 지속적인 경영능력도 충분히 고려하면서 추진 원칙과 방법을 세우는 것이었다. 그래서 정부와의 절충사항과 세부사항을 포함하는 5개 기본원칙부터 결정했다.

1. 대한중석은 이익잉여금을 원천으로 하는 유보자금을 종합제철의 건설내자로 투자한다.
2. 총소요 내자 중 대한중석은 자본 구조상 큰 변동을 주지 않는 범위 내에서 투자하고 부족자금은 정부의 재정융자 또는 직접투자로 충당한다.
3. 대한중석은 내자투자에 의하여 건설주체 또는 경영주체의 모체가 되어 이를 추신한다.
4. 대한중석이 부담할 투자의 시기 및 금액의 세부사항은 KISA의 재무계획 확정 후에 결정한다.
5. 정부의 종합제철사업을 위하여 필요한 법제화와 보호육성책을 강구한다.

나는 대한중석 관리부장의 입장에서 경영진과 협의하여 종합제철 투자액이 향후 3~5년간에 46억~56억 원까지 가능하다고 판단했다. 이에 따라 대한중석의 종합제철에 대한 투자가 1968년에서 1972년까지 이뤄졌다. 실제 출자는 35억 원에 그쳐서 애당초 계획했던 대한중석의 '25% 주주 지분' 참여는 지켜지지 않았다. 이것은 민간인 주주들의 강한 반대와 새 경영진의 의사가 반영된 결과였다고 생각한다.

나는 1968년 2월 말 대한중석에서 퇴사하고 한 달쯤 무소속으로 포항종합제철주식회사 창업 준비 업무를 했다. 박태준 사장도 1968년 3월의 대한중석 주주총회에서 민간인 주주들의 격렬한 '종합제철 투자 반대' 항의를 무릅쓰고 대한중석이 투자할 수 있는 안건을 통과시키고 사장직을 물러났다. 이때 박 사장은 종합제철 투자의 집념을 보이듯 사회봉을 너무 세게 두들겨서 부서져 버렸다.

박정희 대통령이 임명한 종합제철건설추진위원회 위원장이던 박태준 사장은 1968년 3월에 명동 유네스코회관의 임시 사무실로 출퇴근을 하게 되었다. 대한중석의 신임 사장이 아직 공석이어서 그 승용차를 이용하시라고 권유해 봤으나 그분은 그 성품 그대로 단박에 거절하였다.

1968년 4월 1일, 포항종합제철주식회사(POSCO) 창립일이다. 나는 기획관리부장으로 명령을 받아 포스코 창업요원에 이름을 올리게 되었다. 전반관리 분야와 경영지원 분야 그리고 전산 분야에서 회사의 조직체계 등 모든 운영시스템을 설계하고 실용화하는 일이 기다리고 있었다. '창업 포스코'에 동승한 그때, 나는 최소한 두 가지를 명백히 꿰차고 있었다. 하나는 대한중석에서 체험한 국영기업의 경영 불합리성이고, 또 하나는 박태준 사장의 확고한 투명·청렴·결백 철학이었다. 원래 나는 참모보다 지휘관을 선호했다. 이런 나의 기질은 만약 상관의 자질과 능력을 신뢰하지 않았다면 '박태준의 참모'가 되는 길을 거부했을 것이다.

박태준 사장의 포스코 창립기념사를 내가 썼다. 그때 박 사장께서 내린 지침이 '최소 비용으로 최고 회사', '금전과 물자에 대한 부조리 근절', '인화(人和)', 이렇게 세 가지였다. 이후 1975년까지 신년사, 송년사, 창립기념사 등 모든 스피치 원고 집필이 내 일이 되어 버렸다. 1기 설비 준공보고서도 내가 썼다. 김용태 공화당 국회의원이 길지 않은 글을 명료하게 잘 요약했다며 칭찬을 했다. 그러나 그런 글을 한 번 쓰려면 사무실과 집에서 며칠씩 끙끙 앓아야 했다. 회사를 전체적으로 파악하고 있다는 구실로 팔자에 없는 문사(文士) 노릇까지 맡은 것이었다.

포항종합제철주식회사 만들기

포스코 초창기 멤버들을 크게 두 부류로 나눈다면 기술부문과 경영관리부문이다. 기술부문에서 포항제철소를 만들었다면, 경영관리부문에서는 포항종합제철주식회사를 만들었다. 공장 만든 사람들과 회사 만든 사람들로 나눠보면 된다. 경영관리부문에서도 나는 특정 부문에만 매달릴 수가 없었다. 회사 최초의 인사발령까지 내 손으로 기안했다. 조직, 기구, 시스템, 기획전략, 규정, 대정부 업무 등으로 눈코 뜰 새가 없었다. 하지만 당시 수준으로 보면 창의적인 것들이 많아서 좋았다고 할 수 있다.

부서를 만들고 업무분장을 하면서 일본과 미국의 자료들을 수집해서 참조했다. 미국의 현대적 관리시스템과 일본의 보수적 관리시스템을 잘 조화시켜 미국의 시스템에 비중을 두면서도 이를 한국 실정에 맞도록 가공해서 '포스코 시스템'을 창출한 것이었다.

창업기에는 하루가 다르게 회사가 변모하여 1년에 서너 번씩 조직개편이 이루어졌다. 그때마다 규정도 다시 손질해야 했고 다른 일도 뒤따랐다. 어디 한 군데를 건드리고 나면 그 여파가 회사 전체로 퍼져나가는 바람에 일이 산더미가 되곤 했다. 육군 장교 시절인 1957년부터 1년간 미국 경리학교에서 비전투부대와 기업의 통합관리시스템을 공부한 적이 있었는데, 그게 큰 도움이 되었다.

1970년에는 정부와 협의하여 철강공업육성법을 제정했다. 제철소를 건설하기 위해서는 항만·준설·도로·용수·철도·통신 등 엄청난 인프라 건설이 함께 이루어져야 하는데, 당시 포항제철이 이를 감당할 능력이 없었기 때문에 정부에서 이런 사업들을 지원하고 자금을 댈 수 있는 법적 근거를 마련하기 위한 사전작업이었다.

이제는 한국인의 상식으로 굳어 가지만, 포항제철소 1기 '조강 연산 103만 톤' 공장 건설에는 대일청구권 자금의 일부와 국가예산이 투입됐다. 국가정책과 국제협약으로 예산이 결정됐으니 정해진 돈이 말썽 없이 나왔을 거라고 쉽게 짐작해 버릴지 몰라도, 우리 정부나 일본 정부에 가서 '돈 타 오는 일'은 고단한 노역이었다.

창립 포스코에 들어와야 하는 '내자(內資)'인 정부 출자금, 이것을 확보하기 위해 매년 3월부터 정부 요로를 뻔질나게 드나들어야 했다. 정부 관료들이 3월부터 이듬해 출자금을 만지작거리기 때문이었다. 여기서 확보한 금액이 연말 국회의 예산심의를 통과해야 이듬해에 출자가 이루어지게 되었다. 정부에서 75%, 대한중석에서 25%를 출자하기로 되어 있어서 대한중석에서 56억 원 정도 나올 것으로 생각했는데 사장이 바뀌면서 35억 원밖에 내놓지 않았으니 그 공백도 메워야 했다.

1968년부터 매년 정부로부터 40억 원 내외를 받아내야 했다. 그렇게 하려면 공화당에도 손을 쓸 수밖에 없었다. 당시 국가의 1년 재정규모가 6000억 원에서 7000억 원 사이였는데, 그중 포항제철이 요구하는 40억 원은 엄청나게 큰돈이었다. 국회에서 예산이 통과되었더라도 기획원, 재무부를 돌면서 통사정을 해야 했다. 회사는 당장에 돈이 필요한데, 정부에서 국고수표를 안 떼어주니 그럴 수밖에 없었다. 국고 국장을 찾아가 앞에 버티고 있으면 자기도 나도 퇴근을 못해 결국 통행금지에 걸리기도 했다. 공무원들의 말이 2억 원이면 전국 파출소에 필요한 돈을 다 지원할 수 있는데, 포스코가 가지고 가는 40

억 원이 대체 얼마나 큰돈인지나 아느냐면서 눈을 흘기기도 했다. 1972년까지는 오직 그 돈으로만 회사를 운영할 수밖에 없었는데, 이후 정부 출자금 외에 은행차입금, 국민투자기금, KFX자금, 해외채권 발행 등으로 조금 숨통이 트였다.

창립 포스코에 들어와야 하는 외자(外資)는 유·무상 대일청구권 자금이었다. 유상 차관은 일본의 상업차관, 설비공급자차관, 일본 해외경제협력기금(OECF)차관 등이었다. 나는 서류의 수치가 틀려 자존심의 상처를 핥으며 당일치기로 도쿄와 서울을 오간 적도 있었다.

포항 1기에 최종적으로 내자 541억 원, 외자 1억6453만 달러, 당시 환율로 총 1158억 원이 투입되었다. 그래서 103만 톤 체제의 1기 설비 조강 톤당 건설단가는 237달러였다. 그때 대형 규모로 추진한 일본이 236달러, 우리와 비슷한 규모의 터키가 450달러였던 것과 비교하면 매우 경제적인 건설이었다.

전산화와 경영쇄신

경제기획원, 대한항공 등에 컴퓨터가 도입되긴 했으나 국내 수준은 아직 프로그램 작성에도 못 미치고 있던 1970년, 포스코는 그해 12월 입사한 전산 담당 성기중을 중심으로 일본제철소의 전산시스템을 따라가려는 각별한 노력을 기울이기로 했다.

당연히 전문가들이 필요했다. 이때 나는 단 한 번 사장의 사전 결재 없이 전산 인력들을 특채했다. 박 사장은 일절 토를 달지 않았다. 오히려 "간부들의 전산화 시험성적과 추진실적을 직접 챙기겠다."라고 선언하여 경영쇄신에 박차를 가했다.

대망의 포스코 1호 컴퓨터(후지쓰의 FACOM 230-25)가 도입된 때는 1974년

6월, 준비가 잘된 회계관리부터 전산화를 도입했더니 대뜸 경영 사이클이 5일이나 단축됐다. 1975년에 미국 하버드대학교 교수 두 사람이 와서 포스코의 관리회계시스템을 보고는 어느 나라 어느 회사의 용역이냐고 물었을 만큼 획기적인 것이었다.

당시 장부 없는 기업은 포스코가 유일했고, 이를 이상하게 여긴 감사원에서 감사를 나왔다가 오히려 배웠다는 말을 남기고 돌아가기도 했다. 1기 설비 착공 몇 달 전에 이미 전산조식을 만들어 일찍 전산시스템을 도입했고, 전례 없이 전산요원을 특별히 과장급으로 채용하기도 했다.

바른 건의를 수용한 박태준의 리더십

2001년 여름이었다. 그때 미국 뉴욕 코넬대학병원에서 폐 밑의 물혹 적출이라는 대수술을 받고 막 중환자실에서 벗어난 박태준 회장께서 "황경로 회장하고 안병화 사장하고 둘이 좀 다녀가라." 하는 연락을 하셨다. 그것도 누구에게도 알리지 말고 은밀히 오라고 했다. 우리 두 사람은 뉴욕행 비행기에 올랐다. 왜 불렀는지 궁금했다. 혹시 병세가 깊어져서 잘못돼 가고 있지는 않은가 하는 방정맞은 생각까지 들었다.

긴 비행시간 중에는 대한중석 시절의 잊을 수 없는 추억 하나가 떠오르기도 했다. 대한중석이 정상 궤도에서 잘 달리고 있던 1966년 어느 날이었다. 나는 뜻밖의 횡액을 당했다. 집을 비운 사이에 집의 벽을 뚫고 침입한 도둑이 산더미 같은 서적들을 훔쳐간 것이었다. 도둑으로서는 귀중품이 없으니 신경질을 부리며 노역을 했을 테지만, 나로서는 회사 경영에 참고하고 사장을 보좌할 책들을 도둑맞은 사건이었다. 사라진 서적들 가운데는 일본 책이 많았다.

이튿날 나는 황당한 사건을 박태준 사장에게 털어놓았다. 웃을 일이 아니어도 서로 웃어야 했는데, 박 사장이 나를 불러서 봉투를 건넸다.

"책을 다시 구해야지."

이 말이 전부였다. 그러나 놀랍게도 500만 원이었다. 나는 도쿄나 서울에서 새 책을 구했다. 청계천 헌책방도 둘러보았다. 내 손때가 묻은 책들을 내가 다시 구매해오기도 했다. 이래서 도둑맞은 서적들의 3할쯤은 복구할 수 있었다. 1966년, 우리나라가 얼마나 빈곤했는가. 쌀이 귀한 시절이었다. 박태준 사장은 나에게 쌀 사라는 돈은 한 푼도 안 줬으나 책 사라는 돈은 무려 500만 원이나 안겨줬다.

젊은 시절에 도둑맞은 책을 되찾을 수 있게 해준 박태준 회장, 이제는 '늙은 환자'로서 코넬대학 병실에 누워 있었다. 전신의 살이 다 빠져서 수척하기 이를 데 없는 모습이었다. 그래도 우리를 보고는 환하게 웃으면서 이러셨다.

"수술 후 마취에서 깨어나는 중에 황경로하고 안병화 얼굴이 제일 먼저 보이는 거야. 그래서 보고 싶어 부른 거야."

그 순간에 나는 눈물이 왈칵 솟구쳤다. 가족이나 친지들로서는 섭섭할지 모르지만, 그게 박태준 회장의 숨김없는 진실이었고, 사선(死線)을 막 넘어선 시간에 새삼 자신의 영혼을 찌르는 전류처럼 흐른 것이었다. 나지막한 대화가 오갔다.

"회장님, 이제 회사 걱정은 그만 하세요. 후배들이 잘하고 있을 겁니다."

"자네는 그럴 수 있을지 몰라도 나는 그럴 수가 없다네. 사실 자네도 말은 그렇게 하지만 속마음은 그게 아니겠지."

포스코의 성공 요인을 여러 가지 들 수 있지만, 박태준 회장의 그런 정신이 가장 핵심적인 성공 요인이라고 나는 단언할 수 있다. 그리고 박태준이란 인물의 위대성에는 '바른 건의를 수용한 안목'을 꼭 넣어야 한다고 나는 확신한다.

내 역할이 있었다면, 최고경영자가 한 치의 오차 없이 전략적 판단을 내릴 수 있게 해주는 내부 환경을 조성하기 위해 최선의 보좌를 했다는 것이다. 이 점, 지금도 나는 전혀 후회 없다.

2011년 12월 그분이 돌아가시고 영결을 준비하는 날이었다. 《동아일보》 기자가 나에게 몇 가지를 물었다. 그 기사를 마지막으로 옮겨 놓는다. 그날로부터도 또다시 십수 년이나 더 흘러간 요즈음, 아침이든 저녁이든 나의 기도는 "하느님, 어서 저도 데려가 주십시오." 하는 간곡한 말씀을 맨 먼저 드리고 있지만, 바야흐로 아흔다섯의 고개를 올라선 마음에도 그것이 늘 굵직한 줄기를 이루고 있기 때문이다.

> 50여 년을 함께한 동료이자 상사의 영정 앞에서 백발의 사내는 연신 눈물을 훔쳤다. 연세대 세브란스병원에서 만난 황경로 전 포스코 회장은 침통함을 감추지 못했다. 육군에서 인연을 맺은 두 사람은 대한중석과 포스코에서 함께 일했다.
>
> "무섭다고 알려져 있는데, 조금만 같이 지내보면 절대 그렇지 않다는 걸 알지. 정이 많고 인간적인 분이야."
>
> 황 전 회장에게 박 명예회장은 업무시간에는 '호랑이 상사'였지만 그 이면에는 깊은 정을 가진 사람이었다.
>
> "1970년대 초의 일이야. 유능한 젊은 직원 하나가 그만두겠다며 회장님을 찾아왔어. 왜 그러느냐 물으니 퇴직금으로 빚을 갚으려 한다 하대. 회장님이 어떻게 했는 줄 알아? 알았다고 하시더니, 그날 밤에 적잖은 돈을 주셨어. '자네는 회사 다니면 돼.' 딱 한마디만 하시고."
>
> 황 전 회장은 "회장님 리더십의 근간은 청렴결백이었고, 그 때문에 수십 년 동안 포스코를 이끌 수 있었다."며 "경영일선에서 물러난 뒤에도 머릿속

에는 언제나 포스코가 자리 잡고 있었다."고 말했다.

옛 기억을 떠올리며 때로는 웃음을 보였던 그의 표정이 이내 어두워졌다.

"서울파이낸스센터에 있는 회장님 집무실에 가면 벽에 5개의 지도가 있지. 중국, 북남미, 유럽, 아프리카, 오세아니아. 그 지도에 포스코의 진출 현황이 표시돼 있어. 글로벌 사업 현황을 항상 보고 계셨던 거지. 이제 사무실도 비워야겠지만, 그 지도를 떼어낸다면 참 마음이 아플 것 같은데……."

이 글의 필자는 2025년 12월 12일 타계하였다.

박태준 작곡의 교향악 '포스코 스피릿'으로

여 상 환 (1937-)

포스코 창립요원, 포스코 부사장

'상법상 주식회사'로 태어난 포항제철

1968년 이른 봄, 나는 서울대 행정대학원을 마치면서 국무총리실 기획조정실에 인턴으로 일하며 밤에는 한 대학에 강의를 나가고 있었다. 이때 인생의 진로를 놓고 고민에 빠졌다. 세 갈래였다. 학자, 공무원 또는 제철소. 마침 은사(恩師) 이한빈 선생이 나를 불렀다.

"우리를 근대화로 이끌어갈 제철소 건설은 변화의 한복판이 될 거야. 고단하겠지만 대단히 가치 있는 삶이 기다리네. 더구나 책임자가 박태준 씨야. 국방대학원에서 같이 일한 적이 있는데, 그의 인품과 능력이라면 충분히 믿어도 좋아. 가서 만나 뵙도록 하게."

내가 기꺼이 따르자, 은사는 곧 추천서를 썼다. 박태준 사장의 비서실장으로서 나와 함께 대학원을 다닌 곽증 씨도 역할을 아끼지 않았다. 면접 비슷한 절차로 첫 대면을 하게 된 박 사장은 나에게 무뚝뚝하게 한마디를 던졌다.

"함께 수고 좀 하지."

이러한 인연으로 창립 포항제철(POSCO, 포스코)에 들어선 나의 첫 직책은 황경로 기획관리부장 밑의 '조직 및 규정' 담당이었다. 당시에는 이름만 거창해서 기획관리부이지, 부장과 담당 단 둘뿐이었다.

포스코 창립을 한 달쯤 앞둔 시점이었다. 회사 형태에 대한 문제를 놓고 상당한 논의가 있었다. 당시에 국영기업의 형태는 두 종류로 '특별법상 주식회사'와 특별법에 근거한 '공사'였다. 그러나 박 사장의 목표는 '경영 독립을 보장 받으면서 정부 지원도 받는 상법상 주식회사'였다. 이것을 박 사장은 박정희 대통령과 세 번이나 토론해서 뜻을 이뤘는데, 그 실무적 보좌를 고건 씨의 친형인 고석윤 변호사와 내가 같이 맡았다.

1968년 3월 6일 포스코 발기인 대회가 열렸다. 경제기획원 차관보 진봉현 씨가 긴급 이의를 제기했다.

"휴회합시다. 이건 묘합니다. 순수한 상법상 주식회사인데, 이러면 박태준 사장이 정부의 돈을 다 떼어먹어도 방법이 없지 않습니까?"

그의 지적이 틀린 것은 아니었다. '묘하다'라는 의심에 대한 설명이 필요했다. 설명이 끝나고 결론은 이랬다.

"그렇다면 박 사장의 인격을 믿고 정부 지원을 하되, 감사를 강화하는 것이 좋겠습니다."

조직의 소통을 위해 속기록을 도입하다

어느 날 박 사장이 나에게 특별지시를 내렸다.

"자네의 그 참신한 머리로 현재의 조직 운영질서에 대한 평가 리포트를 만들어봐."

포스코의 초창기 조직에는 여기저기서 온 사람들이 섞여 있었다. 한마디로 중구난방이었다. 대한중석에서 옮겨온 사람, 육군에서 온 사람, 공군에서 온 사람, 한전에서 온 사람, 경력자 공채를 통해 온 사람 등으로 이질적인 조직문화가 뒤섞여 조직질서가 자리를 잡지 못하고 있었다.

그러한 상태이다 보니 무슨 일이 있으면 "우리 중석에서는", "우리 공군에서는", "우리 육군에서는" 하면서 각자의 주장을 내세웠다. 한마디로 말해 사고의 중심점이 형성돼 있지 않았다. 경영층의 지시를 각자 자기 나름대로 해석했고, 지시가 몇 사람을 건너뛰면 엉뚱하게 변질되고 왜곡되기 일쑤였다.

'어떻게 해야 사고의 멜팅폿(melting pot)을 만들 수 있는가?' 나는 숙고를 거듭해보았다. 문득 머리에 떠오르는 것이 '속기록 제도'였다. 나는 모든 회의 내용을 속기사가 육성 그대로 속기해서 중간 간부들까지 돌려보도록 하는 안을 건의했다. 박 사장이 즉시 채택하라고 했다. 아마도 기업이 속기록 제도를 도입한 것은 포스코가 처음이었을 것이다.

현재도 초창기 포스코 임원회의는 속기록으로 남아있는 것으로 안다. 국회의 전문 속기사 이기동 씨를 포스코로 영입했다. 속기록들은 중간 간부들에게 회람되어 이슈를 공유하면서 업무능률을 향상시키는 데 크게 이바지했다.

백지 상태에서 103만 톤의 4000여명 산출

1969년 9월 KISA와의 기본 협정이 해지되고 일본으로 방향을 선회한 무렵이었다. 경영 관련 보고를 하는 자리에서 박 사장이 지나가는 말처럼 고뇌의 한 자락을 드러냈다.

"제철소를 구경한 사람은 나와 윤동석 부사장 둘인데, 100만 톤에는 어느 정도 인원이 있어야 하나……."

나는 조직 담당자로서 오싹해졌다. 황경로 기획관리부장이 '포철 10주년'에 가서 성공 요인의 하나로 '단계별 적정규모 인원확보'를 꼽게 되는데, 그만큼

'무'로 출발한 포스코에게 103만 톤 종합제철소의 인력규모를 결정하는 것은 매우 중요한 일이었다.

나는 서양인 고문단을 찾아가 정보를 얻고자 했다. 그러나 그들의 대답은 "정확한 것은 모르겠으나 아마도 1만4000명 내지 1만5000명은 있어야 하지 않을까 추론된다."라는 극히 추상적인 것이었다.

나는 일본인 슈퍼바이저들도 찾아갔다. 그들도 막연한 대답이었다. "9000명 내지 1만 명은 가져야 할 것"이라고 했다. 아무런 구체적인 산출근거는 제시하지 않았다. 나는 근거를 말해달라고 했다. 하지만 대답은 형편없었다. "거기에 대한 구체적인 자료나 설명내용은 없을 것이다. 이것은 오랜 경험과 경륜을 근거로 판단한 결과다."라는 것이었다.

두 견해의 격차가 너무 컸다. 어느 쪽도 믿을 수 없었다. 나는 그렇지는 않을 것이라고 판단했다. 제철소라는 대단위 공장을 주먹구구로 운영할 수는 없을 테니 소요 인력에 대한 표준 같은 것이 있을 것이었다. 그러나 그걸 어디서 구할 수 있는가? 참으로 답답한 노릇이었다. 그러는 와중에 마침 일본으로 연수를 가게 되었다. 야하타제철소 전무이사와 만난 자리였다.

그 사람이 나를 어느 섬의 '마토야마장(的山莊)'으로 데려갔다. 한쪽 벽에 '국본(國本)'이라는 큼직한 두 글자만 적힌 방이었다. 기회를 노리던 내가 조심스레 고민거리를 꺼냈다. 물론 제철소의 직무내용과 관련된 자료가 있으면 한번 보고 싶다는 간청이었다. 뜻밖에도 "그런 게 있다."고 했다. 과연 창고의 서류더미들 중에는 빨간 도장으로 '비(祕)'자가 찍힌 직무명세서, 작업내용서, 소요인력판단서 등이 포함돼 있었다. 나는 보물을 잡은 기분이었다. 반출은 금지돼 있었지만, 참고로 보는 데는 지장이 없었다.

서울로 돌아온 나는 자문을 구했던 일본인과 다시 만났다.

"있는 걸 왜 없다고 한 거요?"

내가 퉁명스레 따졌으나 상대는 당당했다.

"인원, 직제, 직무와 직무의 관계 등을 다 알려주면 우리는 무슨 용역을 얻을 수 있나요?"

나는 대꾸할 말이 없었다.

곧바로 우리 부서에는 '추정직무분석팀'이라는 전무후무한 조직이 태어났다. 나, 조관행 씨, 권무일 씨, 이재호 씨 등 여덟 명이 US스틸 직무사전, 일본 자문단, 서울대 행정대학원 박동서 교수의 조언을 받아가며 머리를 짜냈다. 마침내 우리가 도달한 결론은 '4직계 14직군 64직종 420직무 총 4,268명'이었다.

보고를 받은 박태준 사장이 단박에 선언했다.

"좋다. 4000명으로 103만 톤 한다."

우리의 보고서는 청와대로 올라갔다. 실제 103만 톤을 달성했을 때의 포스코 임직원은 총 4,044명이었다.

이러한 작업은 공장을 짓거나 공장을 돌리는 일이 아닌 '보이지 않는 소프트웨어(invisible software)'의 산물이어서 크게 두드러져 보이지는 않았지만, 만약 14,000명이나 9,000명을 채용했다면? 모든 조직에는 '필요성과는 상관없이 사람이 일을 만든다'라는 파킨슨 법칙이 적용되니까 결코 나머지 인력들이 놀고먹는 사태는 벌어지지 않았을 텐데, 그러나 '흑자'란 말이 포스코와는 멀어져 버렸을 것이다.

포항제철은 지성소(至聖所)이다

포항 3기 공사가 한창일 때였다. 1978년 늦가을이었을 것이다. 기독교 장로교의 원로이며 한신대학 총장을 역임한 조향록 목사와 〈이 생명 다하도록〉이라는 프로그램으로 기독교방송을 통해 국민의 영성 순화에 앞장선 주태익 선생, 연세대 세브란스병원장을 역임하게 되는 민광식 박사 일행이 포항제철을 방문하였다.

민 박사는 “당신들의 눈빛을 보니 미친 눈”이라며 의료 백업시스템에 대한 충고를 남겼고, 조 목사는 “울산의 현대를 보고 또 포철까지 보고 나니 제철소 옆 솔숲에 들어가서 통성기도를 하게 됐소. 그것은 광복 이후부터 해온 ‘왜 이 백성을 끝없는 고난에 들게 하시느냐’라는 항거기도를 오늘부터 그만하겠다는 뜻”이라고 했다.

“통성기도라니요?”

나는 ‘통성’이라는 단어에 신경이 쓰여서 물어보았다.

“아, 뭐 신경 쓸 것 없습니다. 그런 일이 좀 있었으니 이해를 바랍니다.”

그러자 주태익 선생이 말씀을 거드셨다.

“귀한 자리인데 말씀을 하시지요.”

“그럴까?” 하고 조 목사는 길게 말을 했다. 개략은 이러했다.

> 하나님을 신봉하고 모시는 목사로서 해방 이후 지난 삼십여 년 동안 기도 중에 한 자락은 항거기도를 많이 드렸다. 우리 백성이 무슨 죄가 그리 많아서 일제 36년의 굴레를 짊어진 뒤에도 이토록 힘들게 하시느냐, 이제 좀 고삐를 늦추어 주십사는 간구였다. 그런대 현대를 둘러보고 또 오늘 포항제철을 둘러보고는 항거기도를 그만두기로 했다. 포항제철의 성공이 단순성공이 아니고 하나님께서 이 뜻을 성취하고자 미리 깔아두었던 도구요, 칼이요, 목표였다. 여러분은 연부역강하니 뒷날에 이걸 증언해주기를 바란다.

그날 그 자리, 조 목사의 말씀 중에 유난히 내 영혼에 깊이 박힌 한마디가 있다.

"하나님의 역사가 이뤄지는 이곳 포항제철은 지성소(至聖所)입니다."

UPI 정상화의 고난과 YOH'S DAY의 영예

조향록 목사가 포철을 '지성소'라 일러준 그날로부터 십 년 가까이 지나간 1986년 4월, 박태준 회장은 데이비드 로데릭(David M. Roderick) 미국 'US스틸' 회장을 설득하여 포스코와 US스틸이 합작한 냉연공장 UPI를 설립하게 되었다. 위치는 미국 서부 샌프란시스코 근교 피츠버그였다. US스틸의 냉연공장 경영이 악화돼 새 출구가 필요하다는 점을 간파한 박 회장이 미국의 관세 장벽을 넘어서기 위해 전략적 판단으로 결정한 일이었다. 2025년에 트럼프 행정부가 철강 관세 50%를 부과한 것이 포스코에 큰 부담으로 돌아오는 상황을 지켜보는 가운데 일본제철은 '낡아빠진 거대한 US스틸을 아예 통째로 인수합병했다'는 뉴스를 들어야 하다니 참으로 괴로운 노릇인데…….

어느덧 까마득한 옛일이지만 그때 포스코와 US스틸은 50 대 50 공동으로 7억 달러를 투자하여 UPI(USX-POSCO Industries)를 설립했다. 물론 '현대화' 사업을 추진하고 양사가 공동으로 경영한다는 약정도 맺어졌다. 나는 포스코 측을 대표하는 공동대표로서 초대 부사장에 부임했다.

부임한 첫날부터 나는 기가 막히고 막막했다. 미국의 최고 강성노조인 철강노조의 쟁의가 이어지고 있었다. 모두들 해법을 찾을 생각도 없이 그저 손을 놓고 있는 형편이었다. 이건 망하는 길로 가고 있었다.

게다가 소문까지 나쁘게 나돌아 그야말로 민심이 흉흉한 상황이었다. 한국의 포스코는 군대식인데, 그들이 군복 입고 US스틸을 장악하러 와서 결국 우리를 다 내쫓는다는 식이었다. 이렇게 얼토당토않은 말들이 유령처럼 현장을 떠돌아다니고 있었다.

나는 콜라 몇 병을 가방에 넣고 현장을 찾아 각개격파에 나섰다. 모두 2300명이니까 하루에 20, 30명씩만 만나면 오래지 않아 다 만날 수 있다는 생각이었다. 통역장교 출신에다 박 회장이 지휘하는 포스코에 몸과 혼을 담아 이십 년 가까이 전투 같은 일상을 감당해온 나로서는 그 정도야 만만하게 여겨졌다.

300명을 넘어섰다. 비로소 분위기가 달라진다는 것을 나는 피부로 느낄 수 있었다. 하루는 밤 11시경 현장 직원을 만났다. 폴리네시안이었다. 내가 악수를 나누고 콜라를 따라주며 말했다.

"우리 포스코는 같이 생존하러 왔다. 반드시 성공시킬 것이다. 같이 사는 길로 가자."

이랬더니 그 친구가 내 손을 잡고는 악수할 때 내 손에 묻은 기름을 자기 옷으로 닦아주면서 말했다. 눈물도 글썽였다. 그의 진심이 맺힌 눈물이었다.

"나는 30년 근무하고 이제 몇 년 안 남았어요. 그런데 30년 만에 당신 같은 하이랭커(고위급)의 손을 처음 잡아 봐요. 당신들은 머리를 쓰는 사람, 우리는 손발을 쓰는 사람, 머리와 손발이 협력하면 됩니다. 저것 보시오. 형광등이 깨져 있지요? 화장실에 가 봐요. 휴지가 없는 데도 있어요. 말이 안 되지만 동부의 본사까지 갔다 와야 해결되는 겁니다."

본사가 있는 동부, 거기는 펜실베이니아주 피츠버그다. 누가 들어도 기가 막힐 사정이었다. 문득 그가 손으로 눈시울을 훔쳤다. 그의 대답, 그의 눈물. 여기서 나는 해결책의 실마리를 잡았다.

'합리성은 있어도 정(情)에 굶주린 사람들에게 정을 쏟아야 한다.'

나는 미국 사회를 매우 드라이한 사회이고 반대로 한국 사회는 너무 정에 의존한다고 진단하고 있었다. 현상은 선행하는 그 무엇의 결과이기는 하지만, 서로 배울 것이 있다.

아무튼 나는 내 방식의 활동을 그치지 않았다. 당시 미국 3개 주 노조를 컨트롤하던 노동계의 실력자 조 디마지오를 찾아가 협조를 구하기도 했다. 어찌 보면 적진으로 들어간 것이었다. UPI는 새로운 법인이니 노조도 US스틸 노조의 통제로부터 벗어나야 했다. 변호사의 사문을 거쳐 UPI 노조는 독립을 선언할 수 있다는 것을 확인했다.

나는 '한국의 정'을 UPI에 접목했다. 포스코에서 시행하는 직원 생일선물제도를 도입하기도 하고, UPI 직원들을 선발하여 포항제철소와 광양제철소에 보내서 각종 복지시설, 교육시설 등을 견학시키기도 하고, UPI 내에 러닝센터(learning center)를 개설하기도 했다.

해를 넘기며 198일을 끌어온 UPI의 노사분규가 1987년 1월 드디어 타결되었다. 내용도 좋았다.

> 첫째, 고용계약기간을 5년으로 한다(종전 2년).
>
> 둘째, 연대투쟁은 하지 않는다.
>
> 셋째, 어떤 경우에도 조업은 계속한다.
>
> 넷째, 정례적으로 경영설명회를 개최한다.
>
> 다섯째, 사원의 생일을 '가족의 날'로 제정하여 사원 가족들의 애사심을 고취하고 모범사원 부인은 한국 등으로 해외여행을 보낸다.

그런데 이런 내용에 대해 US스틸 측 경영층은 다소 우려하는 분위기였다. 나는 박태준 회장에게 보고했다. 정반대였다. 아주 밝은 목소리로 격려를 아끼지 않았다.

"수고했어. 자네는 해낼 것으로 믿었어!"

1987년 말에 UPI는 흑자 체제로 전환됐다. 1989년 UPI 근무를 마치고 돌아올 때 샌프란시스코 인근의 피츠버그 시에서 베풀어준 환송연을 나는 지금도 잊을 수 없다. 시장, 시의회 의장을 비롯해 지역의 쟁쟁한 인사들이 참석했다.

"우리의 친구 미스터 여를 놓치게 됨을 안타까이 여기지만, 포스코의 부사장으로 승진해 간다니 우리 모두 축하를 보냅시다."

그리고 깜짝 놀랄 선물을 안겼다. 시의회의 결의로 1989년 11월 3일을 '여상환의 날(YOH'S DAY)'로 정했다지 않는가. 동판증서까지 준비하여 작별 선물로 내 가슴에 안겨줬다.

박태준 작곡의 집단영성 교향악 '포스코 스피릿'과 과정중심주의의 대성취

나는 포항제철의 성공은 '포철혼'에 불타는 집단혼(集團魂), 집단영성의 장엄한 교향악이었다고 생각한다. 작곡자는 우리의 리더십 박태준이었다.

그러면 포철혼(浦鐵魂)은 무엇인가. 일단의 청교도인들이 메이플라워호를 타고 자유 · 풍요 · 평등의 희망을 안고 신대륙으로 건너갔듯이, 일단의 포철인들이 제철보국(製鐵報國)의 깃발을 들고 영일만 모래벌판, 광양만 매립지에 모여 4반세기 동안 천재(天災)와 인재(人災)의 험난한 조건과 싸우면서 만들어낸 집단혼이다. 이것이 포스코 정신의 뿌리이며, 'POSCO SPIRIT(포스코 스피릿)'이라 불러도 좋다.

포스코와 미국 최대 철강회사인 US스틸이 합작한 UPI사 한국 측 대표로 미국에 살면서 나는 우리나라와 미국이 어떤 점에서 다른가 하는 문제에 대하여 곰곰이 생각해본 적이 많았다. 역사, 지리, 인종 등 모든 환경이 전혀 다른 두 나라 사이에 서로 다른 점이 말할 수 없을 만큼 많겠지만, 내가 얻어낸 결론은 '과정과 결과'라는 두 개의 대립되는 사고방식의 차이라는 점이었다.

한국인들은 결과중심주의적으로 사고하고 행동하는 데 반해, 미국인들은 과정중심주의적으로 사고하고 행동한다는 사실을 체험적으로 알게 되었다. 가령 40~50대에 이른 남자들의 정력에 대한 관심은 두 나라 간에 별반 차이가 없다. 그러나 '왕성한 정력'이라는 목표를 설정하고 그 달성을 위해 실천해 가는 방법, 즉 과정은 판이했다. 그 시절을 기준으로 회고해 보겠다.

많은 한국 남자들은 우선 정력에 좋다는 식품을, 그것이 기호에 맞든 혐오식품이든 가리지 않고 마구 먹어댄 후 감나무에서 홍시가 떨어지기를 기다리듯, 도깨비 방망이에서 금은보화가 쏟아지길 기다리듯 정력이 좋아지길 기다리는 쪽이었다. 이리하여 송충이건 굼벵이건 정력제라면 닥치는 대로 먹었다. 겨울에는 겨울잠을 자고 있는 개구리나 도롱뇽을 땅을 파서 잡아먹고, 곰의 쓸개에다 호스를 꽂아놓고 쓸개즙을 흡입했다. 건강식 섭취를 위해 멀리 동남아까지 원정을 가고 있는 '어글리 코리언'을 언론들이 고발하기도 했다. 모로 가도 서울만 가면 된다는 한탕주의, 공짜 근성은 노력 없이 결과만 도출하려는 우리 사회의 일그러진 치부이기도 했다.

그러나 미국 사람들은 달랐다. 대부분의 미국 샐러리맨들은 퇴근길에 헬스센터에 들러 근육 다지기를 했다. 카터나 부시 등 전직, 현직 대통령의 조깅 모습을 더러 보았을 것이다. 정력이라는 것은 무슨 요술처럼 어느 날 갑자기 찾아드는 것이 아니라 운동을 통한 철저한 건강관리로 전신의 기능을 항진시키는 과정에 충실할 때 당연히 찾아오는 결과라고 생각하는 것이었다. 그러기에 그들은 매사에 정성을 기울이고, 스스로 노력이 부족했다고 생각하면 결과에 연연해하지도 않았다.

그러면 포항과 광양에서 4반세기에 걸친 대역사를 마무리하며 연산 조강 2100만 톤 체제를 완성하는 역정에서 한국 근대화의 견인차 임무를 성공리에 완수했을 뿐만 아니라, 그때 이미 글로벌 일류기업으로 성장한 포스코 역사의 궤적에서 생성된 정신적 가치체계는 무엇인가. 그것은 희생 · 책임 · 공인 · 공동체 · 규율 · 창조 · 개척 · 자주 · 장인 등 여러 덕목으로 응축돼 있으나, 그중에서 으뜸으로 꼽을 수 있는 정신적 사리(舍利)는 놀랍게도 우리나라 사람들의 일반적 사고방식과는 달리 철저한 '과정중심주의'였다는 점이다. 흔히들 영일만의 기적이니 광양만의 신화니 하지만, 그것은 결코 기적도 신화도 아닌, 과정에 충실하면 반드시 좋은 결과가 온다는 박태준 최고경영자의 신념과 이를 받들어 실천한 포철인들의 단합된 모습이 이루어낸 당연한 결과였다.

옛말에 '연못에 임해서 고기를 탐하기보다는 돌아가 고기를 낚을 수 있는 그물을 짜는 것이 낫다(臨淵羨魚不如退而結網)'는 금언이 있듯이, 포철인들은 결과보다는 과정을 더 중시한 것이다. 가만히 있다가 목이 마르면 물을 찾는 것이 아니라 물이 필요해질 그 시간을 위하여 두 개의 수소분자(H)와 한 개의 산소분자(O)를 화합시키는 과정을 철저히 밟아왔던 것이다. 그 대표적인 예가 '불량공사 폭파'와 '수중 감사'이다.

1977년 8월 2일 포항제철소 3기 발전송풍설비는 콘크리트 타설 공정이 80% 이상 진척되었는데, 박 사장은 불량 시공된 사실이 발견되자 가차 없이 폭파하여 재시공을 감행하였다. 또한 1982년 광양제철소 매립지의 호안축조 공사 때 박 회장은 땅 위에 축조한 것뿐만 아니라 수중공사에 대해서도 물속에 잠긴 옹벽의 규격, 사용된 근고석의 크기, 석질, 시공방법 등 하나하나를 점검하는 '수중 감사' 작업까지 벌이면서 기어이 완벽한 시공을 이루어냈다.

'결과를 결정짓는 것은 과정'이라는 철저한 과정중심적 사고에다 사업의 중요성에 대한 인식, 민족기업의 수임자라는 책임감, 국가경제의 원동력이라는 확신이 함께 어우러져 우리나라의 일반적인 가치관과는 전혀 다른 별도의 가치체계를 창출해냈던 것이다.

'포항제철 4반세기'의 대성취는 뚜렷한 기업목표와 시대상황에 따라 주어진 다양한 환경변화에 도전적으로 적응해가는 궤적 속에서 최고경영자의 탁월한 연출과 모든 포철인들의 총력적 참여, 과정중심의 대장정을 걸어온 총결산으로 나타난 것이었다. '포철혼', '포스코 스피릿'은 바로 이러한 역사의 집적과정 속에서 다른 집단과는 특이하게 생성된 기업문화의 뿌리로서, 포철인 개개인의 양심 속에서 불타고 있는 '살아있는 집단혼(Gruppen Seele)'이었다.

'포스코 스피릿'은 꺼지지 않을 것이다

나는 우리 민족은 '신명의 민족'이라고 확신한다. 흔히 신바람, 신명 등으로 표현하는 우리의 특질은 엄청난 폭발적 에너지를 발산하지만 계량화하기 어려운 점이 있다. 앞으로 경영학 쪽에서 연구해야할 과제라고 본다. 다만 이를 경영학자의 눈으로만 바라보지 말고 '문화와 인류'라는 큰 주제를 두고 접근해야 할 것이다.

우리 세대는 밥을 먹어야 했지만 지금 세대는 감동을 먹어야 한다. 그러나 경영층에서 감동을 생산해주기만을 기다려서는 안 된다. 개개인이 스스로 감동을 만들어내는 일도 중요하다.

오늘 문득 〈YOH'S DAY〉 기념동판을 쳐다본다. 벌써 한 세대도 넘어선 세월의 더께가 앉았다. 그러나 동판은 부패하지 않는다. 그것을 나는 나의 정신, 포스코의 정신과 동일시한다. 정신은 사라지지 않는다. 그러나 변질될 수는 있다. 그래서 포스코 창업 요원의 일인으로서 이 글을 남기는 것이다.

나의 인생에 그 무엇이 저 기념동판을 선사하게 했을까? 박태준 회장의 탁월한 리더십과 동료들의 뛰어난 능력, 그리고 우리를 하나로 만들었던 '포철혼', '포스코 스피릿'이 늙은 뇌리에도 오래 머문다.

이제 100년 기업을 향해 출발한 포스코, 앞으로는 어떤 길로 나가야 할까? 뿌리와 기둥, 현재의 위상 그리고 미래의 비전을 접목시켜 인간의 존엄·가치·덕성을 존중하는 인본주의에 근거하여 세계기업(Global Company)으로 성장하면서도 민족과 국가를 먼저 생각하는 국민기업, 민족기업으로서의 천명적인 사명은 변할 수 없다. 이를 성취해 나가는 역사 창조에 있어서 성실·신뢰·화합을 바탕으로 한 과정중심주의의 '포철혼'. 'POSCO SPIRIT', 그 '박태준정신'은 꺼지지 않는 영원한 생명력이 되어야 할 것이다.

무사욕(無私慾)의 탁월한 리더십은 'K-축복'이었다

이 대 공 (1941-)

포항공대건설본부장, 포스코 부사장. 현재 애린복지재단 이사장

나는 1969년 1월 13일 포항제철(POSCO)에 입사했다. 1968년 4월 1일이 포철 창립일이니 비록 창업요원은 아니어도 창업의 대열에 함께했다고 할 수 있다. 나의 포철 입사는 당시 박태준 사장(박 사장은 1981년 3월 '초대 회장'에 취임해 1992년 10월 "임무를 완수했다"며 스스로 회장직에서 물러남)의 요청에 의한 일종의 특채 형식이었다. 그분이 포항지역 김장섭 국회의원에게 "똑똑한 지역사회 인재를 천거해 달라"는 부탁을 했고, 김 의원은 나를 추천했다. 포항초, 포항중을 나와서 경기고와 서울대 법대를 졸업했다는 점이 중요하게 작용했을 것이다. 포항 토박이 출신인 나는 80대 중반에 들어선 2025년 늦가을 현재도 포항에 살고 있다.

'공기업 포철'의 인사권자인 대통령의 요청에 따라 어쩔 수 없이 정계(政界)에도 한 발을 들여놓은 박태준 회장이 여당 최고위직을 맡고 있던 1990년 전후에는 언론들이 나를 가리켜 이른바 "박태준의 오른팔" 또는 "박태준의 왼

팔"이라 불렀다. 호기심을 자극하기에 좋으니 그렇게 불렀겠으되, 틀림없이 나는 그분의 최측근 중 한 사람이었다. 이 말은, 그만큼 내가 그분과 잊지 못할 장면들을 많이 간직하고 있다는 뜻이다. 허용된 지면이 짧은 글이니, 여기서는 오래된 내 수첩과 기억에서 '박태준의 정신적 특질'을 여실히 드러내는 세 장면만 소환하기로 한다.

처음부터 세계 일류를 추구했다

1971년 새해 벽두, 포항제철 1기 103만 톤 체제 건설이 '착공 9개월째'에 접어든 그때는 '1기 건설'의 한복판으로 진입하려는 시기였다. 열연, 제선, 제강 등 22개 단위공장과 각종 인프라 시설을 모두 완공하고 시험가동까지 마친 상태에서 1973년 7월 3일 포항종합제철 1기 '종합' 준공식을 열게 되니, 그렇게 보면 틀리지 않을 것이다.

그래서 1971년 입춘 무렵에는 임직원들이 정신적, 정서적으로 공감하고 사내 각종 정보를 공유하면서 일체감과 단결력을 더 높이는 데 이바지할 사보(社報)의 필요성이 대두했다. 물론 포철에는 전사적(全社的)으로 정보를 공유하게 해주는 창의적 시스템도 돌아가고 있었다. 날마다 개최하는 건설공정회의의 주요 발언들을 속기록으로 정리해 모든 관련 부서에서 숙지하게 만드는 방식이었다. 사보에는 그러한 정보들도 훨씬 더 가다듬어진 형태로 실리게 된다. 일본, 호주, 독일 등지에서 해외연수를 받은 사원들의 경험담도 담아낸다.

1971년 4월 포철은 창립 3주년에 사보《쇳물》창간호를 발행하면서 박태준 사장에게 휘호를 부탁했다. 서예에도 일가견을 보여준 사람이 즉석에서 만년필을 꺼내 휘호를 썼다.

무엇이든 첫째가 됩시다!

나도 그랬거니와 거의 모든 임직원이 미처 알아차리지 못했으나, 저 짧은 한 문장은 '박태준의 가장 박태준다운 면모'를 함축한 것으로, 세계 일류를 향한 그분의 집념과 비전이 다이아몬드처럼 결집해 있었다.

더구나 그때는 우리가 흔히 '용광로'라 부르는 제선공장은 착공하기도 전이어서 설계도면으로만 존재하고 있었다. 그러니까 아직은 정말로 '쇳물'이 나올지 안 나올지 모르는 때였다. 다시 말해 박 사장이 외치는 대로 용광로에서 쇳물이 나오지 않아서, 즉 포항제철 건설에 실패해서 영일만 바다에 뛰어드는 "우향우!"를 해야 할지도 모르는 때였다. 그럼에도 불구하고 박 사장은 "무엇이든 첫째가 됩시다!" 하는 휘호를 내걸었다. 그것도 즉석에서, 만년필로!

뒷날에 나는 제대로 깨달았다. 그 육필 한 문장은 그분의 삶과 정신이 필생에 걸쳐 추구하는 '일류국가주의'를 포철 임직원에게 웅대한 비전으로 제시한 일이었다는 것을…….

그런데 박 사장의 '세계 일류' 눈높이에는 포철 임직원들의 성장 속도가 자못 더디다고 느껴졌을 것이다. 그러한 답답한 심경을 잘 드러낸 일례가 1979년 10월 26일 포항제철연수원 특별강연이었다. 그날은 '종합제철이 있어야 근대화에 성공할 수 있다는 일념'을 지녔던 박정희 대통령이 비극적으로 생을 마치는 날이었다. 박 사장은 직원들 앞에서 이렇게 토로했다.

> 본인이 평소에 생각하는 바로는 우리 포항제철 직원들의 안목은 최소한 국제수준의 안목으로 표준화되고 평준화되어야 한다는 것입니다. 우리 회사는 이미 국제적인 수준의 기업으로 성장했습니다. 그런데 왜 우리 회사는 계속 일본에 뒤지고 있는가. 물론 축적한 기술력의 격차나 일천한 역사 등

모든 면에서 아직 부족하다는 점을 도외시할 수는 없겠지만, 우리의 안목이 일본에 미치지 못한 데에도 중요한 원인이 있습니다. 우리가 추진하는 자주관리에서 안목의 국제화는 성공의 요체가 될 것입니다. 그러므로 여러분이 국제수준의 안목을 가지는 것이 곧 회사를 반석 위에 올려놓을 수 있는 오직 하나의 힘이라는 생각을 가져야 합니다.

연산 조강 550만 톤 체제를 안정화한 토대 위에서 제2 공장(광양제철소로 태어남) 건설을 기획하고 있던 1979년 10월 하순, 그 시기의 포항제철이 세계 일류 철강회사로 올라선다는 것은 포철의 은사 역을 맡아준, 세계 최고 철강회사로 꼽히던 신일본제철과 어깨를 겨누는 수준으로 올라서야만 가능해지는 일이었다. 그날을 앞당기려면 무엇보다도 포철의 임직원들이 국제수준의 안목부터 갖춰야 한다고 역설한 박태준 사장, 그분은 처음부터 '세계일류주의'를 비전으로 제시하고 다함께 추구하자는 길로 이끌었다.

'목욕론'의 완벽주의와 안전제일주의, 그리고 교육중시

1974년 12월호 《쇳물》은 직원들의 눈길을 끌 만한 색다른 기획을 꾸렸다. 언론사들이 흔히 송년특집으로 꾸미던 '올해의 10대 뉴스'에서 힌트를 얻어 1974년 포철의 '어글리 10대 뉴스'를 마련한 것이었다. 기획하고, 설문지 작성하고, 현장의 여러 부서에 설문지 돌리고, 통계 내고, 해설 기사 쓰고……. 이 실무의 책임자는 공보과장을 맡고 있던 나였다.

내가 주도한 설문지에는 '사장의 목욕론'을 비롯해 25개 문항의 '1974년 포철 어글리 뉴스 후보군'이 포함돼 있었다. 통계를 내보니 그것이 3위에 올랐다는 사실도 눈에 띄었는데, 특히 나의 해설 기사가 쏠쏠한 재밋거리였다. 「직원

부인에 목욕령 시달」이란 제하의 글은 슬며시 독자의 골계 신경을 건드렸다.

> ……직원 부인들도 목욕을 잘 시키라는 박태준 사장의 지시가 하달되자 드디어 가정생활에까지 간섭이 시작되었다는 '비판형'에다 우리 마누라 몸에 때 있는 걸 우리 사장님이 언제 보셨느냐는 '의처증형(?)'에다……

이 해설 원고도 당연히 비서실장 전결의 내부결재를 거쳤다. 사보가 발간되었다. 비서실장이 공보과장을 불렀다. '어글리 10대 뉴스'는 다시 봐도 너무 재밌다는 칭찬이었다. 제철소장도 나를 찾았다. '어글리 10대 뉴스' 중에도 특히 목욕론이 재밌게 읽혔다면서 읽히는 사보의 계기가 될 거라며 좋아했다.

이틀쯤 지났다. 사원들에게 사보를 배부할 차례였다. 나는 뜻밖의 전화를 받았다. '공보과장은 임원 숫자대로 이번 《쇳물》을 들고 급히 임원회의실로 올라오라'는 것이었다.

임원회의실에 들어서니, 한복판에 앉은 박태준 사장의 짙은 눈썹이 가시처럼 돋아나 있었다. 날카로운 지시에 따라 임원들에게 사보를 한 권씩 돌린 나는 그분의 맞은편 정면에 꼿꼿이 섰다. 이 장면은 이대환 작가의 『박태준 평전』에 잘 정리돼 있어서 인용하기로 한다. 인용한 글의 '그'는 필자다.

> "어글리 10대 뉴스 펴."
>
> "읽어."
>
> 무서운 담임선생님 앞에서 읽기시험을 보는 똑똑한 반장처럼 그는 문제의 글을 읽어 내려갔다. 3위로 뽑힌 '사장의 목욕론'에 대한 해설 기사가 '의처증형'을 지나는 순간이었다.
>
> "거기, 의처증형 뒤에다가 물음표는 왜 쳤나?"

그가 얼른 대답했다.

"코믹하게 읽어달라는 뜻입니다."

"뭐, 코믹? 야 인마, 너는 사장의 공장관리 규칙 제1호가 코믹하게 보여?"

(중략)

사장의 표창 같은 손가락질이 공보과장의 미간에 정통으로 꽂혔다. 그는 서슬 퍼런 침묵 속에서 몇몇 임원의 얼굴이 하얗게 질린 것을 곁눈질로 확인하고 번쩍 손을 들었다.

"사장님, 신상발언을 하겠습니다."

"뭐야?"

그가 침착하게 말을 이어나갔다.

"그동안 우리 회사 사보는 계속 한 달씩 밀려서 나왔습니다. 해 넘기기 전에 이번 달부터 바로잡으려고 11월호, 12월호를 한꺼번에 발간하다 보니, 비서실장님께 원고를 결재받을 여유가 없어서 이런 일이 생겼습니다. 기획, 편집, 기사, 설문작성 등 모두 제가 직접 했습니다. 책임은 전적으로 제게 있습니다. 그런데 사보를 읽는 실태를 조사해봤더니 보지 않는다는 답이 가장 많았습니다. 그다음이 사무실에서 제목만 본다는 것이고, 그다음이 사무실에서만 읽는다는 것입니다. 집에까지 가져간다는 대답은 가장 낮았습니다. 읽은 사람이 거의 없고 집에 가져가지 않는 이유를 물어보니 상명하달만 있고 하의상달은 없는 일방적인 지시형 사보이기 때문이란 대답이 가장 높았습니다. 그래서 읽히는 사보를 만들고 싶었고, 그 방법의 하나로 신문이 연말에 하는 10대 뉴스 선정을 좀 더 재밌게 변형해 '어글리 10대 뉴스'로 편집한 것입니다. 우리 회사 간부사원의 50%는 최고경영자가 어떤 사람인가를 기준 삼아 회사를 선택하고 계속 다닌다고 합니다. 40%는 우리 회사가 어떤 회사인가를 고려하고, 생계문제는 10% 이내에 불과하다고 합니다. 저 역시 그렇습니다."

박태준의 야릇한 시선이 이대공의 동공을 찔렀다.

"그 자식, 말은 잘하네. 다음 보고."

곧 폭발할 것처럼 팽팽한 긴장감이 감돌고 있던 실내에 숨소리가 살아났다. '사장의 목욕론'을 어글리 뉴스 3위에 올려 '재밌게 씹은 사건'은 그것으로 종결이었다.

나도 그랬다시피 모든 임원이 아슬아슬한 위기를 아무 탈 없이 넘겼다는 기분을 맛보았는데, 나를 더 놀라게 만드는 일은 다음날 아침에 일어났다. 평소와 다름없이 일찍 출근했더니 댓바람에 박태준 사장이 공보과장을 찾았다. 나는 매서운 질타를 떠올리며 단단히 각오를 세웠다.

"자네, 거기 앉아."

전혀 뜻밖에도 호칭이 바뀌었다. '그 자식'도 아니고 '공보과장'도 아니고 친근한 '자네'였다.

"자네는 내 목욕철학을 처음 듣나?"

"목욕에도 철학이 있습니까?"

나는 아직 그분의 목욕론에 담긴 참뜻을 몰랐다.

"비서실장이란 놈이 회사의 대변인이나 다름없는 공보과장에게 사장 공장관리의 제1호인 목욕철학도 전달하지 않았구나. 한마디로 말해? 목욕은 안전이야."

"예에?"

"논리에 비약이 있지. 정리·정돈·청소가 안전의 제1수칙이라는 거, 이건 알지?"

"예에"

"목욕은 품질이야. 이것도 논리의 비약이 있지?"

"얼른 이해가 안 됩니다."

박태준 사장은 확실히 낯을 익힌 공보과장을 앉혀두고 30분 넘게 '목욕론'을 강의했다. 그분의 결론은 이러했다.

"목욕을 잘해서 깨끗한 몸을 유지하는 사람은 정리, 정돈, 청소의 습성이 생겨서 안전 · 예방의식이 높아지고 제품관리의 최후 절차인 포장까지도 깨끗하게 해낼 수 있게 된다. 우리 회사는 안전제일을 추구하고 최고제품을 추구한다. 그래서 나의 공장관리 원칙 제1호가 목욕론이다. 우리 직원 개개인이 나의 목욕론을 이해하고 몸에 익히려면 부인의 협조가 있어야 한다. 그래서 강조했던 것인데, 제대로 전파돼야지 희화화해서야 되겠나?"

"잘 알겠습니다."

"재밌게 만든 아이디어는 좋았지만, 사장의 중요한 원칙이 사원들에게 희화화되는 것은 영 안 좋아. 사장의 철학이 대내, 대외에 제대로 알려지는 것이 중요해."

그리고 박태준 사장은 곧 특단의 지시를 내렸다.

이대공 공보과장은 오늘부터 모든 임원회의에 참석할 것.

이래서 나는 임원이 되기 전부터 임원회의에 꼬박꼬박 참석해 경청하고 메모하는 '포스코의 최장(最長) 임원회의 참석자'라는 기록을 남기게 되었다.

박태준 사장의 '목욕론'은 한마디로 그분의 완벽주의와 안전제일주의를 대변하는 단어였다. 어떤 일이든, 어떤 제품이든 처음부터 끝까지 완벽하게 해내야 한다는 지론이 '목욕론'에는 뜨끈하게 살아 있었다. 대충대충, 대강대강, 이 말에 담긴 우리의 잘못된 습성을 타파한 리더가 박태준이라는 인물이었다.

대충대충, 대강대강, 이 말은 또한 안전불감증으로 이어지고 개인의 부주의에 의한 안전사고 발생의 주요 요인이 되는 것이다.

아마도 그분은 막역한 선후배지간으로 지낸 이병철 삼성그룹 회장께도 '목욕론'을 설파했던 모양이다. 이병철 회장께서 '박태준의 목욕론'을 탁견이라 칭송한 적이 있었다.

> '작업자가 단정하면 공장이 청결해지고 공장이 청결하면 제품이 완전무결해진다. 불결한 작업자와 무질서한 공장에서 제대로 된 제품이 나오기를 바란다면 그야말로 연목구어가 아닐 수 없다.' 과연 탁견이라 생각한다.

포항제철 사보《쇳물》1974년 12월호의 '어글리 10대 뉴스 사건'의 전말은 나에게 '박태준의 두 가지 진면모'를 각인해준 일이었다.

하나는 매사에 철저한 원칙주의자로서 한 치의 빈틈을 허용하지 않으려는 완벽주의자라는 점이었다. 또 하나는 교육을 매우 중시하는 사람이라는 점이었다. 눈코 뜰 새 없이 바쁜 최고경영자가 공보과장을 불러서 30분 넘게 자신의 철학을 설명해준 장면, 이거야말로 교육을 얼마나 중시하는가를 단적으로 보여준 것이었다.

어쩌면 나는 '어글리 10대 뉴스'의 전말을 체험한 그때부터 박태준이라는 포항제철의 리더에 대해 진정에서 우러나오는 존경심을 품게 되었을 것이다. 그때 내 나이는 밤샘도 주저하지 않는 서른셋이었다.

한국 최초 세계적 연구중심대학 포스텍과 "That's it!"

박태준 회장이 포항제철 상무이사인 나를 '포항공과대학교 건설본부장'에 임명한 때는 1985년 2월이었다. "미국 캘리포니아공과대학(칼텍)을 모델로 하는 연구중심대학을 포항에 설립하겠다." 하는 박 회장의 뜻을 받들어 1986년 12월 3일 개교식을 개최했으니, 불과 18개월 바쳐서 대역사를 빈틈없이 완결했다. 요즘 같은 세상에서는 상상할 수 없는 일이다. 인가를 받고 부지를 준비하는 데만 몇 년이 걸릴 것이다. 그러나 포항공대 건설본부는 무모해 보인 도전에서 그렇게 빛나는 성취를 이룩했다. 무엇보다도 포스텍 설립 업무를 전폭적으로 지원한 박 회장의 의지와 배려가 큰 힘이 되었고, 나를 포함한 요원들도 그분의 '교육보국' 정신을 존경하는 가운데 모든 역량을 쏟아 부었다.

현재 포스텍 인공지능(AI)연구소 앞 노벨동산에는 실물보다 조금 큰 크기의 '박태준 조각상'이 캠퍼스를 굽어보며 서 있다. 건립한 때는 2011년 12월 포스텍 개교 25주년으로, 그분이 서거한 무렵이었다. 포항시민, 포스텍 구성원 등 2만2천905명이 성의를 모아 건립한 작품이다. 받침돌 뒷면에는 성금 모으기를 발의하고 실무도 직접 맡아 노고를 아끼지 않았던, 『박태준 평전』의 저자인 이대환 작가의 건립취지문이 새겨져 있다. 작가가 그 글을 나에게 들고 와서 "선배님이 한번 세심히 살펴봐 주세요." 하고 부탁했다. 나는 짧은 글을 몇 번이나 읽었다. 더도 덜도 아니고 딱 그대로였다. 그리고 명문이었다.

> 짧은 인생을 영원 조국에, 이 신념의 나침반을 따라 헤쳐 나아간 청암 박태준 선생의 일생은 제철보국 교육보국의 이상을 실현하는 길이었으니, 제철보국은 철강불모지에 포스코를 세워 세계 일류 철강기업으로 상장시킴으로써 조국 근대화의 견인차가 되고, 교육보국은 14개 유·초·중·고교를 세워 수많은 인재를 양성하고 마침내 한국 최초 연구중심대학 포스텍을 세워 세계적 명문대학으로 육성함으로써 이 나라 교육의 새 지평을 여는 횃불이 되었다. 이에 포스텍 개교 25주년을 맞아 포스텍 가족과 포항시민이 선생의

그 숭고한 정신과 탁월한 위업을 길이 기리고 받들기 위해 여기 노벨동산에 삼가 전신상을 모신다.

박태준 회장은 제철보국을 실현하는 힘을 비축하면서 교육보국을 실천해 나갔다. 제철보국의 힘으로 교육보국에 나선 것이었으니, 그분에게 제철보국과 교육보국은 사상적으로 동전의 양면과 같았다고 할 수 있다.

박태준 회장의 교육보국은 포스텍 설립과 육성에서 활짝 피어났고, 그 꽃은 포스텍과 더불어 영원히 피어 있을 것이다. 포스텍 설립 과정에는 내가 하드웨어를 만드는 실무적 책임자였다면, 소프트웨어를 만드는 실무적 책임자는 김호길 포스텍 초대 총장이었다. 그때는 단과대학의 경우에 '학장'이라 불렀으나 이제는 '총장'이라 부르니 나도 총장이라 칭하겠다.

초대 총장 후보를 물색하는 나에게 김호길이라는 인물을 알려준 사람은 나의 절친한 친구로 1985년 당시에 청와대 민정비서관으로 근무한 판사 출신의 손진곤이었다. 럭키금성(현 LG)에서 진주에 설립한다는 4년제 대학의 인가를 믿고 미국 생활을 접었던 김호길은 그것이 2년제 전문대학 승인으로 바뀌어버리자 대통령 앞으로 "대한민주공화국이라 하지 말고 대한사기공화국이라 하라." 하는 취지의 진정서를 보냈고, 그것을 손에 넣은 사람이 손진곤이었다.

그러니까 손진곤이 나에게 김호길을 추천한 근거는 크게 두 가지였다. 하나는 서울대 물리학과를 나와 영국에서 박사학위를 받고 미국에서도 주목받은 물리학자이며 미국이나 유럽에 체류하는 우리나라 학자들과 교분이 두텁다는 점, 또 하나는 대통령 앞으로 그러한 진정서를 보낼 정도이니 용기와 기개가 남달라 보인다는 점이었다.

'김호길의 이력 조서'를 작성해 박태준 회장에게 보고한 나는 연암공업전문대학 학장 김호길을 포항으로 초청하기 위해 진주에 열 번은 찾아갔을 것이다. 삼고초려라는 말을 빌리면 삼고초려를 세 번은 했다는 뜻이다. 1985년 6월 4일, 드디어 김호길 부부를 포항으로 초청하게 되었다. 포항제철소를 같이 둘러보는 공식 일정을 마친 다음에 포스코 영빈관인 청송대에서 박 회장과 저녁 식사를 같이했다. 그것이 '박태준과 김호길'의 첫 대면이었다. 나는 긴장했다. 김 박사의 거침없는 말씨가 걱정이었다. 아니나 다를까. 초면 대좌의 댓바람부터 그렇게 되고 말았다.

"캘리포니아공과대학 같은 대학을 만들고 싶은 겁니다."

"칼텍도 아시네요. 쇠만 만들 줄 아시는가 했더니 대학에 대해서도 좀 아시네요."

그러나 박 회장은 특유의 파안대소를 터트렸다. 김 박사는 자주 와인 잔에 손이 갔다. 대화의 시간이 길어지면서 그의 태도에는 진지해진 마음이 드러났다. 우리나라 이공계 대학 교육이 안고 있는 고질적 병폐에 대해 두 사람은 완전히 공감했다. 박 회장의 결론은 '포항에 칼텍 같은 연구중심대학을 설립하겠다'라는 것이었다.

"김호길 박사, 당신이 우리가 만드는 대학을 맡아주시오."

"뭐가 그리 급하십니까?"

"나는 무슨 일을 결정할 때 어떤 경우에는 무척 오래 걸리지만 어떤 경우에는 무지무지하게 빨리 결정합니다."

"아직 인가도 나지 않았습니다."

"그건 됩니다. 좋은 대학을 설립하는 일은 엄청나게 어려운 일입니다. 우리 서로 힘을 합칩시다. 내가 포철을 건설한다고 했을 때 나라를 망칠 행동이라고 강한 비판을 했습니다. 나한테 미친놈이라고 손가락질을 보낸 사람도 있었습니다. 그런데 따지고 보면 칼텍 같은 포항공대를 세우는 일도 그에 못지않은 어려운 일입니다. 김 박사, 나와 함께 미친놈이란 소리를 들어봅시다."

비로소 김 박사가 살짝 속내를 내비쳤다.

"무슨 말씀인지 잘 알겠습니다. 그러나 만약 제가 포항에 온다 하더라도 포철을 보고 오는 것은 아닙니다. 철강은 언젠가는 사양화됩니다. 만약 제가 온다면, 지금은 포항제철 부설 포항공대지만 나중에는 포항공대 부설 포항제철이 됩니다. 그리고 이것은 제가 여기에 온다는 가정하에 드리는 말씀입니다만, 학교의 조직이나 개설학과, 교수의 수준이나 교수와 학생의 비율 등에 대해서는 전적으로 저한테 맡기셔야 합니다."

나는 깜짝 놀랐다. 사립학교법에 규정된 재단 이사장의 권한을 넘겨달라는 요구였다. 걱정거리를 한 보따리 떠안은 기분이었다.

그날 밤에 박태준 회장이 우리 집으로 전화를 걸었다. 아주 유쾌한 목소리로 이렇게 말했다.

"초대 총장은 창업자와 마찬가지야. 그런 사람이 해야 돼."

포항공대 설립 인가가 나오고 1985년 8월 17일 박태준 회장과 김호길 총장이 포항공대 건설의 첫 삽을 떴다. 이어서 9월 7일에는 김 총장과 내가 한 달 일정으로 해외 한국인 우수 학자들을 포항공대 교수로 초빙하려는 목적으로 항공기에 올랐다. 먼저 미국부터 찾아갔다. 우리의 설명회 자리에는 재미 과학자와 공학자의 참여도나 관심도가 뜨거웠다. 이것은 김 총장의 인맥과 실력, 그리고 포항제철과 박태준 회장에 대한 높은 인지도와 평판이 합쳐진 덕분이었다. 가장 중요하고 시급한 중진교수 초빙부터 큰 성과를 거두었다. 미국 해군 연구심의관 이정묵 박사, 재미과학기술자협회장 김동한 박사, 반더빌터대 교수이며 NASA 연구원인 이자현 박사, 로웰대 변종화 박사 등 십여 명이 포항으로 오겠다는 확답을 표명했다.

10월 7일 저녁에 우리는 긴 여정의 마무리에 이르러 독일의 한 호텔에 여장을 풀었다. 이튿날 일정은 아헨공대 방문이었다. 둘이서 담소를 나누는데 뜻밖에도 박태준 회장의 전화가 걸려왔다. 세계철강협회에 참석하려고 런던에 와 있다고 했다. 틀림없이 박 회장의 수행비서가 한국의 이대공 자택에 전화를 걸어 호텔 전화번호를 알아냈을 것이었다.

"나는 여기 와서 버밍햄대 부총장을 방문했어. 좋은 대학을 제대로 알아둬야지. 그래, 어때? 우수한 교수들이 올 것 같아? 그게 제일 중요해."

"열심히 설명했고 반응들은 좋은 편입니다."

"주로 무슨 질문이 많아?"

내가 주저 없이 털어놓았다.

"근무조건이나 생활환경에 대한 궁금증이 많았습니다만, 회장님께서 교수들한테도 쪼인트를 깔 거냐는 질문도 있었습니다."

도버해협 건너편에서 웃음소리가 날아들었다. 나도 따라 웃었다.

"그래서 뭐라고 했어?"

"그런 일은 절대 없을 거라고 안심시키려고 아주 자세히 설명했습니다."

박 회장과 나는 서로 웃음을 쏟아내며 격의 없는 통화를 20분쯤 계속했다. 그런 모습을 곁에서 빠짐없이 지켜본 김 총장이 즐겁게 고개를 끄덕였다.

"That's it! 참 좋은 장면을 봤습니다. 회장과 상무이사가 그렇게 허심탄회한 대화를 한다는 것을 방금 처음 알았습니다. 그렇게 커뮤니케이션이 원활하게 이루어지고 있는데, 박 회장을 보고 사람들이 독불장군이라 하거나 완력과 힘으로 밀어붙이는 것으로 잘못 알고 있는 거지요."

뒷날에 포항공대가 확고한 자리를 잡은 뒤에도 김 총장은 동료 교수들에게 "그날 독일 아헨에서 박 회장과 이 본부장이 통화하는 모습을 옆에서 지켜보면서 포항공대가 성공할 것이라는 확신을 가졌습니다. 박 회장의 인간적인 일면을 보았던 거지요. 새삼 사람에 대한 신뢰가 생겼고, 그래서 포항공대도 포철처럼 애초의 뜻대로 잘 성장할 것이라는 믿음을 가지게 되었습니다." 하는 고백을 털어놓곤 했다.

박정희 대통령이 박태준 회장에게 포항제철의 건설과 경영을 일임했듯이. 박태준 회장은 김호길 총장에게 포스텍의 교수임용을 비롯해 학사에 관한 전권을 위임했다. 박 회장과 아주 가까운 국회의원이 '화려한 이력서' 두 통을 그분에게 맡긴 일이 있었다. 교수임용 청탁이었다. 그것을 박 회장이 총장실로 보냈다. 하지만 김 총장은 뽑지 않았다. 더욱 놀라운 일은, 박 회장이 그 사례를 청탁거절의 이유로 내미는 것이었다.

"우리 총장은 내 부탁도 안 들어요. 공식적으로 접수하시요."

이것이었다.

사명이든 운명이든 축복이다

박태준 회장은 사명감 또는 소명의식이 철저한 인품이었다. "철은 나의 신앙"이라고 했다. "내가 이 땅에 태어난 뜻은 철강산업을 일으켜 국가재건에 이바지하는 것"이라고 했다. 그리고 자신의 말 그대로 실천했다.

장장 25년을 바쳐 포스코를 세계 최고 철강회사로 우뚝 세운 직후에 스스로 회장 자리에서 물러났지만 단 한 주(株)의 공로주조차 받지 않았으며 포스코나 포스텍에 단 한 명의 친인척도 취직시키지 않은 그 무사욕(無私慾)의 청렴성과 전혀 자기 소유가 아님에도 오로지 국가 대업을 위해 목숨을 걸었던 그 순수한 애국심으로 제철보국과 교육보국의 꿈을 이 땅에 실현해놓았고, 그분의 탁월한 리더십은 대한민국의 영광을 이룩하는 견인차의 강력한 엔진으로 작동했다.

기독교 신앙에서는 개인의 사명에 대해 하나님의 뜻에 따라 부여된 자신의 역할을 감당하며 실천하는 것이라고 한다. 물론 세상 사람들은 그것을 흔히 운명이라 부른다.

하나님이 부여한 사명이라 부르든 개인의 타고난 운명이라 부르든 박태준 회장이 자신의 사명을 완벽하게 감당하고 실천하느라 자신의 좌우명 그대로 "짧은 인생을 영원 조국에" 바친 생애와 정신은 근대화 성취를 향하여 매진한 시대의 우리나라에 참으로 귀중한 축복이 되었다고, 요즘은 많은 사람이 존경과 감사를 보내고 있다. 나도 그렇게 확신한다. K-팝, K-뷰티, K-푸드 등에 이어서 요즘 들어 부쩍 'K-방산, K-조선'이란 말도 우리 국력에 대한 우리 국민의 자긍심을 드높이고 있는데 그 기반을 조성하는 역사적 대업에 '무사욕의 탁월한 리더십'으로 앞장선 박태준 회장의 삶과 정신은 우리에게 언제나 자랑스럽고 감사한 'K-축복'이었다.

제3부

박태준은 한국의 축복이다

아카자와 쇼이치 赤澤璋一

우쓰미 기요시 內海淸

후쿠다 다케오 福田糾夫

나카소네 야스히로 中曾根康弘

다케시타 노보루 竹下登

유고 세키라 Hugo M. Sekyra

데이비드 로데릭 David M. Roderick

윌리엄 호건 William T. Hogan

엘리저 바티스타 Eliezer Batista

헬무트 하세크 Helmut Haschek

로베르 미테랑 Robert Mitterrand

레너드 홀슈 Lenhard S. Holschuh

스기우라 빈스케 杉浦敏介

브라이언 로톤 Brian T. Loton

야히로 도시쿠니 八尋俊邦

세지마 류우조 瀨島龍三

미무라 료헤이 三村庸平

장무상유(長無相遺), 국경을 초월한 우정과 신뢰

아카자와 쇼이치

일본 통산성 중공업국장, JETRO(일본무역진흥회) 이사장

반하지 않고는 못 배길 사람

박태준 회장과는 오랜 친교를 맺어왔기 때문에 그와 얽힌 이야기가 많다. 그러나 지금 생각해도 가장 극적인 것이 박 회장과의 첫 만남이다.

내가 박 회장과 직접 이야기를 나눈 것은 1969년 9월, 서울에서 출발하여 경주로 향하는 열차 속이었다. 차창 밖으로는 폭우가 쏟아지고 있었고, 경주행 특별열차는 세찬 빗줄기를 맞으며 달리고 있었다.

그해 8월, 도쿄에서는 한일각료회의가 개최되었다. 그때 한국 측 수석대표인 김학렬 부총리는 이번 회의의 의제는 오직 포항제철 건설 건(당시에는 한국

아카자와 쇼이치(赤澤璋一)는 JETRO(일본무역진흥회) 이사장으로 재직했다. JETRO는 한국의 KOTRA(한국무역진흥회)와 유사한 단체로서 일본의 국제무역에 관한 중추 역할을 한다. 오카야마현(岡山縣) 출생인 그는 도쿄(東京)대학 법학부를 졸업하고 상공성에 들어가면서 공직에 몸을 담고 경제기획청 조정국장, 통산성 중공업국장 등 요직을 거쳤다. 통산성 재직 때는 발군의 기획력과 행동력으로 주위로부터 '불도저'라는 별명을 얻기도 했다. 공직을 떠난 뒤 후지쓰(富士通)사에서 부회장, JETRO 이사장으로 일했다.

종합제철이라고 했다)만 다루자는 제의를 해왔다.

그 이전 이미 잘 알려진 대로, 한국 정부에서는 장기영 부총리를 주축으로 해서 세계은행이 중심이 되어 국제적 컨소시엄을 구성하여 타당성 조사팀을 만들었다. 그러나 조사팀의 조사결과 한국에서의 제철소 설립 자체가 부정적이라는 결론에 따라 컨소시엄도 붕괴되었다. 그래서 장기영 부총리가 책임을 지고 자리를 물러났으며 후임에 김학렬 씨가 임명된 것이었다.(필자의 오류임. 장기영 부총리의 후임은 박충훈 부총리고, 박 부총리의 후임이 김학렬 부총리다. 장, 박 부총리의 퇴임은 종합제철 건설과 관련한 대통령의 문책성 인사였음._엮은이) 김 부총리는 컨소시엄이 붕괴됨에 따라 시선을 일본으로 돌려 종합제철 건설에 대한 지원을 요청한 것이었다.

당시 일본 정부로서는 세계은행이 한국에서의 제철소 설립이 무리라는 판단을 했다는 사실을 알고는 있었지만 자세한 내용까지는 알지 못했다. 그래서 일본으로서도 세계은행이 안 된다고 한 일을 맡아서 해야 할 것인지 거절해야 할 것인지 매우 곤란한 입장에 처해있었다. 게다가 당시 경제기획청 조정국장으로 있던 나와 가까웠던 장기영 부총리가 퇴임하는 등 문제가 많은 프로젝트였기 때문에 더욱 힘든 일이었다.

나는 그때 그 프로젝트에 관한 일본 정부 각 부의 의견을 종합하는 일을 하고 있었다. 하여간 그해의 한일각료회의는 진통에 진통을 거듭하였고, 나는 외무성, 대장성, 통산성을 뻔질나게 오가며 각료회의 공동성명 문안을 작성하였다.

그런데 이 공동성명 문안이 '코에 걸면 코걸이, 귀에 걸면 귀걸이 식'이었다. 지금도 그 문구는 생생히 기억하고 있는데 그것은 '양측의 의견을 조정하기 위해 한국에 조사단을 파견하기로 했다'라는 것으로서 어떻게 보면 한국 정부의 요청을 받아들이는 것 같지만 사실은 그렇지 않은 것이었다. 그런 문구를 삽입하게 된 경위는 진술한 바와 같이 일본 정부의 입장이 난처했기 때문이었다. 한국 측에서 적극적으로 이 문제를 거론했기 때문에 수일간 격렬한 토론을 거쳐, 빠져나갈 수 있는 묘한 뉘앙스를 지닌 공동성명을 발표하기에 이른 것이었다.

김학렬 부총리가 김포공항의 귀국 성명에서 "한일 양국은 종합제철 건설사업을 추진하는 데에 기본적 합의를 했다."라고 발표했으나, 우리 일본 측에서는 "일단 타당성 조사를 한 후 검토하기로 했다."라는 식의 발표를 했다.

어쨌든 우리 일본 정부는 그 공동성명에 따라 20명으로 구성된 조사단을 한국에 파견하기로 했는데, 내가 단장으로 임명되었다. 정부 내의 의견 조정, 조사단에 의한 전문적·기술적인 검토, 일본 제철회사 경영진들의 의견을 듣고서는 나 나름대로 보고서 작성에 관한 복안을 굳힌 다음, 단원들과 서울을 방문한 것은 한일각료회담이 끝난 지 1개월이 지난 9월 하순이었다.

서울에 도착하자마자 한국 정부 측에서는 그동안의 준비사항을 우리에게 상세히 설명해 주었다. 그 자리에서 나는 처음 박 회장을 만날 수 있었으나, 서로 이야기할 기회는 없었다. 서울에서는 김 부총리와 개별회담을 가졌으며, 우리 조사단과 경제기획원 간부들의 회담도 있었다. 모든 일정이 순조롭게 진행되었다.

우리 조사단의 방한 일정 중에는 포항 현지시찰도 포함되어 있었으며, 교통편은 전세기를 이용하기로 예정되어 있었다. 그런데 포항 현지시찰 예정일 전날부터 호우가 쏟아져서 비행기가 뜰 수 없었다.

당시 나는 도쿄에서 중요한 업무를 처리해야 할 일이 있었기에 현장시찰을 중지하느냐, 귀국을 하루이틀 연기하느냐를 놓고 고민을 했다. 그러나 그 고민은 아주 쉽게 풀렸다. 경제기획원으로부터 3량으로 편성된 특별 논스톱 열차로 경주까지 우리 조사단을 수송하기로 했다는 연락을 받았기 때문이다. 우리는 김 부총리의 특별한 배려에 감사하며 열차에 올랐다.

이 3량의 특별열차 중 한 칸은 우리 조사단이, 다른 한 칸은 한국 측 사람들이 이용했으며, 가운데 한 칸은 식당차로 되어 있었다. 내가 박 회장과 친히 이야기를 나눌 수 있는 기회를 갖게 된 것은 바로 이 열차 내에서였다. 기획원 회의실에서 명함을 주고받기는 했지만 이야기를 나누지는 못했다고 앞에서 이야기한 바가 있다.

빗속을 달리는 열차 안이어서였을까? 편안하고 여유 있게 나와 박 회장은 대화를 나눌 수 있었다. 신의 섭리라고나 할까, 아니면 사바세계의 인연에 의한 것이라 할까? 우리는 아주 오래전에 만났던 사람들처럼 대화를 나눌 수 있었다. 때때로 차창 밖에 펼쳐지는 시골 풍경을 감상하기도 하면서, 우리는 한국의 경제, 포항제철의 구체적인 건설계획과 연료 문제, 장차 대제철소로 발돋움할 포항제철과 일본의 제철회사 간의 관계 등 생각나는 대로 흉금을 털어놓고 이야기를 나누었다. 특별열차가 경주까지 가는 데 5시간이 걸린 것으로 기억하는데, 잠시 화장실을 가는 일만 제외하고는 계속 마주 앉아 대화를 나누었다.

박 회장과의 장시간에 걸친 대화를 통해서 나는 그의 인품에 대해 강한 신뢰를 갖게 되었다. 대화 중 나는 박 회장이 참으로 솔직하며 오로지 제철산업의 발전을 위해 목숨까지 아끼지 않는 순수하고 박력 있는 사람이라는 것을 느꼈고, 과정에서의 어려움은 많겠지만 박 회장이 지휘를 한다면 한국에서의 제철소 건립과 경영이 틀림없이 성공할 것이라는 확신을 얻었다.

경주에서 하루를 묵은 우리 조사단은 다음 날 포항 현지를 시찰할 수 있었다. 말이 현장시찰이지 그곳은 황무지 바로 그것이었다. 지금으로서는 상상할 수 없는 황량한 풍경이었다. 그 황무지 위에 사람이 세운 것이라곤 '롬멜하우스'라 불리는 목조건물 하나와 브리핑용 공장조감도 하나뿐이었다.

우리 조사단 일행은 기가 막혔고 탄식이 절로 나왔다. 그러나 이상하리만큼 나는 담담했고, 이 일은 일본 정부가 꼭 협력해야 한다고 생각할 뿐이었다. 그 이유는 박 회장이 나로 하여금 반하지 않고는 견딜 수 없을 만큼 훌륭한 인품을 가졌기 때문이었다. 결국 조사를 마치고 일본에 돌아온 나는 매우 긍정적인 보고서를 쓰기에 이르렀고 양국 정부의 승인을 받아 포항제철 건설이 착수된 것이다.

장무상유(長無相遺), 포용하는 인품

포항제철 건설 중의 일이었다.나는 일본 정부의 업무로 방한할 기회가 있었다. 서울에서의 업무를 끝내자마자 포항제철의 건설현장이 보고 싶어 박 회장에게 연락을 했다.

"사장님, 여기는 서울입니다. 한번 만나 뵙고 귀국했으면 합니다만……."

"아니, 인제 서울에 오셨습니까? 내가 서울에 가는 것도 좋겠지만 아카자와 씨가 포항으로 오는 것이 어떻겠어요? 건설현장도 시찰할 겸해서 말이지요."

"좋습니다."

나는 열차편으로 대구로 향했다. 박 회장이 대구역(동대구역)까지 마중을 나오기로 했기 때문이었다. 그때만 해도 포항으로 가려면 꼭 대구역이나 경주역에 내려 승용차를 갈아타고 포항까지 가야 했다.

대구역에 도착하니 박 회장이 기다리고 있었다. 그는 진심으로 나를 반갑게 해주었다. 그런데 그는 작업복 차림이었다. 내가 의아하게 생각하는 듯하자 그는 씩 웃으며 나에게 이렇게 말하는 것이었다.

"미안합니다. 작업복 차림이어서……. 하지만 내가 일선에서 뛰지 않으면 제2고로 건설이 늦어지게 됩니다. 현장에서 직접 일하다 보니 옷을 갈아입을 틈이 없었어요."

나는 감동할 수밖에 없었다. 내가 알기로 한국에서는 사장이 직접 건설현장에서 작업복을 입고 지휘하는 예는 없었다. 나는 내가 박 회장을 믿고 보고서를 긍정적으로 쓴 것에 대해 안심을 하였다. 보고서를 쓴 이후 나는 혹시 제철소 건설이 지지부진하거나 실패를 한다면 어떻게 하나 하고 은근히 걱정을 하고 있었기 때문이다. 결과적으로 나는 내가 박 회장을 믿은 것이 주효했다고 느꼈다.

광양제철소 건은 나와 직접 관련이 없어서 모르겠으나, 포항제철만큼은 그 넓은 공장 구석구석까지 박 회장의 배려가 박혀있지 않은 곳은 없을 것이라고 생각한다. 기획에서부터 부지선정, 건설, 그리고 경영에 이르기까지 박 회장이 이룩한 포항제철은 하나의 작품이다. 아무도 흉내 낼 수 없는 지구상 유일무이한 작품인 것이다.

박 회장은 일본에 올 때면 꼭 나를 만나곤 했다. 한 번은 박 회장이 포철에서 발생한 전로 공장의 고장에 대한 자문을 구하기 위해 일본으로 날아왔다. 그는 전로 부문의 전문가들을 만나 고장 상태를 설명하고 그들에게 자문을 구했다. 그러던 중 나는 하루 저녁 그와 지낼 수 있는 기회를 가졌다. 그가 너무 걱정을 많이 하기에 내가 이렇게 말했다.

"너무 걱정하지 마세요. 제철공장에서는 고장이 나지 않을 수가 없습니다. 그나마 포항제철에서는 아직까지 그리 큰 문제가 없었지 않습니까? 기계는 고장이 나게 마련이지요. 고장을 경험해야만 기술축적이 가능한 겁니다. 이번의 전로 고장은 박 사장님이 입은 '무코우기즈(이마에 입은 상처. 몸의 전면에 입은 상처는 적과 정면 대결을 해서 입은 영광된 상처이며, 몸의 뒷면에 입은 상처는 적을 피하려다 입은 불명예의 상처를 뜻함)' 입니다."

"고맙소. 내가 전로 공장 고장 때문에 이곳 일본까지 왔지만 아카자와 씨 같은 말을 해준 사람은 아무도 없었어요. 큰 용기를 얻었습니다. 고맙습니다."

박 회장은 이같이 조그만 일에도 감사하는 분이었다. 그만큼 대인관계에서도 매우 성실했다. 특히 자기가 조금이라도 신세를 진 사람에게는 정성을 다해 대했다.

지금은 고인이 된 야스오카 세이도쿠(安岡正篤)라는 유학자가 있었다. 이분은 양명학(陽明學)의 일본 내 최고 권위자로서 2차 대전 이후 패전국민인 일본인들에게 새로운 용기를 불어넣는 데 크게 기여함으로써 만인의 숭앙을 받고 있었다. 이 야스오카 선생은 박 회장을 수제자처럼 아껴 『역경(易經)』을 통한 경영철학을 전수했고 박 회장은 야스오카 선생을 매우 따랐다.

그러던 중 야스오카 선생이 타계하자 박 회장은 애통해하며 조사(弔詞)를 바치기까지 했다. 여기에서 야스오카 선생과 박 회장의 관계를 다시 정리해 보고자 한다. 이 이야기는 유학자이자 야스오카 선생의 수제자로 오랫동안 야스오카 선생을 수발한 바 있는 하야시 히데유키(林繁之)라는 사람이 나에게 들려준 것이다.

마음을 같이하는 친구의 우정은 금보다도 굳고, 그 아름다움은 난초보다도 향기롭다고 하여 서로 마음이 통하는 사람을 금란지우(金蘭之友) 또는 금란지계(金蘭之契)라고 한다. 이것은 『역경(易經)』의 계사상(繫辭上) 편에 '二人同心, 基利斷金, 同心之言, 其臭如蘭'이라 하여, 지극히 친하고 굳고 두터운 우정을 일컫는 뜻으로 쓰이고 있다.

또 친한 사이를 일컫는 말로 지음(知音)이란 말이 있다. '지음(知音)'이란 '백아(伯牙)'가 타는 거문고 소리를 잘 이해하였다는 친구 '종자기(鍾子期)'의 고사에서 유래된, 서로의 마음속까지 알아주는 친구 사이를 가리키는 말이다. 『열자(列子)』의 탕문(湯問) 편에는 '伯牙鼓琴 志在高山, 鍾子期曰 峨峨如泰山. 志在流

水, 子期曰 洋洋如江河. 伯牙之今彈 子期必得之.' 즉 '백아가 거문고를 타면 그 뜻이 높은 산에 있으니, 종자기가 말하되 아아 힘이 태산과 같도다. 그 뜻이 유수에 있으니 자기가 말하되 양양함이 큰 강과 같도다. 백아가 생각하는 뜻을 자기는 반드시 알아들었다.'라 하였고 이와 유사한 문장은 『여씨춘추(呂氏春秋)』에도 있다.

박태준 회장과 야스오카 세이도쿠(安岡正篤) 선생과의 교분도 국적과 연령의 차이를 초월한 그야말로 '금란지음'과 같은 것이었다.

1969년의 어느 봄날, 도쿄에 있는 야스오카 선생의 사무실에 멋진 중년신사가 찾아왔다. 그가 머금은 부드러운 미소와는 달리, 짙은 눈썹과 광채를 뿜는 눈빛에는 어딘지 범하기 어려운 기백이 있었는데 그가 바로 박태준 회장이었다.

그때, 야스오카 선생께서는 직접 응접실 앞에까지 마중을 나오셔서 부자간이라 해도 좋을 만큼 나이 차이가 있는 박 회장의 손을 잡으셨는데, 그 모습은 오래전부터 가까운 친구를 맞는 그러한 것이었다. 선생께서 박 회장 등에 가볍게 손을 얹고 실내로 안내하시던 모습은 지금도 나의 뇌리에 아름답게 남아 있다.

두 분의 이야기는 대단히 오랫동안 계속되었다. 박 회장이 사무실을 떠난 후 선생께서는 "젊지만 정말 훌륭한 인물이야. 우리나라에도 저런 인물이 있다면 얼마나 좋겠나." 하고 말씀하셨다.

1976년 5월, 선생은 처음으로 방한의 기회를 가졌다. 박 회장은 야스오카 선생에 대하여 정성을 다한 환영 행사를 베풀었다. 특히 포항제철 영빈관에서의 하룻밤은 마음이 저절로 따뜻해짐을 느낄 수 있는 것이었다. 그날 밤의 박 회장과 선생과의 대화는 한일 두 나라가 동일 문화를 바탕으로 서로 이해하고 정치·경제면에서의 새로운 협력관계를 구축하지 않으면 안 된다는 것이었다.

그러한 가운데서도 영빈관의 직원들과 다음 날 서울까지 안내해준 사람에 이르기까지, 겉으로는 드러내지 않으면서도 세심한 배려를 해준 데 대하여 야스오카 선생께서는 정말 놀라울 정도로 가슴에 와닿는 배려라고 감탄하시며 "열렬한 기개를 갖기는 쉬우나, 그런 가운데 부드러운 정의(情誼)가 함축되어 있다는 점이 더욱 멋지다."고 박 회장의 인품을 극구 칭찬하였다.

철강 중 '초고장력강판(超高張力鋼板)'이라는 제품이 있다고 한다. 이것은 비길 데 없이 강하고 질기면서도 놀라울 정도의 유연성이 조화된 강판이라고 알고 있는데, 박 회장이야말로 그처럼 외유내강의 인품을 완성시킨 분이라 아니할 수 없다.

박 회장은 만년의 야스오카 선생을 위로해 드리려는 뜻에서 방일할 때마다 선생을 초대하였다. 그 어느 날도 어김없이 그렇게 했다. 그 자리에는 신일본제철의 이나야마 요시히로(稲山嘉寛) 명예회장이 동석하였고, 잠시 동안이지만 나카소네 야스히로(中曾根康弘) 총리대신도 참석하였으며, 며칠 뒤 이번에는 이나야마 회장의 초대로 야스오카 선생과 히다카 데루(日高輝) 한일경제협회장이 자리를 함께 한 일이 있었다.

그날 밤, 세 분은 약속이나 한 듯이 박 회장의 이야기로 꽃을 피웠다. 이나야마 회장은 박 회장을 '우국지사'라고 칭찬하고 히다카 회장은 '잊을 수 없는 인물'이라고 말했는데, 이를 받아서 야스오카 선생은 곁에 놓여있던 붓을 들어 '장무상유(長無相遺)' 즉 '오래도록 서로 잊지 말 것'이라는 글을 썼다. 수륙만리 먼 곳에서 박 회장을 생각하는 세 분의 마음을 따듯하게 느낄 수 있는 하룻밤이었다.

더 이상 이야기하여 무엇하랴. 박 회장은 이처럼 일본의 재계·정계는 물론 학자들에게까지 인정을 받는 사람이다.

'아카자와 고로'라니!

이제 다시 포항제철 이야기로 돌아가자.

나는 제1고로 준공식 때의 그 감격을 지금 이 순간까지도 잊을 수가 없다. 그리고 박 회장의 진두지휘 하에 계속해서 제2고로, 제3고로, 제4고로가 이어져, 포항제철은 대약진을 거듭하면서 세계유수의 대제철소로 성장하였다. 나는 이 '포항제철의 기적'을 박 회장과의 깊은 우정 속에서 때로는 얼마간의 조언도 해가면서 두근거리는 가슴으로 지켜보아왔다.

박 회장의 겸손한 인품을 보여주는 또 하나의 잊을 수 없는 만남이 있다. 1985년 4월, 경주에서 한일민간합동경제위원회가 열렸을 때, 박 회장은 양국 대표단을 포항제철소로 초대하여 성대한 리셉션을 베풀어주었다. 그날 역시 비가 몹시 내리고 있었다. 박 회장은 환영연설 도중 포철 건설에 대한 일본 재계의 협력을 회상하면서 제1고로를 '아카자와 고로'로 부르고 있다고 소개하여 만장의 박수를 끌어낸 바 있다. 나로서는 영원히 잊을 수 없는 가슴 뭉클한 추억이 아닐 수 없다.

돌이켜보면, 열차 내에서 처음 환담하던 당시의 내 나이는 50세 안팎이었고 박 회장은 더 젊었었다. 그러나 나이는 아무것도 아니다. 오늘의 한국경제의 약진상을 눈으로 보고, 그 기간(基幹)이 되는 포항제철의 대발전상을 뒤돌아보면서, 박 회장과의 국경을 초월한 우정과 신뢰가 앞으로도 변하지 않을 것임을 나는 확신하고 있다.

박 회장이 시종일관해온 것처럼 또는 그 이상으로, 한국을 위해 그리고 한일 양국을 위해서 더욱 건강하게 활약하시기를 진심으로 기원해 마지않는다.

청렴을 체질화한 모범 동양인

우쓰미 기요시

일본 코카콜라주식회사 회장

[우쓰미 기요시와의 인터뷰는 1992년 4월 21일 일본 도쿄 마루노우치에 있는 미쓰비시상사 본사에서 있었다.]

"부당한 거래로는 세철소나운 제철소를 만들 수 없다."

▷ 사람에 따라서 한 대상을 보는 견해는 여러 가지일 것으로 봅니다. 우쓰미 사장께서는 박태준 회장을 어떤 사람으로 보고 계시는지요? 그리고 그와의 첫 만남은 어떻게 해서 이루어졌는지가 궁금하군요.

우쓰미 : 나는 박태준 회장과 오랜 기간 동안 여러 모로 교류를 해왔습니다.

우쓰미 기요시(內海清)는 뛰어난 경영전략으로 미쓰비시상사를 일본 제1의 기업으로 만드는 데 크게 기여했으며, 일본 후지코카콜라주식회사 회장, 상담(고문)역도 지냈다. 게이오(慶應)대학 경제학부를 졸업한 그는 바로 미쓰비시상사에 입사하여 회계부, 기계부 등에 근무를 하다 중기부로 옮겨 차장, 부장, 본부장, 고문 등을 역임했다. 미쓰비시상사를 퇴직한 뒤 일본 후지코카콜라주식회사 사장으로 자리를 옮겨 사세를 확장했으며 6년 뒤에 회장으로 승진하였다. 일본 재계에서는 그를 '경영전략의 귀재'라 일컬을 만큼 능력을 인정했다.

물론 일을 통한 접촉이 주였습니다. 따라서 그와 나 사이에는 일에 얽힌 이야기가 꽤 많이 있는 편이지요. 일을 떠나 하나의 자연인으로서의 박태준 씨를 보는 눈은 사람에 따라 다를 수가 있겠지만, 나로서는 박 회장을 첫 번째 만남부터 상당히 특이한 인상을 준 사람으로 기억합니다.

처음으로 그를 대했던 것은 역시 박 회장이 이룩한 포항제철이라는 회사와의 일을 통한 접촉이었습니다. 어쨌든 그 이후 많은 접촉을 통해 그에 대한 좋은 인상이 계속 쌓여져갔다고 말할 수 있습니다.

얼마 전 나는 포항제철로부터 곧 창립 25주년을 맞게 되는 포항제철을 위해 남길 이야기가 있으면 글로 써 달라는 원고 청탁을 받은 일이 있습니다. 그때 나는 누구든지 궁금해하는 내용인, 당시의 포항제철 설립비용 차관선이 일본으로 바뀐 것에 대해서만 썼습니다. 왜냐하면 내가 알고 있는 포항제철과 박 회장에 대한 이야기는 너무 많았기 때문이지요. 그것을 모두 쓰려면 아마 책 1권의 분량은 될 겁니다.

여기에서도 마찬가지예요. 박태준 씨와 얽힌 이야기를 하자면 몇 날 밤을 새워도 다 하지 못할 겁니다. 그러니 간단하게 아주 나의 기억에 남는 이야기만 하기로 하지요.

당시 우리 회사(미쓰비시)에 후지노(藤野)라는 분이 사장으로 있었습니다. 그 분이 우연한 기회에 박정희 대통령을 뵙고는 박 대통령의 애국심에 감탄을 했다고 했어요. 어떻게 해서든지 나라를 잘살게 해야 한다는 그의 정열과 의욕에 대하여 깊은 감명을 받았다는 거지요. 그때에 박 대통령과 후지노 사장 간에는 제철소 건설에 대한 많은 논의가 있었다고 합니다. 당시 후지노 사장은 한국에서 종합제철소를 건설한다는 것을 시기상조로 생각했다고 합니다. 그런데 박 대통령이 이 문제에 대해 너무나 정열적이다 보니, 그 열의와 의욕에 숙연해지더라는 것이었습니다. 박 대통령은 기초산업의 건설을 위한 여러 가지의 구상을 펼쳤는데, 그중에서도 종합제철소는 눈앞의 문제가 아닌 국가의 백년대계를 위한 기초작업이라고 하면서 후지노 사장을 설득하더라고 합디다. 그때 후지노 씨가 깊은 감명을 받았다는 것입니다.

박 대통령의 열의에 감동한 후지노 씨는 할 수 있는 한 기꺼이 협력하겠다고 약속했다고 합니다. 일본으로 귀국한 그는 즉시 후쿠다(福田) 대장대신(재무장관)을 만나 한국의 종합제철 건설을 위한 차관을 고려해 달라고 요청했는데, 이 일이 포항제철 건설의 시발점이 된 것입니다.

사실 그 이전부터 후지노 사장은 박태준 씨가 사장을 맡고 있던 텅스텐 회사(대한중석)와 일 관계로 박 회장을 잘 알고 있었지요. 그래서 속으로 '이런 프로젝트라면 박태준 씨가 최적임자일 텐데'라고 생각했었다고 하더군요. 어쨌든 후지노 사장도 이 계획에 대해서 나름대로 열의를 갖고 있었기 때문에 어떤 방법으로든 한국 정부에 협력해야겠다고 생각했다는 것입니다.

나는 후지노 사장의 소개로 박태준 씨를 만나게 됐는데, 첫 만남에서 '아! 이 사람은 보통 사람과 나르구나'라고 느꼈습니다. 거기에 박 대통령의 제철소 건설의지가 대단한 열의로 전달돼와서, 나 역시 이 사업을 적극적으로 도와야겠다는 생각이 들었던 것입니다.

나는 후지노 사장이 후쿠다 대장대신을 만나러 갔을 때에 함께 갔었기 때문에 당시의 일을 잘 기억하고 있습니다. 이 일이 성사가 되기까지에는 여러 가지 숨은 뒷이야기가 있습니다.

이런 일이 있었어요. 어느 날, 일본의 모 상사(商社) 사장이 전화를 걸어왔어요. 그는 나와 긴밀히 나눌 이야기가 있으니 은밀하게 만나자고 하더군요. 그래서 그와 만났는데 그 사람이 대뜸 "사실은 어떤 한국 사람이 박 대통령의 밀사로 일본에 와있는데 포항제철의 안건에 대해서는 그 사람이 전반적인 책임을 지고 있다."고 하면서 그 사람과 자기가 거래를 하기로 했다고 해요. 그러면서 일본으로부터 자재를 매입하게 되면 자기 회사를 통해서 해야 하는데, 자신으로서는 벅차니까 미쓰비시도 함께 거래했으면 좋겠다는 이야기였어요. 그 사람은 미쓰비시상사의 후지노 사장이 포항제철 건으로 정계 사람들과 폭넓게 교섭을 벌이고 있다는 사실을 알고 이런 제안을 한 것이었어요.

그래서 나는 그 사람에게 "그것은 안 됩니다. 나는 그런 식의 비공개적 협력은 할 수가 없습니다. 그리고 당신들 역시 그런 식으로 일처리를 하면 안 됩니다. 당신 회사와 미쓰비시가 함께 일을 한다는 것은 좋은 일이나 우리 미쓰비시로서는 절대로 일을 그런 식으로 협력을 할 수 없소이다."라고 딱 잘라 거절했습니다.

그 만남 후 내가 후지노 사장에게 사실대로 이야기했더니 후지노 사장은 나에게 "잘 하셨습니다."라고 말했었지요. 언젠가 그 이야기를 박태준 회장에게도 말했더니, "그 사람은 나에게도 와서 비슷한 말을 하더군요."라고 했던 기억이 납니다. 그러니까 박 회장도 그때에 이미 그 일을 알고 있었던 겁니다.

그 당시에는 이와 흡사한 잡음이 꽤 많이 있었습니다. 이거 또 이야기가 옆길로 흐릅니다만, 종합제철 문제는 그 당시 한국으로서는 대단히 중요한 문제였었지요. 그러다 보니 잡음도 많았고요. 아니 비단 한국뿐만이 아닐 겁니다. 어느 개발도상국이었더라도 제철소 건설이란 대단히 큰 프로젝트였기 때문에 당연히 잡음이 많았을 것입니다. 더티(dirty)한 일화가 많아요. 인도네시아에서도 그런 문제가 있었다고 합니다.

후지노 사장은 "이것은 박 대통령 필생의 프로젝트이니까 미쓰비시의 이익이라든가 하는 것은 고려하지 말자. 따라서 일절 더티한 거래는 말자."라고 종종 나에게 말하곤 했습니다. 나 역시 그런 마음이었기 때문에 언젠가 박태준 씨를 만났을 때, "우리들은 결코 불공정한 거래는 하지 않겠습니다. 그로 인해 미쓰비시가 수주를 못 받게 되어도 전혀 상관없습니다."라고 말했습니다.

박태준 씨 역시 "물론 그런 일이 있어서는 안 되지요. 나는 철저히 사업을 한다는 신념으로 일을 진행할 뿐입니다. 부당한 거래를 했다가는 제철소다운 제철소를 만들 수 없어요. 철두철미하게 원칙대로 일을 해야 합니다."라고 말하는 것이었어요. 당시에 있었던 이야기를 자세하게 하자면 한이 없을 것 같습니다.

처음부터 거간꾼 아이젠버그를 배격한 원칙과 용기

이런 일도 있었습니다. 이건 하나의 에피소드로 남겨두는 편이 좋을 것 같군요. 당시 야하다(八幡)제철소가 브라질의 우지미나스제철소의 건설을 맡고 있었습니다. 그런데 개발도상국의 이와 같은 대규모 프로젝트에 한몫을 볼까 하여 끼어들기로 유명한 유태인인 아이젠버그라는 사람이 있었습니다. 그런데 이 사람이 이 프로젝트에 끼어들어 야료를 부리기 시작했어요. 아이젠버그가 야하다제철소의 어느 간부와 결탁하여 이 프로젝트에서 이권을 챙기려 한 겁니다.

그러나 박태준 씨는 이 사람들에 대한 정보를 이미 알고 있었어요. 하루는 박태준 씨가 당시 야하다제철소의 사장이었던 이나야마 씨에게 "야하다제철소의 간부 가운데 한 사람이 그런 일에 말려들었다면, 나는 이번 일을 야하다가 아닌 후지(富士)제철소와 하겠습니다."라고 말했다는 것입니다. 이에 깜짝 놀란 이나야마 씨는 이 일을 후지제철소의 컨설턴트에 위임시킨 거지요. 후지제철소의 아리가(有加) 씨가 등장케 된 것은 이런 연유에서였지요. 이 사실은 이제까지 잘 알려져 있지 않은 일화 중 하나입니다.

일본에서 있었던 일이니까 이 소문이 널리 퍼지지 않았던 것입니다. 아이젠버그가 여러 경로를 통해 포항제철 프로젝트에 끼어들려고 했는데, 박태준 씨가 미리 알고 그를 배제시킨 것이지요. 이런 것만 보더라도 박태준 씨가 대단히 깨끗한 사람임을 알 수 있습니다.

공무수행에 있어 그만한 사람을 찾기가 퍽 어렵습니다. 만약 그 당시 박태준 씨가 애매한 태도를 취했더라면 비단 이 일뿐 아니라 많은 일들이 제대로 풀리지 않았을 것입니다. 그 당시 이런 더티한 뒷거래들이 적잖게 있었기 때문이지요. 그런 일에 말려들면 플랜트의 코스트도 당연히 높아질 수밖에 없지요. 박태준 씨의 엄정한 관리가 포항제철을 성공시킨 큰 원인이 되었다고 볼 수 있습니다.

대역사를 완성한, 꾸밈없고 소탈한 사람

▷ 아이젠버그라는 국제 거간꾼이 포항제철의 프로젝트에 어떻게 해서든지 끼어들려고 암약했다는 사실은 초기 포철 창설 작업에 종사했던 사람들 사이에서는 알려진 이야기입니다. 그가 끼어들지 못한 것이 박 회장의 엄정한 태도 때문이었군요. 그런데 이 일화는 아직 공개되지 않았던 것이란 말씀이지요? 그 밖에 또 다른 에피소드는 없습니까?

우쓰미 : 나는 포항제철소를 볼 때마다, 그리고 지난 초기의 어려웠던 시기를 회상할 때마다, 이 제철소는 박 대통령의 열의와 의지를 박태준 씨가 완성시킨 것이라 생각하고 있어요. 한국사를 잘 모릅니다만 한국 산업사에서 가장 큰 업적을 남긴 셈이겠지요. 이만한 대역사(大役事)는 일본에서도 흔하지 않습니다. 이 대역사를 박 대통령이 시발시켰고 박태준 씨가 추진하여 완성한 것이지요.

포철의 제1기 고로가 완성되었을 때에 후지노 사장이 너무 좋아하더군요. 그 당시 후지노 사장은 박태준 씨에게 "이 제철소는 박 대통령의 의지로 시작된 것이지만, 실제로 기획에서 완성까지의 공로자는 박태준 씨 당신이오."라고 하며 극구 찬양하던 것이 기억납니다. 후지노 사장이 자기 일처럼 기뻐했었어요.

이런저런 관계도 있고 해서 박태준 씨와 후지노 씨는 정말 서로 가까운 동지 같은 교감을 느꼈을 겁니다. 박태준 씨는 후지노 사장에 대해 깍듯한 예를 다 했다고 들었어요. 일본에 오면 반드시 후지노 사장에게 연락해서 만나곤 했지요. 후지노 사장도 박태준 씨라면 백년지기를 만난 듯 좋아했습니다.

거듭 말씀드립니다만, 이 포항제철은 박 대통령의 위대한 기상과 박태준 씨의 결단력과 추진력, 실행력 그리고 그의 고결한 인품이 낳은 걸작이라고 해도 과언이 아닐 것입니다.

또 한 가지 제가 아는 이야기가 있습니다. 뒤에 상공부 장관을 지낸 안병화(安秉華) 씨 등이 젊었을 때였는데, 그 당시 일본에 와있던 안병화 씨를 포함한 그 또래의 젊은이들과 박태준 씨가 1박 2일의 여행을 떠났던 일이 있어요. 그런네 박태준 씨는 그 젊은이들과 함께 거리낌 없이 어울려 놀았습니다. 나는 그때에 '박 회장이 큰 프로젝트를 원만히 수행하기 위해서는 이런 젊은이들과도 쉽게 어울려 호흡을 맞추는구나.'라고 생각하고는 그의 마음 씀씀이가 참으로 넓고도 깊다고 감탄했던 일이 있습니다.

포철이 저렇게 커지다 보니 박태준 회장은 이제 우리와 격이 다른 사람이 된 듯이 느껴진다는 사람도 있지만, 나로서는 그 당시에 여관방에서 젊은 사람들과 함께 떠들썩하게 어울리던 박 회장의 꾸밈없고 소탈한 모습이 그대로 가슴에 간직되어 있습니다.

결단, 애국심, 리더십이 포철 대성취를 이끌었다

▷ 박태준 회장 특유의 리더십이라고 보아도 좋을 것 같군요. 그런 리더십이 곧 오늘의 포철을 이룩한 초석이 된 셈인데……. 포철과 직접 연관시키지 않은 것으로서 그의 신념, 경영철학, 인간관계, 국가관 등을 말해주는 에피소드는 없을까요?

우쓰미 : 이제까지 말씀드린 이야기 가운데에 그런 것들이 다 끼어있다고 사료됩니다만……. 역시 포철 건설 작업 속에서 박 회장의 신념, 철학, 국가관, 인격, 개성 등이 잘 드러나 있다고 봅니다. 포철 창설 당시 여러 가지 복잡한 사안이 있었을 때에 보여준 박태준 씨의 결단, 애국심, 신념 등이 갖가지 잡음을 일소하고, 사업을 바른 궤도에 올려놓지 않았습니까? 그중에서도 부하를 통솔하는 능력은 발군이었다고 생각됩니다. 그러나 제가 느낀 박태준 씨의 가장 큰 장점은 고결한 인격과 우수한 리더십이라고 되풀이하여 말할 수 있겠습니다.

박 회장의 사생활에 대해서는 그리 깊게 알고 있지 못합니다만, 나는 그가 대단히 가정적이면서도 자상한 분이라고 생각합니다. 박태준 씨와 대화를 나누다 보면 적지 않게 가족에 대한 말이 나옵니다. 딸 이야기라든가 사위 이야기, 그리고 막내아들 이야기 등, 아마 막내가 MIT를 졸업했을걸요? 박 회장이 가정을 대단히 아끼고 있는 가정적인 사람이라는 인상을 나는 깊게 받고 있습니다.

밀실 거래의 정계(政界)에서 청렴과 정직이 통하겠는가?

▷ 현재 박태준 회장이 정치에 관여하고 있는 것에 대해 어떻게 보십니까?

우쓰미 : 이것은 나의 개인적인 소견입니다만, 우선 한국의 정계 생리가 어

떤지를 잘 모릅니다. 그래서 뭐라고 이야기하기가 어렵습니다. 그러나 우리 일본이나 다른 나라에서는 정계라고 하면 여러 가지 잡다한 요소가 많고 뭔가 혼돈스럽다는 느낌을 줍니다. 그것을 '더티(dirty)하다'라고까지는 감히 말하고 싶지 않습니다만, 한국의 정계 생리 역시 별로 다를 것이 없다고 가정한다면 박태준 씨에게는 정치가 맞지 않을 것 같은 느낌이 듭니다. 제 생각으로는 박태준 씨가 그런 정치의 영향을 받는……, 뭐랄까……, 소위 정치가라든가 정객 같은 그런 사람이 되지 않는 편이 좋지 않을까 합니다.

물론 이것은 오로지 나 개인의 생각입니다. 정치의 세계를 나는 잘 모르지만, 정치라는 단어에서 풍기는 부정적이고 뭔가 냄새가 나는 듯한 이미지는 어느 나라에서든 별 차이가 없을 겁니다. 여러 가지 일들이 밀실에서 거래되는 것이 정계에서는 다반사이며, 또 그렇게 할 수 있는 테크닉을 갖추어야 하는 것이 정치인이 아닐까 해요. 이런 세계가 밝고 정직하고 곧은 인격을 갖고 있는 박 회장에게 맞는다고 저는 감히 보지 않습니다. 그가 정계에 입문한 사실에는 저 역시 많은 의문을 갖고 있어요.

그러나 한국의 금후 사정을 생각해 보면, 즉 정치에 경제가 얼마나 큰 형태로 영향을 주는지를 고려하고, 현재 한국이 처해있는 어려운 경제 상황을 해결하는 데에 정치가 할 수 있는 역할 등을 고려한다면 다르게 볼 수도 있습니다. 이러한 때에 경제를 잘 알고 있는 사람이 정치 분야에 들어서는 것이 한국을 위한 하나의 방법이 되지 않겠나 하는 생각도 하게 됩니다.

그간 한국에서의 박태준 씨에 대한 사정을 잘 알고 있지 못합니다만, 박태준 씨를 대통령 후보로 밀려던 움직임의 배경에는 틀림없이 '금후의 대통령은 경제를 잘 알아야 한다.'고 인식한 정치그룹이 있어, 그를 내세운 것이 아닌가 하고 짐작만 할 뿐입니다.

그런 의미에서 박태준 씨가 정계에 나서서 한국의 정치와 경제에 좋은 결과를 가져온다면 좋은 일이기는 하지만, 내가 걱정하는 것은 이제까지 그가 걸어온 경제인으로서의 행보가 정치의 세계에서도 과연 통용될까 하는 것입니다. 만약 그것이 통용된다면 박태준 씨의 경영능력으로 보아 한국은 무한히 비약할 수 있는 계기를 맞을 것이 분명합니다. 그러나 박태준 씨의 인격, 식견, 경험이 정계에서 통용되지 않는다고 가정할 때 박태준 씨의 정계의 진출에 대한 나의 견해는 부정적이며, 그가 '대미지(damage)'만 받게 되지 않을까 하는 걱정이 앞서요. 나의 개인적인 느낌을 솔직하게 말씀드린다면 그런 위험은 피하는 편이 낫지 않을까 합니다.

그러나 이런 면도 있기는 하지요. 박태준 씨는 세계철강연맹 등 국제적 대기업 조직과 잘 통하고 각국의 경제인들을 잘 알고 있으니, 박태준 씨가 세계 경제의 무대에 정치적인 배경을 갖고 등장한다면 한국으로서는 대단히 유리한 입장에 설 수 있지 않을까 하는 생각입니다. 박 회장만큼 세계의 실업계 인사들과 폭넓은 교제를 갖고 있는 사람을 한국에서는 찾아보기 힘들지 않나 생각됩니다.

특히 일본의 경우, 박태준 씨는 경제계의 사람들뿐만 아니라 정계 인사들까지 두루 잘 알고 있지요. 후쿠다 씨, 나카소네 씨, 다케시타 씨 등 역대 수상과 깊이 있는 말을 주고받을 수 있는 사람으로서 박태준 씨 말고 누가 있겠어요?

그런 의미에서 보면 박태준 씨는 이미 한일 양국에서만큼은 정치적인 큰 영향력을 갖고 있는 인사인 셈이지요. 이런 현실을 감안해볼 때 박태준 씨가 정계에서 활동한다면 한국을 위해서 큰 힘이 될 수 있을 거라는 생각은 극히 자연스러운 것이지요. 어쨌든 한국인으로서 경제·정치 양면에 걸쳐 영향력 있는 사람, 그것도 한국 내뿐 아니라 한일 양국의 톱클래스 인사와 대등하게 이야기를 나눌 수 있는 인사란 그 외에는 없을 것 같습니다.

진심어린 우정관계를 귀중히 지키는 순수한 사람

▷ 개인적인 교제관계는 어떠했습니까. 함께 골프를 한다든가, 술자리를 가졌다든가 한 일이 있으신지요?

우쓰미 : 저는 골프를 하지 않습니다. 그러나 박 회장과 함께 식사한 일, 함께 앉아 이야기를 나눈 일은 셀 수 없이 많지요. 박태준 씨는 상당한 미식가여서 어느 집 음식 맛은 어떻다든가, 어디에 가면 꽤 좋은 음식이 있다든가 하면서 찾아 나서기를 좋아하는 타입인데, 나 역시 음식점을 찾아다니면서 입에 맞는 것을 고르는 축에 들기 때문에 서로 안내를 하고 함께 식사한 적이 많아요.

그리고 매우 오래된 약속이긴 합니다만 박태준 씨가 "우쓰미 씨, 포항제철 일이 일단락되면 함께 일본 동북지방의 시골 온천에 한번 갑시다."라는 말을 나에게 했는데 여태껏 실현되지는 못하고 있습니다.

아! 그렇군요. 한 가지 잊지 못할 추억이 있습니다. 약 12년 전쯤이었을 겁니다. 제가 미쓰비시상사의 상무이사직을 맡고 있을 때에 심근경색(心筋梗塞)을 앓았던 일이 있어요. 병원에서 치료를 받고 퇴원한 후 회사에 나와 쉬어가면서 일을 보고 있던 시절, 어느 날 박태준 씨로부터 연락이 왔어요. 그는 다짜고짜 "우쓰미 씨, 여행을 할 수 있을 만큼 몸이 회복되거든 동부인해서 한국에 놀러 오세요. 제가 모든 것을 준비할 테니 부담 갖지 말고 오세요."라면서 저희 부부를 한국으로 초청했어요.

그때 그의 초청은 정말 눈물 나도록 고맙더군요. 집사람도 한국 여행을 한 번도 한 일이 없었기 때문에 매우 즐거워했어요. 몸이 회복되자 우리 부부는 경주에서 서울까지……. 정말 재미있게 지냈습니다. 박태준 씨는 서울에서 저와 지면이 있던 사람은 물론, 일면식도 없던 사람까지 초청하여 큰 파티를 열어주었습니다. 그때 그 일은 정말 고마웠습니다. 일을 통해 박태준 씨를 알게 되었고 업무상 서로 도움을 주고받았습니다만, 그때는 그와 관계되는 일에서 손을 뗀 지 오래되었고, 그것도 퇴원 직후의 무료하던 시기에 잊지 않고 우정을 베풀어준 박태준 씨에게 정말 감격했습니다.

마지막으로 한마디 더 말할 것이 있습니다. 박태준 씨는 사람과 사귈 때에 마음으로부터 나오는 진심으로 접촉을 하는 사람이라는 점입니다. 보통 사람들의 교우를 보자면 일을 통해서 접촉하게 되고 일이 끝나면 그 접촉이 끊어지는 것이 상례지요. 그러나 일을 떠나 친구로서 우정을 맺고 인간 대 인간으로서의 교류를 가질 수도 있지 않아요? 박태준 씨는 그런 인간관계를 귀하게 여기는 순수한 사람입니다. 나는 그런 것이 사람에게 있어 가장 중요한 요소라고 생각합니다.

사실 서로 통하는 마음이 없으며 일도 잘 되지 않아요. 앞서 이야기한 것처럼 박태준 씨와 나는, 미쓰비시상사의 우쓰미와 포항제철의 박태준이라는 입장에서 업무상의 일로 맺어졌고 일을 통한 접촉을 했습니다. 그러나 비록 업무상의 접촉이 끝났다고 하더라도 사람의 마음을 잇는 따스한 교류를 박태준 씨는 더 귀하게 아는, 참으로 의리 있는 사람이었습니다.

내가 그 일을 잊지 못해 하는 것은 내가 육체적, 정신적으로 우울했던 때에 나를 기억해주고 사기를 돋우어준 박 회장의 마음씨 때문이지요. 박태준 씨는 그런 자상한 우정을 갖고 있는, 이 시대 재계에서는 매우 보기 드문 사람입니다.*

---

* 이 책 3부에 나오는 모든 인터뷰는 안상기(安商淇, 생몰년도 미상)가 진행하고 정리했다는 점을 밝혀둔다. 경남 마산에서 태어난 안상기는 미국 플로리다주립대학에서 교육학 석·박사 학위를 받은 뒤 미국 매릴랜드 주립 카핀대학교에서 교수를 역임했다.

불 같은 의지와 신념의 사내, 거시적인 안목의 설계자

후쿠다 다케오

전 일본 수상

나보다 어리지만 나이가 많은 분(?)

박 선생은 나보다 나이가 훨씬 많으신 분이다(명치 38년생인 후쿠다 씨는 서기 1905년생이다. 그는 항상 자신의 나이를 38세라 칭하면서 1927년생인 박 회장을 대선배라 부르며 선생이란 호칭을 쓴다: 편집자 주). 나를 포함해서 박 선생을 아는 일본의 정·재계 인사들은 그를 친형제처럼 생각한다.

실례로 지금 내가 맡고 있는 한일협력위원회의 일본 측 회원들과 회합을 가진 적이 있었다. 그 회합은 지난 총선으로 한국 측 위원회 주요 멤버들이 교체

후쿠다 다케오(福田赳夫)는 일본 정계의 대부로서 한 시대를 풍미한 인물이다. 도쿄(東京)대학 법학부를 졸업하고 대장성에 들어가 관료로서 엘리트 코스를 밟았으며, 1947년에는 대장성의 노른자위라 할 수 있는 주계국장(主計局長)을 지냈다. 그 뒤 정계로 투신해 1952년에 고향인 군마현(群馬縣)에서 중의원으로 당선되고 나서 내리 연속 당선됨으로써 그가 속한 자민당을 리드하게 되었다. 일본 자민당의 간사장, 정조회장(政調會長) 등 요직을 거쳐 1959년에는 농상, 재무상, 외상직을 맡아 각료로서 자질을 마음껏 발휘했으며, 1978년에는 수상을 맡았다.

되어 서로 얼굴을 익히기 위해 우리가 한국을 방문하자는 의제로 모인 것이었다. 그곳에는 평소 한국에 대해 좋지 않은 시선을 보내던 사회당 소속 의원들도 포함되어 있었다. 그런데 이야기가 진행되다 보니 누군가에게서 박 선생에 대한 이야기가 나왔다. 그러자 너도나도 박 선생에 대한 이야기를 하기 시작하는데 결국 의제는 뒤로하고 박 선생을 칭송하는 자리가 되고 말았다. 이 이야기는 그래도 일본에서는 내로라하는 사람들이 박 선생에 대해서만큼은 한 수 꺾이고 들어간다는 뜻이다.

박 선생과 나의 첫 만남은 내가 대장성 대신(재무장관)직을 맡고 있을 때였다. 1965년 당시 사토(佐藤) 내각이 출범하면서 최초로 다룬 국제문제가 한일기본조약을 체결하는 것이었다. 나 역시 이전부터 일본 제국주의에 의해 수탈을 당했던 한국에 대해 많은 관심을 가지고 있었기 때문에 이 문제에 적극적으로 대처했다. 그 결과 한일기본조약이 체결되기에 이르렀고, 드디어 한일관계가 정상화의 길을 걷게 되었다.

그 과정에서 나는 대장성 대신, 외무성 대신(외무부 장관), 그리고 집권 자민당의 간사장으로서 깊이 관여한 바가 있다. 그렇기에 나는 한국의 경제개발 추진계획에 대해서도 잘 알고 있었다.

당시 한국에서 강력하게 추진되고 있던 것이 바로 철강산업이었다. 일본에서도 '철은 곧 국가다'라는 말이 있을 정도로 철강산업에 온 힘을 기울이던 때가 있었다. 사실 한국에서도 그 사정은 마찬가지였다. 기간산업으로서 철강산업이 존재하지 않는 한 여타 산업이란 사상누각과 같은 것이 아니겠는가? 그리고 철강산업이 없는 상태에서 경제개발 계획이란 자체도 무의미한 것이다.

그 와중에서 나는 한국 정부가 박 선생을 주축으로 하여 본격적으로 제철소 건설을 추진한다는 소문을 듣고 있었다. 그 무렵 나는 한일각료회담의 위원으로서 한국을 자주 방문하게 되었고, 그러다 보니 한국의 여러 지도자들과도 접할 수 있었다. 바로 이때에 박 선생도 만날 수 있었다. 박 선생은 처음 만나는 자리에서 한국의 철강산업을 발전시키기 위한 여러 가지 계획을 나에게 이야기해 주었고, 철강산업을 발전시켜 국가건설의 토대를 만들겠다는 의지를 보였다.

그때 나는 박 선생으로부터 진한 감동을 받았다. 한국동란으로 인해 폐허가 된 와중에서도 철강산업을 일으켜 국가건설의 초석이 되겠다는 그의 기백에 압도되었다. 이때부터 나는 '박 선생은 장차 한국사회의 장래를 짊어지고 나갈 중요한 위치에 오를 큰 인물이다.'라는 생각을 가지고 박 선생의 일거일동을 예의주시해 온 것이다.

박 선생의 인품이 훌륭한 것은 말할 나위도 없다. 게다가 일본어에 능통하다 보니 일본 재계에서 중요한 위치에 있는 사람들과 폭넓게 교제할 수 있었다. 박 선생을 만나본 사람들은 하나같이 박 선생의 인품과 박력에 매료되고 말았다. 그들은 이구동성으로 박 선생을 칭송하면서 그의 장래에 대해 기대를 하는 것이었다.

우리의 기대에 어긋나지 않게 박 선생은 철강산업에 국한된 인물이 아니라 국가 전체를, 그리고 한국에 국한되지 않고 적어도 동북아시아 내지는 태평양시대를 생각하는 것이었다. 그는 군대의 경험을 사회에 활용하여 대국적이고 거시적인 안목에서 장래를 생각하는 사람이었다. 무엇보다 그는 청렴했다. 그를 잘 알지 못하는 몇몇 도랑물의 미꾸라지 같은 일본인들이 그를 이용해서 돈을 벌어보고자 박 선생 주위에 얼씬거리기도 했지만 어림도 없는 일이었다. 그와 같은 소인배들과는 얼굴도 마주치기를 꺼리는 박 선생을 보고서는 저런 분이 있음으로 해서 한국의 장래는 밝다고 느낀 적이 한두 번이 아니었다.

어쨌든 포항제철은 순조로운 발전을 거듭하였다. 그 과정에서 박 선생을 흠모하던 우리 일본의 정·재계 우인들은 국경을 초월하여 진심으로 박 선생의 일에 협력했으며 그와의 친교를 하나의 자랑거리로 생각했다.

부드러우면서도 강한 남자

1979년의 일이었을 거다. 박 대통령이 불의의 사고로 서거하던 해였으니까. 그해 나는 박 대통령의 초청으로 한국을 방문했다. 박 대통령은 나를 반가이 맞으며 이렇게 말했다.

"평소에 우리나라에 대해 선의의 협력을 해준 데 대해 감사드립니다. 체류하는 동안 꼭 하고 싶은 것이 있으면 말씀하세요. 무엇이든 들어드리겠소."

나는 박 대통령의 호의 어린 제의에 무어라고 대답할까 망설이다가 불현듯 박 선생의 모습을 떠올렸다.

"각하, 박태준 선생을 만나고 싶습니다. 기왕이면 그것도 포항제철을 방문하여 그를 만나고 싶습니다."

이 말을 들은 박 대통령은

"그 사람 국제적으로 팬이 많구먼, 좋습니다. 가는 길에 경주에도 들러 마음껏 구경하십시오."

하고 쾌히 승낙하며 교통편까지 제공해 주었다.

나는 기쁜 마음으로 포항을 향했다. 우리 일행은 곧 포항 비행장에 도착할 수 있었다. 그런데 나는 약간 섭섭한 마음이 있었다. 그것은 아무리 둘러보아도 공항에 박 선생이 보이지 않았기 때문이었다.

'아무리 바쁘다고 하더라도 나는 그가 보고 싶어 일부러 대통령에게 부탁하고 포항으로 내려왔는데……. 그것도 사전에 도착 시간까지 알려주었는데…….'

그런 섭섭한 생각을 가누고 있었을 때, 작업복 차림의 어떤 사내가 나에게

다가오는 것이었다.

가까이에서야 나는 그가 누구인가를 알 수 있었다. 바로 박 선생이었던 것이다. 작업복 차림에 워커를 신고 헬멧을 쓴……. 그러니 내가 알아볼 수 없었던 것이다.

"어서 오십시오. 반갑습니다. 마침 작업 중이어서 옷을 갈아입지 못했습니다. 용서하십시오."

박 선생은 예의 밝은 웃음을 지으며 나의 손을 잡는 것이었다. 조금 전의 섭섭했던 마음은 눈 녹듯 사라지고, 나는 그의 손을 잡고 기뻐서 어쩔 줄 몰랐다.

'그래, 최고경영자가 스스로 작업복을 입고 진두지휘를 하니 포항제철이 성공하지 않을 수 없겠구나.'

나는 잠시 휴식을 취한 후, 박 선생이 혼신의 힘을 다해 이룩한 포항제철 공장 견학을 했다. 공장 견학 중, 박 선생은 나에게 상세하게 설명해주었다.

"지금은 포항제철의 연간 생산능력이 200만 톤입니다만, 최종적으로는 1200만 톤까지 생산 라인을 늘릴 것입니나."

나는 깜짝 놀랐다. 과거 일본이 2차 대전을 일으킬 당시 일본의 제철 생산능력이 연간 500만 톤이었다. 이 500만 톤의 철강 생산고를 가지고도 4년 동안 전 세계를 상대로 싸우기에 힘이 부치지 않았다. 그런데 독립 후 아직도 기간산업이 전무한데다 근대산업 경험이 일천한 분단국가에서 연간 1200만 톤 생산능력을 갖춘 제철소를 세우다니……. 박 선생이 자신을 너무 과신하고 있지 않는가 하는 생각이 들 정도였다.

나의 부정적인 태도를 본 박 선생은 일자로 입을 굳게 다문 채 아무 말도 않고 있다가 조심스럽게, 그러나 단호한 어조로 말했다.

"나는 해냅니다. 기어코 해냅니다. 그것이 내가 이 땅에 태어난 뜻입니다."

나는 그의 단호한 태도에 '박 선생이라면 가능할지도 모른다. 그러나 많은 기간이 소요될 것이다.'라고만 생각했다.

그런데 결과는 어떠한가? 그는 나의 예측을 비웃기라도 하듯 그 일을 해냈다. 경이로운 일이 아닐 수 없다. 박 선생이 아니라면 어느 누가 그 엄청난 일을 해낼 수 있겠는가? 나는 새삼 그의 인품과 업적에 존경심을 금할 수 없었다.

견학 중 또 하나 느낀 것은 공장의 분위기였다. 무엇 하나 정리되지 않은 것이 없을 정도로 깨끗한 공장 내부, 의욕을 가지고 진심으로 박 선생을 따르며 열심히 일하는 종업원들의 모습에서 참으로 기쁘고 감격적인 마음을 금할 길 없었다. 진심으로 최고경영자를 따르는 분위기가 공장 전체를 휘감고 있었던 것이다.

지금도 그때의 생각을 하면 가슴이 뿌듯해진다. 박 선생이야말로 철강산업뿐 아니라 한국사회 전체를 보다 풍요롭게 주도할 수 있는 사람이란 생각을 떨쳐버릴 수가 없다.

박 선생은 매사에 최선을 다하는 사람이다. 또한 애국심이 지극한 사람이다. 나는 박 선생과 오늘까지 개인적인 친분을 맺고 있음을 극히 자랑스러운 일로 여기고 있다. 박 선생을 대할 때면 마치 훈훈한 봄바람이 불어오는 것 같은 화기가 감돈다고 이야기하는 사람이 많다. 그것은 그가 한 치의 거짓 없이 진실로 사람을 대한다는 증거이기도 하다. 그러나 유연한 것만은 아니다. 겉으로는 부드럽지만 안으로는 불 같은 의지와 신념으로 똘똘 뭉쳐진 사내인 것이다.

진정한 애국심으로 무장한 국제 신사

나카소네 야스히로

전 일본 수상

진정한 애국자

내가 박태준 선생을 만난 것은 1965년을 전후한 때였다. 당시는 국교정상화를 위한 한일기본조약이 체결될 무렵이었다. 그러니까 박 선생과의 친교는 오늘에 이르기까지 상당히 오랫동안 지속되고 있는 셈이다. 먼저 박정희 대통령을 비롯해서 장기영, 김종필 씨 등과 알고 지내게 되었는데 같은 시기에 박 선생과도 사귀게 된 것이다.

그즈음 한국 정부는 종합제철소의 건설계획을 세워 세계은행에 지원을 요

나카소네 야스히로(中曾根康弘)는 뛰어난 두뇌, 탁월한 친화력을 바탕으로 일본 수상 직까지 오른 입지적 인물이다. 1918년 일본 군마현(群馬縣)에서 출생하여 도쿄(東京)대학 법학부를 졸업하고 고등문관 시험에 합격해 관계(내무성)에 진출했다. 내무성 재직 때, 장부의 뜻을 펼치기 위해 안정된 코스인 행정 관료로서의 길을 포기하고 험난한 정계의 길로 나아가 약관 28세로 국회에 진출했다. 1959년 기시 노부스케(岸信介) 수상에게 발탁되어 과학기술처장관, 방위청장관, 운수상, 통산상 등 행정부 요직을 거치고 자민당의 노른자위라 할 수 있는 간사장을 맡으면서부터 그의 정치적 역량을 과시하였다. 1982년 스즈키 젠코(鈴木善幸) 후임으로 일본 수상에 올라 독특한 리더십을 바탕으로 일본 정부를 이끌었다. 수상에서 물러난 뒤 국제평화연구소를 설립하여 지구촌 평화를 위한 일에 몰두했다.

청했었다. 그러나 세계은행이 불가능하다는 통보를 해옴으로써 난관에 부딪히게 되었고, 따라서 한국 정부는 김학렬 부총리를 중심으로 한일각료회의에서 일본의 협력을 도출하기 위한 추진을 시작했었다. 그 프로젝트의 최고 사령관은 박 대통령이었고 김 부총리 등이 지휘부대를 이끌고 있었지만, 뭐니 뭐니 해도 실천부대의 총책임자인 박 선생의 노력이 일본의 협력을 도출해냈던 것으로 보는 것이 타당할 것이다. 그는 이 프로젝트를 완성하기 위해 보는 이들이 오히려 안타까워할 정도로 열심히 뛰어다녔다.

일본 측은 박 선생의 진지한 노력에 감동을 받았다. 당시 일본의 철강업계를 이끌고 있던 후지제철의 나가노 시게오(永野重雄) 사장, 야하다제철의 이나야마 요시히로(滔山嘉寬) 사장, 일본강관(日本鋼管)의 아카사카 타게시(赤坂武) 사장 등과 정계의 시나 에쓰사부로(椎名悅三郞), 아이치 키이치(愛知揆一) 선생, 경단련(經團聯)의 우에무라 고고로(植村甲午郞) 회장 등이 박 선생의 열의에 감동되어 한국의 종합제철소 건설에 진지한 노력을 기울이게 되었던 것이다.

결국 우리 일본 정부의 대장성, 통산성, 외무성도 이들의 적극적인 건의에 따라 한국에서의 종합제철소 건설 타당성을 조사하기 위한 조사단을 구성하기에 이르렀다. 후에 JETRO의 이사장이 된 아카자와 쇼이치(赤澤璋一) 경제기획청 조정국장이 단장이 되어 한국에 조사단을 인솔하고 갔다. 아카자와는 조사보고서를 통하여 일본 정부가 협력을 하는 것이 바람직하다는 건의를 해왔고, 이에 일본 정부는 기꺼이 이에 협력하기로 최종결정을 내린 것이다.

아카자와 씨는 한국 정부에 건설자금의 금리를 싸게 사는 방안을 비롯해서 채산성을 맞추는 방법 등 여러 모로 유익한 제의를 했고, 박 대통령이 이를 받아들여 대일청구권 자금의 무상분 3억 달러 중 일부를 전용하여 종합제철소 건설에 착수케 된 것이다.

일본의 정계와 재계가 대외협력에 이처럼 합심해서 열성을 보인 것은 매우 드문 일이다. 그 계기는 뭐니 뭐니 해도 작업복 차림으로 진두지휘를 하는 박 선생의 정열적인 모습에서, 그리고 박 선생의 노력과 성실성에 깊은 감명을 받은 나가노 사장과 이나야마 사장의 마음으로부터 우러난 감동에서 비롯된 것으로 안다.

1972년 내가 통산성 대신 재직 시 포항을 방문한 적이 있는데, 그때도 작업복 차림으로 진두지휘를 하고 있는 박 선생을 볼 수 있었다. 거기에서 내가 가장 인상 깊게 느낀 것은 종업원들이 너나없이 박 선생을 마음으로부터 따르고 있다는 점이었다. 그야말로 노사일체가 되어 쉴 새 없이 일을 하고 있었는데, 나는 그런 모습에서 표현할 수 없을 만큼의 큰 감명을 받았다.

모든 사실과 상황으로 미루어, 박 선생이야말로 진정한 애국자일 뿐 아니라 고귀한 인격과 박력 그리고 국제적인 감각을 두루 갖춘 그런 분임을 나는 확신하고 있다. 일본 재계와 정계의 주요 인사들이 제철소 건설에 협력을 아끼지 않게 된 것은 앞서 말한 것처럼 그에게서 정열과 신뢰감, 그리고 감동을 받은 결과라고 믿는다. 박 선생에게 그런 면이 없었더라도 일본의 협력이 가능했을까? 요컨대, 박 선생이 냉철한 판단력, 침착성, 정의감, 부동의 신념과 깊은 사고력 등을 겸비한 고매한 인품의 소유자였기 때문에 일본의 대한 협력을 성공으로 이끌었다는 사실이 중요한 점이다.

앞으로도 한국과 일본은 영원한 협력관계를 유지해야 서로 유익하다. 그러나 이 협력관계는 선의와 신뢰가 바탕이 된 것이라야 한다. 뿐만 아니라 한일 양국은 두 나라의 관계는 물론이고, 아시아 전체의 평화와 상호 신뢰관계를 구축하기 위해 노력을 기울여야 한다고 생각한다.

이러한 신뢰관계가 한일 간에 존재해야만 일본은 한국에서 정권이 바뀌어도 불안을 느끼지 않고 변함없이 협력할 수 있다고 본다. 나는 포항제철 설립 협조를 기반으로 하여 한일 간의 기본적인 유대관계가 공고해짐으로써 양국 간의 상호협조가 원만히 이어져오고 있다고 본다. 여기에는 박 선생의 역할이 매우 큰 영향을 끼쳤다.

내가 한국에 가서 대통령을 만날 때에는 박 선생이 꼭 그 자리에 동석했었다. 청와대 영빈관에서의 공식만찬이 끝나고 나면 예외 없이 2차가 있었는데, 대통령과 박 선생 그리고 나 세 사람만의 자리를 함께하는 것이 통례였고 경우에 따라서는 노래도 불렀다. 나는 주로 한국 노래인 〈노란 셔츠〉를 불렀고, 박 선생은 나를 대접한다는 뜻으로 일본 노래를 자주 불렀는데 모르는 노래가 거의 없을 정도였다. 이처럼 우리 두 사람은 서로 가식 없이 터놓고 지내는 지기지우(知己之友)의 사이가 된 것이다.

태평양시대의 중심 인물

박 선생은 어떤 의미에서 '위대한 국제인'이라 할 수 있다. 그는 세계 각국 정계·재계 지도자들의 존경을 한 몸에 받고 있으며 그들과 진정한 의미에서의 친교를 맺고 있는데, 그것은 박 선생의 코스모폴리탄적 기질에서 비롯된 것이 아닐까? 또한 그의 성실성, 남의 입장을 생각하고 이해해주는 관대함, 그리고 천부적인 리버럴리스트인 동시에 청렴성과 결백성 등 지도자의 모든 조건을 갖춘 데서 오는 결과인 것이다.

박 선생은 한국의 경제·정치 사정은 두말할 나위도 없고, 일본의 모든 정치·경제에도 누구보다 정통한 분이다. 이처럼 다방면에 걸쳐 뛰어난 재능을 겸비한 인물은 일본을 비롯한 세계 어느 나라에서도 눈을 씻고 보아도 드물다.

이제 포항제철도 어언 창립 25주년이 되었다고 한다. 포항제철이 단일 기업으로서 세계 제2위의 기업으로 성장한 데에는 박 선생이 평소 기술관리에 역점을 두어온 것이 가장 중요한 원인이라 생각한다. 그리고 종업원 교육훈련이 철저하게 이루어진 것 또한 중요한 요인이다. 이와 같은 것은 박 선생이 왕년에 군대의 참모 생활과 지휘관 생활 경험에서 터득한 것이라 보는데, 기업경영이나 국가운영에 있어서도 사령탑에 서는 사람은 지휘관과 참모 생활을 두루 경험한 사람이라야 진두에 서서 직원이나 국민들을 이끌어갈 수 있는 것이다.

한국 경제도 이제는 하이테크 시대로 진입하고 있다. 이러한 때에 국제적 명성과 감각을 가진 박 선생의 존재는 매우 크고 중요한 의미를 지니고 있다.

이제부터는 미국과 한국, 일본 등 3개국이 굳게 결속해서 보조를 맞춰나가야 한다. 그것을 누구보다도 잘 인식하고 있는 분이 바로 박 선생이다. 앞으로는 한국과 일본이라는 2개국 관계에 그치지 않고 아시아·태평양 지역의 평화와 안전보장, 경제협력관계를 추진시켜야 할 단계에 이르고 있다. 거기에는 중국과 러시아도 관련될 수밖에 없다. 하지만 보기에 따라서는 희망적인 것뿐 아니라 어떤 의미에서는 위험성도 내재하고 있다. 말하자면 독재나 패권주의를 막아가면서 상호발전을 꾀하여야만 되는데, 그중심 추진세력이 되는 한국·일본·미국의 3국 협조가 가장 긴요한 기본조건이라고 생각하며, 이 일을 추진할 인물로서 박 선생이 제1인자일 것이라고 보는 것이 나의 신념이다.

또한 아시아 여러 국가들과 오세아니아 국가들이 미국 하원의장의 동의 아래 〈태평양의원연맹〉을 결성하기 위해 가까운 장래에 한국이나 일본에서 창설대회를 열기로 켄버라의 준비회의에서 의견을 모았다는데, 이 대회에서도 박 선생의 활약이 크게 기대되고 있다.

지금 박 선생은 정계에 진출, 한일의원연맹 회장으로서 다케시타 일본 측 회장의 카운터파트가 되어 양측의 거중 역을 담당하고 있다. 일본 측 인사들은 박 선생에게 무조건적인 신뢰를 보내고 있기 때문에 앞으로도 박 선생이 건재하는 한, 한일 관계는 굳건한 바탕 위에서 발전을 할 것으로 본다.

어쨌든 정치, 경제에 대한 실천적 경험을 이처럼 풍부하게 쌓아온 인물은 세계에서도 그리 흔치 않다. 아시아, 태평양 그리고 한국과 일본을 위해서도 박 선생의 활약을 기대하는 바가 크다고 할 수 있다.

자유와 평등을 동시에 생각하는 리더십

다케시타 노보루

전 일본 수상

[다케시타 노보루와 인터뷰는 1992년 6월 27일 도쿄 한일의원연맹 회장 사무실에서 있었다.]

자유와 평등을 동시에 생각하는 나의 친구

▷ 다케시타 씨께서는 자신과 박태준 회장과의 친분관계를 어떻게 생각하십니까? 그리고 박 회장과의 첫 만남은 어떻게 이루어졌습니까?

다케시타 : 박태준 씨에 대해서는 사실 저보다 이나야마(稻山) 선생께서 가장

다케시타 노보루(竹下登)는 시마네현(島根縣) 출생으로 와세다(早稻田)대학 상학부를 수료한 다음 교사로 재직하다 정계에 들어서서 대성한 인물이다. 자민당 시마네현 청년단장으로 정계에 입문한 그는 중의원에 출마한 이래 연속 11회 당선이라는 경이적인 관록을 쌓으면서 당 요직을 섭렵했다. 통산성 차관, 관방상, 건설상, 대장상 등을 거친 그는 수상 직에 올랐다. 뛰어난 정치적 역량과 친화력, 솔직담백한 처신으로 일본 정계에 큰 기둥 역할을 했으며, 한일의원연맹 일본 측 회장직도 맡았다.

잘 알고 계십니다. 그러나 저도 박 회장과는 가까운 관계를 유지해왔고 그를 존경해온 것이 사실입니다. 박 회장이 창설한 포철이 내년 3월에 25주년을 맞는다지요. 세월이 참 빠르기도 하군요. 이제는 포철이 세계 제3위의 제철소로 자랐으니, 이것은 한국만의 자랑이 아니라 동양의 자랑이기도 하지요.

박 회장과 내가 처음 만나게 된 것은 이나야마 선생의 소개에 의해서였습니다. 그것이 언제였더라……. 정확한 것은 아닙니다만, 아베 신타로(安倍晋太郎) 씨와 내가 함께 있었을 때인데, 이나야마 선생이 와서 박태준 씨와 사귀어보라고 했습니다.

이나야마 선생은 내게 "글쎄, 당신들과 비슷한 사람이라니까. 사귀어두는 것이 좋을 거예요."라고 했던 것이 기억납니다. 나이도 나와 두 살 정도 차이가 나던가? (질문자가 박 회장은 1927년생이라고 말함) 아베 씨와 내가 1924년생으로 동갑인데 그러면 3년 차이가 되는군요. 어쨌든 이나야마 선생께서는 "당신들은 정치인이니 정치적인 측면을 위해서 손을 잡아야할 사람이 있다면 그가 바로 내가 소개하는 박태준 씨 같은 사람일 거요."라고까지 말했던 것이 기억납니다. 그런데 뒷날 박태준 씨와 이나야마 선생과의 따스한 교류에 대하여 듣게 된 다음, "아하, 그런 교류가 있었구나."라고 했던 것이지요.

내가 보기에는 이나야마 선생이 박태준 씨에게 홀딱 빠져있었던 것 같아요. 이나야마 선생과 나, 아베 씨는 함께 그 당시 자주 골프를 치곤 했어요. 나는 그 가운데서 가장 골프를 못 치는 축에 들어갑니다. 당시 이나야마 선생은 모 컨트리클럽의 이사장직을 맡고 있었어요. 그래서 자주 우리들을 골프장으로 초대했어요.

하루는 어째서 우리들을 자주 골프장으로 끌어내느냐고 물었어요. 그러자 이나야마 선생은 "내가 이 컨트리클럽의 이사장이기도 하지만, 장차 정계에서 크게 될 인물과 함께 골프를 치며 사귀는 것이 좋지 않겠느냐?"고 했어요. 그러던 중에 이나야마 선생이 나와 아베 씨에게 박태준 회장에 대한 말을 자주 하고 사귀어보라는 것이었어요. 아마 이나야마 선생은 나와 아베 씨에 대해 박태준 씨와 동일한 애정을 갖고 있었던 것 같습니다.

그런 연유로 하여 박태준 씨를 만나게 되었어요. 그런데 언제 어디에서 그와 첫 만남이 있었는지는 지금 정확히 기억해낼 수가 없군요. 그러나 이나야마 선생의 소개로 그를 알게 된 것은 분명합니다.

그와의 첫 만남 이후 계속해서 교제가 깊어갔고 우리 사이는 매우 친밀해지게 되었지요. 내가 박태준 씨에게 "내가 죽으면 당신이 우인 대표로서 조사(弔辭)를 맡아주시오. 그렇지만 당신이 죽으면 내가 그것을 맡겠다고는 하지 않겠소. 왜 그런지 알아요? 내가 연상이니까."라는 농담을 주고받을 정도로 교우가 깊어졌습니다.

거기에 둘 다 한일의원연맹의 양측 회장이다 보니 더욱 접촉 빈도가 잦아지게 되었지요. 한국 의원들이 일본을 방문할 때나 일본 측이 한국을 방문할 때마다 우리 둘은 서로를 더 깊이 알게 되었고 더 친밀한 우의를 다져갔던 것이지요. 물론 그 밖의 회합도 많이 있었습니다. 박태준 씨는 일본말을 잘했기 때문에 서로 우정을 나누는 데에는 전혀 어려움이 없었습니다. 둘이 너무 친해지면 남들이 박태준 씨를 친일인사로 오해하지나 않을까 하고 제가 걱정을 할 정도였어요. 그만큼 속을 털어놓고 지내는 사이였지요.

박태준 씨는 정치인이기도 하지만 그보다는 경쟁원리의 자유경제이론을 몸 전체로 표현하는 그런 경제 논리의 소유자로 느껴졌어요. 솔직히 말해서 그와 나는 대립된 견해를 보인 적도 있었고, 때로는 격론도 벌였으며, 서로 내셔널리스트의 입장에 서는 일도 많았어요. 그러나 서로의 마음속을 잘 알고 있고, 장·단점을 잘 파악하고 있었기 때문에 이런 논쟁도 가능했던 것이 아니었을까요?

이런 논쟁은 저의 경우 미국의 베이커 국무장관과도 있었어요. 서로 내정간

섭이라고 생각될 때면 화도 내고 내셔널리스트의 입장에 서기도 했지만, 그만큼 심도 있게 이야기를 나눌 수 있는 사이라면 서로 잘 되자고 하는 것 아니냐는 생각이 쌍방의 마음속에 깔려있기 때문에 오히려 부담 없는 대화가 이루어지지요. 하여튼 나와 박태준 씨는 무엇이건 서로 털어놓고 상의할 수 있는 그런 사이라고 할 수 있어요. 우리 둘은 그런 자세로 오늘까지 우정을 지속하고 있습니다.

나와 박태준 씨가 같은 정치세계에 속해 있고 와세다(早稲田)대학의 동창이라는 관계도 있지만, 무엇보다 인간적으로 서로 마음이 통했기 때문에 끈끈한 우정이 지속되고 있는 것이지요. 하긴 와세다대학은 동문 간에 유대의식이 강한 대학이기는 하지요.

내가 그를 보고 자유주의 경제를 잘 알고 있다고 한 말은 다만 경쟁원리의 측면에 한해 자본주의 이론을 알고 있다는 사실만을 의미하는 것이 아닙니다. 나는 사회주의국가 사람들과 이야기를 할 때에도 자주 이런 말을 합니다.

"인권이라고 하면 자유와 평등이라는 기초 위에 있는 것이다. 자유를 지향하게 되면 경제는 당연히 경쟁원리에 따를 수밖에 없고, 그렇게 되다 보면 우승열패, 약육강식이라는 상황이 벌어지게 되는 것 또한 당연하다. 그러나 그 경쟁원리도 소위 부의 재분배라는 형태로 귀결되어, 세금이라든가 예산의 지출 같은 제도가 생겨 사회보장제도, 사회복지 정책 등에 의한 평등이라는 균형 있는 사회형태로 되어간다.

사회주의는 평등이란 것을 기초로 해서 형성되고, 경제적인 측면에서 경쟁원리가 너무 배제되기 때문에 결국 무기력하게 되고 경제가 피폐해지게 되는 것이다. 경제발전이라는 면에서 보면 사회주의와 자유주의 사이에서의 승부는 이미 끝난 것이 아닌가? 그렇지만 중국은 아직 사회주의를 버리지 않고 있다. 평등을 지향하지만 경제원칙이 수반되지 않아 진실로 평등하게 함에 있어 실패한 것이니까 경쟁원리를 도입해서 개혁해나가자 하는 것이 중국 정부의 생각일 것이다.”

나는 그 사람들에게 그렇게 이야기합니다.

박 회장의 자유주의, 자본주의, 경쟁원리라고 하는 것은 그저 노력한 자가 더 많이 얻어간다는 단순한 경제원리가 아니라, 부의 재분배, 복지제도, 또는 사회보장제도 그리고 사회복지 정책 같은 것을 염두에 둔 것으로서, 다시 말해 박 회장은 이미 자유와 평등을 확립한 국가들의 경제이론을 선호하고 있다고 저는 느낍니다.

말이 너무 경제적인 면에만 치우친 것 같군요. 하여튼 저는 박태준 회장과 자리를 함께 하면 경제발전에 관한 문제에 대해 논의를 많이 합니다. 박태준 회장과 만나면 농담으로 경제는 당신이 다케시타보다 나은 것 같다는 말을 하며 유쾌하게 웃곤 하지요. 글쎄, 국제 정치에 대해서는 제가 다소 박태준 씨보다 나을지도 모릅니다. 그래서 국제 기업에 대해서는 제가 좀더 잘 알지 모르지만, 그것을 빼놓으면 전부 박태준 회장에 못 미치니 두 손을 들고 맙니다.

강하면서도 설득력 있는 리더십

▷ 박태준 회장은 경제에서부터 시작했다고 말해도 과언이 아니지요. 포항제철을 시작하기 전에는 대한중석이라는 텅스텐 관계의 국영기업체를 맡았는데, 원래 그것이 적자 회사였어요. 그런데 박태준 씨가 맡아서 흑자로 돌렸습니다. 그런 다음 포항제철을 창설케 된 것인데, 그간의 경위는 다른 데에서 많이 언급이 되었으니까 여기서는 다루지 않기로 하고……, 정치인으로서의 박태준 회장을 어떻게 보시는지요?

다케시타 : 정치인으로서 나와 박 회장과의 차이는……, 박태준 씨에게도 여러 번 이야기했듯이 이렇습니다. 저는 공부를 잘하지 못해서 시험만 보면 떨어지곤 했지요. 그런데 유독 선거라는 시험에는 합격을 많이 한 셈이지요. 나는 정치에 입문한 후, 대장대신(大藏大臣 : 재무장관)을 오랫동안 했기 때문에 경제를 접하게 되었습니다. 저와 박 회장과의 차이는 이렇습니다. 박 회장은 몸으로 하는 경제를 한 후, 다시 말해 기업을 체험으로 익힌 후에 정치에 들어섰습니다. 그렇다면 어느 쪽이 더 긍정적인가 하는 질문을 스스로에게 자주 던지곤 하는데, 제 느낌으로는 정치부터 시작했다가 경제로 들어선 사람은 아무래도 자기 과시욕이 강하지 않은가 하고 생각합니다.

"선거에서는 '나는 바보입니다. 저에게 표를 주십시오.'라고 말하면 아무도 표를 주지 않는다. 그러니까 결국 당신(박 회장)이 나보다 더 정치인으로서의 자질이 있다."고 박 회장에게 말합니다. 경제계를 거친 후 정계에 들어서는 사람이 말만 앞서는 정치인들보다 건실하지 않느냐는 것이지요.

나는 국민에게 '나를 따라오라'라고 말해서는 안 된다고 생각합니다. 저는 이렇게 생각합니다. 지도자란 국민보다 반 발자국 정도만 앞서 걸어가는 것이 좋다고 생각합니다. 그 반 발자국 앞섬으로써 국민과의 조화점을 찾는 것이지요. 저의 경우는 그렇다고 생각합니다.

나는 박 회장을 참 뛰어난 사람으로 생각합니다. 물론 저와 비교해 보아서이지요. 어쨌든 저는 그의 능력 앞에서는 두 손을 듭니다. 나와 박 회장과의 차이를 말한다면, 글쎄 무엇일까? 아, 군대에서 박태준 씨는 소장이었지요. 나는 소위였었습니다. 거기에도 차이가 있군요……. 둘이 있을 때에 오가는 말의 반은 농담이라 해도 좋을 만큼 부담 없는 말을 주고받습니다. 그러니까 상당히 가까운 친구라 해도 좋을 것입니다.

후쿠다(福田) 씨, 나카소네(中曾根) 씨 등도 박태준 씨와 가까워 박태준 씨에 대해서 아는 것이 많다고 생각되는데, 그 밖에도 박 회장을 아는 사람이 꽤 많습니다. 나가노(永野) 씨라든가 이나야마(稲山) 씨 같은 분이 박 회장을 잘 아는데, 아쉽게도 그들은 이제 모두 고인이 되었지요.

특히 이나야마 선생 같은 분은 좋은 말씀을 많이 해주셨을 것입니다. 틀림없이 그랬을 것입니다. 박태준 씨 역시 이나야마 씨에게는 뭐라고 할까, 은의(恩義) 같은 느낌을 갖고 있을 것입니다. 다시 말해 양측이 모두 서로 존경하고 아주 좋아했던, 그래서 뜻이 통했던 사이였습니다. 이나야마 씨가 우리에게 박태준 씨 이야기를 할 때에는 눈을 똑바로 하고 아주 진지하게 말했거든요.

우리들을 골프 모임에 초청했을 때에도 "당신네들과 함께 골프를 치면 클럽에 온 사람들은 '역시 이 사람은 다르다. 훌륭한 사람과 함께 다닌다.'라고 생각해주니까 그것도 덕이지. 여기에 신문기자를 한 사람 끼워 넣으면 금상첨화요. 그렇지 않으면 다른 사람이 시기심으로 이러쿵저러쿵할 수도 있으니까."라고 농담을 하시곤 했습니다. 정말 이나야마 선생은 유쾌하고 유머가 많은 분이었습니다. 그러니까 이나야마 선생과 우리들과의 사이는 부자 관계 같은 것이었습니다. 그런 이나야마 선생이 당신네들(다케시타와 아베를 가리킴)이 함께 손을 잡고 일할 사람은 내가 알고 있는 박태준 씨밖에 없다는 등의 이야기를 했으니까 나나 아베 씨가 박태준 씨와 가깝게 지내지 않을 수가 없었던 거지요.

▷ 박태준 씨와 함께 일을 한 사람들은 박 회장을 훌륭한 리더십의 소유자라고 말하곤 하는데, 다케시타 씨께서는 어떻게 생각하십니까?

다케시타 : 네. 대단한 리더십의 소유자입니다. 박태준 씨의 리더십은 이나야마 선생의 소위 이나야마 철학의 영향을 받아서 그런지 모르지요. 또 하나, 박태준 씨 리더십의 강점은 '나를 따르라'라는 것에서 그치지 않고 어느 선에

서 조화점을 찾는 새로운 형태의 리더십으로 보여집니다. 저나 아베 씨도 '나를 따르라'라는 리더십을 갖고 있지 못해요. 나카소네 씨에게는 그런 점이 좀 있었지만. 박태준 씨는 강하면서도 설득력이 있는 그런 리더십을 가진 분이 아닌가 생각합니다.

어쨌든 이제 그가 낳은 포항제철이 25주년의 문턱에 섰다고 하는데 참 대단한 연륜입니다. 나 역시 일본 의회에서 33년을 맞습니다. 25년이나 33년이라는 세월은 한 세대를 넘어서는 시간입니다.

마음을 휘어잡는 리더십, 한국의 축복

유고 세키라

오스트리아 내셔널그룹 회장

[유고 세키라와의 인터뷰는 1992년 7월 4일 오스트리아 비엔나에 있는 그의 사무실에서 있었다.]

오스트리아 정부에서도 그를 인정한다

▷ 세키라 씨는 언제 어디에서 박 회장을 처음 만나게 되었습니까?

세키라 : 박 회장과의 만남에 대한 이야기를 하기 전에 내 개인적인 이야기

유고 세키라(Hugo M. Sekyra)는 오스트리아 최대 그룹인 오스트리아산업주식회사(Austrian Industries AG)의 회장으로서, 오스트리아에서는 대통령보다 유명한 인사였다. 비엔나대학에서 법학을 전공하여 법학박사 학위를 받고 군법무관으로 근무한 그는 제대 후에 곧 사업가의 길로 들어서서 Vereiniegte Metal Warke Ranshofen-Berndorf AG라는 알미늄 생산회사의 중역으로 첫발을 내디뎠다. 1971년 건축자재회사인 Rigips Austria Gmbh사 사장을 역임하였으며, 1985년에는 제지회사인 Papierfabrik Laakirchen AG, Bunzl & Biach AG사의 회장직을 맡았다. 그는 1986년 오스트리아 정부의 요청에 따라 국영기업인 ÖIAG를 맡아 오스트리아 최대 기업으로 성장시켰으며, 1990년에는 ÖIAG를 Austrian Industries AG로 상호를 변경하고 사세를 확장하여 세계적인 회사로 만들었다.

를 먼저 하는 것이 순서일 것 같습니다. 내가 오스트리안 내셔널 인더스트리(Austrian National Industries AG)에 들어왔을 때 이 회사의 사정은 극히 나빴어요. 제철 분야뿐 아니라 이 그룹이 소유한 화학산업, 전기산업, 기계산업 등 모든 부문의 경영상태가 매우 열악했습니다.

우리 그룹은 사원이 10만8천 명 이상인 거대한 조직체입니다. 이 거대한 그룹 전체의 경영이 악화되다 보니 우리로서는 그룹 재건을 위한 계획을 세우지 않을 수 없었습니다. 그룹 재건계획은 기존에 실행되어 오던 모든 경영방법을 쇄신하는 것이었습니다.

여러 각도로 각 분야에 대한 그룹 재건계획을 세운 결과, 나는 첫째로 우리 그룹 산하에 있는 Austria Metal Engineering Co.라는 금속기계 회사부터 메스를 가하기로 결정했습니다.

그런데 이 회사는 포항제철과 파트너십을 갖고 있는 회사였어요. 이 회사를 살리기 위해서는 포항제철의 도움이 필요하다는 판단을 내린 나는 회사의 중역들과 논의했습니다. 중역들 역시 포항제철의 도움을 얻을 수 있다면 우리가 회생할 길이 있다면서 의견일치를 보였어요. 그런 연유로 해서 나는 한국행을 단행했고, 그때 박 회장을 만나게 된 것입니다.

▷ 서울에서였습니까?

세키라 : 아니죠. 포항에서 그를 처음 만났습니다. 박 회장은 참으로 다정다감하며 겸손한 신사였습니다. 나는 툭 털어놓고 그에게 내가 처해있던 상황에 대해 상세하게 이야기했으며 또 내가 구상하고 있는 그룹 재건계획도 밝혔습니다. 그러자 박 회장은 매우 조심스럽게, 그러나 자기 일처럼 걱정하며 나에게 많은 충고와 아이디어를 주었습니다.

박 회장의 가르침을 얻은 나는 천군만마를 얻은 기분으로 오스트리아 행 비행기를 탔습니다. 박 회장은 나의 그룹 재건계획을 확신케 해주었을 뿐 아니라 그 계획을 지지해 주었습니다.

박 회장이 내 계획을 추인해 주었다고나 할까요? 사실 박 회장의 지지는 오스트리아 정부의 추인과 다를 바가 없었습니다. 왜냐하면 오스트리아 정부 및 정·재계 인사들은 박 회장에게 무한한 신뢰감을 보이고 있었기 때문입니다. 쉽게 말하자면 박 회장이 '될 것이다'라는 한마디만 하면 우리 오스트리아에서는 무엇이든 믿고 할 수 있는 분위기였으니까요.

다시 박 회장과의 만남으로 돌아가 볼까요? 나는 그와 이야기를 나눈 다음, 처음에는 조마조마했어요. 그가 부정적 태도를 보이면 어떨까 하는 마음에서였지요. 그러나 이야기가 끝난 다음 박 회장은 곧 사람을 불러 나를 최고급 호텔로 옮기게 했어요. 나는 그때 '아! 박 회장이 나를 진실로 인정하는구나' 하고 느꼈어요.

처음 만남이 이렇게 좋은 출발을 보인 것으로 나나 우리 그룹에게 희망적일 거라는 예감이 들었습니다. 이제껏 살아오면서 많은 사람들과 교류를 해 왔지만, 아직까지도 박 회장을 만났을 때만큼의 감동적인 교류는 없었습니다.

그 이후 나는 아시아 지역을 방문할 때면 일이 있든 없든 꼭 한국으로 가서 잠시라도 박 회장을 만나곤 합니다. 그를 만나면 사업에 대한 의견을 교환하기도 하고 그의 우정 어린 충고를 듣기도 합니다. 그리고 포항제철과 우리가 합작하여 벌일 사업이 없는가를 타진하기도 합니다. 고마운 일은 박 회장도 오스트리아에 오면 꼭 나를 찾아줍니다. 올해에도 그런 일이 있었습니다.

사람을 빠져들게 하는 강하고 묘한 리더십

▷ 처음 박 회장을 대했을 때 그에게서 받은 인상은 어떤 것이었습니까?

세키라 : '강하다'라는 느낌이었습니다. 여태껏 내가 만난 사람들 중에서 가장 강한 개성을 가진 사람이라고 느꼈습니다.

▷ '강하다'라는 의미를 구체적으로 말씀해 주시겠습니까?

세키라 : 리더십을 의미하지요. 그의 리더십은 단순히 억압하는 것이 아닙니다. 사람을 빠져들게 합니다. 상대를 두렵게 만들지 않는다는 거지요. 그러면서도 자연스럽게 그에게 복종하게 합니다. 묘한 리더십입니다.

▷ 철강인으로서의 박 회장을 평가하신다면…….

세키라 : 박 회장은 세계에서 가장 유능한 철강인이라고 생각합니다. 포항제철 건설 초기에 그가 겪은 어려움을 아는 사람이라면 내 의견에 동의할 것입니다. 게다가 지금은 포항제철이 세계의 철강산업을 주도하고 있습니다. 포항제철은 어느 곳에서도 갖추고 있지 못한 최신예 설비를 갖추고 있습니다.

무엇보다 몇 십 년, 아니 100년 후의 장래를 내다본 그의 제철소 입지 선정과 결단력은 오랜 기간 동안 세계 유수의 제철소와 경쟁할 수 있는 여건을 마련했습니다. 그의 결단력은 매우 주목할 만합니다. 얼마 전 나는 중국 상하이에 있는 한 제철소를 방문했던 적이 있습니다. 나는 거기에서 또 한 번 박 회장의 예리한 통찰력에 감탄했습니다.

중국에서도 '무의 상태(Green Field Operation)'에서 제철소를 건설했습니다. 그러나 그들은 성공하지 못했습니다. 내가 듣기로는, 박 회장은 항구 쪽이 아닌 강 쪽에 이 제철소를 건설하되 강 입구의 40km 떨어진 곳을 부지로 선정하라고 충고했다고 합니다. 그것은 큰 배가 쉽게 드나들 수 있도록 배려한 것이지요. 그러나 중국은 이 충고를 받아들이지 않았습니다. 결국 그 제철소는 원료 및 완제품 수송에 차질을 빚음으로써 국제경쟁력을 잃게 된 것입니다.

중국의 실력자와 박 회장의 능력을 비교할 수 있는 좋은 예가 바로 이 상하이제철소입니다. 중국의 실력자는 박 회장의 충고를 무시하고 일본인 기술자와 일본 엔지니어링 회사 및 일본 제철회사의 의견만 받아들인 것이지요.

그 예에서 보듯, 어느 나라에서 제철소가 건립되든 간에 박 회장은 매우 공정한 코멘트를 해줍니다. 게다가 업무상에 있어서도 박 회장은 매우 합리적이고도 사심 없는 파트너십을 보입니다. 그러면서도 여느 회사들과의 국제 경쟁에서도 비교우위를 점하고 있습니다. 대단한 일이 아닐 수 없습니다.

장군 출신이 세계에서 가장 존경받는 기업가로

▷ Austrian National Group이 거느리고 있는 회사는 주로 어떤 일을 합니까?

세키라 : 우리 그룹의 사업 내용은 매우 다양합니다. 생산뿐 아니라 서비스 부분까지, 많은 분야의 일을 하고 있습니다. 철, 알루미늄, 기계, 석유, 가스 등이 주류를 이루고 있습니다만 철강산업이 중추 역할을 합니다. 따라서 박 회장의 포항제철과 우리는 아주 밀접한 관계를 갖고 있습니다.

▷ 포항제철 역시 경영다각화의 방안으로 단일사업에서 벗어나 다른 사업을 추진 중인 것으로 압니다. 그럴 경우, 세키라 씨는 포항제철을 위해 함께 일을 할 수 있습니까?

세키라 : 물론이지요. 대환영입니다. 말씀드리자면 벌써 우리는 새로운 상호협력 건에 대한 논의를 시작했습니다. 한국에서 최근 문제가 되고 있는 산업폐기물 처리장에 관한 것입니다. 이 부분만큼은 우리가 포항제철에 도움을 줄 수 있으리라 자신합니다. 그 나머지 부분, 이동통신이라든가 하는 것은 다

른 나라와 컨소시엄을 구성하고 있는 것으로 압니다. 우리는 한국에서 열릴 폐기물 재생 및 소각 방법에 대한 전시회에 참가할 예정입니다. 오스트리아 상공회의소에서도 적극적으로 우리를 지지하고 있습니다.

박 회장과 한국 정부에 대한 우리의 존경심과 신뢰성을 바탕으로 우리는 한국의 새로운 파트너로서 상호 이익을 주고받을 수 있을 것으로 확신합니다.

▷ 박 회장과 스포츠 게임을 즐긴 적이 있습니까?

세키라 : 불행하게도 전혀 없습니다. 박 회장은 골프를 즐긴다고 들었습니다. 나 또한 골프를 즐깁니다. 언젠가 시간이 나면 그에게 골프를 하자고 할 작정입니다. 그의 골프 실력이 어느 정도입니까? 핸디 18이라고요? 아이구, 그러면 게임이 안 되겠군요. 나는 겨우 핸디 30입니다.

어쨌든 나는 박 회장이 훌륭한 스포츠맨일 것으로 생각합니다. 그것은 내 느낌일 뿐 확인한 바는 없습니다. 그의 군 생활을 염두에 두어서 상상한 것입니다. 어찌 보면 군 장성 출신이 세계에서 가장 존경받는 기업가로 변신했다는 사실이 매우 흥미로운 일이며 놀랄 일입니다. 게다가 한국 정치에서도 뚜렷한 존재로 부각되고 있으니 말입니다.

박태준은 한국의 축복이다

▷ 많은 사람들을 인터뷰했지만 그들은 박 회장의 장점만 이야기할 뿐이지 단점이라든가 고쳤으면 하는 부분은 말하지 않았습니다. 세키라 씨가 느낀 박 회장의 단점에 대해 말해주십시오. 이것은 그에게도 좋은 충고가 될 수 있으니까요.

세키라 : 이 질문에 나 또한 다른 사람들과 동일한 대답을 할 수밖에 없습니

다. 나는 그에게서 어떤 결점도 발견하지 못했기 때문이지요. 그가 내리는 모든 결정은 옳았고, 친절하며 부드럽고 사업에 있어서도 공정하니……. 더 이상 말할 게 없군요. 이건 솔직한 이야기입니다.

▷ 아시다시피 박 회장은 한국의 정계에서도 활약하고 있습니다. 기업인인 박 회장의 정치 참여를 어떻게 보고 있습니까?

세키라 : 내 생각으로는 기업인이 정치에 참여하는 것도 좋다고 봅니다. 어차피 자본주의 체제하에서는 경제 없는 정치를 생각할 수 없지 않습니까? 경제는 정치에 있어 매우 중요한 영향을 끼칩니다. 물론 반대로 정치가 경제에 끼치는 영향도 지대합니다. 그런 측면에서 볼 때 기업인의 정치 참여는 바람직하다고 봅니다.

정치에 경제의 합리적인 요소가 스며드는 것은 매우 좋은 현상입니다. 그러나 확신은 할 수 없습니다. 내가 정치를 아는 것이 아니니까요. 그리고 나는 국영기업체의 장으로서 정치와 경제의 틈바구니에 있기 때문에 더욱 그러합니다. 박 회장도 나와 같은 국영기업체의 장이지만 정치에 관여한 것은 꽤 오래전의 일이니까 정치의 세계를 이미 잘 알고 있습니다. 또 그는 능력이 있으니까 정치 세계에서도 중요한 역할을 할 것입니다.

이제 그에 대한 나의 의견을 종합해 보겠습니다. 먼저 박 회장이 한국의 산업발전에 이바지한 바는 지대합니다. 한 나라의 산업 중 중추 역할을 하는 것이 바로 철강산업이기 때문입니다. 실제로 한국의 산업발전 계기는 포항제철이 생김으로써 시작된 것입니다. 한국동란 후 모든 것이 무(無)인 상태에서 각고의 노력 끝에 이룩한 포항제철, 그냥 설립되었을 뿐 아니라 지속적인 교육과 투자에 따라 양질의 제품이 생산되고 있고 최신예의 설비를 갖추었으며 기술축적도 잘 되어 있는 포철은 박태준 회장 바로 그 자체입니다.

그러한 업적을 가진 박 회장이 기업인으로 계속 일하든 정치인으로서 일을 하든 한국의 장래는 밝을 것이라는 것이 제 생각입니다. 박 회장은 살아있는 한국인 중 가장 중요하고 위대한 사람입니다. 유럽인들 중에서 박 회장만큼 자기 나라의 경제와 정치에 그처럼 헌신적으로 일한 사람은 없습니다.

▷ 계속 좋은 말씀만 하시는군요.

세키라 : 그렇습니다. 나는 최소한 그가 150년은 살았으면 좋겠습니다.

미래지향적인 지도자, 뛰어난 친화력의 소유자

데이비드 로데릭

미국 US스틸 회장

선두주자를 추구하는 미래지향적인 리더십

나는 국제철강연맹 총회 참석을 계기로 수년 전부터 박태준 회장과 친교를 맺어오고 있다.

그는 평생을 통하여 많은 업적을 남겼을 뿐 아니라 한국의 경제와 철강산업의 발전을 위해 크게 기여한 인물이었다. 그는 거의 혼자 힘으로 포항제철을 세계굴지의 철강기업으로 발전시켜왔다. 이제 포항제철이 진실로 세계 정상급의 철강기업으로 발전함에 따라 포항과 광양 두 지역은 세계 철강산업의 중심지로 대두되고 있다.

데이비드 로데릭(David M. Roderick)은 국제철강협회 회장과 USX사 회장을 지낸 사람으로, 미국과 세계 철강업계에 지대한 공헌을 했다. USX사는 미국 최대의 철강회사로서 유에스스틸(US. Steel)의 전신이다. 미국 피츠버그 출신인 그는 피츠버그대학에서 경제학을 전공하고 모리스 길버트 대학에서 경제학 박사, 포담대학에서 법학박사 학위를 받았다. 피츠버그대학을 졸업한 후 걸프(Gulf) 석유회사에 첫발을 내디뎠지만, 곧 USX에 입사하여 주로 국제프로젝트 업무를 맡았다. 1975년 사장, 1979년 회장으로 선임되었고, 1989년에 은퇴했다.

박 회장의 한국에 있어서의 교육제도 개선, 특히 첨단 과학기술과 공학 분야에 있어서의 공헌은 그의 미래지향적인 리더십의 일단을 나타내 보이는 것이라 하겠다.

그는 한국이 태평양 지역에서뿐만이 아니라, 국제적으로도 선두주자의 대열에 설 수 있도록 하기 위하여 앞장서서 노력하여 왔으며, 우리가 캘리포니아주의 피츠버그에 성공적으로 합작회사를 세울 수 있었던 것도 바로 이러한 박 회장의 세계관 덕분이라고 하지 않을 수 없다. 이 합작사업은 한국과 미국, 그리고 포항제철과 USX 두 회사 간의 상호존중과 협력의 정신을 보여주는 기념비가 될 것이며, 동시에 박 회장의 대담하고도 창조적인 기업정신을 나타내주는 표본이라고 할 수 있다.

박 회장의 애국심과 탁월한 지도력은 미국뿐만 아니라 전 세계의 지도자들로부터 널리 인정을 받고 있다. 그에게 주어진 수많은 훈장들은 그의 뛰어난 업적을 확인해 주는 것들이다.

내가 1985년 한국을 방문하였을 때 박 회장은 영원히 잊을 수 없는 두 가지의 행사를 마련해주었다. 그 하나는 올림픽 주경기장 방문이었으며, 또 하나는 휴전선의 남침 땅굴 시찰이었다. 그 남침용 땅굴은 우리 모두의 자유에 대한 도전이 아닐 수 없는 것이었다. 이 두 곳의 방문을 통하여 본인은 깊은 감명을 받았으며 한국 국민들이 자유를 지키기 위하여 얼마나 헌신적으로 노력하고 있는가 하는 증거를 생생하게 확인할 수 있었다.

또 포항과 광양제철소를 방문했을 때 느꼈던 감동은 당시 우리가 추진하고 있던 합작사업의 가능성을 확인시켜 주는 중요한 계기가 되었던 것이다. 내가 방한한 때에 박 회장 내외분께서 베풀어주신 환대는 결코 잊을 수 없는 것들이며, 박 회장이 미국을 방문했을 때의 기억은 우리 부부에게 가장 즐거웠던 추억으로 남아있다.

회갑이라는 나이는 인생에 있어서 하나의 이정표를 맞게 된다는 참으로 의미 있는 일이다. 특히 자기의 이웃과, 조국과, 철강산업을 위하여 커다란 업적을 남긴 박 회장에게 있어서는 그 의의가 더욱 큰 것이라고 생각된다.

역사에 커다란 영향을 미칠 수 있는 기회를 포착하는 사람은 그리 많지 않은 법이다. 내가 박 회장을 더욱 존경하게 되는 것은 그가 자기에게 주어진 기회를 포착하였을 뿐 아니라, 그러한 기회를 멋지게 이용하여 미래에의 꿈을 펼칠 수 있었다고 하는 점 때문이다. 그의 앞날에도 늘 성공과 행복이 함께하기를 기원하는 바이다.

[데이비드 로데릭과의 인터뷰는 그가 방한 중이던 1992년 6월 15일 서울 인터콘티넨탈호텔에서 있었다.]

한국인들은 박태준을 매우 자랑스럽게 여겨야

▷ 한국에 오신 것을 환영합니다. 어제는 골프를 하셨다고 들었습니다. 재미있으셨는지요?

로데릭 : 감사합니다. 어제는 정말 즐거웠습니다. 미 8사단 골프장에서 골프를 즐겼는데 매우 힘든 코스였어요. 6500야드였습니다.

▷ 우선 박태준 회장과의 만남에 대해 이야기를 해주셨으면 합니다. 만나게 된 동기, 그리고 그에 대한 인상 등…….

로데릭 : 나에게 '제너럴 박'(General Park : 그는 꼭 박 회장을 장군이라 부른다)을 소개한 사람은 호간(William T. Hogan) 신부였어요(호간 씨는 미국 포담대학 산업경제연구소장으로 재직 중인 신부이면서 철강인이다 : 편집자 주). 호간 신부는 제

너럴 박과 오랜 기간 동안 함께 일해 왔습니다. 그리고 호간 신부와 나는 25년 정도의 교류를 갖고 있습니다.

그러다 보니 호간 신부의 입에서 자주 박 회장에 대한 이야기가 나왔어요. 박 회장의 지도력과 인품에 대한 말을 나에게 자주 했어요. 그는 제너럴 박에게도 나의 이야기를 한 모양입니다. 말하자면 호간 신부는 나와 제너럴 박이 서로 관심을 갖도록 계기를 만들어준 중매인이라고나 할까요?

그러던 중 국제철강협회에서 주최한 회의에서 나는 제너럴 박을 만날 수 있었습니다. 그것이 우리의 첫 공식적 만남이었습니다. 국제철강협회 사무실 직원들과 호간 신부의 중개로 우리의 공식적 만남이 이루어진 것이지요.

그때 우리 두 사람은 한국과 미국의 철강산업에 대해 많은 이야기를 나누었던 것으로 기억합니다. 서로의 관심사였던 철강 분야에서 우리가 같이 일할 수 있는 기회를 가지자는 사업적 만남이란 것이 더 정확한 표현일 것입니다.

그전에 나는 이미 제너럴 박에 대한 이야기와 그가 한국에서 추진 중인 일에 대해 많은 것을 알고 있었습니다. 잘 알다시피 포항제철 설립 초기단계에 우리 회사인 〈유 에스 스틸(U. S. Steel)〉이 파트너로 결정될 뻔한 일이 있고, 제철소 설립추진회의를 가진 적도 있었기 때문에 나는 제너럴 박과 그가 추진하는 포항제철에 대해 잘 알고 있었던 거지요. 무엇보다 제너럴 박이란 사람은 목적의식이 강할 뿐 아니라 스스로 원하고 있는 바를 통찰하여 실행에 옮긴다는 사실도 들어서 알고 있었어요.

그와의 만남 이후, 나는 그가 한국의 산업발전을 위해 철강산업이 선도적 역할을 해야 한다는 신념을 가지고 있다는 것과 그 신념을 현실화하기 위해 무척 노력하는 사람이라는 사실을 알게 되었습니다. 그는 훌륭한 기업인인 동시에 강한 리더십을 가진 지도자였고, 많은 비전을 소유한 기획자였던 것입니다.

많은 지도자들이 나름대로의 비전을 갖고 있기는 하지만 비전을 현실화하는 사람은 매우 드물어요. 다시 말해서 '꿈꾸는 사람'과 '실행하는 사람'은 다르다는 뜻입니다. 그러나 제너럴 박은 달라요. 그는 꿈꾸는 사람인 동시에 그 꿈을 실행에 옮기고 마는 실천가입니다. 다른 사람들은 공유하기 어려운 그 두 가지의 능력을 제너럴 박은 갖추고 있었기 때문에 지난 25년간 한국에서 철강산업을 훌륭히 선도했고 포항제철을 세계의 3위권 안에 드는 훌륭한 기업으로 성장시켰다고 봅니다.

그의 강인함과 리더십이 찬사를 받는 것은 마땅합니다. 한국의 철강산업이 이만큼 발전하게 된 것이 오로지 제너럴 박의 능력에 의한 것이라고 보아도 과언은 아닐 것입니다. 한국인들은 제너럴 박과 포항제철을 매우 자랑스럽게 여겨야 합니다. 같은 시기에 지구상 곳곳에서 포항제철보다 오히려 좋은 조건에서 시작한 제철소가 많지만 포항제철만큼, 아니 그 반 정도의 성공을 거둔 곳도 없기 때문입니다.

▷ 로데릭 씨는 박태준 회장을 꼭 장군(General)이라 호칭하는데, 이유라도 있습니까? 박 회장은 군문을 떠난 지 이미 오래입니다.

로데릭 : 나는 '장군'이란 단어를 좋아하고 실제 그들을 존경합니다. 어쨌거나 제너럴 박은 장군 출신입니다. 장군들은 매사에 적극적이며 희망적입니다. 어느 누구라도 장군이라는 직책을 가지면 나름대로 지도력을 가질 것입니다. 다시 말해서 지도력을 발휘하지 않으면 결코 장군직을 맡을 수 없다는 뜻입니다. 따라서 나는 '장군'이라면, 그의 능력을 보지 않아도 매우 진취적이며 적극적이고 강한 지도력을 갖추고 있다고 판단해버립니다.

나는 그가 군에서 이룬 성과에 대해서는 잘 몰라요. 그러나 그가 군을 떠나 기업에서 이룩한 성과에 대해서는 매우 존경하고 있습니다. 포항제철이란 회사가 민간기업이 아니기 때문에 더욱 그러합니다. 통상 국영기업체장들은 모험하려 하지 않고 안주하거나 또는 정치권의 그늘 속으로 들어가려는 경향이 많지만 제너럴 박은 그렇지 않았어요. 나는 그가 탁월한 인물이라고 믿고 있어요. 그가 나의 친구라는 사실에 나는 자긍심을 느끼고 있습니다.

▷ 박 회장 스스로 로데릭 씨를 친한 친구 중 한 사람이라고 한 적이 있습니다. 로데릭 씨와 박 회장 간에 있었던 특별한 에피소드가 있으면 소개해주시기 바랍니다.

로데릭 : 우리는 사적으로 만날 기회가 많았어요. 제너럴 박은 대화할 때 사람을 편하게 해주는 묘한 마력을 지니고 있습니다. 공적인 일에는 통역관을 쓰지만, 사적인 대화에서는 통역관을 쓰지 않고 서로 영어로 대화를 합니다.

사적으로 우리 사이에 특별한 에피소드 같은 것은 없습니다. 단, 제너럴 박의 부인과 내 아내도 서로 잘 알고 있다는 사실을 밝히고 싶군요. 우리보다 부인들끼리 더 친한 것 같아요. 서로 당기는 데가 있나 봅니다. 그렇습니다. 사람이란 특별히 끌리는 사람에게는 잠시도 관심을 떨쳐버릴 수가 없는 존재이지요. 가족들 간의 교류가 공적인 업무보다 소중한 것 같아요. 나는 제너럴 박의 자녀들이 미국 유학을 하는 동안 그 아이들과 자주 만날 수 있었습니다. 그 아이들과 저녁식사를 같이 하기도 했습니다.

제너럴 박과 나는 골프도 자주 합니다. 우리는 서로에게 감사할 정도로 충분한 시간을 보낼 수 있었습니다. 그 역시 나를 좋은 친구로 보고 있다니 매우 기쁩니다.

조화와 화합을 이끌어낼 능력과 개성의 소유자

▷ 최근 박 회장은 한국 정치에 깊이 관련되어 있습니다. 로데릭 씨는 친구로

서 그 사실을 어떻게 보고 있는지요?

로데릭 : 글쎄요. 제너럴 박이 정계에 진출한 것이 어제오늘 일이 아니지요. 그가 몇 년 전 정계로 진출한다는 말을 했을 때 나는 놀라지 않았어요. 당연히 그래야 할 것으로 알고 있었기 때문입니다. 내 생각으로는 그가 정치지도자로서 할 수 있는 역할이 분명히 있다고 봅니다. 게다가 그는 한국의 집권당이나 정부에 충분한 도움을 줄 수 있는 인물입니다. 그가 경험한 군 장성 생활, 그리고 고 박정희 대통령의 정계진출 초기 시절 비서실장 생활, 또 포항제철 시절에 보인 그의 국제적 비즈니스 감각은 한국의 정치와 경제 그리고 한국 국민들에게 도움이 되었으면 되었지 추호도 부정적인 결과는 가져오지 않으리라고 생각합니다. 그의 정열, 그의 비전, 그리고 비전을 현실화할 수 있는 지도력은 한국 국민들을 이끌 충분한 조건이 될 수 있습니다.

지금까지 정계에서의 그의 역할은 긍정적이지 않았습니까? 한국의 집권당은 그의 역할을 과소평가해서는 안 됩니다. 나는 그가 포항제철에서 보여준 노력과 한국 정치에서 보여준 그의 헌신적인 모습에 박수를 보냅니다.

▷ 몇몇 일본의 정치·경제 분야의 지도자들을 만나본 일이 있습니다. 그런데 그들은 박 회장 같은 인물이 정치지도자로 나서는 것을 달가워하지 않는 것 같아요. 그처럼 깨끗한 인물이 혼탁한 정치세계에 뛰어드는 것을 보고 안타까워하는 사람도 있었어요.

로데릭 : 이해할 수 없군요. 그는 초기에 군에 몸을 담았었고, 이미 오래전에 정치권에 발을 들여놓았지 않습니까? 그건 아마 일본 정치인 중에서 정치적인 음모에 의해 곤란을 당한 사람들이 많았기 때문일 것입니다. 그런 관점에서는 한국과 일본의 정서가 다르다고 봅니다.

아무것도 없는 상태에서 25년 만에 세계 제3위권의 제철회사를 만들었다는 사실이 정치적 능력 없이 가능했다고 봅니까? 제철회사란 그리 간단하지가 않습니다. 아시다시피 철강회사의 경영자들이 국제 정치에 미치는 영향은 지대합니다. 그것 하나만으로도 나는 제너럴 박의 정치적 역량을 믿습니다. 그는 강인함과 아울러 미래에 대한 통찰력을 가지고 있으며, 필요할 때는 언제나 조화와 화합을 이끌어낼 수 있는 능력과 개성의 소유자입니다.

정치 세계가 아무리 혼탁하다 하더라도 그는 특유의 저돌성과 조화능력으로 정치 분야에서도 탁월한 지도자로 군림할 것입니다. 일본인 친구들이 그런 말을 했다는 게 이해가 가지 않습니다. 한국 정치와 일본 정치는 매우 다릅니다.

▷ 박 회장의 사교적 매너는 어떻습니까?

로데릭 : 제너럴 박은 매우 세련된 사람입니다. 세계여행 경험이 풍부하다 보니 아시아뿐 아니라 서구인들의 매너까지 익히고 있습니다. 그는 매우 독특한 방식으로 처신합니다. 제너럴 박이 피츠버그에서 명예박사 학위를 받을 때 그가 보여준, 점잖으면서도 세련된 매너를 나는 잊을 수 없어요. 그 대학은 내가 이사협의회 회장으로 있기 때문에 그 광경을 상세하게 볼 수 있었습니다.

제너럴 박과는 골프를 즐긴 적도 많습니다. 그는 훌륭한 골퍼입니다. 핸디가 18정도일 거예요. 나는 사업가가 골프 실력이 좋은 것을 그렇게 좋게 생각하지 않습니다. 골프 실력이 좋다는 것은 사업에 소홀하다는 뜻도 되기 때문입니다. 제너럴 박과 나는 그저 그런 골프 실력을 갖고 있습니다. 우리는 골프 게임을 즐기며 머리를 식히자는 데 목적이 있지, 골프 실력을 늘리려는 데 큰 의미를 두고 있지 않습니다. 골프가 우리 둘에게서만큼은 휴식의 범주에서 벗어나지 않습니다. 우리 둘은 만날 때마다 골프를 즐깁니다.

하여간 나는 어떤 경우에든 제너럴 박과 함께 하는 시간을 자랑으로 느낍니다. 왜냐하면 그는 누구와 어울리든 간에 매우 호감이 가는 태도를 견지하고 행동하기 때문입니다.

종업원 복지제도를 훌륭하게 만든 노무관리

▷ 박 회장의 노무관리에 대해서 느낀 점을 말해 주십시오.

로데릭 : 나는 그의 노무관리에 깊은 감명을 받았습니다. 사람들은 대체로 편견을 갖기 쉽습니다. 나 역시 한국을 방문하기 전까지만 하더라도 한국의 고용주들은 노동자에 대해 매우 엄격하며 누르려고만 하는 파쇼적 경향이 있으리라는 선입관을 갖고 있었어요. 그러나 나는 포항제철을 방문한 이후 곧 내 생각이 틀렸다는 것을 알았어요.

제너럴 박은 매우 훌륭한 노무관리자입니다. 그는 무슨 일이든 일에 착수하면 가장 훌륭한 설비를 갖추려 하고 또 그렇게 합니다. 공장 내의 안전관리, 생산관리는 결국 노동자들의 태도 여하에 따라 성패가 좌우됩니다. 제너럴 박은 이 점을 충분히 인식하고 있습니다. 아마 한국에서 종업원 복지제도가 가장 훌륭한 곳이 포항제철이 아닌가 합니다. 종업원들의 복지향상을 위해 그렇게 노력하다 보니 종업원 스스로 마음으로부터 그를 존경하게 되지 않았나 하고 생각합니다. 사원들이 그를 진심으로 존경하고 있음을 피부로 느낄 수 있어요.

결국 그는 좋은 제품이란 훌륭한 작업 환경에서 잘 훈련된 노동력에 의해서만 가능하다는 사실을 일찍이 인지한 것이지요. 포항제철을 견학하면서 나는 제너럴 박의 무한한 능력을 다시 한 번 실감할 수 있었습니다.

내가 아는 한, 이 지구상의 어느 경영자도 제너럴 박을 따를 수 없을 것입니다. 그의 리더십, 판단력, 예지력, 그리고 그것을 하나로 묶은 친화력은 참으로 대단합니다.

깊은 통찰력과 강한 결단력의 철강인

윌리엄 호건

미국 포담대학 산업경제연구소장

박태준 회장은 수많은 난관에도 굴하지 않고 용기와 통찰력을 가지고 1968년 포항제철을 설립한 인물이다.

완전한 일관체제의 현대적 설비를 갖춘 포항제철의 1기 건설은 1970년에 시작되어 1973년에 첫 출선(出銑)의 위업을 달성하였다. 이 1기 설비는 조강연산 1백만 톤 규모였으며 그 후 순조로운 확장을 거듭하여 1983년에는 4기 설비의 준공으로 조강연산 910만 톤 규모로 성장하여 세계 최대, 최신예 제철소의 대열에 진입하게 되었다.

성직자(신부)이기도 한 윌리엄 호건(William T. Hogan)는 포담대학에서 경제학을 전공한 후 대학원에서는 제철산업 등 중공업이 경제발전에 미치는 영향에 대한 연구로 경제학박사 학위를 받았다. 철강산업에 정통한 미국 내의 제1급 실물경제학자로서 포담대학에서 30여 년간 경제학 교수로 재직한 그는 기간산업과 경제와의 관계에 관한 한 세계적인 권위자였다. 주요 저서로 『철강산업에서의 용광로와 평로의 생산성(Productivity in the Blast-Furnace and Open Hearth Segment of the Steel Industry)』, 『20세기의 중공업 발전(The Development of Heavy Industry in the 20th Centry)』 등을 남겼다. 연방 상무부의 경제담당자문위원, 백악관의 산업 및 세금 특별위원회 위원으로 활동했다. 또한 세계철강협회 명예회원이었다.

내가 박 회장과 처음으로 만난 것은 1976년 비엔나에서였는데, 거기서 우리는 포항제철의 발전상과 미래의 청사진에 관해 의견을 교환하였다. 나는 회사경영의 세세한 부분에 대한 그의 지식과 한국 철강업의 장래에 관한 원대한 이상에 크게 감명을 받았다.

그와의 두 번째 만남은 같은 해 오사카에서 개최된 제10회 국제철강연맹 총회석상에서였는데 박 회장은 이사회에 참석하여 활발한 토론을 전개함으로써 철강산업에 관한 해박한 지식을 과시하기도 하였다.

1981년 포항제철의 생산능력과 생산성 향상을 위하여 새로이 광양제철소를 건설하기로 한 박 회장의 결단은 시의적절한 것이었다. 조강연산 270만 톤의 광양1기 사업은 1985년에 착공되어 예정공기를 훨씬 앞당긴 1987년 5월에 준공되었다.

이 광양제철소는 세계 최신예 제철소로 평가되고 있는데, 2기가 준공되는 1988년에는 조강연산 540만 톤으로 확장될 것이며, 앞으로 800만 톤 내지 900만 톤 규모로까지 확장될 가능성도 있다. 그렇게 되면 포항제철은 포항 및 광양의 양대 제철소를 보유하여 생산능력 면에서 세계 5위권의 대제철소가 될 것이며, 우수한 품질과 저렴한 원가에 의한 세계 최강의 경쟁력을 확보하게 될 것이다.

1986년 박 회장은 신중한 검토와 협상을 거쳐 유에스스틸(현 USX)과 포항제철 간의 합작투자를 주도하였다. 박 회장과 로데릭 USX 회장 사이에 체결된 이 합작투자계약은 양사가 미국 캘리포니아주 피츠버그에 새로운 냉연공장을 설립하는 것을 내용으로 하고 있다.

1989년 초 준공을 목표로 현재 공사를 진행 중인 동 공장은 세계 최신예의 냉연공장으로서 오늘날 세계에서 이 공장과 경쟁할 수 있는 냉연공장은 극소수에 지나지 않는다. 또 이 합작투자계약에 따르면 동 냉연공장이 생산할 각종 냉연제품의 소재로 연간 100만 톤의 열연코일을 광양제철소에서 공급하도록 되어 있는데, 이처럼 최신예 광양제철소에서 생산된 우수한 품질의 열연코일이 세계 최신의 냉연설비를 거치게 된다면 타의 추종을 불허하는 최고 품질의 제품이 될 것은 자명한 일이다.

양사의 합작투자는 포항제철의 저렴한 생산단가와 우수한 품질 그리고 USX의 효율적인 압연설비와 판매능력의 조화를 목표로 하는 것으로서, 이러한 형태의 합작투자는 세계 철강업 사상 최초의 일이자 양측 모두에게 유익한 일이다. 현 단계에서의 철강업이 다른 소재들, 특히 자동차산업 등 여타 산업 분야에서 박판을 대체하고 있는 플라스틱이나 알루미늄과 경쟁해나가기 위해서는 이러한 합작투자가 꼭 필요하다고 생각된다. 이러한 의미를 지니고 있는 피츠버그 프로젝트는 오로지 박 회장의 예리한 판단력과 통찰력의 소산이라 할 것이다.

철강업계에서 박 회장의 위치는 전 세계적인 인정을 받고 있다. 1987년 5월 영국금속학회(The Institute of Metals)는 세계 철강산업의 발전에 기여한 공로를 인정하여 박 회장에게 '베세머 금상'을 수여했는데, 이 상은 매년 전 세계적으로 뛰어난 업적을 이룩한 철강인에게 수여되고 있다.

철강기업인으로서 탁월한 능력뿐만 아니라 박 회장은 매우 다정다감하며, 사교적인 성품을 지닌 인물이다. 본인은 몇 차례의 한국 방문 시 그가 베풀어준 환대를 잊을 수 없다.

[호건 신부와의 인터뷰는 1992년 7월 10일 포항제철 뉴욕사무소에서 있었다.]

POSCO는 박태준의 책임감이 존립의 근거다

▷ 약 2주 전에 로데릭 씨와 인터뷰를 한 적이 있습니다. 제가 알기로는 신부님께서 박 회장을 로데릭 씨에게 소개했다는데 그게 사실입니까?

호건 : 네, 맞습니다. 나는 그 두 사람과 함께 미국 서부 해안에 있는 피츠버그에 미국과 한국의 합작으로 냉연공장을 세우는 데 대한 가능성 여부를 논의했어요. 로데릭 씨가 그것을 당신에게 얘기했나 봅니다. 당시 〈USS 유에스스틸〉은 과학기술적인 면에서 보다 현대적인 시설을 갖추려는 계획을 가지고 있었습니다. 그렇게 해야만 전 분야에 걸쳐서 우수한 제품을 생산할 수 있으니까요.

당시 US스틸의 시설들은 제2차 세계대전 중에 갖춰진 것들이 대부분이었어요. 그 설비로는 양질의 철강제품을 생산할 수 없었어요. 그래서 US스틸은 피츠버그에 냉연공장을 새로 건립하기로 했던 거지요. 피츠버그 냉연공장의 설립 취지는 잘 팔릴 수 있는 상품을 만드는 것과 동시에 다양한 고객들의 세부적인 요구 사항들을 충족시키기 위한 것이었어요. 그러자면 현대적 시설을 갖춘 회사와의 합작이 필요했습니다.

그때 마침 박 회장은 고강도철판(High-roller steel), 특히 고온압연(hot roll of steel)을 가장 현대화된 방법으로 생산하기 위해 광양제철소를 건설하는 중이었어요. 그때 나는 피츠버그의 냉연공장에 포항제철이 열연코일을 제공할 수 있겠구나 하는 생각이 들었어요. 그래서 내가 두 사람을 만나도록 주선했고, 두 사람이 서로 만나서 합작 건에 관한 논의를 하게 된 겁니다.

▷ 그렇군요. 한국인들은 신부님과 박 회장이 매우 절친한 사이라고 알고 있습니다. 신부님이 박 회장을 처음 만난 것은 언제입니까?

호건 : 1976년, 오스트리아의 빈에서 처음 박 회장을 만났어요. 박 회장은

그때 fleet mill을 구입하기 위한 시장조사차 그곳에 왔습니다. 주최 측의 한 사람이 우리를 박 회장에게 소개시켜 주었어요. 그때 나는 박 회장으로부터 포항제철이 새로운 사업을 계획하고 있다고 들었습니다. 우리는 한 시간 이상 이야기를 나누었어요. 박 회장은 포항제철의 마스터플랜에 대해 나에게 상세하게 설명해 주었습니다. 그리고 그 계획에 대하여 서로 진지하게 의견을 교환했어요. 나로서는 그 대화가 매우 유익했습니다. 난 그때 세계 철강산업에 관한 책을 쓰기 위해 자료를 수집하고 있었습니다.

그 당시 한국은 경제개발계획에 따라 체계적으로 발전하던 시기였습니다. 그때가 1970년대 중반 혹은 그 후반기였을 겁니다. 포항제철로서는 제2기 공사가 끝나고 제3기 공사가 막 시작되었던 때입니다. 우린 그때 오랫동안 한국의 철강산업과 장래에 대해 장시간 얘기를 나누었죠. 그 후 오사카에서 열린 국제철강협회(IISI) 회의에서 다시 박 회장을 만났습니다. 우리는 마음으로부터 우러나는 정을 느꼈으며, 유쾌한 대화도 나누었습니다. 세계 철강산업의 운영에 대해 주로 얘기를 나누었지요.

그 다음 내가 박 회장을 다시 만나게 된 것은 아마 2년 후였을 겁니다. 그해에 내가 한국을 방문한 적이 있었습니다. 그때에도 우리는 포항제철의 새로운 개발사업에 대해 의견을 교환했습니다.

▷ 신부님과 박 회장 간의 개인적인 교류에 대해 이야기해 주실 수 있는지요?

호건 : 박 회장은 나의 좋은 친구입니다. 미국에 올 때마다 그는 나를 찾아옵니다. 요즘은 그가 정치 일정 때문인지 전처럼 그렇게 자주 오지는 않습니다. 물론 내가 한국에 갈 때도 꼭 그를 만납니다. 일 년에 한 번 정도지요.

나는 박 회장의 요청으로 한국에서 많은 강의를 했습니다. 물론 포스코에서도 강의를 했어요. 서울에서도 했습니다. 포항제철 사원들에게 이야기할 기회가 많이 있었어요. 주로 세계의 철강산업, 한국의 철강산업, 미국의 철강산업에 대하여 강의를 했습니다. 박 회장과 만날 때에도 때와 장소를 가리지 않고 주로 제철산업에 대한 토론을 했습니다.

▷ 구체적으로 어떤 내용들이었습니까?

호건 : 그때 박 회장은 광양제철소 설립 계획을 가지고 있었어요. 그 문제에 대해서 많은 얘길 나누었죠. 박 회장은 대단한 추진력을 가졌습니다. 포항제철을 처음 시작하였을 때 그는 많은 어려움과 반대에 부딪혔어요. 처음엔 그 공장의 조강능력이 50만 톤으로 계획되었습니다만 박 회장은 100만 톤까지 늘렸어요.

그는 세계은행 등 여러 곳으로부터 자금을 조달하는 데 많은 어려움을 겪었어요. 그러나 그는 투지를 가지고 열심히 노력했어요. 잘 알려졌다시피 그는 일본으로 건너갔어요. 1970년대 초반, 포항제철 제1기 공사의 완공을 위한 재정지원을 받기 위해서였죠.

제1기 공사는 1973년인가에 완공된 것으로 압니다. 그것은 그가 내린 결정의 산물이었으며, 그의 정력과 추진력이 그것을 가능케 만들었지요. 다른 사람 같았으면 중도에 포기했을 겁니다. 그러나 박 회장은 끝까지 관철시켰습니다. 그는 100만 톤의 조강능력을 가진 공장을 짓기로 결정했어요. 그것은 옳은 결정이었습니다.

박 회장의 지휘로 신속한 시간 내에 공장이 완성되었을 뿐 아니라 효율적으로 운영되었습니다. 그래서 그때부터 계획되어 있는 개발사업에 필요한 자금을 구하는 데 더 이상 어려움을 겪지 않았습니다. 계획된 공사란 제4기 공사였는데 910만 톤의 조강능력을 가진 것으로서 1980년대에 완공되었습니다.

근본적으로 포항제철이 존재하게 된 것이 박 회장의 책임감 때문이었다고 말하고 싶어요. 그 후에도 그는 매우 현명하고 신중하게 일을 처리했습니다. 각고의 노력 끝에 그는 포항제철을 900만 톤의 조강능력을 가진, 세계에서 가장 큰 공장 중의 하나로 확장시켰습니다.

또 오랜 시간에 걸쳐 숙고를 거듭한 끝에 광양제철소 건설을 착수하였습니다. 금년 10월에는 제4기 공사가 완공될 예정이라지요? 그러면 포항 공장보다 생산능력이 커요. 작년 포항제철의 생산능력은 세계에서 세 번째였어요. 박 회장이 1968년, 아무것도 없는 상태에서 시작하여 지금까지 이룬 과정을 이해한다면 정말로 엄청난 업적이라고 아니할 수 없어요. 그는 세계에서 가장 최신화된 철강 공장을 만들었습니다.

그가 가진 가장 큰 장점은 최신 기술을 갖추기 위해서라면 어떤 노력도 아끼지 않는다는 점입니다. 광양 공장은 모든 면에서 최신의 설비로 갖춰졌어요. 해변에 위치하여 원료 수송은 물론 완성된 제품 수출도 용이합니다. 모든 면에 있어서 광양제철소는 오늘날 세계에서 으뜸가는 공장입니다. 그런 신용과 인정을 받은 것은 바로 박 회장의 능력에 의한 것입니다.

박 회장은 애초부터 이 공장에 대한 마스터플랜을 가지고 있었으며, 결과적으로 포항제철을 세계에서 세 번째로 큰 회사로 만들었습니다. 포항제철보다 더 큰 2개의 회사들은 합병에 의한 것입니다. 〈신일본제철〉은 알다시피 합병회사입니다. 프랑스의 〈유지노 세실로〉도 역시 합병회사입니다. 그러나 포항제철은 합병회사가 아닙니다. 포항제철은 단일회사인 반면, 다른 두 개의 회사는 합병에 의해 그 규모가 커진 것입니다. 이러한 점을 감안하다면 박 회장이 아주 대단한 일을 했다는 것을 알 수 있습니다.

한국이 오늘날과 같은 공업국가로 성장한 데는 박 회장의 공로가 지대합니다. 제철산업의 발전 없이는 어떠한 국가도 공업화될 수 없어요. 외국에서 수입된 철강으로 연간 2백만 대의 자동차를 생산하는 자동차산업이나 조선산업이 가능할까요? 이러한 산업을 영위하기 위해서는 그 국가 자체에서 운영하는 제철소를 소유하고 있어야만 가능합니다.

통찰력과 추진력의 리더십

▷ 박 회장의 리더십에 대해서 계속 언급을 하시는데, 그의 리더십에 있어서 가장 중요한 요소는 무엇이라고 생각하십니까?

호건 : 올바른 방향 설정, 주어진 여건에서 무엇이 가능한가에 대한 통찰력, 그리고 계획을 수행할 수 있는 결심과 용기라고 말할 수 있어요.

▷ 어떤 사람들은 박 회장의 리더십이 너무 강하여 무리하게 일을 추진한다는 비판을 하기도 합니다. 거기에 대해서 한말씀 해주시겠습니까?

호건 : 글쎄요. 나는 박 회장이 이룩한 일을 다른 누군가가 계속하더라도 그와 같은 강한 추진력이 반드시 필요하리라고 믿어요. 일을 성취하기 위해서는 저돌적인 힘과 추진력을 가지고 있어야만 합니다. 강한 추진력 없이는 아무 일도 이룰 수가 없어요.

▷ 하지만 지금 그의 나이가 65세입니다. 그리고 한국 정계에서도 그를 원하고 있습니다.

호건 : 만약 그가 떠나더라도 포항제철에는 매우 유능한 인재들이 많기 때문에 성공적인 경영이 계속되리라는 점에 대해서 조금도 의심하지 않아요. 결국 사람이란 언젠가는 떠나야 하지요. 박 회장은 훌륭한 인재를 양성하는 데 많은 투자를 했습니다. 그가 떠나더라도 크게 염려할 것은 없다고 봅니다.

▷ 포항제철의 장래를 어떻게 보시나요?

호건 : 장래가 밝습니다. 왜냐하면 지속적인 시설 투자를 했기 때문이지요. 더구나 광양공장은 세계에서 가장 으뜸가는 최신설비를 갖추고 있습니다. 박 회장은 스스로 조직하고, 지시하고, 성장시키고, 그리고 확장시킨 제철소를 국가와 포항제철에 유산으로 물려줄 것입니다. 나는 포항제철이 계속적인 흑자운영을 이루지 못할 이유는 전혀 없다고 생각합니다. 사실 포항제철은 매년 수익을 올리고 있어요. 통계를 잘 살펴보면, 최근 몇 년의 경기후퇴 기간 동안 다른 회사들은 적자를 면치 못하고 있음을 알 수 있는데, 포항제철만 유독 흑자경영입니다. 참으로 주목할 만한 일인 것입니다. 그것이 박 회장의 능력입니다.

그러나 그는 좋은 부하직원을 거느리고 있습니다. 그들은 박 회장으로부터 성공적으로 일을 수행할 수 있는 능력을 전수받았습니다. 나는 그 회사가 앞으로도 반드시 잘 되리라고 생각합니다.

▷ 약 2주 전에, 박 회장이 뉴욕에 갔는데……, 만나 보셨습니까?

호건 : 네, 만났죠. 그를 위한 리셉션도 있었어요. 박 회장은 매우 훌륭한 사람에게만 수여되는 상을 받았어요. 한국에서의 제철산업에 이바지한 공로뿐 아니라 전 세계 철강산업에 끼친 업적을 기려 주는 상이었습니다.

나는 책을 출판하려고 합니다. 그 주된 내용은 한국 제철산업과 세계의 제철산업에 대한 것으로서 박 회장의 업적에 대해서도 폭넓게 다루고 있어요. 박 회장이 제철 분야에서 이룩한 성과와 역할에 대하여 자세히 알 수 있는 내용입니다. 나도 기사 한 편을 썼어요. 내가 한국에 대해서 쓴 기사를 보신 적이 있을 겁니다. 1970년에 포항제철 제1기 공사에 대하여 한 번 썼지요. 그 기사에서는 훨씬 더 분명하게 다루어졌습니다. 원래 그것은 《United Steel

Engineer》라는 잡지에 기고하려 한 것입니다. 그 책에서는 훨씬 더 많은 것을 다루고 있어요. 나는 기쁜 마음으로 글을 썼습니다.

신비한 느낌을 주는 동양의 거인, 유머 감각이 뛰어난 세계인

엘리저 바티스타

브라질 CVRD사 사장, Rio Doce International사 회장

박태준 회장은 본인이 지금까지 만난 사람들 중에서 가장 강렬한 인상을 남겨준 인물이라고 확신한다. 이 동양의 거인(巨人)은 통상적으로는 공존하기가 어려운 엄격한 규율과 치밀한 계산 그리고 고도로 세련된 지성(예컨대 그의 수준 높은 유머감각)을 겸비하고 있다는 측면에서 신비한 느낌을 가지게 된다. 아마도 이러한 성품이 한국 사람이라면 누구나 자랑거리로 생각하고 있는 거대

엘리저 바티스타(Eliezer Batista)는 브라질에서 가장 유명한 기업인이자 관료로, 7개국어(영어, 불어, 독일어, 이태리어, 러시아어, 폴란드어, 포르투갈어)를 자유롭게 구사하는 브라질의 최고 기업경영자 중 한 사람이었다. 그는 국제적인 교류의 폭이 넓어 유고슬라비아의 전 대통령인 티토, 일본 소니 사장인 모리타 아키오, 러시아의 페레스트로이카 경제 전문가인 Abel Aganbengian 등과의 관계가 매우 돈독했다. 1948년 Parana주 연방대학에서 공학박사 학위를 취득하고 브라질 국영기업체인 CVRD사에 입사하여 철광석 수출 및 알루미늄 생산, 철도 운송산업 등을 익혔으며, 1960년대 초에는 Espirito Santo 대학에서 잠시 연구 생활에 몰두했다. 이때 대통령의 정치·경제문제 자문 역할을 성공적으로 수행하여 입각 권유를 받았으나 사양하기도 했다. 그러나 1992년 4월 6일, 대통령의 간곡한 요청에 따라 국가발전기획부 장관을 맡으면서 Rio Doce Internatioal사 명예회장을 겸임했다.

한 사업을 일으킨 기업인이자 위대한 지도자로서 그가 크게 성공을 거두는 바탕이 되었을 성싶다.

본인은 수차 그를 만났지만 그중에서도 광양제철소를 방문했을 때의 기억은 그의 인간됨을 가장 잘 설명해주는 인상 깊은 광경이었다. 우리가 학원단지를 방문했을 때, 한 교실에서는 어린 학생들이 컴퓨터교육을 받고 있었으며 다른 쪽에서는 음악수업을 받고 있었다. (이러한 것들은 우리가 기쁜 마음으로 배우고자 했던 여러 가지 사항들 중의 일부에 지나지 않는다.)

우리는 이러한 모습을 통하여 그가 기술 향상과 생산성 증대에 부여하는 중요성 이상으로 건강문제, 자녀교육, 사회부조(扶助), 그리고 취미활동(특히 체육활동) 등 종업원과 그 가족들의 복지문제를 중요하게 다루고 있다는 것을 보고 배울 수 있었다. 우리 CVRD사는 특히 포항제철소의 증설공사가 완전히 끝나기도 전에 광양 프로젝트를 추진하기로 한 박 회장의 과감한 결단과 혜안에 크게 경탄하고 있다.

거시적인 안목으로 볼 때, 한국과 브라질 관계를 강화하는 데 있어서는 그의 지정학적인 판단력이 크게 기여했다고 생각된다. 양국관계를 발전시켜 오는 과정에서 지리적으로 멀리 떨어져 있다는 데서 기인하는 여러 가지의 어려움을 극복하는 데는 박 회장의 판단력이 결정적인 힘이 되었음은 재언할 필요가 없는 일이다.

피게레도(Figueiredo) 전 브라질 대통령이 한국과 브라질 양국 간에 건전한 협력관계를 수립하는 데 기여한 공적을 인정하여 박 회장에게 훈장을 수여한 것은 양국관계의 발전사에 있어 기록될 만한 사건이다.

당시만 해도 브라질의 입장에서는 양국관계의 장래의 발전가능성에 관해 그다지 밝지 못한 측면도 존재하고 있었으나, 때맞춘 박 회장의 등장이 양국관계의 발전을 향한 탄탄대로를 닦아주게 되었던 것이다. 이렇게 하여 한국과 브라질 관계의 '위대한 개막'이 성대하게 이루어졌고, 모든 부문에 걸친 사실상의 호혜적 교류가 처음으로 이루어지게 되었던 것이다.

최근 사르니(Sarney) 대통령이 두 번째로 박 회장에게 훈장을 수여하고 카라쟈스(Carajas) 광산에 그의 이름을 딴 〈박태준 스포츠 센터〉가 개관됨으로써 한국과 브라질 관계는 최고조에 달하게 되었는데, 이것은 그에 대한 우리의 존경과 찬사를 나타내주는 상징이라고 할 수 있다. 유감스럽게도 본인은 건강이 나빠서 까라쟈스에서 열린 〈박태준 스포츠 센터〉의 개관식에 동행을 하지 못했지만 나중에 박 회장이 그 기념식장에서 대단히 즐거워하셨다는 얘기를 듣고 위안을 받을 수 있었다.

본인은 박태준 회장이라는 위대한 인물이 존재하는 한 한국과 브라질 관계, 그중에서도 포항제철과 CVRD사 간의 유대는 계속 강화될 것이라는 점을 확신하고 있다.

[엘리제 바티스타와의 인터뷰는 1992년 7월 14일 브라질 리우데자네이루의 POSCO 브라질사무소 부근의 한 식당에서 있었다.]

정신적으로도 성공한, 진실로 조국을 위하는 사람

▷ 브라질 여행은 처음인데 리우데자네이루는 자연 경관이 매우 수려하고 사람들의 인심도 좋습니다. 아시다시피 내년이 포항제철 창설 25주년을 맞는 해입니다. 바티스타 씨와 포철의 박태준 회장의 관계가 매우 돈독하다고 알고 있습니다. 박 회장과의 교우에 대한 이야기를 듣고 싶습니다.

바티스타 : 우리 브라질에 오신 것을 환영합니다. 그리고 브라질에 대해 좋은 인상을 받았다니 기쁩니다. 사실 브라질은 좋은 나라입니다. 게다가 우리

브라질과 한국은 같은 개발도상국으로서 서로 협력할 부분이 매우 많습니다. 국토가 넓은데다 천혜의 부존자원이 가장 풍족한 나라가 브라질이라 해도 과언이 아닐 테니까요.

내년이 포항제철 창립 25주년이라지요? 그보다 나는 올해 10월에 있을 광양제철 확장 기공식에 먼저 참석할 예정입니다. 아직 공식적인 초청장은 받지 못했습니다만…….

박 회장과의 첫 만남은 우리가 포항제철에 철광석을 공급하는 사업적인 목적에 의해 이루어졌습니다. 비록 사업적 관계였지만 그와 만난 순간 어쩐지 인간적 신뢰감이 갔습니다. 이후에도 그는 나에게 끊임없는 감동을 주었습니다. 아시다시피 박 회장은 참으로 뛰어난 지도자입니다. 나는 그를 항상 흠모하는 마음으로 대합니다. 그의 업적에 대해서는 존경심까지 갖고 있어요.

그는 제철산업에서 가장 성공한 사람입니다. 그 성공이란 반드시 경제적인 것에 한한 것만은 아닙니다. 정신적인 것까지 포함해서 말한 것입니다. 어려운 시기에 사람들을 이끈 그의 지도력, 그것을 이해하려면 당시 한국이 처해 있었던 어려운 상황, 그리고 그 상황 하에서 포항제철을 설립한 그 시기로 돌아가 보아야 할 것입니다.

나는 그 당시 한국에 체류하고 있었기 때문에 그 사정을 손바닥 들여다보듯이 잘 알고 있습니다. 그때의 그 사정을 본 사람들이라면 누구든 박 회장을 존경하지 않을 수 없을 겁니다. 나는 세계 굴지의 제철소 중에서 포항제철을 가장 효율적이고 가장 훌륭하게 운영되고 있는 회사로 봅니다. 그래서 더욱 박 회장에 관한 한 찬사를 아끼고 싶지 않습니다.

그는 사업가이면서 훌륭한 정치가이기도 하지요. 무엇보다 박 회장은 진심으로 그의 조국인 한국의 장래를 생각하는 사람입니다. 이 사실 또한 나로 하여금 그를 존경하게 하는 부분입니다. 우리는 비슷한 사고를 가지고 있습니다. 그가 그의 조국을 위하여 매진하고 있듯이, 나 역시 일생의 대부분을 나의 조국 브라질을 위해 바치고 있습니다.

박 회장은 유머감각이 매우 뛰어납니다. 매우 유쾌한 사람이에요. 그러면서도 아주 세련된 매너를 보입니다. 박 회장과 이야기를 나누다보면 시간 가는 줄 모릅니다. 지루해할 일이 없다는 거지요. 진지하면서 가볍지 않아요. 약속 이행도 철저하고요. 우리는 그와 함께 하는 시간을 매우 좋아합니다.

비전을 구체화하고 실현하는 선견지명

▷ 1988년도 하계올림픽이 서울에서 개최되었을 때 바티스타 씨 가족이 방한한 것으로 알고 있습니다만……, 한국에 대한 인상이 어떠했습니까?

바티스타 : 그렇습니다. 박 회장으로부터 초청장이 왔어요. 아내가 어린아이처럼 기뻐했어요. 서울올림픽은 감동적이었어요. 무엇보다 우리와 동행한 사람들 모두가 한국의 눈부신 발전에 놀라워하던 것이 기억납니다. 또 하나, 우리 일행이 한국의 농촌 개발 실태를 견학한 적이 있었는데, 나는 우선 한국의 조림이 잘 가꾸어진 것에 놀랐습니다. 처음 한국을 방문한 1970년대 초반만 하더라도 대부분의 한국 산들은 벌거숭이 민둥산에 불과했거든요. 그런데 88년도에 방한해 보니 그곳이 모두 울창한 나무로 뒤덮여 있었습니다. 나는 환경주의자입니다. 그래서 박 회장의 포항제철이 환경보존에도 앞장서고 있다는 사실에 대해 매우 고마워하고 있습니다.

한국의 조림사업이 성공을 이루게 된 데에는 고 박정희 대통령의 힘이 크게 작용하였다지요? 그것 하나만큼은 나도 박정희 대통령을 존경합니다. 환경보존은 우리 인류가 꼭 책임지고 수행해야 할 고귀한 업무입니다.

▷ 현재 박태준 회장은 한국의 정치지도자로서도 활약하고 있습니다. 그것을 어떻게 생각하십니까?

바티스타 : 한국의 미래 아니 세계의 미래를 위해서라도 박태준 회장이 한국 정계에서 뚜렷한 위치에 선 정치지도자가 되었으면 하는 것이 제 소망입니다. 라틴아메리카, 특히 브라질과 한국은 전술한 바처럼 서로 협력해야 할 부분이 많다고 생각합니다. 따라서 우리 브라질을 이해해줄 수 있는 한국의 정치지도자가 많이 있었으면 합니다.

사실 한국과 브라질의 관계가 지금과 같이 강화된 근저에는 박 회장의 역할이 매우 컸습니다. 그는 한국과 브라질에 관련된 문제를 아주 신속하고 매끄럽게 처리했습니다. 박 회장이 브라질에 더 자주 올 수 없는 것이 유감일 정도입니다. 우리는 그가 우리를 위해 브라질을 방문할 기회가 많았으면 합니다.

나는 오늘날 한국이 우리 브라질의 가장 이상적인 파트너라고 생각하고 있어요. 한국은 모든 분야에서 기술이 축적되어 있고, 국제경쟁력이 있는 상품이 많으며 신뢰성이 있습니다. 우리는 한국과 더 많은 접촉을 가지기를 희망합니다. 그리고 많은 정보를 공유하기를 원합니다.

한때 우리는 박 회장이 한국의 집권당에서 대통령 후보로 선출되기를 빌었습니다. 그리고 가능성이 있다는 사실에 매우 기뻐했습니다. 그러나 그가 아닌 다른 사람이 후보로 선출되었다는 것을 알고 유감스럽게 생각하기도 했습니다. 그러나 실망하지는 않아요. 그가 어떤 위치에 있든 우리가 그를 존경하는 마음은 변치 않습니다.

박 회장은 선견지명을 가지고 있는 듯해요. 그는 이상(Vision)을 현실화시킬 수 있는 지대한 능력의 소유자입니다. 이상을 현실화한다는 것은 참으로 어려운 일인데도 그는 해냅니다. 나는 세계의 여러 곳을 두루 경험했지만 이상을 구체화하고 실행하는 사람은 박 회장 이외에는 본 적이 없습니다. 오랜 기간 동안 유럽에서 살면서 내로라하는 유럽의 정치·경제 지도자들을 보아왔지만 박 회장과 어깨를 견줄 만한 사람은 없었다는 이야기입니다.

우리는 그가 하루속히 브라질을 방문하기를 원합니다. 그런데 박 회장이 우리에게 시간을 할애하지 않는 것 같아 섭섭합니다.

세계의 유명 지도자들이 존경하는 한국인

▷ 지금 박 회장은 국내 현안문제로 매우 바쁩니다. 우선 한국의 차기 대통령 선거가 올 12월에 있습니다. 박 회장은 집권당에서 매우 중요한 역할을 하고 있기 때문에 내년이나 되어야 시간이 날 것 같습니다.

바티스타 : 대통령 선거는 매우 중요하지요. 그 선거가 끝나면 그를 초청할 수 있겠군요. 우리 브라질 대통령도 박 회장의 브라질 방문을 원하고 있습니다. 두 나라 사이의 문제는 박 회장이 개입되지 않으면 안 돼요. 우리는 그와 각종 현안에 대해 폭넓게 논의하기를 희망합니다. 나는 광양제철 확장 기공식 때는 만사를 제쳐놓고 한국에 가려고 합니다.

우리 브라질인들은 한국인들에 대해 일종의 존경심을 갖고 있습니다. 한국인들이 짧은 시간에 이룩한 눈부신 업적은 도저히 믿기지 않을 정도입니다.

브라질은 보시다시피 부존자원이 풍부하고 땅도 넓습니다. 그러나 브라질인들은 한국인들처럼 끈질기지도 못하고 노력도 부족합니다. 우리 브라질인들에게 필요한 것이 바로 그 끈질김입니다. 한국인들의 끈질긴 노력과 축적된 기술, 그리고 브라질의 막대한 부존자원이 서로 조화를 이룰 수만 있다면 한국과 브라질 양국 모두에게 이상적인 결과를 가져올 수 있다고 봅니다. 박 회장은 바로 그 한국인의 대표적인 인물입니다.

나와 가까이 지내는 외국의 유명지도자들이 많습니다. 일본 총리를 지낸 나카소네 씨, 후쿠다 씨, 미쓰비시의 미무라 씨, 미쓰이그룹의 야히로 씨, 또 프랑스의 로베르 미테랑 씨 등 많은 사람들이 나와 친합니다. 그런데 이들 모두는 박 회장을 잘 알고 있어요. 잘 아는 정도가 아니라 박 회장을 지극히 존경하고 있습니다.

그런데 박 회장은 전문적인(?) 정치가가 아닌 것 같아요. 이 세상 대부분의 정치가들이 불의와 적당히 타협하고, 또 말만 번드레하게 하는데 박태준 회장은 그렇지 못해요. 너무 정직하고 직선적입니다. 그러나 이런 사람이 정치지도자가 되는 것이 바람직하다고 생각합니다. 사람들은 정직하고 바른 사람이 정치지도자가 되는 것을 이상이라고들 합니다만, 박 회장은 이상을 현실화할 수 있는 불가사의한 능력이 있잖아요?

▷ 한국과 브라질과의 교역부분 중에서 가장 역점을 두어야 할 부분이 어떤 것이리고 보는지요?

바티스타 : 많은 것이 있지만 우선 에너지, 이동통신, 천연자원 개발, 정보기술(컴퓨터) 부분의 협력이 급선무가 아닐까 해요. 이미 〈삼성〉 같은 회사는 우리나라에서 많은 활약을 하고 있습니다.

한국의 경제가 지속적으로 발전하려면 우리 브라질과 협력하는 것이 바람직하다고 보아요. 물론 동남아시아 지역에서도 메리트가 있겠지만, 그곳에는 이미 일본인들이 진출하여 기술이 과잉공급되어 있다고 보아야 할 겁니다. 게다가 한국으로서는 그곳에 기본시설에 대한 투자를 많이 해야만 합니다.

또, 내가 이야기할 부분은 아니지만, 러시아와의 합작은 그리 바람직한 것 같지 않아요. 물론 외교적 메리트는 있겠지만 말입니다. 나는 그들을 잘 알아요. 그들은 관료주의자들입니다. 제가 말하는 관료주의의 의미를 아시지요? 그들은 사업을 모릅니다. 그리고 사업을 하려 하지 않습니다. 행정적 절차도

까다롭습니다.

그러고 보면 우리 브라질을 위시한 라틴아메리카 지역보다 좋은 곳은 없습니다. 물론 한국이 투자해야 할 지역으로서 말입니다. 한국은 성숙한 나라입니다. 그리고 박 회장 같은 훌륭한 지도자가 있습니다. 우리 브라질인들은 한국인을 존경하고 있습니다.

한때 브라질에서 한국을 파시스트 국가라 하여 교류를 탐탁하지 않게 생각한 일이 있었던 것은 사실입니다. 그러나 그것은 이미 과거의 일입니다. 한국을 위해서 하는 말인데, 동유럽이나 러시아 또는 동남아시아를 국제적 비즈니스의 파트너로 삼는 것보다 브라질 쪽이 훨씬 낫습니다. 그것은 박 회장이 잘 알고 있어요.

대만은 브라질에 많은 것을 투자했고 성공적인 결실을 거두고 있습니다. 예를 들면 〈Ace Tc〉라는 컴퓨터 회사는 상파울로에 진출하여 라틴아메리카 진출의 교두보 역할을 하고 있습니다. 그러나 그들은 모두 중소기업들이에요. 대만에는 대기업이 없으니까……. 그런 점에서 우리 브라질은 한국을 진정한 파트너로 원합니다. 대만의 컴퓨터 기술은 세계적이지만 규모가 작아요.

그래서 나는 박 회장을 무척 기다리고 있습니다. 포항제철에서 이동통신 사업을 시작했다고 하는데 그 분야 역시 우리들에게는 매우 흥미 있는 사업입니다. 이동통신은 시장이 매우 넓어요. 잠재적 수요도 많고요.

짧고 명료한 메시지, 동양의 작은 거인

▷ 이제 많은 이야기를 한 것 같습니다. 한 가지 더 추가한다면 바리스타 씨가 느낀 박 회장의 리더십에 관한 견해를 듣고 싶습니다.

바티스타 : 지도력은 개개인 고유의 잠재능력이기 때문에 그것을 평가하거

나 묘사하기란 매우 어렵습니다. 그러나 나는 그가 매우 끈질긴 개성을 가지고 있다고 봅니다. 그는 자신이 원하는 것을 다른 사람에게 어떻게 전달할 것인가를 잘 알고 있는 것 같습니다. 그와 5분 정도만 대화를 해 보면 그의 탁월한 리더십을 느낄 수 있습니다.

박 회장은 많은 말을 하지 않습니다. 짧고 명료한 말로써 상대방을 압도하고 리드합니다. 그의 말은 한마디로 축약된 메시지입니다. 다른 정치인들과는 20시간 이상 이야기를 나누어도 결론이 없는 경우가 많습니다. 알맹이가 없거든요. 감동적이지도 못하고 말이지요. 감동을 주지 못하는 말은 소용이 없습니다.

박 회장은 지금까지 내가 만난 사람들 중 나에게 가장 강렬한 인상을 남겨준 인물입니다. 국제적으로 위대한 지도자들에게서도 찾을 수 없는 능력을 그에게서는 볼 수 있어요. 엄격함, 치밀함, 그리고 세련된 매너에 사람을 편하게 해주는 유미감각과 대화술을 함께 공유한 사람은 박 회장 외에는 지구상에서 아무도 없어요. 바로 이러한 성품이 그 거대한 사업을 일으켜 그것을 성공기업으로 이끈 바탕이 된 것이 분명해요.

나는 박 회장을 자주 만났어요. 그때마다 많은 감동을 받곤 했지만, 그중에서도 광양제철소를 방문했을 때의 감동은 정말 지대했어요. 그의 인간성을 완벽하게 알 수 있었으니까요. 그곳에서 나는 그가 기술향상 및 생산성 증대 못지않게 직원들의 건강, 자녀교육, 협동정신, 복지시설 등을 중요하게 생각하고 있음을 알 수 있었어요. 단순히 명령을 내리고 그것에 따르게 하는 리더십이 아니었지요. 우선 따뜻하게 배려해준 다음, 마음으로부터 따르게 하는 민주적 리더십이었거든요.

한국과 브라질의 관계 강화에 있어서도 그의 판단력에 의해 크게 고무되었다고 볼 수 있습니다. 피게레도(Fiqueiredo) 전 브라질 대통령이 한국과 브라질 양국 간에 건전한 협력관계를 수립하는 데 기여한 공적을 인정하여 박 회장에게 훈장을 수여한 사실만 보더라도 그의 역할을 짐작할 수 있습니다. 당시의 양국 관계에서 박태준 회장의 등장은 가뭄에 단비 같은 것이었다고나 할까요.

카라자스(Carajas) 광산 지역에는 그의 이름을 딴 〈박태준 스포츠센터〉가 세워졌어요. 그것만 보더라도 우리 브라질인들이 박 회장을 얼마나 흠모하고 있는가를 짐작할 수 있을 겁니다. 박태준이라는 인물이 존재하는 한, 한국과 브라질의 앞날은 밝을 것으로 믿어 의심치 않습니다. 그는 동양의 작은 거인입니다.

가장 신뢰할 수 있는 파트너, 박태준은 한국의 행운이다

헬무트 하세크

오스트리아 국립은행 총재

[헬무트 하세크와의 인터뷰는 1992년 7월 7일 오스트리아 비엔나에 있는 그의 사무실에서 있었다.]

이익을 남기지 못했어도 좋은 '강한 파트너'

▷ 하세크 씨와 박태준 회장은 매우 친한 사이로 알려져 있습니다. 먼저 처음 박 회장을 만났을 때에 관해 이야기해 주십시오.

하세크 : 내가 박 회장을 처음 만난 것은 포항제철의 제1기 공사가 한창 진

헬무트 하세크(Helmut Haschek)는 오스트리아의 비엔나에 있는 오스트리아국립은행 총재였다. 이 은행은 재무성 업무의 대행을 비롯하여 국내 자금시장을 조절하고 수출과 투자에 대한 신용평가업무와 정부공채발행 감독기관으로 역할을 겸한다. 그는 비엔나대학에서 법학박사 학위를 취득하고 1954년 미국의 웨슬리안(Wesleyan)대학에서 조세, 금융 및 국제경제학을 수학했으며, 1974년부터 비엔나대학 경제학과 교수로도 재직했다.

행 중일 때였습니다. 세계의 모든 철강인들이 과연 포항제철이 성공리에 건설될 수 있을까에 대해 반신반의하고 있던 때이기도 했습니다.

알려진 바와 같이, 당시 프랑스·영국·미국·일본 등 철강 선진국들은 포철에 관여하기를 주저했습니다. 그러나 우리는 매우 큰 규모의 차관을 포철에 제공하기로 결정했었습니다. 일부 사람들은 우리의 결정을 마치 자살행위로 보는 듯했어요. 어쨌든 우리는 포항제철 제1기 공사의 파트너였고, 나는 파트너 회사의 대표 자격으로 차관의 증여 기간을 협상하기 위해 방한하여 박 회장을 만나게 되었던 것입니다. 그때 이후로 우리는 자주 만나게 되었으며 급기야는 끈끈한 우정을 나누는 사이가 되었습니다.

박 회장은 매우 끈기가 있는 사람입니다. 모든 상황이 불리한 조건에서의 협상이란 피곤하게 마련입니다만, 그는 나를 꾸준히 설득하여 우리가 포항제철의 제1기 공사에서 큰 역할을 하도록 했습니다. 지금의 포항제철은 우리 회사와 비교할 수 없을 정도로 커졌으며 경영 실적도 매우 훌륭합니다. 그래서 포항제철은 더 이상 우리를 필요로 하지 않습니다. 그 점이 약간 섭섭하지만 그래도 큰 보람을 느낍니다. 내가 박 회장의 능력을 잘 알고 포항제철을 파트너로 삼았으니 말입니다.

▷ 그랬군요. 당시 포항제철에 차관을 제공하여 큰 이익을 보았습니까?

하세크 : 음……, 사실은 그렇지 못했습니다. 손해 보지 않을 정도였으니까요. 그러나 사업에서는 그럴 때도 있지 않겠습니까? 말하자면 꼭 외형적으로 이익이 남는 곳에만 투자할 수는 없지 않겠습니까? 우리가 많은 이익을 남기기엔 박 회장이 파트너로서 너무 강했습니다.

▷ 재치 있는 비판이로군요.

하세크 : 박 회장의 당시 입장으로서는 그럴 수밖에 없었을 것입니다. 그는 그 회사를 꾸려나가야 할 입장에 서있었으니까요. 아마 내가 그런 처지에 있었더라도 마찬가지였을 겁니다.

일을 하다 보면 사업관계로 논쟁을 할 수 있습니다. 그리고 서로 의견을 달리할 수도 있습니다. 기업의 대표자란 이미 공인(公人)이기 때문입니다. 그러나 개인적으로는 서로를 이해하고 존중하는 사이가 될 수도 있습니다. 박 회장과 나와의 관계가 바로 그렇습니다.

▷ 박 회장과 하세크 씨와의 사이에 일어난 일화가 있으면 소개해 주시겠습니까?

하세크 : 아주 재미있는 이야기가 하나 있어요. 가끔 그때를 생각하면서 혼자 웃곤 하는데……. 아마 80년대 초반이었을 거예요. 포항제철을 방문할 기회가 있었습니다. 저는 그곳에서 박 회장으로부터 융숭한 접대를 받았습니다. 그런데 나를 제외한 모든 사람들이 노란 색깔의 제복을 입고 있었어요. 박 회장 역시 같은 복장이었습니다. 그래서 내가 웃으면서 이렇게 불평을 했지요.

"이거, 괴리감을 느끼는데요. 나에게는 왜 제복을 주지 않습니까?"

그러고는 그곳을 떠나 잠시 휴식을 취했습니다. 사실 그때 나는 매우 피곤했습니다. 밤새 비행기를 타고 온데다 시차관계도 있고 해서. 그래서 숙소에서 잠시 눈을 붙인 다음 오후 3시경쯤에 커피를 마시러 왔더니 휴게실에 내 명찰이 붙은 제복과 하얀 헬멧이 놓여있었어요. 얼마나 기뻤는지 모릅니다.

나는 지금도 그것들을 소중하게 간직하고 있습니다. 그 후, 지금으로부터 3년 전쯤 박 회장과 개인적인 시간을 가질 수 있었습니다. 그때 나는 박 회장에게 제복 이야기를 하면서 아쉬운 점에 대해 농담조로 이렇게 말했습니다.

"제복은 참 좋았습니다. 그런데 헬멧에 약간 불만이 있었어요. 흰 수건과 흰

장갑, 노란 제복, 그리고 갈색 구두 모든 것이 갖춰졌는데 헬멧에 특징이 없었어요. 모든 포철의 중역들 헬멧에는 직위를 표시한 마크가 있었는데 내 것에는 없었어요. 좌천당한 기분이었어요."

그랬더니 박 회장이 파안대소했지요.

"좌천이라……, 하하! 그렇지가 않지요. 표시가 없는 헬멧은 당신 것뿐입니다. 그러니 당신이 가장 특별한 사람이 아닙니까?"

"특별한 뜻에서 그런 헬멧을 주었다구요? 그럼 사과드리겠소."

우리는 이렇게 서로 농담을 주고받을 만큼 친한 사이였어요. 나는 아직도 그 헬멧과 제복을 이 캐비닛에 보관하고 있어요. 지금이라도 보여줄 수 있습니다.

연구, 교육, 정신적 분야를 중시하고 투자하는 리더십

▷ 박 회장의 장점에 대해 말씀해 주시겠습니까?

하세크 : 그래요. 그런데 그의 장점에 대해 말하기 전에 이 이야기부터 해야겠어요. 몇 년 전인가……, 하여간 포항제철 제3기 공사 준공식 때였습니다. 박 회장의 초청을 받은 나는 포항으로 갔습니다.

박 회장은 나를 만나자마자 공장 구석구석까지 안내했습니다. 매우 신나는 표정이었지요. 당시의 포항제철은 이미 성공을 거두고 있었습니다. 공장을 다 소개한 다음, 박 회장은 포철 산하 연구소로 나를 데려갔습니다. 그곳에서도 그는 나에게 연구소의 연구실적과 앞으로의 연구계획에 관해 상세히 설명해 주었습니다. 모든 견학 일정이 끝난 후, 박 회장은 나에게 이렇게 말했습니다.

"연구소는 내가 실행한 투자 중에서 가장 중요한 부분입니다. 기술개발은 어느 기업에서나 가장 중요한 것이니까요."

박 회장은 연구, 개발 그리고 교육의 중요성에 대해 거듭 강조를 했습니다. 이런 점에서 박 회장은 이때까지 내가 만난 사람들 중 가장 적극적인 사고방식을 가진 사람이었습니다. 어느 기업의 최고 경영자라도 박 회장만큼 실질적인 생산이 아닌 정신적 분야에 가치를 두지는 못할 것입니다. 박 회장은 또 이렇게 말했습니다.

"나는 그러한 정신적 분야에 많은 투자를 할 준비가 되어 있습니다. 이러한 투자는 언젠가는 되돌려 받을 수 있는, 가장 가치 있는 것이라고 확신하고 있기 때문입니다. 그러나 그러한 사실을 인정하는 사람은 매우 드뭅니다. 그 이유는 대부분의 경영자들은 투입(input)에 대한 산출(output)의 효과를 쉽게 할 수 없기 때문입니다."

이 말을 들은 나 역시 그의 말에 동감의 뜻을 표했어요. 그래서 그에게 이렇게 말했습니다.

"일반인들은 그러한 투자를 단순한 지출로 보고 있을 겁니다. 말하자면 현대식 회계법은 예측 불가능한 분야에의 투자를 허락하지 않습니다. 지금 미국의 철강업계가 몸살을 앓고 있습니다. 그들은 철강산업이 퇴보한 것이 기술개발을 등한했다는 점에 기인했다는 사실을 뒤늦게야 인식했지요."

박 회장은 앞을 내다볼 줄 아는 비상한 능력의 지도자입니다. 모범적인 지도자라고나 할까요. 무역협회체제 완성과 석유연구센터 그리고 교육센터를 형성하는 것이 박 회장의 꿈이라고 들었어요. 그 꿈은 이루어질 것입니다. 연구소가 설립된 지 5년이 지났지요? 지난 5년간의 연구실적은 포항제철이 양질의 철강을 생산하는 데 크게 기여했습니다. 연구소의 기술이 공장으로 이전된 것이지요.

박태준은 한국의 행운이다

▷ 박 회장의 정계진출 사실을 알고 있습니까? 알고 있다면 그 사실을 어떻게 생각하시는지요?

하세크 : 글쎄요, 1년 전인가 한국에 갔을 때 그 사실을 알았습니다만……. 나는 정치에는 문외한이어서 그에 대해 언급하기가 어렵군요.

하지만 한 가지 사실은 분명합니다. 한국 국민들이 박 회장에 대해 많은 기대를 하고 있으리라는 사실이지요. 말하자면 포항제철이라는 거대한 기업을 성공리에 이끌었듯이 그가 국가경영에도 뛰어나리라고 생각할 것이라는 뜻입니다. 궁극적으로 본다면 기업경영이나 국가경영에는 큰 차이가 있는 것이 아닙니다. 단지 그 규모에 있어서 차이가 있을 뿐이지……. 어쨌든 한국인들은 행운아들입니다. 박 회장 같은 사람이 있기 때문입니다.

▷ 박 회장은 이제 제철산업에 안주하지 않고 포항제철을 모체로 하여 다국적기업 형태의 종합적인 기업 설립에 관심을 두고 있는 듯합니다. 그 사실에 대한 하세크 씨 개인적 의견은 어떠합니까?

하세크 : 사람은 항상 변화를 추구하게 마련입니다. 그렇기 때문에 변화를 두려워하는 인물은 퇴보하고 맙니다.

박 회장이 구상하고 있는 기업은 성공할 가능성이 많습니다. 포항제철이라는 훌륭한 지원자가 있기 때문이지요. 제철공장과 연계된 산업 또한 무궁무진합니다. 어떤 산업이든 철을 필요로 하지 않는 경우는 거의 없습니다.

박 회장의 신구상은 매우 시기적절하다고 봅니다. 왜냐하면 이제는 제철산업이 어떤 의미에서 사양단계에 들어섰다고 볼 수 있거든요. 철을 대체할 수 있는 상품이 많이 개발되고 있습니다. 그렇게 본다면 이제 포항제철 스스로도 변신을 시도할 때가 왔다고 봅니다. 박 회장의 이 새로운 구상은 시대의 흐름을 염두에 둔 것입니다.

서로 로프를 묶고 빙하를 건너겠다

▷ 박 회장은 하세크 씨를 단지 친구로서만이 아닌 사업의 파트너로서도 매우 중요하게 여기고 있습니다. 그가 구상하고 있는 사업에 하세크 씨가 합작하기를 원한다면 어떻게 하겠습니까?

하세크 : 박 회장과 함께 일을 할 수만 있다면 대환영입니다. 우리 오스트리아인들은 이런 이야기로 우정이나 사업관계를 비유합니다. 아시다시피 우리나라는 빙하가 많잖아요. 두 사람이 빙하를 건널 때 서로 로프로 묶는 경우가 많습니다. 그래야만 한 사람이 위험에 처했을 때 다른 한 사람이 그를 구할 수 있습니다. 그러나 한편으로는 두 사람이 함께 묶여있으므로 한 사람의 실수에 의해 두 사람 모두 생명을 잃을 수도 있습니다. 두 사람이 서로 신뢰하지 않으면 로프를 묶지 않고 따로따로 빙하를 건너게 될 것입니다.

이 이야기를 박 회장과 나에게 도입시킨다면, 나는 기꺼이 박 회장의 로프에 나를 묶겠습니다. 충분한 설명이 되었으리라 생각합니다.

▷ 박 회장과 개인적으로 만난 적이 많습니까?

하세크 : 그렇지는 않지요. 다섯 번 정도인가 그럴 거예요. 그러나 우리가 서로 멀리 떨어져 있고 서로의 업무 때문에 바쁜 일정을 보내고 있다는 점을 감안한다면 적은 횟수가 아닙니다.

나는 일본을 방문할 기회가 많습니다. 특별한 경우를 제외하고는 귀국 때 꼭 한국을 들리지요. 오로지 박 회장을 만나기 위해서입니다. 아시다시피 이제 박 회장과 나는 업무적으로 볼 일이 없어요. 왜냐하면 포항제철은 이미 우리를 필요로 하고 있지 않기 때문입니다. 그러나 우리의 관계는 더욱 깊어만 갔습니다. 내가 진심으로 감사히 여기는 것이 바로 그의 변치 않는 마음입니다.

지금 포항제철은 그 규모로 보나 경영상으로 보나 세계에서 손꼽을 수 있을 정도로 커졌습니다. 매우 거대해졌어요. 보통 사람들은 상황이 달라질 경우, 어려웠던 때를 쉽게 잊어버리는데 박 회장은 그렇지 않아요. 어려웠을 때 도와준 사람은 끝까지 챙겨줍니다. 포항제철 초기의 그 어려웠던 상황은 겪어보지 않은 사람은 도저히 알 수 없을 겁니다.

진실로 믿고 따르게 만드는 '사명감의 리더십'

▷ 사람들은 포항제철을 기적이라고들 합니다. 그리고 다른 한편으로는 포항제철을 박 회장의 지도력에 의한 산물이라고도 합니다. 하세크 씨는 포항제철이 성공함에 있어서 박 회장이 끼친 역할 중 가장 중요한 것이 무엇이라고 생각하십니까?

하세크 : 리더십입니다. 우선 그는 명령을 내립니다. 내가 받은 느낌입니다만 부하직원들은 그의 명령을 진실로 믿고 따릅니다. 한 사람의 힘으로만 기적을 이루기는 힘듭니다. 오랜 시간을 거쳐 많은 사람의 노력으로 이루어지는 것이지요. 그러나 분명한 것은 박 회장의 사심 없는 지도력이 없었다면 부하직원들이 그렇게 일사불란하게 따르지 않았을 것이란 겁니다.

박 회장 스스로는 나에게 말할 때 포항제철의 성공적 완공에 대한 공로를 부하직원에게 돌립니다만, 나는 그렇게 생각하지 않습니다. 사람이란 진실로 신뢰할 수 있는 사람에게는 목숨도 아끼지 않는 법입니다. 바로 그러한 신뢰성이 있었기 때문에 부하직원들이 존경하며 그를 따른 것입니다.

이러한 것은 포철학원을 방문해보면 잘 알 수 있습니다. 나는 광양제철에 갔을 때 광양초등학교를 방문한 적이 있습니다. 학원 시설을 둘러본 나는 박 회장이 부하직원들로부터 존경을 받을 가치가 있는 사람이란 것을 새삼 느꼈어요. 그러나 한편으로는 이렇게 생각합니다. 하나의 용인술이라고 할까요. 사실 박 회장과 똑같은 방법으로 우리 오스트리아에서 포항제철 같은 기업을 세웠다고 가정한다면 그처럼 큰 성공을 거둘 수는 없었을 겁니다. 한국인 근로자의 정서와 오스트리아 근로자의 정서가 다르기 때문이지요.

박 회장은 한국인들만이 가진 정서를 감안한 지도력으로써 큰 기업을 성공적으로 경영하고 있는 것입니다. 그러나 나는 한국인들의 국민적 정서를 존경합니다. 그들의 근면성·철학·사회적 배경은 훌륭합니다.

▷ 박 회장이 가진 리더십을 한마디로 요약한다면…….

하세크 : 박 회장의 리더십은 사명감에서 비롯된 것이 분명합니다. 조국을 근대화하겠다는 일념으로 그는 일해왔어요. 그리고 확신하는 자세 또한 그가 가진 리더십의 한 요소입니다. 게다가 그는 활력이 넘칩니다. 피곤한 표정을 보이지 않아요. 근 20년을 넘게 교류해왔지만 나는 지금 그의 모습이 20년 전이나 다를 바가 없다고 느껴요. 그는 영원한 청년입니다.

나는 크리스마스가 되면 꼭 그에게 카드를 보냅니다. 아까 말했듯이 일본에 갈 경우에는 꼭 한국에 들립니다. 내가 한국에 가는 이유는 아까도 말했지요? 그런데 박 회장도 그렇게 나를 생각하는지는 모르겠어요. 서울에는 하루 정도 머무는 게 보통인데, 주로 그들을 롯데호텔에 있는 중국식당에서 만납니다. 항상 우리는 즐겁게 지냅니다.

곧 일본에 갈 기회가 생겼어요. 나는 또 박 회장을 만나러 한국에도 갈 겁니다. 그를 만날 생각만 해도 기뻐요.

한국에 봉사하는 것이 지상명령인 사람

로베르 미테랑

프랑스 국립센터위원회 위원

[로베르 미테랑과의 인터뷰는 1992년 7월 2일 프랑스 파리에 있는 그의 사무실에서 있었다.]

레지옹 도뇌르 코망되르

▷ 미테랑 씨와 박 회장의 교류는 언제부터 시작되었습니까?

미테랑 : 박 회장과 나의 교류는 1989년부터 시작되었습니다. 그해, 프랑스

로베르 미테랑(Robert Mitterrand)은 프랑스 대통령인 프랑수아 미테랑(Francois Mitterrand)의 형으로서 프랑스에서 가장 영향력 있는 민간 외교관 가운데 한 사람이었다. 그는 래르 르끼드(L'Air Liquide)사에 적을 두고 프랑스 기업들의 외국과의 합작 협상에서 주요한 역할을 하는 프랑스 국립센터위원회 핵심회원으로도 활동했다. 대학에서 정치학을 전공했으나 2차 세계대전이 발발하자 군에 자원입대하여 포병장교로 활약했고 독일 점령 시기에는 레지스탕스 대열에 섰다. 2차 대전이 끝나자 당시 전후 복구 및 퇴역 군인을 관리하는 임시부서 장관으로 있던 동생 프랑수아 미테랑과 함께 국가 재건에 주력했다. 이후 'Sofre'라는 회사를 설립해 프랑스의 철강산업을 주도하기도 했던 그는 『Somebody's Brother』라는 저서가 보여주듯이 문학적 재질도 갖춘 사람이었다.

의 큰 기업인 〈래르 르끼드(L'Air Liquide)〉사의 회장이 주최한 오찬모임 파티가 있었습니다. 그 모임은 프랑스 산업계의 인사들이 조직한 클럽모임이었어요. 그때 마침 박 회장이 프랑스에 초청되었고 이 자리에도 참석한 것입니다.

나로서는 그 만남이 있기 전인 지난 17년간 박 회장의 명성에 대해서는 익히 들어왔지만 개인적인 만남은 전혀 없었습니다. 그런데 박 회장을 보는 순간 내 느낌은 이러했어요.

'아니, 저렇게 젊다니?'

왜냐하면 한국전쟁 당시 박 회장은 장교로 활약했다고 들었습니다. 그런데 한국전쟁이 끝난 지가 40년이 지났는데도 그가 저렇게 젊을 수 있는가 하는 의문이 생겼기 때문입니다. 나는 그의 나이가 우리와 비슷할 것으로 생각해왔습니다. 아무튼 나는 1989년 12월에 그를 처음 만났으며, 그가 내 생각보다 젊다는 사실을 비로소 알았습니다.

박 회장은 프랑스 정부 내에서는 매우 유명한 사람입니다. 1990년 초, 프랑스 정부에서는 박 회장의 능력과, 한국 산업발전과 국제 철강산업에 끼친 그의 공로를 인정하여 최고훈장을 주기로 결정했습니다.

그런데 아시다시피 프랑스와 한국은 너무 멀리 떨어져 있습니다. 거기다 박 회장이 개인적인 시간을 할애하기 어려웠기 때문에 그 훈장을 수여할 기회가 없었습니다. 훈장을 수여하기로 결정한 날로부터 꽤 많은 시일이 지난 다음에야 서울에서 훈장이 수여되었습니다.

▷ 그 훈장의 이름이 〈레지용 도뇌르〉였던가요?

미테랑 : 정확한 이름은 〈레지용 도뇌르 코망되르〉입니다. 이 훈장은 매우 훌륭한 업적을 남긴 사람들에게만 수여되는, 프랑스의 많은 사람들이 받고 싶어하는 권위 있는 훈장입니다. 프랑스에서 주는 훈장 중 3등급에 해당하는 것

이지요. 그러나 1,2등급은 외국인에게는 주어지지 않습니다.

▷ 박 회장에게 〈레지용 도뇌르 코망되르〉를 주기로 한 배경을 설명해 주십시오.

미테랑 : 난 프랑스 정부가 결정했다는 것 외에 자세한 내용은 모릅니다. 단지 나의 동생이자 현직 프랑스 대통령인 프랑수와 미테랑 씨의 요청에 따라 내가 훈장수여 특사로 한국에 파견되었을 뿐입니다. 훈장 수여식은 주한 프랑스 대사관에서 있었습니다. 공식모임이 끝나고 나서 나는 아내와 함께 한국을 두루 여행할 기회를 얻었습니다. 그래서 한국의 곳곳을 눈으로 익힐 수 있었습니다.

세계 철강업계의 부정적 예견을 깨트린 리더십

▷ 포항제철에도 가 보셨나요?

미테랑 : 물론입니다. 포항과 광양의 공장은 물론이고 연구소와 학교를 견학하기도 했습니다. 나는 철강산업에 관한 한은 문외한은 아닙니다. 한때 나도 철강회사에 근무한 적이 있었거든요. 그런데 포항과 광양 공장을 보고 나는 놀랐습니다. 왜냐하면 모든 것이 잘 정리되어 있었고, 종업원들 또한 깔끔했으며 조직 자체가 매우 체계적으로 운영되고 있었기 때문입니다. 이 지구상 어느 철강회사도 이런 면에서는 포항제철을 따를 수 없을 것입니다. 아첨하는 게 아니에요.

나는 그때 박 회장에게 농담조로 이렇게 말했습니다.

"이거 너무 깨끗한 거 아닙니까? 공장이라는 기분이 나지 않아 실망했어요."

그랬더니 박 회장은 싱긋 웃으며 내 어깨를 툭 쳤어요. 정말입니다. 공장부지 내에 종이 조각 한 장 없었으며, 공장 내부에는 담배꽁초 하나 떨어져있지 않았습니다. 또 종업원들은 우리가 다가가도 눈길 한번 주지 않고 각자의 일에만 열중했습니다. 아무튼 대단한 감동을 받았습니다.

▷ 포항제철과 프랑스의 제철회사를 비교하신다면…….

미테랑 : 잘 아시다시피 우리 프랑스에는 세계 제일이라 할 만한 규모의 제철소가 있습니다. 지금은 괜찮습니다만 10년 전이었던가요, 이 회사가 매우 어려운 사정에 있었어요. 당시는 세계경제 자체가 위축되어 있던 시기였어요.

그런데 이 회사는 지나치게 프랑스 정부에 의존하려 했어요. 지속적으로 정부의 재정지원을 요구했는데, 구조적인 문제점을 해결하고 조직과 경영개선에 정부의 지원금을 투입한 것이 아니라 그저 눈에 보이는 구멍 막기에 급급했습니다. 그래서 이 제철회사의 지분을 프랑스 정부가 많이 가지고 있습니다. 그러나 이제는 제 궤도에 올라있습니다.

이에 반해 포항제철은 비록 국영기업체이긴 하지만 독자적이고 적극적이며 미래지향적인 것 같습니다. 또 현실에 안주하시 않고 많은 변화를 추구합니다. 그 변화란 단기적인 안목에서가 아니라 꾸준히 발전하기 위한 진보적 사고에서 나온 경영술의 하나인 것입니다. 지속적으로 연구하고 앞으로 나아가려는 포항제철 경영진의 태도는 10위권 내에 있는 제철소 중에서 단연 으뜸이 아닐까 합니다. 이 모든 것은 바로 박 회장의 능력에 의한 것입니다.

포항제철 건설 초기에 세계은행이나 대한국제철차관단 컨설턴트들이 부정적으로 본 견해는 당연했습니다. 그들의 평가는 정당했고 과학적이었으며 또한 합리적이었습니다. 그러나 그들은 박태준이라는 인물 연구에는 실패한 것입니다. 그 상황에서 제철소 설립에서 경영까지 성공시킬 수 있는 사람은 박 회장 외는 아무도 이 지구상에 존재하지 않았습니다.

언젠가 나는 그 당시에 부정적 견해를 피력했던 사람들에게 광양제철소의 성공여부에 대해 질문한 적이 있습니다. 그랬더니 그 사람들은 이렇게 대답했습니다.

"한국에서 광양제철소 같은 큰 제철소가 성공할 수는 없습니다. 결코 성공하지 못합니다. 다만 그 일을 추진하는 사람이 박태준 씨라면 틀림없이 성공합니다."

박태준 덕분에 친한파가 되다

▷ 포항제철이 이렇게 성공한 것은 과연 시대적 상황에 의한 것일까요, 아니면 박 회장의 지도력에 의한 것일까요?

미테랑 : 분명히 말하건대 그것은 박 회장의 지도력에 의한 것입니다. 세계은행 조사팀이 그리 만만한 사람들은 아닙니다. 국제정세와 시대적 배경, 국민성, 향후의 장래성 등 세부적 상황을 판단하여 결정을 내립니다. 그런 능력을 지닌 그들이 부정적으로 본 포항제철을 박 회장은 이루어내지 않았습니까? 그것도 매우 훌륭하게 말입니다.

▷ 박 회장에 대해 인간적인 매력을 느낄 수 있습니까?

미테랑 : 그게 참 이상해요. 사실 나는 박 회장과 그리 오랜 기간 교류를 하지 않았는데도 강렬한 우정을 느낍니다. 이런 종류의 우정을 우리 프랑스에서는 'a coute fronde'라고 합니다. '러브 스토리'와 비슷한 뜻이지요. 그러나 다른 사람들 앞에서는 이러한 내 감정을 표현하지 않습니다.

나의 아내도 박 회장의 부인인 장 여사를 좋아합니다. 내 아내는 사람을 보는 눈이 아주 예리합니다. 아내는 장 여사에 대해 나에게 이렇게 얘기했어요.

"장 여사는 훌륭한 전통과 문화를 가진 가문에서 교육을 받은 것이 틀림없을 거예요."

우리는 가족끼리도 매우 친합니다. 나와 아내는 장 여사와 4명의 박 회장 따님들과 이야기하는 것이 매우 즐겁습니다. 나는 박 회장으로 인하여 열렬한 친한파가 되었습니다. 현대와 전통이 잘 조화된 나라인 한국의 열렬지지자가 된 것입니다.

오래된 일은 아닙니다만, 한국의 〈현대〉가 프랑스에 진출하여 자동차를 판매하기 시작했습니다. 그때 나는 참으로 기뻐했습니다. 나는 속으로 프랑스 시장에서 한국 자동차의 판매량이 일본 자동차의 판매량을 능가할 수 있기를 빌었어요. 모든 면에서 우리가 일본에 지고 싶지는 않습니다. 차라리 한국에 지는 편이 오히려 낫습니다.

한국에 봉사하고 또 봉사하는 것

참고로, 박태준 회장에게 〈레지용 도뇌르 코망되르〉 훈장을 수여한 당시의 연설문 중 첫 부분, 중간부분, 끝부분의 몇 문장을 소개한다.

> "프랑스 공화국 대통령을 대리하여 주한프랑스 대사님의 참석 하에 박태준 회장님께 프랑스 최고 훈장(勳章) 〈레지용 도뇌르 코망되르〉를 수여하기 위해 이곳 서울에 오게 된 것을 본인은 무한한 영광으로 생각합니다."

> "귀하의 여러 경력에서 드러나는 것은 한마디로 '한국에 봉사하는 것'입니다. 한국 정부가 군대를 필요로 했을 때 귀하께서는 장교였습니다. 한국이 현대 경제를 건설하기 위해 기업인을 찾았을 때 귀하께서는 기업인이 되셨습니다. 대한민국이 미래의 비전을 필요로 할 때 귀하께서는 정치인이 되셨

습니다. 한국에 봉사하고 또 봉사하는 것, 그것이 귀하의 끊임없는 지상명령이었습니다."

"귀하의 전 경력을 통하여 이룩하신 노력과 공로를 인정하여 프랑스 정부는 귀하께 최고 훈장 〈레지용 도뇌르 코망되르〉를 수여하기로 한 바 프랑스 정부를 대리하여 본인이 그 훈장을 증정하겠습니다."

한국 산업화의 견인차

레너드 홀슈

국제철강연맹 사무총장

내가 박태준 회장을 처음으로 만난 것은 남아공화국의 요하네스버그에서 개최된 제7차 국제철강연맹(IISI) 총회석상이었던 것으로 기억하고 있다. 그때 본 박 회장의 첫인상은 자기가 하고자 하는 일에 대한 확고한 목적의식을 가진, 고집스러운 성격의 소유자라는 것이었다. 인간관계에 있어서 첫인상이 대체로 들어맞는다는 것은 참으로 흥미 있는 일이 아닐 수 없다.

당시 포항제철은 연간 103만 톤의 조강 생산능력을 보유한 소규모 제철회사로서 국제철강연맹에 가입한 지 얼마 되지 않는 준회원이었다. 그로부터 4년 후 포항제철은 연간 260만 톤의 생산능력을 가진 정회원이 되었고, 1986년에는 생산능력이 910만 톤으로 늘어남에 따라 국제철강연맹 회원사 중 10위의 대형 철강기업으로 성장하였으며, 금년도에는 광양제철소까지 가동됨으

레너드 홀슈(Lenard Holschuh)는 국제경제 흐름에 큰 영향력을 행사하는 국제철강협회(IISI)의 사무총장직을 맡았던 세계적 저명한 인사였다. 독일에서 태어나 함부르크(Hamburg)대학에서 법학을 전공한 그는 진로를 수정해 자르브뤼켄대학에서 경제학 석사 학위를 받았다. 1967년 IISI의 세금, 관세 및 무역위원회(현 경제조사위원회)의 사무관으로 발을 들여놓은 이후 환경분과위원회, 노동분과위원회의 사무관으로 근무했으며, 1979년 IISI의 사무총장으로 피선되었다.

로써 이제는 생산능력이 제5위권으로 진입할 것이 확실시된다.

이와 같은 수치들은 철강인으로서 박 회장의 성공을 단적으로 나타내주고 있다. 그러나 박 회장의 업적을 한국에 있어서의 철강산업의 발전에만 국한시킬 수는 없는 일이다. 그는 한국이 산업화와 경제발전을 지속적으로 추진하는 과정에 있어서도 견인차 역할을 해왔기 때문이다. 박 회장이 포항과 광양에 건설한 제철소는 '무(無)'에서 시작한 제철소(Green Field Achievements)였는데 이 두 개의 제철소는 지난 20년 동안 한국을 세계 30위의 철강생산국으로부터 9위 내지 10위권으로 끌어올리는 데 결정적인 역할을 수행하였다.

오늘날 세계의 경제학자들이 한국의 경제발전 형태에 관심을 갖게 되는 이유 중에서는 철강부문에 있어서 박 회장의 지도력에 기인하는 바도 클 것이라고 생각된다. 그러나 더욱 중요한 것은 이러한 업적 뒤에 숨어있는 박 회장의 인간적인 장점이라고 하겠다. 수년간 국제철강연맹 회원으로서, 또 이사로서 박 회장과 친분을 맺어온 본인의 입장에서는 다음과 같은 두 가지 점을 지적하고 싶다.

첫째로 그는 제철소를 건설하는 동안 지역사회의 발전과 종업원의 복지에 대한 세심하고도 꾸준한 배려를 지속시켜왔다는 점이다. 포항제철의 사원주택단지나 문화 및 오락시설, 그리고 포항공과대학을 방문하였거나 포항제철의 직원들과 대화를 나누어 본 사람이라면 그러한 사실을 쉽게 이해할 수 있을 것이다.

두 번째의 특징은 포항이나 광양제철소 직원들의 투철한 사명감과 뚜렷한 목표의식을 통하여 잘 나타나고 있다. 스스로가 확고한 신념을 가지고 매사에 솔선수범함으로써 직원들에게 동기를 부여하고, 그들로 하여금 자기를 믿고 따르게 하는 것이야말로 박 회장이 가지고 있는 또 다른 능력이라고 하지 않을 수 없다.

[레너드 홀슈와의 인터뷰는 그가 방한 중이던 1992년 6월 20일 서울 인터콘티넨탈 호텔에서 있었다.]

강렬한 첫인상이 한국 산업화의 견인차를 만들다

▷ 홀슈 씨는 언제 박태준 회장을 처음 만나게 되었습니까? 그리고 그의 첫인상을 어떠했습니까?

홀슈 : 내가 박 회장을 처음 만난 것은 남아연방의 요하네스버그에서 열렸던 제7차 국제철강협회(IISI)의 총회석상이었던 것으로 기억합니다. 그때 내가 본 박 회장의 첫인상은 자신이 하고자 한 일에 대해서 확고한 목적 의식을 가진, 뭐랄까……, 어쩌면 고집스런 사람일지도 모른다는 것이었습니다. 그 인상은 내가 그와 교류하면서 내내 느낀 것이었습니다. 인간관계에 있어서 첫인상이 대체로 들어맞는다는 것은 참으로 흥미 있는 일이 아닐 수 없습니다.

당시 포항제철은 연간 103만 톤의 소상 생산능력을 갖춘 소규모 제철회사로서 IISI에 가입한 지 얼마 되지 않는 준회원이었어요. 그러나 그로부터 4년 후, 포항제철은 연간 260만 톤의 생산능력이 900만 톤 이상이 되었고 또 광양제철소가 가동됨으로써 이제는 세계 3위권의 거대한 제철소로 성장하게 되었으니 경이로울 따름입니다.

내가 처음 박 회장을 만났을 때, '저 사람이라면 한국에서 제철산업을 성공적으로 수행할 수 있을 것이다'라고 생각했는데 그것이 맞아떨어졌어요. 그러고 보면 나도 예견력을 갖춘 사람이지 않아요? 하하, 물론 농담입니다. 어쨌든 나는 포항제철에 대한 말을 할 때 Green Field Achievements, 즉 허허벌판에서 이룩한 성공적 기업이라는 말을 자주 씁니다.

그러나 나는 박 회장을 한국에서의 철강산업 선구자라고만 그 역할을 국한

시키고 싶지 않습니다. 그것은 박 회장이 이룩한 포항제철이 한국의 산업과 경제발전을 지속적으로 추진하는 견인차 역할을 해왔고, 그것이 지금 한국의 눈부신 경제발전을 이룩한 근거가 되었다고 보기 때문입니다.

그러한 견해는 나 개인에 한한 것이 아닙니다. 오늘날 한국의 경제발전 형태에 관심을 갖는 세계의 유명한 경제학자들도 한국에서의 철강산업의 역할에 큰 비중을 두고 있어요. 물론 박 회장의 리더십은 경영학자들의 관심사이지요.

외모는 차갑고 엄격한데 내면엔 따뜻한 인간애

▷ 홀슈 씨는 박 회장에 대해 매료당한 사람 같군요. 다른 재미있는 이야기는 없을까요?

홀슈 : 그렇습니다. 나는 박 회장에 대한 이야기를 할 때면 왠지 즐겁고 신이 납니다. 나는 가끔, 오래전 박 회장이 세계 각국으로 다니면서 철강업계 사람들을 만나던 일을 생각합니다. 그때 몇몇 사람을 제외하고는 포스코가 그렇게 크게 성장하리라고는 생각을 못했을 겁니다. 나도 예외는 아니에요. 나 역시 세계 철강업을 주도할 정도로 커질 줄 몰랐어요. 하여튼 박 회장의 인상은 독특한 데가 있어요. 좀 가까이 하기에 두렵다고나 할까……. 그의 눈빛과 얼굴의 선이 매우 강렬합니다.

그를 아는 사람들은 가끔 그가 군인 출신이어서 그럴 것이라고 단언을 하기도 합니다. 내 견해도 그러합니다. 명령하고 복종하는 데 익숙한 그가 다른 사람들과 관계를 가질 때 군대식 사고와 행동이 나타나는 것은 당연하지요. 그러나 박 회장이 대통령 또는 그의 상관이 지시하는 대로만 움직이는 단순한 경영자라고 보는 사람은 없어요. 오히려 민간업계에 군대의 장점을 적절하게 도입시킨 것은 잘한 일이라 생각해요.

그리고 그가 단순히 차가운 명령자가 아니란 것은 포항제철을 방문해보면 알 수 있습니다. 직원들이 거주하는 주택단지나 포철학원을 보노라면 그가 얼마나 직원들을 아끼는가 하는 것을 짐작할 수 있지요. 외모는 차갑고 엄격하지만 그의 속은 따뜻하다는 겁니다.

또 하나 그에게 받은 좋은 인상이 있습니다. 그것은 박 회장은 일에 있어서 매우 예리한 판단력을 갖추고 있다는 점입니다. 어떤 일이든 초점을 빨리 그리고 매우 예리하게 잡아낸다는 뜻입니다. 나의 경우, 어떤 일을 추진할 때 숙고에 숙고를 거듭하고 토론을 거친 다음에 결정을 하지만, 박 회장은 일의 중요 부분을 단숨에 꿰뚫어 봅니다. 나는 처음에 박 회장의 그러한 결정이 그의 동물적인 예감에 따른 것이 아닐까 하고 생각했지만 그 생각은 옳지 않았어요. 박 회장은 사회환경, 그 당시 사람들의 라이프스타일, 국제정세 등 과학적인 기초조사를 그의 머릿속에 충분이 담아두고 있었기 때문에, 우리들보다 더 빠르게, 그것도 더욱 정확하게 일의 포인트를 찾았던 것입니다.

그는 또 인내와 비상한 추진력으로 목표를 추구합니다. 그것을 단지 군인 기질이라고만 할 수 없어요. 그렇게 본다면 그건 잘못된 견해입니다. 이것은 범상한 사람들은 도저히 갖출 수 없는 퍼스낼리티예요.

나와 박 회장은 철강 문제만 이야기하지 않습니다. 의외로 그는 청소년 문제에 대해 상당한 관심을 갖고 있어요. 나 역시 젊은 시절에 독일에서 학생운동에 정열적이었던 때가 있었습니다. 당시 나는 학생연합의 부회장으로서 파업과 시위 등을 주도하기도 했어요. 그때 경찰과 대치한 경우도 많았고 체포되어 수감된 적도 있습니다. 그래서 나는 청소년 문제에 관심이 많은 박 회장과 그에 대한 이야기를 많이 합니다.

박 회장의 청소년관은 지엽적인 것이 아니에요. 좀 거시적인 것이라는 게 정확한 표현일 겁니다. 박 회장은 청소년들이 사회를 보는 부정적인 시각, 그중에서도 자본주의 사회에서 중요한 역할을 하고 있는 산업부분에서의 부의 편중에 대해 느끼고 있는 잘못된 시각에 대해 매우 걱정을 했습니다. 개발도상국의 경우에 종종 나타나는 현상으로 재벌기업이 부를 독식하고 재분배를 하지 않는 것에 대한 청소년들의 불만을 알고 있는 것이지요.

나는 한국의 다른 기업에 대해서는 잘 모릅니다만, 포항제철 같은 기업경영을 다른 기업들이 하고 있다면 그런 문제가 전혀 없을 거라고 생각합니다. 그러나 아직 한국의 기업들이 그렇지 못한 것 같아요. 청소년들이 재벌기업들을 공격하는 것을 보면 그런 것 같다는 저의 느낌입니다.

하여튼 박 회장은 그런 부분에 대한 걱정을 많이 하고 있어요. 이런 박 회장의 모습을 보노라면, 포스코의 성공은 그의 군인 기질, 즉 기획력, 추진력, 굳은 신념 같은 것으로만 이루어진 것이 아니라 그의 내면에 감추어진 따뜻한 인간애도 큰 몫을 하였구나 하고 느끼게 됩니다.

▷ 세계의 유수한 철강업계 최고 경영자와 박태준 회장의 지도력을 비교한다면 어떤 차이가 있을까요?

홀슈 : 글쎄요. 대답하기가 어려운 질문이군요. 왜냐하면 각 나라마다 고유한 특성이 있거든요. 말하자면 민족성, 생활방식, 그 나라 또는 그 회사를 구성하고 있는 구성원들의 사고방식 등……. 어쨌거나 나는 박태준 회장의 지휘봉에 얽힌 이야기를 감명 깊게 들었습니다. 즉 자신은 제철산업을 총지휘하는 지휘자라는 이야기 말입니다.

철강산업은 쉬운 것이 아닙니다. 또한 철강산업을 주도할 인물은 강한 사람이어야 합니다. 그 원료의 양이 막대하고, 그 설비 또한 거대하며, 강한 열을 필요로 하는 동시에 거대한 중장비를 움직여서 작업을 합니다. 그래서인지 우리는 철강인이라고 하면 선조 때부터 강한 사람으로 치부합니다. 이런 점에서 볼 때 한국인들은 매우 행복하다고 할 수 있습니다. 단언하건대 비록 각 나라의 특수성을 고려한다 할지라도 철강산업을 기획에서부터 경영에 이르기까지 책임을 갖고 단시일 내에 성공적으로 이룩한 사람은 동서양을 막론하고 박 회장이 유일무이한 사람이기 때문입니다.

▷ 귀하도 잘 알다시피 1980년대에 이르러 한국 내에서 노사분규가 잦고, 학생시위 또한 늘어났습니다. 박 회장이 설립한 포항제철이나 포항공대 등에서 이러한 일이 있다면 그것이 박 회장의 경영능력이나 교육이념에 문제가 있다고 보십니까?

홀슈 : 자꾸 어려운 질문만 하시는군요. 먼저 노사분규에 대해서 말씀드리겠습니다. 포항제철에 관한 한 노사분규가 한 번도 일어나지 않았던 것으로 알고 있습니다. 노사 간에 문제가 있을 때마다 박 회장의 지도력으로 풀어나갔지 않았어요? 그렇지만 한국의 다른 기업들에 대해서는 이야기하고 싶지 않습니다.

학생시위 문제만 해도 그렇습니다. 나는 아직 포항공대에서 학생시위가 있었다는 이야기는 듣지 못하였습니다. 학생운동은 어느 사회에서든 있을 수 있어요. 우리는 문제점에 대해 혼동해서는 안 됩니다. 민주주의를 성공적으로 이루기 위해서는 대중을 이끌 수 있는 강한 반대세력을 육성해야만 합니다. 약한 반대세력만 존재한다면 민주주의가 불가능합니다. 민주주의를 특징짓는 것이 국민투표만이 아니거든요. 그렇기 때문에 강한 지도세력이 필요하지 않다는 사람들의 논리는 옳지 않다고 생각해요.

우리는 투표로써 정책결정에 영향을 줍니다. 민주주의는 각 개체들을 컨트롤하는 힘을 제공합니다. 그리고 그 개체들은 사회적 사고를 형성시킵니다.

그러나 지도자가 없으면 이 개체들은 우매한 대중으로 남을 수밖에 없습니다. 그 지도자란 결국 지식인층이거나 학생인 것입니다.

박 회장이 설립한 포항공대에서 그런 학생소요가 있었다면 그것은 그의 인격에 문제가 있어서가 아니라 커뮤니케이션이 잘 이루어지지 않은 데서 비롯된 것이라고 봅니다. 한국에서뿐 아니라 세계의 위대한 지도자들도 종종 겪는 어려움이 바로 커뮤니케이션의 부재로 인한 것입니다. 특히 청소년들과의 커뮤니케이션은 쉽지도 않을뿐더러 많은 시간을 요합니다. 내 젊은 시절의 예를 하나 들어 볼까요.

18세 때였던가, 나는 아버지와 상의할 것이 있었어요. 그때 나의 아버지도 지금의 나처럼 큰 기업을 경영하고 있었습니다. 지도자는 항상 바쁘기 때문에 가장 믿는 가족들에게는 이상하리만큼 시간을 주지 않아요. 교육 사업을 하나의 가족구성 개념으로 본다면 이 또한 마찬가지지요. 교육이념이 훌륭하고 시설이 훌륭할지라도 설립자와 학생 간에 커뮤니케이션이 이루어지지 않으면 무언가 삐걱거리게 마련이지요.

이야기가 두서없군요. 하여간 나는 아버지에게 의논할 시간을 주십사고 요청을 했지요. 그랬더니 아버지는 시간이 없다면서 자꾸 미루는 것이었어요. 그 이후 우리 부자의 관계가 한동안 매우 소원해졌어요. 그래서 내가 집안에서 시위 비슷한 것도 하고 그러다 한번 아버지와 대화의 물꼬를 튼 후, 나는 어느 때보다도 그를 이해하게 되었고 그 역시 나를 이해하게 되었어요.

단순한 이야기입니다. 그러나 실행에 옮기기에는 그리 쉬운 일이 아닙니다. 나도 젊을 때 그런 경험을 하기는 했지만 종종 직원들과 커뮤니케이션이 잘 이루어지지 않을 때에는 반성을 하곤 합니다.

통일 염원이 지대한 사람

▷ 이제는 업무에 얽힌 이야기에서 떠나 두 분이 사적으로 겪은 에피소드가 있으면 이야기해 주시기 바랍니다.

홀슈 : 그와 나의 사이를 사업상 파트너냐 친구냐라고 누가 묻는다면 후자라고 말하고 싶어요. 그것은 이미 우리는 사업상의 파트너 이상의 교감이 서로 오가고 있기 때문이지요. 그와 나는 항상 진지했어요. 만나면 그냥 반갑고 헤어지면 섭섭하고…….

그러나 그와 나 사이에 얽힌 가십거리의 사건은 없었어요. 알다시피 나는 독일인입니다. 그렇지만 국제적으로 활동하다 보니 내 고유의 독일인 특성이 없어진 것 같아요. 부드러워진 것은 좋은데 말이에요. 그러나 박 회장과 만나면 나는 내가 독일인이라는 사실을 새삼 실감하게 되었어요. 지금은 아니지만 독일도 분단국가였고 한국 역시 아직 그렇지 않아요? 그래서 우리는 자연스럽게 그리고 쉽게 대화를 시작할 수 있어요. 더욱이 박 회장의 통일에 대한 염원은 지대해요. 그와는 아까 말했던 것처럼 학생문제, 통일문제 등 철과는 관계없는 문제에 대해서 항상 진지하게 토론했습니다. 분단국가 국민들이 갖는 비슷한 사고, 경험들이 우리 둘의 대화에서 윤활유 같은 구실을 했던 거지요.

게다가 박 회장은 영어를 잘해요. 공식석상에서나 또는 민감한 사업관계에서는 통역관을 쓰지만, 개인적으로 만나면 그는 나와 영어로 대화를 합니다. 하여간 나는 그를 신뢰합니다. 사업상 파트너라 해도 좋지만 나는 그를 굳이 친구라고 표현하고 싶습니다. 이것은 사업에 관해 나를 도와준 이유도 있을 것입니다. 실제로 국제적 회의석상에서도 오랫동안 내 발언을 지지해 주었어요.

그러나 동종업계의 최고 경영자들이 개인적 친분관계를 수립하기는 매우 어렵습니다. 하루이틀에 이루어지는 것도 아니고 처음에는 사업상의 문제로 만나게 되니 말입니다. 그렇지만 상대 나름이지요. 상대방에 대한 인간적 신뢰감이 생기면 곧 우정으로 발전할 수 있습니다. 박 회장과 나 사이에 사업상 문제가 개입되어 우정에 문제가 생긴다면 나는 과감하게 사업상 문제를 멀리하겠습니다.

▷ 포항제철 창립 초기에 그가 근무하던 집무실을 '롬멜 하우스'라고 불렀습니다. 사막에 지은 집과 분위기 그리고 건설을 지휘하는 박 회장을 보고 그런 별명을 지은 것 같습니다. 독일인으로서 박 회장과 롬멜을 비교한다면 어떨까요?

홀슈 : 롬멜 하우스에 대해서는 전혀 아는 바가 없습니다. 또한 비록 내가 독일인지만 롬멜에 대해서 그리 자세하게 아는 바도 없고요. 단 롬멜 장군의 불행에 대해서 좀 아는 것이 있어요. 롬멜 장군의 아들이 슈투트가르트 시의 시장으로 있었어요. 그의 아버지와는 달리 민주주의의 신봉자입니다. 내가 아는 롬멜에 대해서 말하자면……, 단순히 아프리카 사막에서의 전쟁에 한해서입니다.

롬멜은 매우 굳은 신념의 소유자 같아요. 이건 분명해요. 또 어떤 일의 본질에 대해 초점을 맞추는 능력 또한 뛰어나고, 어떤 압력에든 굴복하지 않는 정신……. 그러고 보니 박 회장의 스타일과도 비슷한 것이 있군요. 그러나 나는 그와 박 회장을 비교하고 싶지 않아요. 그는 역시 사막의 여우거든요. 모르긴 하지만 여우란 왠지 총명하다기보다는 교활하다는 이미지가 더 쉽게 떠오릅니다. 그래서 나는 박 회장을 롬멜과 비교하는 것이 불쾌해요. 박 회장이 교활하다고 한다면, 이거 우습잖아요. 물론 롬멜 하우스란 것이 어떤 리더십을 염두에 두고 붙인 것이라 생각되지만 나는 별로 듣기 좋지 않아요. 차라리 미국의 패튼 장군이라면 몰라도. 어쨌거나 이 이야기는 그만하기로 하지요.

▷ 홀슈 씨도 알다시피 박태준 회장은 현재 집권당의 최고위원으로서 정치 분야에 뛰어들었습니다. 어떻게 평하시겠습니까?

홀슈 : 나는 한국 정치의 분위기를 잘 모릅니다. 그래서 말하기가 매우 곤란한데……. 그러나 만약 박 회장이 스스로 정치에 간여하여 그 세계에 뛰어들기로 한 것이라면 나는 그를 믿습니다. 그 이상의 것에 대해서는 이야기할 것이 없어요.

▷ 지금까지는 포항제철이 많은 수익을 얻었습니다. 그러나 워낙 거대하다 보니 많은 이들이 포항제철의 미래에 대해 걱정을 하고 있습니다. 세계 철강산업에 정통한 홀슈 씨는 포철의 장래를 어떻게 보고 있는지요?

홀슈 : 지금 세계 어느 곳에든 철강산업의 수익성이 좋지 않아요. 우리는 많은 문제점에 부닥치고 있습니다. 또한 각국마다 나름대로의 애로가 있기 때문에 많은 수익을 얻는 회사도 있고 그렇지 못한 곳도 있습니다만 어쨌든 철강산업의 수익성이 현재는 좋지 않아요. 그것은 모든 분야가 다 그렇지 않아요?

나는 포항제철이 뉴욕의 주식시장(NYSE)에 상장될 날을 기대해봅니다. 최근 많은 철강회사들이 NYSE에 진출하고 있어요. BHP도 뉴욕에 진출했고, 브리티시 스틸(British Steel)도 뉴욕에 진출했습니다. 대차대조표, 납세신고서, 부기 등에서부터 경영실태를 가장 엄격하게 조사하여 발표하는 곳이 NYSE입니다. 따라서 나로서는 포항제철의 앞날에 대하여 점칠 수는 없습니다. 다만 빠른 시일 내에 포항제철도 NYSE에 진출하기를 바랄 따름입니다. 포항제철의 수익성 여부는 NYSE가 판단할 수 있으니까요.

나는 포항제철이 성공적으로 경영될 것이라고 봅니다. 그러나 전 세계의 철강업계의 장래가 밝지는 못할 것이라고 봅니다. 전에도 말했지만 이것은 철강산업에만 국한된 것이 아닙니다. 전 세계적으로 모든 산업이 불경기를 맞게 될 것이라는 이야기입니다. 경기 후퇴 현상이 지금 진행되고 있어요.

포항제철 경영진들도 이미 느끼고 있을 겁니다. 더구나 국민소득이 1200~1500달러 정도에 있는 경제발전 초기에는 철강산업이 그야말로 호황입니다. 철강재의 소비가 매우 증가하게 되지요. 그러나 이미 한국은 그 단계를 지나지 않았습니까? 일본에서도 그러한 시기를 경험했습니다만 일본은 지혜롭게 극복했지요. 연관된 최첨단 산업을 개발하기도 하고 기업합병도 했습니다. 한국에서도 그런 일이 있어야 할 것이고, 포항제철 역시 그에 대한 준비를 하고 있는 것으로 압니다.

높은 도덕심, 탁월한 선견지명

스기우라 빈스케

한일경제협회 일본 측 회장

늠름한 대장부의 기개와 종업원에 대한 세심한 배려

박태준 회장이 창설한 포항제철이 어느덧 25주년을 맞았다고 하니 매우 기쁘다. 내가 아는 박 회장은 비상한 열의와 박력, 선견지명, 성실성, 그리고 친화력과 도덕심 등 많은 덕목을 두루 갖추신 분이다. 나는 박 회장의 그러한 자질이 총결집되어 포철의 성공을 가져왔다고 생각한다. 그리고 그 결과, 세계에서도 가장 독창적인 업적을 이룩할 수 있었다고 믿는 것이다.

내가 처음 박 회장을 만난 것은 1985년이었다. 그해 제17회 한일민간합동경제위원회가 경주에서 개최되었는데, 그때 나는 일본 측 부단장으로 참석해 기조연설을 하게 되었고, 그곳에서 한국 측 단장인 박 회장과 처음 인사를 나

스기우라 빈스케(杉浦敏介)는 일본 금융계의 원로로 일본장기신용은행 상담역(고문) 등을 지낸 금융전문가였다. 도쿄(東京)대학 법학부를 졸업한 1935년부터 은행 업무를 익힌 그는 1952년에 채권 전문 은행인 일본장기신용은행으로 자리를 옮겼으며, 여기서 채권부장을 시작으로 상무, 전무, 부사장, 사장, 회장의 자리를 단계적으로 거쳤다. 그는 일본 재계에서도 추앙을 받는 인물로서 한일경제협회 일본 측 회장을 맡은 적도 있었다.

누게 된 것이다. 박 회장은 일본어에 능통해서 나로서는 그와 첫 대면이라는 느낌이 전혀 들지 않을 정도여서 처음부터 격의 없는 대화를 나눌 수 있었다. 박 회장은 이 회의의 의장을 맡아 의사진행을 비롯해서 각종 행사를 주관하였다. 내가 그에게서 받은 첫인상은 판단력이 매우 빠르고 기품이 넘쳐흐르며, 늠름한 대장부의 이상을 가진 사람이라는 느낌이었다.

그 회의에는 지금은 고인이 된 이나야마 요시히로(稻山嘉寬) 경단련(經團連) 회장도 고문으로 참석하였다. 그 역시 박 회장의 인품을 아끼는 사람 중 하나였다. 회의 기간 중에는 특별히 포항제철 견학 기회가 있었다. 포항제철은 모든 것이 잘 정리되어 있었고, 티끌 하나 없을 정도로 청결한 환경 속에서 일하는 종업원들도 규율과 질서가 있었다.

"이러니 포철의 생산성이 높을 수밖에 없구나."

우리는 모두가 감탄했다.

박 회장은 종업원에 대한 배려가 세심하고도 극진한 사람이라는 것을 느꼈다. 공장을 견학한 뒤, 박 회장은 우리 대표단 일행을 사택단지 안에 있는 음악당으로 안내하여 한국의 고전음악을 소개해주었다. 그때 나는 한국의 고전음악과 악기는 바로 일본 고전음악과 악기의 원전(原典)이라고 느꼈다. 박 회장은 우리에게 한일 문화관계의 원천을 깨우치게 하는 배려마저 잊지 않을 만큼 자상했던 것이다.

그 후로도 우리는 자주 만나게 되었다. 박 회장이란 분은 교제 범위가 정계·재계 등 어느 분야에도 미치지 않는 데가 없으리만큼 폭이 넓은데 나도 함께 동석할 때가 많았다. 박 회장은 어느 회합에서나 분위기를 화기애애하게 만드는 천부적인 소질이 있다. 사석에서는 회식이 끝날 무렵에 노래를 부르는 경우가 많았다. 한국 노래든 일본 노래든 그의 노래를 따라갈 사람이 없을 정도이다. 한 가지 특이한 것은 한 손으로 귀를 가리고 노래를 하는 그의 폼이 마치 프로 가수와 같다.

박 회장을 처음 만났던 해의 12월, 한일경제협회가 임의단체에서 사단법인으로 탈바꿈을 하면서 지금은 고인이 된 히다카 데루(日高輝) 회장의 뒤를 이어 내가 한일경제협회의 회장이 되었다. 그로부터 1988년 가을 박 회장이 한일의원연맹 회장으로 자리를 옮길 때까지 약 3년 반 동안 한일 간의 경제문제를 놓고 그와 많은 의논도 하고 가르침도 받았다.

지금도 인상에 남는 기억이 있다. 1987년 4월, 제19회 한일민간합동경제위원회 회의를 제주도에서 열자는 박 회장의 제안이 있었다. 일본 측 재계 인사 중에는 제주도를 가보지 못했던 사람이 많았으므로 모두 쌍수를 들어 찬성했다.

그 무렵은 한국경제가 국제수지 흑자로 전환된 때이기도 했다. 따라서 그때까지의 민간합동경제위원회 회의는 주로 한국의 대일무역 불균형 개선 문제가 주된 토의 안건이었다. 그러나 이제는 한국의 무역수지도 차츰 개선의 방향으로 가는 마당에 '한일신시대'라는 말에 적합하도록 회의 방식도 개선하고자 처음으로 합동분과회라는 것을 만들기로 했다. 즉 제1합동분과회는 무역문제, 제2합동분과회는 산업협력 문제, 제3합동분과회는 교류증진 문제를 다루기로 하였는 바, 이 방식이 지금까지 지속되고 있다.

무역불균형의 지속은 국제적 유대관계마저 위태롭게 한다고 설득

여기에서 나는 박 회장이 제주 회의에서 한 연설문을 소개하고자 한다. 이 연설문에는 그의 경제논리와 한일 간의 경제협력에 대한 그의 신념이 잘 나타나있다고 보기 때문이다. 그래서 나는 이 연설문을 아직도 간직하고 있다.

친애하는 스기우라 빈스케(杉浦敏介) 단장, 일본 측 고문과 대표단 여러분!

본인은 오늘 한국 남단에 위치한 아름다운 섬 제주도에서 제19회 한일·일한 민간합동경제위원회의 회의가 열리게 된 것을 기쁘게 생각하며, 한국 대표단을 대신하여 원로(遠路)에 참석하신 여러분에게 환영의 말씀을 드립니다.

지난 1965년 우리 두 나라 사이에 국교가 정상화된 이래, 양국 관계는 몇 차례의 어려운 고비를 슬기롭게 극복하면서 정치·경제·문화의 분야에서 꾸준히 교류의 폭을 넓혀왔습니다. 그리하여 이제 한일 양국 사이에 어느 때보다도 두터운 이해와 협력의 분위기가 성숙되어가고 있음은 참으로 뜻깊은 일이라 하지 않을 수 없습니다.

오늘날 양국 관계가 이처럼 성숙한 동반자적 관계로 발전하는 데 있어서는 본 한일·일한 민간합동경제위원회를 바탕으로 하는 우리들 경제인의 노력이 크게 기여하였다는 사실에 대해 본인은 커다란 자부심을 가지고 있으며, 이 점 여러분에게 경의를 표하는 바입니다.

친애하는 양국 대표단 여러분!

오늘의 세계는 한마디로 냉엄한 경제전쟁의 시대에 들어서 있습니다. 근년에 미국을 필두로 선진국그룹에서 대두된 신보호주의(新保護主義)의 물결은 극단적인 방향으로 치닫고 있어서 국제경제의 기저(基底)를 형성하고 있던 자유무역주의의 원칙은 뿌리에서부터 흔들리는 위기에 처해 있습니다. 앞으로의 세계경제는 과연 어떠한 방향으로 흘러갈 것이지 예측조차 하기 어려운 상황에 있는 것입니다.

본인은 특히 아시아·태평양 지역의 자유와 평화, 그리고 번영을 지키는 축(軸)으로서 긴밀한 유대를 지속해야 할 미국과 일본 그리고 이 지역의 책임 있는 구성원으로 성장하기 위해 애쓰고 있는 우리 대한민국 사이에 무역불균형 문제를 둘러싼 긴장과 대립의 파고(波高)가 점차 높아가고 있는 사실에 심각한 우려를 표명하지 않을 수 없습니다. 경제적 이해를 둘러싼 3국간의 갈등은 자칫하면 이 지역의 안정 그 자체를 파괴하는 요인으로 작용할 수도 있을 것이기 때문입니다.

'물은 높은 곳에서 낮은 곳으로 흐른다'는 것은 불변의 진리입니다. 오늘날 경제문제를 두고 국제적으로 첨예(尖銳)한 대립이 지속되고 있는 것도, 근원을 캐고 들어가 보면 이러한 자연적 질서에 역행하여 어느 한쪽이 경제적 우위를 장기간 독점하고 있는 데서 비롯된 반작용이 아닌가 생각됩니다. 다시 말하면 국제간의 교역에 있어 일방적인 무역불균형이 오랫동안 지속됨으로써 결과적으로 국제간의 유대관계마저 위태롭게 하는 바람직하지 못한 사태를 초래하게 된 것이 아닌가 하는 것입니다.

이러한 갈등을 해소하기 위하여는 상호간 타협과 양보의 미덕을 발휘하여, 국제경제의 정상적인 흐름을 억제하고 있는 인위적 장벽을 완화시킴으로써, 대립과 불균형의 현실을 화해와 균형의 미래로 이끌어가는 것이야말로 우리들 경제인에게 부여된 중차대한 사명이라 하겠습니다.

친애하는 일본 대표단 여러분!

양국 간 경제협력에 있어 최대의 현안으로 작용하고 있는 무역불균형 문제에 관하여 우리는 기회 있을 때마다 장기적 확대균형(長期的擴大均衡)을 통한 불균형의 해소가 가장 바람직한 방안이며, 이러한 방향으로 양국 경제인이 함께 노력한다는 원칙을 확인하여 왔습니다. 이것은 지금까지 누적되어온 무역불균형이 양국 간 선린우호관계의 발전을 위해 소망스럽지 못한 것이기는 하지만, 지난 20년간 형성되어온 불균형의 구조를 단기간에 해소하기는 어렵다는 데 인식을 같이하였기 때문입니다.

이러한 시점에서 본인은 최근 한일 양국 간의 불균형 구조를 개선해보려는 우리의 노력을 바람직스럽지 못한 사례로 간주하는 시각이 일부에 존재하고 있음을 안타깝게 생각합니다. 물론 당면한 귀국의 어려움을 도외시한, 다소 성급한 것이라는 측면도 있을 수 있겠지만, 본인은 우리의 이러한 노력이 근본적으로 장기적 확대균형이라는 공동목표에 배치되는 것은 아니라는 사실에 대하여 여러분의 이해와 협조가 있으시기를 부탁드립니다.

양국 간 협력의 바람직한 방향을 모색하는 데 있어서는 산업발전 단계의 차이에서 기인하는 구조적 불균형의 해소 또한 중요한 과제입니다. 따라서 두 나라 사이에 존재하는 기술력과 자본력의 격차를 축소하기 위한 첨단기술의 이전이나 합작투자의 확대를 논의함에 있어서도, 국제적 수평분업관계를 형성해가겠다는 장기적인 안목을 가지고 상호신뢰를 두텁게 할 수 있는 구체적인 방안이 협의되어야 할 것입니다.

친애하는 양국 대표단 여러분!

본인은 오늘과 같은 국제화시대에 있어 양국 간 우호협력관계의 발전이라고 하는 원대한 이상은 단순한 경제교류의 증대만으로 성취될 수는 없으며, 범국민적 차원에서의 상호이해 증진과 신뢰감의 형성이 그 기반이 되어야 한다는 점을 누차 강조해왔습니다. 역사적 전통이나 문화적 배경이 상이한 국제간의 교류에 있어서는 서로 간에 상대를 이해하려는 노력이 가장 긴요한 것이기 때문입니다.

우리들 양국 경제인들은 지금까지 두 나라 국민 사이에 이해의 바탕을 넓혀가는 데 크게 기여해왔습니다만, 바로 그러한 의미에서 가족들까지 자리를 함께한 이번 제19회 합동회의는 다른 어느 때보다도 뜻깊은 행사라고 할 수 있겠습니다.

아무쪼록 오늘부터 3일간 열리게 되는 이번 회의를 통하여 여러분께서는 다른 어느 회의보다도 다대한 성과를 거둘 수 있도록 노력해주시기를 바랍니다. 그리하여 '삼다(三多)의 섬'으로 널리 알려진 제주도가 한일 간 우호협력의 증진을 위해 크게 기여한 뜻깊은 장소로서 우리들 모두의 가슴속에 오랫동안 기억될 수 있게 되기를 바라마지않습니다.

마음속에 뭔가를 감추고 사람을 대하지 않는다

제주도 회의에 관해서 잊지 못할 일은 그때부터 부부동반으로 참석키로 한 점이다. 박 회장은 남자끼리만 회의를 하다 보면 분위기가 딱딱해지기 쉽지만 부인을 동반해서 참석하면 분위기도 화기애애해질 뿐만 아니라 가족끼리도 친해지고 민간차원에서의 개인적인 신뢰감도 구축될 것이라며 부부동반을 제안했는데, 참석자 전원이 이를 이의 없이 받아들여 지금까지 부부동반으로 회의에 참석하고 있다.

제주도의 제19회 회의가 효시가 되어 가나자와(金澤)의 제20회 회의, 서울의 제21회 회의, 고베(神戶)의 제22회 회의, 서울의 제23회 회의, 그리고 지난 4월에 센다이(仙臺)에서 열린 제24회 회의 등 이제까지 6번에 걸쳐서 부부동반으로 이루어졌으며, 앞으로도 민간합동경제위원회 회의가 존속되는 한 어김없이 같은 방식으로 진행될 것이다.

뿐만 아니라 일본 지방 도시에서의 회의 개최는 그 지방 인사들의 한국에 대한 관심을 크게 불러일으킴으로써 상호 간의 이해와 우의를 돈독케 하는 효과도 있었다.

가나자와(金澤)는 동해를 사이에 두고 한반도와 마주 보는 위치에 있으며, 옛날부터 독특한 지방색을 가진 도시로서 교토(京都)와 더불어 손꼽히는 고도(古都)인 동시에 한반도와 많은 교류가 이루어졌던 고장이다.

고베(神戶)는 마침 이웃의 오사카(大阪)에서 만국박람회가 열렸던 계기로 개최지로 선정되었는데, 지난날 조선시대에 통신사가 세토나이카이(瀨戶內海)를 경유해서 발을 디딘 땅도 이 고베 근처여서 한국과의 인연이 깊다.

센다이(仙臺)는 일본 동북지방의 고도로서, 정치·경제·문화·교통의 중심지일 뿐 아니라 일본의 삼경(三景) 가운데 하나인 마쓰시마(松島) 등 명승지에 둘러싸인 고장이다. 이곳은 2년 전부터 서울과의 직행 항공노선(아시아나 항공)이 개설된 것을 계기로 한국과의 교류가 활발히 이루어지고 있다.

이처럼 각 지방 도시에서 회의 개최가 계속되자 일본의 지방 도시들이 앞을 다투어 회의를 유치하려 하고 있다. 한국의 경제인들 역시 일본의 지방 도시를 돌면서 회의를 함으로써 일본의 지방적 특색과 일본인들의 사고방식, 관습 등을 알게 되고 따라서 상호교류를 통한 이해 증진에 큰 도움이 되고 있다고 본다.

어쨌든 박 회장이란 분은 비단 경제계만 아니라 정계, 문화계 등 일본의 유력한 인사들과 친교를 맺고 있다. 지난 1월에 방한한 미야자와(宮澤) 총리와도 매우 친분이 두텁다. 그런 각계 인사들과의 친교의 기반이 되고 있는 것은 박 회장의 성실성이라고 나는 생각한다.

박 회장이 의원연맹으로 옮긴 뒤에도 나는 그와 자주 만나고 있다. 만날 때마다 한일관계에 대한 의논을 하고 그의 고견을 듣기도 한다. 박 회장은 유머와 위트가 많은 분이라서 회의에서나 사석에서나 분위기를 화기애애하게 만드는 데 천재적인 소질을 가진 분이다. 또 사람의 마음을 사로잡아 매료케 하는 데도 가히 명수라 할 수 있다. 그분과 이야기를 나누고 있으면 정말 성실한 분이라는 것을 알 수 있다. 그분은 마음속에 무엇인가를 감추고 사람을 대하는 일이 전혀 없다.

지금 박 회장이 정계에서 활약하고 있는 것으로 알고 있다. 국제정치에서는 인간적인 상호이해처럼 중요한 것은 없다고 본다. 한국이 국제정치에서도 그렇지만, 일본과의 관계에서 풀어야 할 문제도 많은데 그중에서도 가장 중요한 것은 한일 간의 경제문제이다.

다시 말해서 경제를 알아야 국제 정치 무대에서 통할 수 있다. 그런 점에서 박 회장이 정치를 계속하든 경제계로 컴백하든 그분의 인품과 지성으로 미루어 꼭 대성하리라고 믿고 있다. 특히 한일 간의 여러 문제를 해결하는 데 있어서 박 회장 이상의 인물은 없을 것이라는 나의 소신을 마지막으로 밝혀두고 싶다.

내가 가장 존경하는 사람

브라이언 로톤

국제철강협회 회장

[브라이언 로톤과의 인터뷰는 1992년 9월 22일 호주 멜버른에 있는 그의 사무실에서 있었다.]

선두 유지를 위해 끊임없이 독창적인 것을 개발할 사람

▷ 바쁜 일정에도 불구하고 이렇게 시간을 내주셔서 감사합니다. 로톤 씨께서는 언제, 어떤 연유로 박태준 회장을 만나 지금까지 우정을 나누고 계신지 궁금합니다.

로톤 : 박 회장과의 만남이라……. 벌써 20년 전의 일이군요. 1971년의 일

브라이언 로톤(Brian Thorley Loton)는 1929년에 호주에서 태어나 멜버른대학을 졸업하였으며 미국의 MIT에서 Industrial Mobilization 과정을 수료했다. 1954년 호주 최대 그룹인 BHP(The Broken Hill Proprietary Company Ltd.)에 견습 사원으로 입사하여 부장, 상무, 전무, 부회장을 거쳐 BHP그룹 회장을 맡았다. 국제철강협회 회장으로서 국립 오스트레일리아은행 부회장, IBM 아시아태평양지부 이사, 오스트레일리아 상공회의소 회장, 오스트레일리아일본 경제협력위원회 회원직을 겸임했다.

이었으니까 말이지요. 우리들의 만남이란 짐작하다시피 사업관계가 주였습니다. 그러나 지금 우리는 서로 사업적인 만남보다는 사적인 만남이 더 중요하다고 느끼고 있습니다. 나는 그를 만나는 것이 즐겁습니다. 그를 존경하고 있기 때문입니다.

내가 포항제철에 관한 이야기를 맨 처음 접한 것은 1971년이었어요. 난 그때 뉴캐슬제철소의 총책임자로 근무하고 있었는데 업무관계로 박 회장을 만나야 할 기회가 생긴 것이지요. 나로서는 당시 박 회장에 대한 정보를 충분하게 알아둘 필요가 있었습니다. 그래서 나는 그에 대한 정보를 구했고, 그에 대한 정보는 참으로 긍정적인 것이어서 그를 만나게 된 것입니다. 군 생활, 대한중석 사장 생활, 그리고 포항제철의 기획자로서의 그에 대한 정보는 나에게 만족감을 주었습니다. 게다가 나는 그가 지도력이 출중하고 꾸준히 노력하는 사람이며, 그가 맡았거나 맡고 있는 업무가 매우 중요한 것이란 사실을 알고 있었기에 그와의 만남을 주저할 이유가 없었습니다.

▷ 최근 한국에서 나온 박 회장에 관한 책에서 보면 로톤 씨와 박 회장의 만남이 철광석 구입 건으로 이루어졌다고 씌어있는데 그것이 사실입니까?

로톤 : 그렇지 않습니다. 박 회장이 철광석 구입 문제로 호주에 왔을 때는 그를 만나지 못했습니다. 아마 그 전기를 쓴 작가가 착각했을 것입니다.

그가 나를 찾은 것은, 한국에서 건설될 제철소의 유형, 기능 그리고 설계는 어떻게 할 것인가, 또 그 건설은 누가 할 것인가와 업자 선정은 어떻게 하고 건설장비는 어디에서 도입할 것인가 하는 문제 때문이었지, 원광석 구입을 위한 것은 아니었습니다.

▷ 박 회장과 로톤 씨만이 알고 있는 추억거리 같은 것이 있으면 소개해 주십

시오. 공적인 일이든 사적인 일이든…….

로톤 : 사적인 일은 저 혼자 간직하고 싶습니다. 공적인 일에 대해서만 이야기해도 괜찮으시다면 이야기하겠습니다. 박 회장과 나는 15번 정도 만났습니다. 그 만남에는 물론 사적인 것도 포함됩니다.

그와의 만남에서 나는 무엇보다 그가 헌신적이고 목적의식이 뚜렷하며 전문적인 관리자며 지도자라고 느꼈습니다. 그는 일에 있어서 한결같으며 정확합니다.

박 회장과 공적인 업무에 얽힌 것 중 두 가지만 소개하겠습니다.

첫째는 광양제철소에 타르를 공급하기 위해 세우려 했던 화학공장에 관련된 일이었어요. 그 공장이 필요로 하는 기술과 경영방법을 우리 BHP가 제공하기로 계획되어 있었는데 다른 회사가 개입이 되었어요. 그런데 그 회사가 제대로 일을 추진하지 못했습니다. 박 회장으로서는 매우 곤란한 입장에 처하게 된 거지요. 그때 나는 박 회장을 만나 그 문제를 해결하기 위해 심각하게 논의했고, 기대했던 만큼의 성과는 얻지 못했으나 어쨌든 문제를 해결했습니다. 나 역시 타르 프로젝트를 얻을 수가 있었습니다.

또 하나의 일은 포항제철 제강부에서 발생한 문제에 대한 것이었습니다. 1977년 초의 일이었습니다. 그 사고가 발생하자 박 회장이 나에게 전화를 했습니다. 우리 BHP가 포항제철을 도울 수 있는지를 문의한 것이지요. 사실 우리가 돕기에는 여러 가지로 민감한 부분이 있었습니다. 왜냐하면 우리가 건설한 부분이 아니었기 때문이지요. 그러나 우리 BHP는 기꺼이 돕기로 하고 한국으로 달려갔습니다. 우리 기술진은 최선을 다해 수리를 마쳤습니다. 그때, 박 회장이 나에게 고마움을 표시했는데 그때의 그의 진지한 표정을 지금도 잊을 수가 없습니다.

우리 BHP는 포항제철에 철광석을 공급하는 회사 중 가장 큰 회사입니다.

그리고 우리는 또 포항제철로부터 제품을 구입하는 고객이기도 합니다. 그래서 우리는 더욱 따뜻한 애정을 가지고 관계를 유지하고 있습니다. 사실 그 관계란 박 회장의 스타일을 내가 잘 알고 있기 때문에 가능한 것일지도 모릅니다.

▷ 박 회장과 개인적으로 만나면 주로 무엇을 하십니까?

로톤 : 우리는 주로 제철산업에 관한 이야기를 나눕니다. 그리고 각국에서 일하고 있는 제철산업 관계자들의 동향과 정보를 교환하기도 합니다.

▷ 포항제철의 미래에 대해서는 어떻게 생각하십니까?

로톤 : 한마디로 밝은 장래를 가진 그룹입니다. 그것은 IISI 총회가 서울에서 개최되었을 때 이미 인정된 사실입니다. 나는 그때 밝힌 세계 철강인들의 확신을 다시 반복하고 싶습니다.

포항제철의 성공 사례는 세계적으로 널리 알려져 있습니다. 박 회장이 존재하는 한 포항제철뿐 아니라 전반적인 한국 산업의 장래는 밝습니다. 나뿐 아니라 모든 이들이 포항제철의 장래를 낙관적으로 보고 있습니다.

박 회장은 나에게 광양제철 제4기 준공은 포항제철의 완성이라고 말했습니다. 당분간은 그렇겠지요. 하지만 모르기는 해도 박 회장은 그것을 완성이라고 생각하지는 않을 겁니다. 그는 제철산업의 선두 유지를 위해 새롭고 독창적인 어떤 것을 끊임없이 개발하고 있는 것으로 압니다.

조국을 위해 헌신하는 애국자

▷ 박 회장이 정치 세계에 뛰어든 사실은 알고 계시리라 생각합니다. 그 사실

에 대해 어떻게 생각하시는지요?

로톤 : 글쎄요. 나는 한국 정치에 대해 언급할 만큼 정보를 갖고 있지 않을뿐더러 내 의견이 가치가 있는 것도 아닐 겁니다. 지난 총선 때 나는 한국에 있었어요. 그때 각 정당에서 내세우는 캠페인을 관심 있게 지켜보았습니다. 그로써 나는 다양한 국민들의 요구에 적극적으로 대처하는 한국 의회주의를 알 수 있었습니다. 어쨌든 12월이면 한국에서 새로운 정권이 탄생합니다.

서울에는 박 회장 이외에 또 좋은 친구가 한 사람이 있습니다. 김경원 전 주미대사가 바로 그 사람입니다. 이번에 서울에 가게 되면 그분과 점심을 같이 하기고 약속했습니다. 그분을 통해서 한국 정치에 대한 정보를 얻고 싶습니다. 우리는 한국 대통령 선거 결과에 대해서뿐 아니라 한국 정치에도 많은 관심을 가지고 있습니다.

나 개인적으로는 박 회장이 정치 분야에서도 특별한 지도자가 되는 것이 좋다고 생각합니다. 그의 지도력과 강한 결단력을 익히 알고 있기 때문입니다.

▷ 강한 결단력이라고요? 사실 한국에서는 그의 강인한 지도력이 오히려 정치지도자로서의 약점이 되고 있습니다. 왜냐하면 한국인들은 오랫동안 강한 지도자들에 의한 독재정치를 경험했기 때문입니다.

로톤 : 그 사실에 대해서는 뭐라고 언급하기가 곤란하군요. 서두에서도 밝혔듯이 한국 정치에 대해 관심은 많지만, 한국 정치를 이해할 만한 자료나 정보는 제게는 거의 없습니다.

나는 기업인으로서의 박 회장을 알고 있을 뿐입니다. 기업도 거대한 조직임을 전제로 한다면, 성공을 이룬 기업인이 정부를 이끌어나가도 되지 않나 하는 소박한 생각을 가지고 있으며, 박 회장이 그 역할을 할 수 있지 않나 하는 생각입니다. 그 이상은 말할 게 없습니다. 제가 아는 박 회장은 매우 인간적이며 일에 헌신적인 사람입니다. 또 강하고 목적의식이 뚜렷하며 무엇보다 조국을 아끼는 애국자입니다.

박 회장은 자신의 조국에 대해 매우 큰 애정을 갖고 있습니다. 그래서인지 그는 조국과 국민들을 위해서라면 어떤 개인적 어려움을 마다않고 타개해나가는 애국자입니다. 물론 카리스마적인 면도 있으나 그 자신의 주위에 있는 사람들로부터 신뢰감을 얻고 있습니다.

오랫동안 그와 교류해온 바에 의하면 내가 스스로 가장 존경할 수 있는 분이 바로 박태준 회장입니다.

주어진 사명에 신명을 다하는 애국자

야히로 도시쿠니

전 미쓰이물산 회장

[야히로 도시쿠니와의 인터뷰는 1992년 4월 20일 미쓰이물산 본사에 있는 그의 응접실에서 있었다. 미쓰이물산 고문인 후루야 마고도(古室眞)도 배석하였다.]

순수하고 로맨틱한 사람, 업무에는 엄격한 사람

▷ 야히로 씨께서는 언제 박태준 회장과 처음 만나게 되었는지요?

야히로 : 제가 박태준 회장을 처음 만난 것은 1981년 2월에 후루야 씨와 함께 포항제철소 제4고로의 준공식에 갔었을 때였는데, 바로 그 전날에 눈이 와서 지면이 온통 흰색으로 덮여 있었지요. 그래서 지금까지도 그때의 일이 생

야히로 도시쿠니(八尋俊邦)는 도쿄(東京)대학 상과대학을 졸업하고 미쓰이물산주식회사에 입사하여 화학 제2부 차장, 합성수지원료부 부장을 거쳐 상무, 전무를 지냈으며, 미쓰이물산 그룹 산하의 이란화학개발주식회사 사장을 역임하였다. 이후 미쓰이물산주식회사의 부사장, 사장 등 주요 직책을 두루 거쳤으며 일본 경단련 부회장과 고문 일본·포르투갈경제협회 회장, 일본·러시아무역협회 회장 등을 지냈다.

생하게 기억이 납니다. 그때 신니데쓰(新日鐵)의 이나야마 씨도 동행했었지요. 나는 그 당시 미쓰이물산의 사장이었는데, 사장으로서 맨 처음 포항제철을 방문한 셈이었지요. 그때까지 미쓰이에서는 제철에 관한 일에 손을 대지 않고 있었지만 제철소 준공식에 초청을 받았습니다. IHI의 우부가다 사장, 신니데쓰의 이나야마, 나가노 시게오(永野重雄) 씨 등 일본 재계의 기라성 같은 요인들도 포항제철의 준공식에 참석했어요.

신니데쓰의 이나야마 씨, 나가노 씨, IHI의 우부가다 씨 등은 이제 고인이 되었지만, 그런 쟁쟁했던 일본 재계의 주요 인사들이 한자리에 즐비하게 참석한 예는 매우 드문 일이었습니다. 아까도 밝혔듯이 준공식 전날의 폭설로 온 천지가 백색뿐이었다는 기억이 머릿속에 박혀있습니다. 그날은 박태준 회장이 갖은 고난 끝에 제4고로까지 완성시켰던 역사적인 날이었습니다. 전두환 대통령도 현지에 참석하셨습니다.

그날의 주인공인 박태준 씨로서는 아마 벅찬 감회가 있었을 것입니다. 뭐라고 할까……, 만족감 같은 표정을 박태준 회장의 얼굴에서 읽을 수 있었지요. 기쁜 표정과 함께 자신에 찬 그의 표정이 아직도 기억에 선합니다. 그날 준공식이 끝난 후, 영빈관에서 열린 파티에서 박태준 회장과 인사를 나누게 되었는데 이것이 그와 나의 첫 만남이었습니다.

그 후 한일경제위원회의 한국 측 회장을 박태준 씨가 맡게 되었고, 나는 오래전부터 그 기구에 참여해왔기 때문에 그와 더 깊이 접할 수 있게 되었지요. 그리고 박태준 회장이 일본에 온다든가 내가 한국에 간다든가 할 때마다 서로 만나게 되어 이야기를 나눌 기회가 더욱 많아지게 된 것이지요.

교우가 거듭되던 중, 어느 날 우연한 기회에 나와 박 회장이 같은 중학교 출신임이 밝혀졌어요. 따져보니 내가 그보다 10년 이상이나 선배였어요. 그 사실을 안 박 회장은 "아, 그러면 야히로 선생님은 저의 대선배가 되시는군요.

이거 몰라뵈었습니다."라며 넌지시 선배 대접을 해주었습니다. 이런저런 일이 겹치면서 우리의 우정은 더욱 깊어갔습니다. 중학교 동문이란 것 하나만으로도 대단한 관계가 아닙니까? 하여간 나는 너무 기뻤습니다. 잊었던 옛 친구를 되찾은 것 같은 기분이었다고나 할까요?

박태준 회장은 인품도 훌륭할 뿐 아니라 리더로서도 보기 드물 만큼 완벽한 사람입니다. 이번에 광양에서 네 번째 고로가 완성되면 모두 합쳐 8기가 되는데, 연간 2천만 톤 이상의 조강능력을 갖추게 됩니다. 엄청난 일이지요. 전 세계에서 세 번째로 큰 제철소가 되는 셈인데 대단한 일이 아닐 수 없습니다. 남자로 태어나 이만한 업적을 남겨놓고 가는 사람이 흔치 않습니다.

오는 10월에 광양의 제4고로 공사가 끝난다지요? 아마 당분간 증설하지는 않을 것으로 보아 이제 박 회장의 숙원이 일단락되었다고 말할 수 있지요. 정말 엄청난 역사적인 대역사를 마무리 지었다고 평하고 싶어요. 나는 정말 진심으로 박 회장에게 치하의 말을 드리고 싶군요.

▷ 야히로 상담역은 박태준 회장과 그런 계기로 교류를 갖기 시작한 이래 개인적인 친분을 계속 유지해 오셨습니까?

야히로 : 물론이지요. 그 이후로는 서로 아주 친근한 사이가 되어서, 한일경제위원회가 한국에서 열리든 일본에서 열리든 나는 언제나 참석해서 그분과 교분을 나눴어요. 박 회장은 한국 측 회장이어서 꼭 참석했기 때문에 그 모임에 가면 그를 만날 수 있었는데 그것이 내게는 기쁨이었습니다.

1987년이었다고 기억됩니다. 서울에서 한일경제위원회가 열려서 여느 때처럼 저도 참석했습니다. 그날 밤에는 현대의 정주영 회장 안내로 만찬장에 갔었어요. 그곳은 언덕 중턱에 있었던 것으로 기억됩니다. 어떤 차였는지는 기억이 나지 않지만 아무튼 모두 15명이 함께 타고 그곳으로 갔었습니다.

그런데 그날 파티가 끝나갈 무렵, 앞에 앉아있던 박태준 회장이 내게 슬쩍 눈짓을 하는 거예요. 돌아가는 길에 어디에 좀 들리자는 것이었어요. 그래서 박 회장의 차에 동승해서 어디엔가 갔었어요. 조그만 바였어요. 나의 일행은 내가 행방불명이 됐다고 하면서 모두들 찾으러 다녔다고 해요. 나는 일행 중 누구인가에게 귀띔을 했다고 생각했는데, 아마 확실한 언질을 주지 않았던 모양이었습니다. 박 회장에게 나는 아무도 모르게 끌려간 셈이지요. 이날 우리는 술을 꽤 많이 마셨고, 박 회장은 자기의 애창곡을 가라오케로 불렀습니다.

▷ 저 역시 박 회장이 분위기가 좋으면 노래를 잘 부른다는 말을 들은 일이 있습니다. 야히로 상담역과 그날 함께 한 자리에서는 무슨 노래를 불렀습니까? 그리고 노래 솜씨는 어느 정도였습니까?

야히로 : 썩 잘 부르는 노래였지요. 박 회장이 이날 부른 노래는 〈가래스스키(かれすすき, 마른 참억새)〉라는 노래였지요. '나도 너도 가래스스키……'라는 노래였는데, 마른 참억새가 들판에 나가 시들어 머리를 푹 숙인 마른풀을 보면서, '너도 가련하고 나도 가련하다. 네 신세나 내 신세가 똑같구나'라며 탄식하는 내용으로 애수가 깃든 노래입니다.

이 노래는 가수가 아닌 한, 어느 일본인이라도 박 회장보다 잘 부르지 못할 것입니다. 그만큼 잘 불러요. 그 애조 띤 목소리로 〈가래스스키〉를 그렇게 멋지게 부를 수 있는 사람은 내가 아는 한은 박 회장밖에 없어요. 〈가래스스키〉에 관한 한 그를 따라잡을 사람은 없을 겁니다. 〈가래스스키〉가 박 회장의 애창곡이라는 사실을 안 후부터는 나는 박 회장이 매우 로맨틱한 사람이라고 생각하고 있습니다. 순수하며 로맨틱한 사람임에 틀림없습니다.

나는 박태준 회장이 일본에 오시면 꼭 노래를 청합니다. 언젠가 일본에 오셨을 때에도 파티가 열렸는데, 제가 박 회장에게 노래 한 곡을 불러 달라고 부탁했습니다. 그러자 박 회장이 일어서더니 걸어 나오면서 마이크를 잡고 노래를 하는 겁니다.

노래는 물론이고 연기도 기차게 잘합디다. 직업가수를 제쳐놓는다면 그만한 노래 솜씨나 연기를 갖춘 사람은 일본에 없습니다. 참 재주가 빼어난 사람이지요. 그리고 멋집니다. 그래서 나는 박 회장과 함께하는 즐거운 자리에서는 꼭 노래를 불러 달라고 부탁하곤 합니다.

내가 아는 박 회장은 로맨틱한 사람입니다. 그런데 그렇게도 감정이 풍부한 사람이면서도 업무에 관해서만은 대단히 엄격합니다. 엄격하고 빈틈없는, 일에 대한 철저한 자세와 남다른 리더십을 갖추었기 때문에 그만큼의 큰 업적을 남기면서 오늘에 이르고 있다고 보아야 합니다. 그의 업적은 한두 마디로 표현하기 어렵습니다.

제가 알기로는 신념에 차있는 사람입니다. 누구를 막론하고, 사람들은 인생이란 제한된 시간에 사는 존재이지요. 자기에게 주어진 짧은 삶을 누리는 동안 몸과 마음을 나라에 바쳐 후회 없는 삶을 산다는 것이 그의 인생을 사는 모토가 아닐까 합니다. 저는 그렇게 알고 있어요. 그것이 그의 유일한 삶의 가치일 것입니다.

이 같은 인생관, 신념이 있었기에 포철 같은 대기업을 설립하여 성공적 기업으로 만들었고, 또 나라를 위해 무엇인가 자기의 힘이 닿는 데까지 보국(報國)해야만 한다는 마음가짐이 정계 진출의 동기가 되었을 것으로 저는 확신합니다.

균형감 갖춘 국제인

▷ 야히로 상담역이 1981년 포항제철 제4고로 준공식에 참석해서 박 회장을 알게 되었다고 하셨는데, 교우를 시작한 이래 박 회장과 어떤 방법으로 친분

관계를 유지했습니까? 두 분께서 지속적으로 교제를 하신 방법은 어떤 것이었습니까?

야히로 : 서신왕래 같은 것은 많지 않았어요. 박 회장이 사적으로 일본에 왔던 적도 있었어요. 업무상으로 나는 제철사업과 직접 연관된 일이 그리 많지 않았어요. 여기 계신 후루야 씨는 기계 관계 등등으로 여러 가지 연관이 있었을 것이지만, 나의 경우는 같은 중학을 나온 동창이었기 때문에 더욱 남다른 친밀감이 있었다고 봅니다.

간혹 서로 메모를 교환하거나 편지를 주고받기는 했었지만 대부분의 교류 방법은 만나는 것이었고, 그런 만남이 잦아짐에 따라 친밀감이 깊어졌다고 말할 수 있지요.

후루야 : 제게도 잊혀지지 않는 일화가 있습니다. 당시 야히로 사장에게도 말씀드리지 않았던 일인데 오늘 처음 말씀드리게 되는군요.

박 회장이 포항제철의 사장으로 일본에 왔을 때인데 미쓰이(三井)물산을 방문한 적이 있었지요. 그런데 박 회장은 미쓰이의 중역급을 세워두고 말단사원들을 일일이 찾아다니며 인사를 나누는 것이었어요. 그리고 그날 저녁, 그들을 아카사카의 어느 음식점으로 초청하는 것이었어요. 그리고 그들에게 저녁 한턱을 푸짐하게 냈던 겁니다. 평소에 비록 작은 신세였지만, 다시 말해 말 한마디라도 고맙게 했던 사람들이니까 자신으로서는 소홀히 할 수가 없었다는 거지요. 제철회사 사장이 그런 사소한 것까지 기억하고 접대하는 예는 저로서는 처음 보았습니다. 그날 우리 사원들이 모두 감격했어요. 그 후로부터 우리 사원들은 포철 이야기만 나오면 좋아했습니다.

야히로 : 제가 아까도 말했듯이 성격으로 보아 박 회장은 대단히 로맨틱하고 순수한 사람입니다. 그런데 일단 일에 있어서는 아주 엄합니다. 대개 일에 철두철미한 사람이라고 하면 어딘가 접근하기 어렵고 딱딱한 것이 흔한 예인데,

그는 바탕 자체가 대단히 명랑한 사람입니다. 나는 본래 그늘진 성격의 사람을 싫어하지요. 따라서 제가 박 회장을 좋아하는 이유는 그의 성격에 꾸밈이 없기 때문입니다. 사람을 접대할 때에 특히 그의 이 장점은 유감없이 나타납니다. 나는 박 회장이 갖고 있는 인간으로서의 장점에 완전히 매료된 사람이라고 할 수 있어요. 하여튼 나는 박 회장의 불쾌한 표정을 본 일이 없어요. 언제나 웃는 환한 얼굴입니다.

생각나는 일이 또 있군요. 작년 12월 1일부터 12월 31일까지 《일본경제신문》의 '나의 이력서'라는 난에 자서전 비슷한 것을 썼던 일이 있습니다. 나중에 한 권의 책으로 다듬어 냈습니다만, 이 책의 제목을 『성품을 밝게, 구김살 없이, 느긋이』라고 붙였습니다. 그런 제목을 붙인 이유는 사람이란 성격이 밝고, 건강하며, 구김살 없이 유연하면서 느긋하게 뻗어가며 살아야한다는 것이 나의 인생 모토이기 때문입니다. 그런데 성품이 밝고 건강하며 유연해서만도 안 됩니다. 여기에 굽힐 줄 모르는 강한 기질, 어떤 난관도 극복할 수 있는, 어떤 난제가 부딪쳐도 뒷걸음질칠 줄 모르는 끈질긴 투지가 있어야만 하지요. 그런데 박 회장은 그런 것을 모두 겸비한 인물입니다.

내가 사장직을 맡고 있을 때였어요. 이란(Iran)에서 수주한 어떤 프로젝트 때문에 매우 혼이 난 일이 있었습니다. 나는 사장, 회장 시절에 십수 년 동안 이란에서의 사업으로 고심을 했습니다. 곤란한 일에 부딪힐 때마다 '밝고 유연한 마음자세로 이 난관을 극복해야만 한다. 절대로 이 곤경에서 져서는 안 된다'고 다짐하면서 갖가지 어려운 난제를 풀어갔어요. 그런 과거를 돌이켜보면서 책 제목을 그렇게 정했던 것입니다. 이것은 제 자신에 관한 이야기입니다만 박 회장과도 일맥상통합니다.

나는 그 책을 박 회장에게도 한 권 보낸 것으로 기억하고 있습니다. 이런 인생관을 갖고 있는 제가 이제까지 살아오면서 별의별 사람들과 접해 왔습니다다만, 박 회장만큼 성품이 밝고 건강한 사람은 못 보았어요. 그러면서도 일단 일이다 하면 대단히 엄하게 하거든요. 아, 그러니까 대 제철회사를 여기까지 키워온 것이 아닙니까? 포항제철이 이렇게 성장하기까지에는 그에게 숱한 시련이 있었을 거라고 봅니다.

후루야 : 그 당시 세계은행이 이제까지 고로작업 한 번 해보지 못한 나라에서는 절대로 제철산업이 성공할 수 없다면서 차관 공여를 거절했지만, 그때 저는 박 회장이라면 충분히 해낼 것이라고 생각했습니다. 그런데 세계은행에서는 절대 성공할 수 없다고 단언했다고 들었습니다. 그렇지만 일본의 수출입은행이 나섰어요. 어쨌든 박 회장이 피나는 노력으로 진두지휘를 했고 결국 고로를 만들어 세울 수 있었던 것이지요. 정말 박 회장 아니었더라면 할 수 없었던 일입니다.

야히로 : 그건 분명히 그렇습니다. 그런데 박태준 회장을 그 자리에 앉힌 대통령의 사람 보는 눈이 뛰어난 게 아닐까요? 그때 그분이……, 그러니까 전두환 대통령이었습니까?

후루야 : 아닙니다. 박정희 대통령이었지요.

야히로 : 아! 참 그렇군요. 박태준 씨를 불러서 당신이 그 일을 해보라고 했다더군요. 그의 능력을 충분히 파악하고 그렇게 했겠지요. 박 대통령 역시 높은 안목의 소유자입니다. 박 회장은 아마 어느 대학의 공학부를 나온 사람이지요?

후루야 : 와세다대학의 공학부 출신입니다. 그런 학력이 있고, 능력이 출중하고, 그리고 기계에 대해서도 잘 알고 하니까 박 대통령이 선택한 셈이군요. 제철회사의 사장들 가운데 일본을 통틀어도, 아니 전 세계를 다녀보아도 박 회장만한 사람은 찾기 힘들어요. 세계에 손꼽히는 제철회사가 서넛 있다고는 하지만 제철회사를 손수 만들어서 키운 현직 사장은 현재 박 회장 말고는 없

을 것입니다. 공사를 시작했을 때에 현대중공업이 많은 우수한 한국 기술자들을 중동으로 보낸 후여서 인력이 달리게 되자, 박 회장은 공사현장에서 일하는 사람들을 독려하면서 "일을 제대로 못 하면 나도 죽을 것이니까 당신네들도 죽을 각오를 하라."라고 했다고 합니다. 이와 같은 맹렬한 독려가 있었기에 일이 성사된 것이지요. 박 회장이 없었다면 포항제철의 대역사는 이루어질 수 없었을 것입니다. 적당히 얼버무리는 기초공사는 아예 폭파시켜 버렸다니까 말이지요.

▷ 간혹 한국에서는 박태준 회장을 친일인사라고 말하는 사람이 있기도 한데……. 그래서 스스로 일본의 지도자들과 이야기를 나눌 때에는 한국 언론을 의식해서 신경을 쓴다고 합니다. 한국의 일부 인사들은 그렇다 치고, 일본의 지도자들은 박 회장을 어떻게 보십니까?

후루야 : 지일 인사라고 보고 있을 것입니다. 일본을 아주 잘 알고 있으니까요.

아히로 : 일본에서 공부했고, 일본어에 아주 능통하니까 친일적이라는 말을 듣게 될 수도 있겠지요. 그러나 그런 것은 무시되어야 할 것입니다. 그가 일본을 너무 잘 알고, 일본에 지인이 많아서 그런 오해를 받게 되었는지는 모르지만 그를 친일인사라고 한다면 너무나 오해가 크군요. 그는 오로지 한국의 장래, 한국의 발전에 온 정력을 쏟고 있지 않습니까? 박 회장의 친일설은 그가 갖고 있는 균형 잡힌 국제 감각을 모르고 하는 소리이지요. 친일인사라기보다는 일본에 대해서 너무도 잘 알고 있는 사람이라고 보아야 합니다. 자기 나라의 산업화를 위해 저만한 업적을 이루었고, 그리고 이제는 정계에 투신해서 조국의 발전이라는 신념을 위해 헌신하는 사람이 어떻게 친일인사입니까? 오히려 한국의 정계나 재계 인사 중 조국애라는 점에서는 그를 넘어설 사람을

찾기 힘들어요. 오늘 같은 국제사회에서 일본의 구석구석을 알고 있다는 사실이 마이너스 요인으로 작용한다는 것은 좁은 소견에서 나온 것이지요. 이해할 수 없어요.

사업적 이해관계를 초월한 인간적 존경심

후루야 : 친일이니 어쩌니 하는 문제 말씀인데……, 예컨대 거래상 어쨌다든가, 또는 일본 기업인 미쓰이물산의 상품을 사들였다든가 하는 등 단순하게 보아서는 곤란하지요. 요컨대 제품 구입에 있어서도 포항제철은 각국의 제품 가운데에서 자기에게 유리한 것은 생산국을 가리지 않고 사들입니다. 그런 원칙대로 움직이고 있어요. 우리 일본 기업인들이 그를 좋아하는 까닭은 그로부터 이익을 얻어서가 아니라 인품이나 능력 면에서 존경심이 저절로 우러나기 때문이지요. 지난날 한국의 좋은 점, 나쁜 점 등을 충분히 파악하고 일에 임하고 있다는 것이지요. 그는 일본에 대해서도 나쁜 점, 좋은 점 등을 예리하게 파악하고 일을 하지요. 그러니까 우리들이 존경한다는 것이지, 사업상의 이해관계에 얽혀서 존경한다든가 하는 것은 전혀 아닙니다. 그러니까 그런 것들을 초월한 것이 그의 인격이고, 그런 훌륭한 점이 있기에 그를 존경하는 것이지요.

야히로 : IHI의 이나바 사장도 박 회장과 중학교 동창입니다. 그래서 우리들끼리 농담 삼아 다음에 박 회장이 방일하면 셋이서 동창회를 열자고 하면서 즐거워합니다. 우리들로서도 우리가 나온 학교에 박 회장 같은 걸출한 인물이 다녔다는 사실 하나만으로도 동창으로서 영광이라고 생각하고 있어요. 그런 인물이 있는 한국이 부럽기조차 합니다. 박태준 씨 같은 인재를 갖고 있다는 것 자체가 부럽다는 것입니다. 한국 매스컴에서 그를 두고 무어라 하는지는

모르겠지만 능력 있는 사람을 헐뜯는 말이 나오는 것은 어느 나라에서도 마찬가지지요. 그런 것들을 의식해서는 아무것도 안 됩니다.

▷ 잘 알고 계시리라고 생각됩니다만, 박 회장은 지금 정치에 관여하고 있고, 한국의 집권당의 최고위원으로 활약하고 있습니다. 그런데 일본에서는 박 회장이 기업인으로서 정계에 진출한 사실을 어떻게 보고 있습니까? 좋게 생각합니까, 아니면 정계를 떠나 기업에 머물러 있어야 한다고 생각하십니까?

야히로 : 정계에 들어서느냐 그렇지 않느냐 하는 문제는 결국 그 사람의 능력 문제에 따라 운위되어야 한다고 생각됩니다. 앞서 말씀드린 것처럼 그 자신이 갖고 있는, 누를 수 없는 용광로 같은 뜨거운 조국애로 대사업을 이룩한 것처럼 이제 그 여력을 나라의 정치를 위해 연소시키자는 결의로 저는 봅니다. 그가 대통령이 되느냐 그렇지 못하느냐를 떠나서 그의 애국심과 나라를 위하는 정열을 불태운다는 점에서는 누구나 쌍수를 들어 환영해야 할 것이라고 나는 생각합니다. 이에 대해 비판할 여지는 없다고 나는 생각합니다. 이런 것을 욕심이라고만 보아서는 절대로 안 됩니다.

한일(韓日) 교류의 가교

세지마 류우조

전 이토추(伊藤忠)상사 회장

박태준 회장 하면 곧 포항제철을 머리에 떠올리게 한다. 포항제철은 이제 세계적인 대(大) 제철기업으로서 한국 기간산업의 주축을 이루고 있다. 박 회장은 지난날 국가재건최고회의의 핵심적 스텝의 일원으로서 나는 그때부터 그를 알고 있다.

당시 대부분의 사람들이 권력지향적인 방향으로 진출하는 가운데서도 박 회장은 박 대통령의 지시를 흔쾌히 받아들여 포항제철의 건설이라는 어려운 사업을 맡았다. 참으로 힘들고도 어려운 일이었다. 세계은행을 위시한 한국내외의 여론은 한결같이 포항제철의 성공가능성에 회의를 품고 있었으며, 그 사업의 성공에 유리한 여건이라고는 무엇 하나 구비된 것이 없는 형편이었다. 아마도 그의 마음속에서는 적지 않은 갈등과 고뇌가 있었을 것이다.

세미자 류조는 소설 『불모지대』의 실제 모델이다. 1939년부터 태평양전쟁의 대미(對美) 작전문서를 작성했으며 1945년 만주 관동군으로 전출돼 패전 때 소련군에 체포돼 시베리아로 끌려가 11년간 포로생활의 고초를 견뎌냈다. 이것이 소설 『불모지대』의 재료가 되었다. 1956년 귀국 후 1958년 이토추상사에 입사해 회장 직위에 올랐다.

그러나 박 회장은 이것이야말로 국가에 봉사할 수 있는 사명이라는 각오 아래 천부적인 선견지명과 통솔력을 가지고 문자 그대로 전력을 경주하였다. 그 당시 박 회장을 만나게 되면 이 사업에 쏟는 그의 열의와 기백(氣魄)에 압도되고 말 것 같은 느낌을 받았다.

그로부터 풍상 20년. 이제 포항제철은 반석 위에 놓인 기업으로 발전하였다. 지난 5월 제2제철이라 불리는 광양제철소 준공식에 초청을 받아 참석하는 영광을 가졌다. 전두환(全斗煥) 대통령 임석 하에 지극히 엄숙한 분위기에서 거행된 식전이었다.

포항제철은 물론이려니와 국가에 대한 봉사와 어려운 사업의 완수를 위해 그야말로 목숨을 걸다시피 남아(男兒)의 일생을 바쳐 오신 박 회장의 헬멧 쓴 모습이 나에게는 무엇보다도 신성하게 느껴졌다. 인사 말씀을 하는 박 회장의 눈시울도 젖어있었다.

본인은 상당히 오랫동안 박 회장으로부터 후의를 입어왔는데, 그는 성품이 온화하고 마음씨가 아름다울 뿐 아니라 참으로 성실한 사람이다. 그를 만나면 한 줄기 봄바람에 접한 듯한 느낌을 갖게 된다.

일본과의 관계에 관해서도 그는 모든 면에 걸쳐서 잘 이해하고 있는 사람인데, 일본에는 박 회장을 신뢰하고 친교를 맺고 있는 친구와 지기(知己)가 허다하게 많다. 그는 참으로 양국 간의 교류를 이어주는 가교(架橋)라 생각된다. 아시아의 평화를 위해서는 한국과 일본 두 나라가 서로 안정과 발전을 이룩하는 동시에, 양국 간의 우호협력이 영구히 지속되고 강화되어가는 것이 무엇보다도 중요하다는 사실은 더 말할 나위도 없는 일이다.

거시 경제이론의 실천자

미무라 료헤이

미쓰비시 회장

미래를 내다보는 안목이 최고를 만들다

내가 포항제철 회장 박태준 씨를 처음 만나게 된 것은 포항제철 제1기 준공식에 참석했을 때였다. 나는 그 당시 미쓰비시(三菱) 서울지점 지점장으로 재직하고 있었으며, 우리 회사가 포항제철 건설 기술용역의 일부를 맡고 있던 시기이기도 하다.

더운 태양이 이글거리던 1973년 7월 3일 포항제철 준공식! 파도가 넘실거리던 바닷가에 둑을 쌓고, 갈대만이 무성하던 모래땅 위에 근대문명의 발판이라고 할 수 있는 제철소가 세워진 것이다.

그해는 한국으로서는 중공업 발전의 커다란 전기를 마련하는 중요한 시점이기도 했다. 1월에 배수설비를 시작으로, 항만하역설비, 배전철도설비, 산소

미무라 료헤이(三村庸平)는 게이오(慶應)대학을 졸업한 1940년 미쓰비시상사에 입사한 이래 미국의 시애틀·뉴욕 지사장 등을 역임했고, 1979년에 미쓰비시상사의 부사장, 1980년에 사장 그리고 1983년에 회장을 맡았다. 그는 인물을 평가에 대한 뛰어난 안목의 소유자로 알려졌으며, 평사원에서 회장직에 오르는 동안 한 번도 인물 기용에 실수가 없었던 것으로 유명했다.

공장, 코크스원료공장을 차례로 준공함으로써 포스코 신화는 서서히 그리고 힘차게 시작되었다.

당시 한국 정부는 일본과 서독, IBRD, 오스트리아를 제철소 설립에 따른 기술 및 차관 도입선으로 정했는데, 일본 정부 차관에 더욱 관심을 가지고 있었다. 이유는 1기 설비와 기술이 일본의 협조로 이루어진 데다가 한일각료회담에서 이자가 싼 해외 협력기금을 우선 책정하기로 결정되었기 때문이었다.

그러나 12월, 도쿄에서 열린 제7차 한일각료회담에서 종합제철 확정자금 1억 3500만 달러 중에서 4500만 달러는 공여받기로 했으나, 나머지는 거품이 되어버렸다.

집념의 사내 박태준 회장이 여기서 중도 하차할 인물은 아니었다. 일본의 협력 거부로 외자 도입에 차질을 빚자, 박 회장은 일본을 제외한 유럽으로 새로운 파트너를 구하기 위해 동분서주하였다. 그리고 그는 해냈던 것이다. 물론 그의 노력에 감동한 일본의 정·재계 인사들의 협력이 중요한 역할을 했다.

포철 준공식장에서 나는 직원들의 질서정연한 도열과 그들의 눈에서 빛나는 희망에 찬 눈빛을 보고 이 회사는 머지않아 큰 성공을 할 수 있을 것이라는 첫인상을 받았다.

나를 박 회장에게 소개한 사람은 당시의 후지노 사장인데, 후지노 사장은 포철의 박태준 회장을 내게 소개한 후 "한국은 이제 국제무대에서 능동적인 나라가 될 것이다."라는 말을 한 것으로 기억한다.

미쓰비시상사에서도 박 회장과 가까운 분이 있는데, 그분은 그 당시에 중기(重機) 부장을 지낸 우쓰미라는 사람이다. 우쓰미는 현재 후지 코카콜라 회장으로 변신하여 있고, 박태준 회장은 국회의원으로 변신해 있다.

지금 한국은 경제적으로 어려움에 처해있지만 곧 제 페이스를 찾을 것으로 본다. 적어도 박태준 회장이 정치적 기반을 갖춘다면 말이다. 세계의 많은 지도자들은 한국의 경제를 부흥시켰을 뿐 아니라 정치적 리더십까지 겸비한 박태준 회장을 한국의 최고 지도자로 천거하는 데에 있어서 결코 주저하지 않는다. 또한 그들은 박태준 회장이 건재하는 한, 한국을 경제적 파트너로 기꺼이 받아들일 것이다. 왜냐하면 박 회장의 인품과 능력을 너무도 잘 알고 있기 때문이다.

기술의 하이테크화는 철저한 기술축적 하에서 발전하기 마련이다. 과거의 일본이나 유럽에서 있었던 기술의 무임승차 시대는 이미 사라진 지 오래다. 옛날에는 자본으로 기술을 사들여 오거나, 산업 스파이를 매수하는 방법으로서 어느 정도 기술 모방이 가능했다. 그러나 오늘날은 미국의 통상법 '슈퍼 301조'의 위력과 'UR협상' 등에 의해 기술 모방이 밀폐당할 수밖에 없다.

기술 주권을 확립하기 위해서, 또한 선진국과의 기술 격차를 뛰어넘기 위해서라도, 정계, 기업계, 학계 등 힘 있는 주체가 나서서 창조적인 노력을 배가시킬 때만 한국같이 부존자원이 부족한 나라에서도 지속적인 경제발전이 가능하다.

어려운 경제 상황, 그리고 무역 적자와 물가의 불안정 속에서 차기 정권 창출이란 민감한 문제가 맞물려 세계의 경제 시장에서 한국이 자칫 밀려나지 않을까 걱정된다. 1984년부터 1989년까지 한국에서도 고임금 시대가 도래했다. 수출입에 따른 부채 비율이 오르고, 수출시장에서의 경쟁력 또한 떨어졌다.

일본에서는 고임금 시대에 대처하기 위해 1985년 '프라자 합의'라는 이벤트가 있었는데, 그 당시 일본인들은 그 합의에 따라 생산력 향상을 성취한 바 있다. 한국에서도 경영자들의 진취적 의지와 노동자들의 생산력 향상 의지가 굳건하다면, 미래의 경제 구도는 현재 일본에서 보는 바처럼 결코 절망적인 것은 아니다.

한국의 무역 적자에 한 가지 큰 요소가 있다면, 바로 무절제한 소비일 것이다. 한국인이 샴페인을 너무 일찍 터뜨렸다는 얘기도 소득과 소비의 불균형을 꼬집는 말이다.

한국의 기업들도 언젠가는 수출 경쟁력을 갖추고, 무역의 적자 폭 또한 줄일 수 있을 것이다. 그러나 그에 따른 부품 개발을 주저하거나 중소기업을 키우지 못한다면 기술패권시대에서 뒤처지게 된다. 한국은 1984년부터 1990년까지 수출 흑자를 이룩했으나, 거기서 나온 흑자를 중소기업에 투자하지 않은 것으로 알고 있다. 이것은 참으로 안타까운 일이다.

작년 가을이었을 게다. 내가 박태준 회장을 만나는 자리에서 이 얘기를 했더니 그도 똑같은 생각을 하고 있었다. 포항제철의 성공 원인 중 하나가 바로 이 과정을 염두에 두고 부품 산업을 중소기업에 맡겨 적절히 활용했던 것이다. 미래의 퍼스낼리티, 박태준 회장의 장래를 내다볼 줄 아는 안목이 한국의 포항제철을 최고의 철강시스템으로 변모시켰다.

항간에 한국의 일부 사람들이 박 회장을 친일인사로 잘못 생각하는 경우가 있는 것으로 안다. 나로서는 정치 세계에 들어선 그가 그로 인해 국민들로부터 반일 감정에 연루되어 피해를 당할까 두렵다. 한국인은 친일이라는 것에 대해서 나쁘게만 생각하는데, 그것은 지난 과거사의 한 페이지에 해당되는 것이지, 지금은 오히려 이웃 국가로서 긴밀한 파트너십이 필요하지 않을까?

우리가 비즈니스를 하기 위해 한국을 연구하고 있는 것처럼, 박 회장은 일본을 아주 깊이 알고 있는 전략가이다. 따라서 박 회장은 친일파(親日派)가 아니라 지일파(知日派)인 것이다. 일본을 가장 잘 아는 지도자가 바로 박태준 회장이다.

한국인들은 '정치의 우방은 있어도 기술협력의 우방은 없다'라는 말을 곱씹어볼 필요가 있다. 한국이 21세기의 선진국 진입을 위해서는 기술보호주의와 첨단과학에 대한 국민의 공감대 형성이 무엇보다도 중요하다. 그것은 1990년대 들어 세계 각국이 동서 냉전체제의 종식과 함께 기술패권주의와 기술주권주의로 무장했기 때문이다.

선진 각국은 과학기술의 주도권을 장악하기 위해 자국 개발 신기술의 보호와 더불어 타국의 기술개발을 규제하려는 이중전략을 쓰고 있다. 선진대국을 꿈꾸는 한국에 큰 경종이 아닐 수 없다. 기술개발에서 자립하지 못하면 국가의 안보와 경제적 생존수단에 끼치는 영향은 물론, 구미 열강들과의 협상 테이블도 마련하기 힘들 것이다.

포항제철의 성장사를 두고 흔히들 금세기의 신화라고 표현하지만 포항제철은 우연한 신화가 아니라, 피와 땀의 부단한 역사이다. 4반세기에 걸쳐서 이루어낸 철강왕 박태준 회장의 인생 다큐멘터리이기도 하다.

포항제철의 Clean Factory System

다음은 지구의 미래에 관하여 나의 소신을 말하겠다. 이것은 포철의 박 회장이 평소 수없이 부르짖는 '클린 팩토리 시스템(Clean Factory System)'과도 연관된 이야기이다.

우리 미쓰비시에서는 1990년도에 지구환경대책위원회와 지구환경실을 만들었다. 지구환경실에서는 어떤 제품을 만들었을 때 그것이 환경에 어떤 해를 주는지의 실험을 한다. 다른 기업에서도 관심을 많이 갖는 부분이다.

일본은 주로 말레이시아 같은 곳에서 열대우림의 나무를 수입한다. 이것이 환경영향 평가에 위반된 것 같지만 그렇지 않다. 우리는 말레이시아에 나무를 심어주고 베어오는 그런 손쉬운 방법부터 자연환경 보호운동을 펼치기 때문이다.

정기적으로 회사 직원들을 상대로 환경문제에 대해 주의를 환기시키는 것은 미쓰비시만의 일이 아니라 전 세계 공해 관련업체에 대해 자극을 주려는 의도도 있다.

캐나다 환경장관 장 쇼레이는 "지구환경을 파괴하는 제품이 더 이상 세계시장에 발붙이지 못하도록 해야 한다."라고 했으며, 미국의 다우케미컬 회장 프랑크 포포프는 "자연을 해치지 않는 제품만이 살아남게 된다."는 말을 한 적이 있다.

미쓰비시, 포스코 등을 비롯한 세계 유수 기업들이 경영전략을 세울 때 지구환경을 파괴하지 않는 발전, 다시 말해 건강한 환경을 유지하면서도 지속가능한 발전(Sustainable Development)을 기획하는 것은 아무리 우수한 제품일지언정 환경파괴를 동반한다면 끝내는 소비자로부터 외면당하기 때문이다.

세계가 점점 공동운명체로 변하고 있다. 특히 환경문제에 있어서는 더욱 그러하다. 개개 국가로서는 심각한 지구 환경문제를 해결할 수 없다. 지금은 국제적 차원의 환경보호 협력이 강하게 요구되는 때이다.

세계은행의 주도로 만들어진 〈지구환경 금융기관(GEF)〉이 환경정리를 할 수 있는 기관이기도 하다. 1970년대에 주장했던 〈신국제경제질서(NIEO)〉가 선진국의 비협조와 유가 하락으로 남북문제, 동서문제에 대한 격차의 골만 깊어지고, 지구 환경문제가 국제질서 수립에 중요하다는 여운만 남겨놓았던 것이다.

일본에서는 15~20년 전 대기·수질 오염 등 생활공해가 사회적 문제로 대두됐지만, 지금은 일본국토 전체에 여러 가지 신공해가 널리 퍼져 있다. 특히 오존층을 파괴하는 프레온가스는 냉장고, 에어컨 등의 냉각재를 비롯해 단열재, 에어졸 분무기, 반도체 세척제용으로 쓰이고 있는데 이러한 프레온가스 사용제품의 시장규모가 연간 5조 엔을 넘어서고 있다.

한국도 몬트리올의정서에 가입하게 되면 프레온가스(CFC), 할론 등 오존층 파괴물질의 사용을 점차 줄여 2000년에는 이것을 사용할 수 없게 된다. 선진국들은 지구환경 보호문제를 후진국에 대한 기술 및 통상압력 수단으로 이용해서는 아니 되며, 환경협약이나 환경관련 학술대회를 통해 우리의 공동체인 지구를 살려야할 것이다.

우리 미쓰비시나 포스코에서 펼치는 깨끗한 공장 만들기(Clean Factory System) 운동은 세계 일류기업으로서의 선례가 될 것이다.

박태준 회장은 이처럼 21세기를 내다보는 인물이다. 사실 우리 일본이 세계를 주도할 정도로 경제발전을 이룩한 근저에는 노동자들의 역할이 컸다는 것을 부인할 수 없지만, 일찍이 클린 팩토리 시스템 개념을 도입하여 노동자들의 근무 의욕을 높이도록 기획한 경영자들의 노력에 더 큰 의미를 두고 싶다.

포철 창립 25주년을 맞게 된 지금, 포항제철 전 직원에게 축하를 보내고 싶다. 아울러 박태준 회장이 지금까지 우리를 감동시켰던 행위가 지속될 수 있도록 건두를 빈다. 그에 대한 끊임없는 존경과 부러움을 느끼면서.

이 책의 2부와 3부에서 김철우, 황경로, 여상환, 이대공의 글을 제외한 모든 글은 1987년 출간된 박태준 편저 『신종이산가족』에 실린 글들과 1992년 출간된 안상기 편저 『우리 친구 박태준』에 실린 글들 가운데 엮은이가 거친 데를 가다듬으며 전재하거나 동일 필자의 글을 한 편의 체제로 재구성하여 제목 또는 소제목을 새로 붙이기도 했다는 점과, 엮은이가 전체적으로 게재순을 재배치했다는 점, 어느덧 한 세대 전에 나왔던 두 책은 재쇄 없이 오래전부터 절판 상태라는 점을 밝혀둔다. 그리고 2026년 1월 현재 여상환, 이대공을 제외한 모든 필자와 두 편저자는 타계한 분들이라는 점, 해외 필자들의 생몰년도는 밝히지 않았다는 점을 덧붙여둔다.

제4부

태어나서 곧 사라질 뻔한 포항제철(POSCO)이 전화위복의 새 지평을 열어젖히는 그날까지

-1965년 5월 박정희의 피츠버그 방문부터
박태준의 '하와이 구상' 실현까지

이대환

영일만 모래벌판의 탄식과 POSCO의 영광

"이거, 남의 집 다 헐어놓고 제철소가 되기는 되는 건가."

1968년 11월 12일, 영일만 모래벌판을 처음 방문한 박정희가 쓸쓸히 뱉은 탄식이고 독백이었다. 순간, 박태준은 모골이 송연해졌다. 포항종합제철주식회사(POSCO, 포스코)를 창립해 이미 일곱 달도 더 지난 그때, 남은 문제는 단 하나였다. 그러나 가장 심대한 문제였다. 그것은 KISA의 1억 달러 차관 조달이었다. 더욱이 한국 정부도 한국 대통령도 해결할 수 없는 문제였다. 박정희가 쓰라린 비애의 속내를 자신도 모르게 드러냈던 그 탄식과 그 독백은 차관 조달의 비원(悲願)에 가까운 기다림일 뿐이지, 차관을 끌어올 힘은 아니었다. 대한민국이라는 세계에서 가장 빈곤한 분단국가의 실력이 딱 그러한 수준이었다. 그래서 박태준의 '하와이 구상'에 대한 박정희의 재가는 절명 위기에 내몰렸던 포스코를 기사회생과 전화위복의 길로 끌어가는 '대한민국 산업화 역사의 전환점'이 되었다.

한국정당학회가 한국갤럽에 의뢰하여 국민 1,009명을 상대로 설문 조사한 결과에 따르면 산업화에 가장 크게 기여한 사건이나 계기로 한국 국민들은 새마을운동(35.5%), 경제개발5개년계획(24.5%), 경부고속도로 및 포항제철 건설(20.8%)을 들고 있다.(《조선일보》, 2010. 5. 28.)

이러한 의식조사 결과의 의미에 대하여 김병연(서울대 경제학과 교수)은 논문 「포스코와 한국경제」(2012)에서 다음과 같이 해석하고 있다.

포항제철이라는 한 기업의 설립이 전 국가적 사업인 고속도로 건설과 같은 영향력을 가진 것으로 평가되는 동시에 경제개발5개년계획보다 크게 뒤처지지 않는 파급효과를 가진 것으로 간주된다는 것이다. 그만큼 한국 국민은 포항제철의 성장을 한국경제 발전의 주된 원동력으로 인식하고 있다.

조금 뒤에 살펴보겠지만, 1968년 4월 1일 박태준이 맡은 포스코는 말 그대로 '무(無)'의 상태에서 출범했다. 그때 포스코에는 자본도 기술도 경험도 자원(원료)도 없었다. 있다면, 정부가 국민 세금으로 건설하는 항만, 철도, 도로, 그리고 국민 세금으로 매입해준 부지, 이것들이 전부였다. 박정희가 시대의 사명으로, 국가의 사명으로, 국민의 이름으로 국민 세금을 투입하는 '종합제철공장의 인프라', 이것밖에 없었다는 말이다.

만약 그렇게 황무지와 다름없었던 악조건을 극복해 나가면서 박태준의 포스코가 '제철보국'이라는 경영철학 그대로 1973년부터 1992년까지 이십여 년 동안 '양질의 철강제품을 안정적으로 국제철강가격보다 30% 내지 40% 저렴한 가격'으로 국내 기업들에 공급하지 못했다고 가정한다면, 한국의 자동차산업도 조선산업도 가전산업도 기계산업도 방위산업도 건설업도 오늘날의 영광을 누리기는 어려웠을 것이다. 철(鐵)을 소재로 쓰거나 종합제철 건설에 관계한 모든 한국의 산업들이 오늘날과 같은 두각을 나타낼 수 없었을 것이다. 또한 박태준이 이끄는 포스코가 '제철보국의 존재이유'를 실현하기 위해 국제시세보다 그렇게 저렴한 가격으로 국내에 양질의 철강을 공급한다는 것을 핑계로 내세워서 만약 그만큼의 적자를 기록했다고 가정한다면, 아니, 그렇게 제철보국을 최고 가치로 추구하면서 해마다 경이로운 경영 실적을 쌓으며 괄목할 지속성장을 거듭하지 못했다고 가정한다면, 세계 최고라 불려오는 글로벌 포스코의 영광은 아예 불가능했을 것이다.

1968년 만우절의 단호하고 비장한 선언

1968년 4월 1일, 이 만우절에는 한국 현대사의 기록으로 남을 두 가지 '특별한 기념식'이 열렸다. 장소는 대전과 서울이었다. 대전의 것은 거창하고, 서울의 것은 조촐했다. 대전 공설운동장에서는 대통령 참석 행사로 예비군 창설 기념식이 열리고, 서울 한복판 명동 유네스코회관 3층에서는 어떤 특공소대의 출정식 같은 포항종합제철주식회사 창립식이 열렸다.

그날의 포스코 창립요원은 박태준 사장을 포함해 모두 39명이었다. 얼마 뒤 5명이 떠남으로써 실제 공식 기록에는 34명으로 등재되는 창립식 뒤풀이 분위기는 덤빌 것도 없고 들뜰 것도 없다는 듯이 차분했다. 다만, 박태준의 카랑카랑한 창립사가 날카로운 가시 같은 여운으로 맴돌고 있었다.

> 모든 성공 여부는 지금부터 우리에게 주어진 직접적인 사명이며, 따라서 우리 자신의 잘못은 영원히 기록되고 추호도 용납될 수 없으며 가차 없는 문

책을 받아야 합니다.

모든 협의 또는 교섭 과정에서 한국적 행정풍토를 정확히 파악하고 납득하며 선의의 작용을 하여야 합니다. 이러한 점은 부문관리자급 이상의 재치 있는 사리 판단에서만 기대할 수 있으며, 일에 대한 소신과 책임감으로만 효과를 얻을 수 있다고 생각합니다.

건전한 창업의 기반을 흔드는 전통적인 한국적 사회폐습의 침투력에는 과감히 도전하여 창업 시에 경험하는 사회사업적인 인사관리나 예산회계관리, 물자관리가 되지 않도록 확고한 신념으로 모든 일을 계획하고 집행해 나가는 것을 기본정신으로 삼아주시기를 강력히 요청합니다.

너무나 실용적인, 쇠토막처럼 딱딱하고 강건한 선언이며 맹세다. 박태준의 핵심메시지 메모를 건네받은 황경로 기획관리부장(제2대 포스코 회장)이 문장으로 가다듬어 결제받은 것이었다.

'우리에게 주어진 직접적인 사명', '추호도 용납될 수 없음', '가차 없는 문책'. 이 말들에는 벌써 목숨을 걸자는 비장미가 엿보인다. '한국적 사회폐습에 과감히 맞서자'는 당부에는 부정부패를 철저히 불식하고 인사청탁, 이권청탁을 단호히 배격하자는 굳센 결의가 창날처럼 번뜩인다.

"우리나라에 언제부터 만우절이 있있어?"

온통 단호하고 비장한 말들로 만든 깃발을 앞세워 첫발을 내딛는 포스코 창립식을, 그 책임자가 하필 만우절로 잡았으니, 준비과정에는 염려의 목소리도 나왔다. 창립식 준비 실무자가 회사 창립일을 잡아 보라는 박태준의 지시를 받은 것은 그해 3월 20일이었다. 그날은 달포 전에 불입된 정부 출자금 3억 원과 대한중석 출자금 1억 원을 최초 자본금으로 삼아 '종합제철 창립 주주총회'를 개최한 날이었다. 대한중석 총무부에 적을 둔 상태에서 포스코 창립의 행정적 실무를 도맡아 처리한 당사자이지만 "모두가 다 한꺼번에 대한중석을 빠져 나와서는 안 되지 않느냐?" 하는 박태준의 만류 때문에 정작 창립요원에는 이름을 못 올리고 그해 6월 1일에야 포스코로 옮겨오게 되었던 신상은, 그는 이렇게 회고했다.

> 국가 대사를 짊어지는 회사의 창립 택일을 어찌 쉽게 정할 수 있었겠는가. 택일 전문의 역술인을 활용하기 위해 자료를 뒤졌다. 마침 그해 3월호 《신동아》에 유명 역술인들의 프로필이 소개돼 있었다. 그중에 세 사람을 선정했다. 날짜를 받아보았다. 각각 달리 나왔다. 3월 26일, 4월 1일, 4월 4일이었다.

제각각 괜찮은 의미를 부여할 수 있는 날들이었다. 3월 26일은 이승만 초대 대통령의 생일, 4월 1일은 진정한 봄의 시작, 4월 4일은 청명.

그러나 제각각 찜찜한 맛을 풍기는 날들이기도 했다. 이승만은 말년에 다가설수록 성공한 대통령이 되지 못하는 길로 빠져버렸고, 만우절에는 어떤 약속을 걸더라도 허튼 수작으로 미끄러질 수가 있고, 청명은 그 말뜻이야 기가 막히게 좋으나 한국인의 기분에 '4'자 겹침만은 피하고 싶은 것이고…….

박태준은 4월 1일을 찍었다. 신상은이 뜨악하게 물었다.

"4월 1일은 만우절 아닙니까?"

하지만 그가 질책하듯 되물었다.

"우리나라에 언제부터 만우절이 있었어?"

틀린 반문이 아니었다. 4월 1일을 만우절로 정해서 가까운 사람들끼리 서로 좀 놀려먹고 서로 좀 거짓말을 해도 '그냥 즐거이 웃고 넘기자'라는 풍속은 서양에서 건너온 박래품이었다.

창립일 1968년 4월 1일. 그때 실무자들로서는 짐작하지 못했을 테지만, 종합제철 건설과 경영의 책임을 짊어진 박태준의 머릿속에는 국가적 차원의 상관성에 대한 생각이 엉켜 있었다. 예비군 창설을 초래한 북한의 도발을 이겨내야 하는 '철(鐵)과 경제와 안보(국방)'의 분리할 수 없는 상관성—바로 이것이었다.

예비군 창설은 '김신조'라는 이름을 역사에 남긴, 1968년 1월 21일 북한 특수부대의 '청와대 습격' 미수 사태(1 · 21사태)가 그 계기로 작동했다. 현재 서울시 동작동 국립 현충원 국가유공자 묘역의 '박태준 묘소' 곁에는 그때 순국한 종로경찰서장 '최규식 묘소'가 있다.

포스코는 KISA를 믿고 창립했다

포스코 창립일과 일치했더라면 뒷날에 한국 산업화시대의 국가적 기념일로 지정해도 좋았을 기념식이 그보다 두 달 앞서 열렸다. 1968년 2월 1일 한국 정부가 경부고속도로를 착공한 것이다. 대통령 박정희가 대한중석 사장 박태준을 청와대로 불러 경부고속도로와 종합제철 건설에 대한 속내를 엄중히 털어놓은 때는 1965년 6월 어느 날이었다.

"고속도로는 내가 직접 감독할 테니, 종합제철은 임자가 맡아."

바로 그것이 세 해를 조금 덜 채운 1968년 봄날에 이르러 마침내 경부고속도로 착공과 포항종합제철 창립으로 실현되었다.

포스코 창립사에서 새삼 음미해볼 한 문장은 '모든 협의 또는 교섭 과정에서 한국적 행정풍토를 정확히 파악하고 납득하며 선의의 작용'을 해야 한다는 것이다.

갓 태어난 포스코가 최우선적으로 상대해야 하는 가장 벅차고 중요한 '협의 또는 교섭'의 상대는 누구였는가? 미국 영국 이탈리아 독일 프랑스 등 5개국 8개 철강사들의 협력체인 '한국 종합제철 건설을 위한 국제차관단(KISA : Korea International Steel Associates, 對韓國際製鐵借款團)'이었다. 포스코 사람들이 한국 관료들, 한국 정치인들, 제철 관련 일본인들을 상대하는 일은 그다음 차례에 기다리고 있었다.

1967년 6월 포항을 입지로 선정하여 그해 10월 3일 포항에서 개최한 종합제철 기공식(이때는 아직 '포항제철'이란 명칭이 없고 그냥 '종합제철'이었다)을 개최하고 여섯 달이 더 지나 창립한 포항종합제철은 그러나 대한민국 정부의 실력이나 대통령 박정희의 권력으로 성사한 일이 아니었다. 박정희의 강력한 의지로 밀고 나간 '포항제철'이라는 공기업의 기공식도 창립식도 우리 정부의 힘만으로 거행한 것이 아니었다. 우리 정부가 공장건설을 담보한 일도 아니었다. KISA가 아니었다면 그때 '종합제철' 기공식을 포항에서 개최할 수 없었고, 그때 '포항제철'을 서울에서 창립할 수 없었다.

다시 말해, 두 행사는 박정희의 의지에 따라 우리 정부가 주도한 국가적 행사였지만 한국의 종합제철 건설 프로젝트에 대해 KISA가 '자본과 기술과 경험'을 제공하겠다고 약속하지 않았거나, 그들이 약속했음에도 우리 정부가 그것을 믿지 않기로 했다면, 그 기공식이든 그 창립식이든 이뤄질 수 없는 일이었다. 우리 정부가 믿었던 KISA에 근거하여 포항 영일만을 '종합제철' 부지로 선정한 데 이어서 '종합제철' 기공식을 포항에서 열고 여섯 달 지나 서울 명동에서 '포항제철' 창립식을 열었다.

'자본도 기술도 경험도' KISA가 제공하기로 했다

포스코는 '자본도 기술도 경험도 없는 무(無)의 상태에서 유(有)를 창조한 기업'이라고 말해왔다. 하나 더 보태면, 한국에는 자원(원료)도 없었으니, 그야말로 무에서 출발해 유를 창조했다. 무에서 유를 창조하다, 이것은 포스코 역사를 상징하고 자긍하는 중심축이었다. 여기서 다음과 같은 의문을 제기해 봐야 한다.

'왜 포스코는 우리 정부가 있고 KISA가 있었는데, 자본도 기술도 경험도 없이 무에서 시작해야 했단 말인가?'

먼저, '기술'과 '경험'부터 되돌아보자.

기술이 없었고 경험이 없었다? 이것은 간명하다. 포스코 창립요원으로 등재된 34명 중에 그때까지 용광로(고로)를 '직접 자신의 눈으로 한 번 구경이라도 해본 사람'은 박태준 사장과 윤동석 전무(서울대 공대 금속학과 교수), 단 둘뿐이었다. 고로를 구경조차 해본 적 없는 그들에게 종합제철에 필요한 기술과 경험이 없는 것은 너무나 자명한 사실이었다. 1957년부터 십여 년 동안 대한중공업에 근무하다 1968년 포스코 창립요원으로 참여해서 한국 제철엔지니어링 제1세대의 최고 권위자로 성장하는 당시 백덕현 기술부 차장은 이렇게 회고했다.

> 대한중공업에 평로(철광석을 넣고 한쪽 면에서 연료를 공급, 가열하여 쇳물을 뽑아내는 평평한 용기 형태의 로)가 있었지만, 창설 포항제철의 기술부 차장을 맡은 당시에 나는 한 번도 고로를 직접 본 적이 없는 엔지니어였다. 상공부 금

속과장에서 옮겨온 유석기 기술부장, 대한중석에서 옮겨온 이상수 기술부 차장, 그리고 나. 포스코 최초의 설비기본계획을 맡은 우리 셋은 '이래선 안 되겠다'고 판단했는데, 마침 박태준 사장의 방침에 따라 일본 연수를 떠날 수 있었다. 1968년 11월 김학기, 김종진, 김성수, 성병재 씨 등과 같이 출발한 우리 팀은 이듬해 2월에 돌아왔다. 처음 본 상대는 히로하타제철소였다. 고로 넷에 제강 둘의 조강 연산 400만 톤 규모였으니, 그때 수준으로는 세계적 대형 제철소인 셈이다. 무로랑제철소에도 갔다. 비로소 우리는 제철소에 대한 실감을 챙길 수 있었다.

'정말 대단한 거구나.'

이것이 우리의 솔직한 심정이었다.

시각을 조금 확장해보면 '기술과 경험'에는 조직 구성, 인력 배치, 경영 체계, 재무 기획 등을 포함해야 마땅하다. 포스코는 포항 영일만에 첫 종합제철공장으로 연산 조강 103만 톤 규모를 건설하기로 했다. 우선, 어떤 조직을 어떻게 짜고 어디에 몇 명을 배치해야 합리적인 것인가? 이러한 기술과 경험이 창립 포스코에는 존재하지 않았다. 포스코의 첫 조직 구성과 인력 배치를 맡았던 당시 여상환 추정직무분석팀장은 이 책의 2부에서 이렇게 회고했다.

단계별 적정규모 인원확보, 이것이 매우 중요한 일이었다. KISA 고문단을 찾아가 물어보니 대강 1만4천 명 내지 1만5천 명이라 하고, 일본인 슈퍼바이저들에게 물어보니 대강 9천 명 내지 1만 명이라 했다. 아무런 구체적인 산출 근거는 제시하지 않았다. 두 견해의 격차가 너무 컸다. 그러한 가운데 일본으로 연수를 가게 되었고, 야하타제철소 전무이사와 만난 자리였다. 그 사람이 적정 조직과 인력 배치 문제로 고민하는 나를 창고로 데려가더니 서류더미들 중에 빨간 도장으로 '비(祕)'자가 찍힌 직무명세서, 작업내용서, 소요인력판단서 등을 보여줬다. 반출은 금지였다. 회사로 돌아온 나는 곧 '추정직무분석팀'이라는 전무후무한 조직을 만들어서 나, 조관행 씨, 권무일 씨, 이재호 씨 등 여덟 명이 US스틸 직무사전, 일본 자문단, 서울대 행정대학원 박동서 교수의 조언을 받아가며 머리를 짜냈다. 마침내 우리가 도달한 결론은 '4직계 14직군 64직종 420직무 총 4,268명'이었다. 실제로 103만 톤을 달성했을 때의 포스코 임직원은 총 4,044명이었다.

만약 KISA 고문단의 조언대로 1만5천 명을 채용하거나 일본 슈퍼바이저의 조언대로 1만 명을 채용했다고 가정해보자. 실제 필요한 채용보다 무려 3배나 2.5배를 과다하게 채용했다면 포스코는 처음부터 인건비를 감당하기 어려워서 휘청거렸을 것이다.

다음, '자본'을 다시 살펴보자. 포스코 창립 직전까지 대한중석에서 포스코 창업 자금과 지분 관계를 관장하고 포스코 창립요원에 이름을 올린 당시 황경로 기획관리부장은 이 책의 2부에서 이렇게 회고했다.

창립 포스코에 들어와야 하는 '내자(內資)'인 정부 출자금, 이것을 확보하기 위해 매년 3월부터 정부 요로를 뻔질나게 드나들어야 했다. 정부 관료들이 3월부터 이듬해 출자금을 만지작거리기 때문이었다. 여기서 확보한 금액이 연말 국회의 예산심의를 통과해야 이듬해에 출자가 이루어지게 되었다. 정부에서 75%, 대한중석에서 25%를 출자하기로 되어 있어서 대한중석에서 56억 원 정도 나올 것이라고 생각했지만 사장이 바뀌면서 35억 원밖에 내놓지 않았으니 그 공백도 메워야 했다. 1968년부터 매년 정부로부터 40억 원 내외를 받아내야 했다. 그렇게 하려면 공화당에도 손을 쓸 수밖에 없었다. 당시 국가의 1년 재정규모에서 포항제철이 요구하는 40억 원은 엄청나게 큰돈이었다.

포스코는 대일청구권자금과 일본 철강기업들의 기술과 경험에 의지하여 1970년 4월 1일 포항 1기 연산 조강 103만 톤 규모의 종합제철공장을 착공한다. 대한중석(공기업이었으니 정부 지분과 다르지 않음)이 출자하기로 했던 56억 원이 지분 25%이니, 정부가 출자하기로 했던 지분 75%는 168억 원인데, 둘을 합친 100% 출자 금액은 224억 원 정도이다. 1970년을 기준으로 잡아줘서 그때 224억 원을 2025년 12월의 한국 돈으로 환산하면 6,000억 원에 육박한다.

박태준 사장, 고준식 전무, 황경로 부장, 안병화 부장 등 포스코 창립요원들은 포항 1기 건설에 소요될 '내자(정부 출자)'를 제외한 외자(차관) 조달 규모에 대해 '그냥 부르기 좋게 최소한 1억 달러'라고 말하곤 했다. 1968년의 1억 달러를 원화로 환산해 다시 요즘의 원화 가치로 계산하면 6조 원에 근접한다. 참고로 한국 정부의 1968년 예산 규모는 약 2,214억 원으로 통계청 척도에 따라 그 가치를 요즘 기준으로 환산하면 약 7조 원이니, 그때 1억 달러는 한국 정부의 연간 총예산의 80%에 거의 버금가는 금액이었다. 그러니까 박정희의 의지가 아무리 강건하더라도 우리 정부로서는 종합제철 건설 자금 1억 달러를 차관으로 조달할 수밖에 없었고, 서방 선진국의 금융기관은 처절하게 빈곤한 한국 정부를 믿지 못하여 '종합제철공장 건설 1억 달러' 차관제공을 회피하려 했다.

빈곤의 늪에서 허덕이는 대한민국에서 '종합제철 건설 의지'를 불태우는 대통령 박정희를 구원해줄 동아줄이 바로 KISA였다. KISA가 약속한 차관 조달, KISA가 약속한 기술 제공. 이것을 믿고 의지하는 가운데 그는 영일만에 종합제철공장 부지를 확보하고 인프라 시설들을 건설하면서 포스코를 출범시켰다.

그러한 조건에서 만약 KISA가 한국의 종합제철 건설과 경영에 대한 능력을 신뢰할 수 없다고 판단하여 차관 조달의 약속을 배반해 버린다면 어떻게 되겠는가? 갓 태어난 포스코는 마치 우유가 다 떨어진 빈 젖병을 물고 울어대는 갓난아기와 같은 처지로 내몰릴 수밖에 없을 것이었다.

종합제철공장 건설 기획, 부지 선정, 기공식 거행, 포항종합제철 창립식 등 포스코의 탄생 과정에서 KISA는 당연히 주인공급으로 등장한다. 그러나 우리 국민 대다수는 포스코를 알아도 KISA를 주목하지 않는다. 이것은 포스코의 뿌리를 보지 않으려는 잘못된 습관이다. KISA의 태동부터 소멸까지, 그 모든 궤적을 제대로 봐야만 포스코 창립식에서부터 꼬박 2년이 더 지난 1970년 4월 1일에야 비로소 '포항 1기 103만 톤 종합제철공장 착공식'을 개최하는 이유와 사정을 이해할 수 있게 된다. 자본도 기술도 경험도 없었다는 포스코의 '무(無)'에 대해 그 진실을 올바르게 인식할 수 있게 된다. 더 나아가 대일청구권자금이라 불린 일제식민지배상금을 밑천으로 삼아 '무'에서 세계 최고라는 찬란한 금자탑(유·有)을 창조할 수 있었던 '포철 혼(魂)', '포스코 스피릿(POSCO SPIRIT)'의 뿌리와 밑동을 제대로 이해할 수 있게 된다.

그럼, 하나의 질문을 던져야 한다.

'1966년 겨울부터 1969년 여름까지, 과연 KISA는 대통령 박정희의 의지가 고스란히 투영된 한국 정부의 종합제철공장 건설에 대해 어떻게 약속했으며 어떻게 이행했는가?'

"나는 고속도로, 임자는 종합제철"

1965년 5월, 한국 산업화의 근간이 되고 견인차가 되는 '종합(일관)제철소'를 건설하려는 통치권 차원의 구체적인 기획과 실행의 중대한 전기가 마련되었다. 그때 미국을 공식 방문한 대통령 박정희가 피츠버그의 존스앤드로린 철강회사에 들러 코퍼스사 대표 포이와 만난 것이었다. 포이는 1962년 12월 울산에 연산 30만 톤 규모의 종합제철소를 건설하겠다는 서류에 서명했으나 AID(미국국제개발처) 차관 도입에 실패하여 프로젝트를 무산시킨 장본인이었다. 물론 처음의 그 실패에 대한 책임을 사업적으로나 논리적으로나 포이에게 덮어씌울 수는 없는 노릇이었다. 돈을 빌려줄 쪽이 '빈곤한 한국 정부에 돈을 빌려줬다가는 십중팔구 떼일 것'이라고 판단하여 차관을 거절해버린 결과였으니…….

'종합제철'의 관점으로만 국한한다면, 1965년 5월 박정희의 미국 방문을 앞둔 시기에 두 가지 주목할 만한 일이 있었다. 하나는 그가 독일을 방문한 것, 또 하나는 그가 박태준 대한중석 사장에게서 일본 가와사키제철소 사장 니시야마 야타로를 추천받은 것.

1964년 12월 독일을 방문한 박정희는 아우토반(고속도로)을 달려보고 제철공장을 비롯한 중공업 공장들을 살펴보면서 '고속도로와 종합제철' 건설을 다짐했다. 그때 교포 유학생 초청 조찬회에서는 「한국 강철산업 발전계획 시안」을 대통령에게 선물한 학자도 있었다. 이승만 대통령 시절에 국비로 독일 유학을 나온 김재관 박사였다. 그의 손을 잡은 박정희는 "정말 고맙습니다. 돌아가서 꼭 종합제철을 만들 생각입니다. 잘 보겠습니다." 하는 진심의 약속으로 답례했다.

그날로부터 다섯 달쯤 지나서 미국 방문이 눈앞에 다가왔을 때 박정희는 박태준을 청와대로 불러 일본에서 가장 유능한 제철 전문가를 천거하여 방미 후 만날 수 있게 준비해두라는 지시를 내렸다. 그 자리에서 박태준은 임해(臨海) 제철소를 건설해 크게 성공시킨 가와사키제철소 사장 니시야마 야타로를 추천하고…….

1965년 5월 26일 박정희는 피츠버그에서 포이와 회동했다. 포이가 준비해 온 의견을 내놨다.

"우리 회사 단독으로 한국의 종합제철 건설에 차관 공여를 직접 약속드리기는 어렵습니다만, 국제차관단을 구성할 수는 있을 것 같으며, 그것을 구성하기 위해 적극적으로 협력할 용의를 갖고 있습니다."

이것이 그때로부터 1년 6개월이나 걸린 준비와 협의를 거쳐 1966년 12월에 탄생하는 'KISA'의 씨앗이었다.

미국 방문을 마치고 귀국한 박정희는 한 달쯤 지나 청와대에서 박태준이 초청한 니시야마와 환담을 나누었다. 그리고 박태준과 니시야마는 한국에서 종합제철소 입지로 거론된 인천, 포항, 울산 등 5개 지역을 함께 둘러보았다. 니시야마는 박태준에게 소중한 조언을 했다.

'제철소 규모를 100만 톤으로 시작해야 경제성에 유리하다. 원자재를 수입해야 하는 처지에서는 임해 제철소로 가야 하니 항만시설이 매우 중요하다.'

박태준은 일본 손님이 돌아간 다음에 박정희와 독대하여 니시야마의 조언을 들려주었다. 바로 그 자리였다. 박정희가 박태준에게 '처음으로, 구체적으로, 확실하게' 자신의 깊은 속내에 가둬뒀던 뜻을 분명히 밝혔다.

"임자가 종합제철소 건설계획 단계부터 참여해서 차질 없이 진행되게 해줘야겠어."

"황무지를 개간하라고 하시는군요."

"나는 경부고속도로를 직접 감독할 거야. 임자는 종합제철소를 맡아! 고속도로가 되고 제철소가 되는 그날에는 우리도 공업국가의 꿈을 실현할 수 있어."

박정희의 '비공개 특명(밀명)'을 받은 당시에 박태준의 공식 직함은 공기업 대한중석 사장일 뿐이었지만, 그것이 두 인물의 관계에서는 변경불가·취소불능의 신용장과 다름없는 동지적 언약이었다. 때가 무르익으면 박정희는 박태준에게 종합제철소 건설 책임의 공식 직함을 부여하겠으되, 그 자리는 이미 박정희가 박태준에게 종합제철소 건설과 경영의 시대적 대임을 맡긴 것과 마찬가지였다.

박태준이 대통령의 특명을 받은 그즈음에 연산 조강 기준의 세계 철강 대국은 미국(1억1500만 톤), 소련(8500만 톤), 일본(3900만 톤), 독일, 영국 순이었다. 북한은 200만 톤 정도였고, 남한은 겨우 북한의 10분의 1수준이었다. 그러니 박태준의 뇌리에는 처음부터 '철과 경제와 안보의 상관성'이 박힐 수밖에 없었다.

1965년 가을바람이 불어오는 무렵, 대한중석에는 종합제철소 프로젝트를 담당하는 조직이 생겨났다. 요샛말로는 TF팀이라 부를 만했다. 이러한 사실은 1966년 8월 대한중석에 입사하여 1968년 4월 포스코 창립요원에 이름을 올리고 외국계약부장을 맡게 되는 노중열의 회고를 통해서도 확인할 수 있다.

전역을 앞둔 당시에 나는 뭘 하면서 살아가야 하나를 골똘히 생각하다가 미국계 자금으로 세운 비료회사에 가기로 마음먹고 있었다. 그런데 군대생활 말년에 이르러 동료로 맺어진 황경로 씨가 비료공장으로 가지 말고 박태준 사장을 만나보라고 권유했다.

예편 바로 다음날, 그러니까 1966년 8월 1일, 나는 대한중석으로 찾아가 박태준 사장과 첫 대면을 했다. 박 사장께서는 긴 말을 하지 않았다.

"우선은 좀 어렵겠지만 큰일을 하고 싶은 생각이 있으면 여기 와서 일하시오."

그래서 나는 그날로 바로 대한중석에 입사했다. 얼마 지나지 않아 개발조사실장을 맡았다. 내가 맡은 주요 업무에는 종합제철 창립에 관한 일도 있었다. 포스코 후배들이 회사의 역사를 알고 있다면 바로 이 장면에 대해 의아하게 생각할 수도 있겠다. 우리 정부가 대한중석을 종합제철 건설의 실수요자로 공식화한 때가 1967년 9월이고 그해 11월에 종합제철건설추진위원회(위원장 박태준 대한중석 사장)라는 공식기구가 만들어졌는데, 그 이전부터 대한중석 내부에서 이미 종합제철을 다루고 있었으니, 그렇지 않은가? 대한중석이 종합제철의 실수요자로 공식화되기 훨씬 이전부터 대한중석이 종합제철의 숙주 역할을 맡게 된 배경에는 박정희 대통령과 박태준 사장 사이에서 오랫동안 은밀히 추진해온 약속이 있었다는 것인데, 아주 뒷날에야 알려지게 되지만, 그것은 박 대통령으로부터 "임자가 종합제철을 맡아야 한다"는 비공개 특명을 받아둔 박 사장이 KISA와 직접 관계하게 되는 정부 관료팀들과는 별개로 대한중석 내부에 종합제철 사전 준비를 시켜두고 틈틈이 보고를 받아온 것이었다.

일본을 빼버린 KISA 탄생

1965년 5월 박정희의 방미 성과 하나로서 한국 정부는 그해 9월부터 종합제철소 건설을 위해 국제연합(UN) 산하의 IBRD(국제부흥개발은행, 흔히 '세계은행'이라 부르기도 함)와 접촉하고 코퍼스사 회장 포이와 교섭하는 등 다각적인 '종합제철소 건설 외교'를 전개했다. 곧 성과가 나왔다. 코퍼스사는 한국 종합제철소 건설을 맡아줄 국제차관단을 구성하는 행동에 나서기로 하고, IBRD는 한국의 100만 톤 규모 종합제철소 건설사업의 타당성 조사에 나서기로 했다. 철강도시 피츠버그의 한 귀퉁이를 한국의 어느 해안에 옮겨놓는 일과 진배없는 대역사의 엔진에 막 시동이 걸리는 일이었다.

그해 9월 중순에는 니혼강관의 엔지니어 도야마가 단장을 맡은, 일본 6개 철강기업들이 추천한 조사단 10명이 서울로 왔다. 일본조사단의 역할은 백인들이 내놓을 타당성 조사에 대한 '정확성'을 검증할 최적 비교자료를 작성하는 것으로, 이는 박태준이 "종합제철소 건설 계획 단계부터 참여하라."라는 박정희의 특명을 수행하는 일이기도 했는데, 1965년 새해부터 박태준이 경영을 맡은 대한중석은 적자를 완전히 벗어나 흑자 덩치를 불리는 중이었다.

1966년 1월 박정희는 미국을 공식 방문한 기회에 다시 포이와 만났다. 국세차관단 구성에 속도를 내달라고 부탁하는 자리였다. 포이가 적극성을 보였다. 그래서 그해 2월 2일 한국 대통령과 경제기획원 장관이 코퍼스사 앞으로 국제차관단 구성에 주도적 역할을 해달라고 당부하는 '위임 서한'을 보내게 된다. 그것은 코퍼스사 회장 포이가 주도하여 KISA 구성에 본격 시동을 걸게 하는 키(key)와 같았다.

한일국교정상화(1965년)와 한국군의 베트남 파병은 1966년부터 한국의 '차관 조달'에 활력을 불어넣었다. 또한 1966년부터 한국 정부에 대일청구권자금을 지불하기 시작한 일본은 1967년까지 2년 동안 총 1억850만 달러의 민간차관도 제공한다. 한국의 대규모 베트남 파병에 답례하듯 미국이 확고한 대한(對韓) 방위 의사를 밝히자 서방 선진국들도 은행 금고를 조금씩 열어주기 시작하여 같은 기간에 미국, 서독 등이 총 2억5610만 달러의 상업차관을 한국에 제공한다.

국제 금융기관의 그러한 변화 분위기는 한국 정부의 '종합제철 차관 조달'에 대한 희망을 부풀릴 만한 긍정적 신호였다. 제1차 경제개발5개년계획의 종료를 여섯 달쯤 앞둔 1966년 6월부터 박정희는 종합제철소 건설계획에 가속을 붙였다. 이것이 국제차관단 구성을 더 늦출 수 없다는 채찍이 되었다.

1966년 5월 13일 IBRD의 '한국 50만 톤 규모 제철공장 건설에 대한 타당성을 인정한다'라는 보고서를 접수한 한국 경제기획원이 6월 22일에는 미국의 코퍼스·블로녹스·웨스팅하우스, 독일의 데마그·지멘스, 일본의 야하타제철·히다치조선소·미쓰비시전기공업 등 8개사 앞으로 국제차관단 구성에 관한 동의서를 발송하고, 그로부터 한 달 뒤에는 조만간 구성될 국제차관단에게 '종합제철소 건설사업을 위임하겠다'라고 확정한다.

그때 경제기획원의 계획안에는 50만 톤 규모의 1차 설비를 1966년에, 같은 규모의 2차 설비를 1970년에 각각 착공하며, 외자 1억3892만5000 달러와 내자 2350만8000 달러를 조달하고, 입지 후보지는 울산 태화강 동쪽, 부산 해운대의 공업지대, 삼천포, 기타 순위로 조사한다는 등이 담겼다. 단 하나의 핵심 문제는 '한국 종합제철소 건설'이 외국인들의 차관 조달 여부에 달려 있다는 점이었다.

그런데 경제기획원이 의욕적으로 추진하는 '국제차관단 구성'은 1966년 10월 들어서도 불투명한 상태였다. 특히, 일본이 소극적으로 나왔다. 일본은 주도권을 미국 코퍼스사가 거머쥔 것부터 불만이었다. 그때 일본 정부의 경제관료들은 미국과 유럽의 철강업체들에 대해 비판적인 인식을 공유하고 있었다. 불과 3년 뒤에 '포항종합제철 건설 타당성'을 살피기 위해 영일만 허허벌판으로 찾아오게 되는, 당시 일본 경제기획청 아카지와 쇼이치는 다음과 같은 증언을 남겼다.

> "나는 당시 종합제철소의 건설에 어느 정도 돈이 들어가는지 짐작할 수 있었다. (코퍼스사 주도의 한국 종합제철 건설 계획안에 대해) 이 정도의 차관 규모로, 이 정도의 이자를 지불하면 불가능하다는 생각이 있었다. 그리고 종합제철소이기 때문에 고로는 이탈리아, 전로(轉爐)는 독일, 압연은 오스트리아, 미국 등 제각각이었는데, 설비가 개별적으로는 우수할지 모르지만, 컨소시엄 형태로는 일관적인 기술 체계를 필요로 하는 종합제철소가 잘될까 하는 의문도 있었다. 그런 이유에서 일본 정부로서는 참여하기 어렵다는 뜻을 한국 정부에 통보했으며, 참가를 검토하던 일본의 후지제철과 야하타제철의 수뇌부에게도 정부의 뜻을 전했다."

그러나 한국 경제기획원은 일본의 태도 변화를 기다리느라 더 꾸물댈 여유도 이유도 없다고 판단했다. 일본이 껄끄럽게 나오면 일본을 제외하고 서방 선진국들과 손을 잡아도 얼마든지 '좋은' 종합제철소를 건설할 수 있다고 판단한 것이었다. 딱히 틀린 판단은 아니었다. '베서머 제강법'이 증명하듯 영국은 산업혁명의 본거지답게 철강기술의 발전을 이끌어온 나라이고, 1966년에는 제철기술이나 조강 능력에서 미국이 가장 앞서는 나라였다. 그러니 일본이 자존심과 의구심을 내세우며 엉덩이를 뺀다고 해서 한국이 매달려야 하겠는가. 국민 정서나 감정으로는 더욱 그랬다. 하지만 아카자와 쇼이치의 판단은 정확한 것이었다. 복잡한 기술체제가 뒤엉키면 최소 22개 단위공장이 일사불란하게 일관적으로 돌아가야 하는 종합제철공장이 덜컹거릴 가능성이 높았다. 이 문제를 박태준도 직시하고 있었다.

1966년 11월 16일 장기영 부총리가 코퍼스사 포이 회장에게 공한을 발송했다. 일본 업계의 참여를 기다리지 말고 국제적으로 공신력 있는 회사들을 망라한 국제차관단을 조기에 구성해 달라는 내용이었다. 그에 따라 포이가 미국 피츠버그에서 한국 종합제철소 건설 지원을 위한 국제차관단 구성회의를 주최하게 되었다. 코퍼스·블로녹스·웨스팅하우스 등 미국의 3개사, 독일의 데마그·지멘스, 영국의 엘만, 이탈리아의 임피안티 등 4개국 7개사가 나흘 동안 협의하여 12월 20일 마침내 대한국제제철차관단(KISA)을 정식으로 발족했다. KISA 탄생의 과정과 1차 합의 내용은 서울대 공대 금속학과 교수 출신으로 포스코 창립요원에 참여한 윤동석의 증언에도 잘 정리돼 있다.

> 경제기획원은 1966년 5월 9일 미국 코퍼스사에 대하여 국제차관단을 구성할 것을 결정 통고하고, 여기에 서독, 일본 등의 업자가 포함되기를 희망하였다. 그러나 일본 철강업체가 참여하는 국제차관단의 구성은 야하타제철의 불참으로 일단 무산되었다. 반면 이에 대비하여 사전 접촉을 해온 영국과 이탈리아가 쉽게 호응해옴으로써 1966년 12월 6일 마침내 미국 피츠버그에서 우리나라 종합제철 건설을 위한 국제차관단 구성회의가 열렸다. 정부는 경제기획원 공공차관 과장을 파견하여 한국의 종합제철 건설계획을 설명하였다. 미국의 코퍼스사가 주축이 되어 블로녹스, 웨스팅하우스 등 3개사와 서독의 데마그, 지멘스 2개사, 그리고 이탈리아의 임피안티, 영국의 월맨 등 모두 4개국 7개사가 모여 4일 간 회의 끝에 다음 사항에 합의함으로써 많은 진통과 우여곡절 끝에 대한국제제철차관단(Korea Internation Steel Associates: KISA)이 정식으로 발족하게 되었다. 이 회의에서는 다음과 같은 내용이 합의되었다.
>
> ① 한국의 종합제철 건설을 위해 차관단이 1억 달러를 출자한다. ② 한국

과의 협의는 주로 코퍼스사가 맡는다. ③ 서독 데마그사는 영국·이탈리아까지 대표한다. ④ 일본의 야하타제철을 차관단에 가입시키기 위한 노력을 계속한다. ⑤ 차관단과 한국 정부가 합의한 장소에 1967년 4월까지 공장건설이 착공되도록 최선을 다한다. ⑥ 세계은행(IBRD) 및 대한국제경제협의체(IECOK)와는 가급적 협조하되 직접적 관련은 맺지 않는다.

'KISA 발족'이라는 머나먼 피츠버그에서 날아온 소식을 한국 언론들은 '종합제철소 건설의 찬란한 무지개'처럼 보도했다. 그럴 만했다. 제1차 KISA회의 합의사항에는 '한국의 종합제철 건설을 위해 차관단이 1억 달러'를 출자하고 '차관단과 한국 정부가 합의한 장소에 1967년 4월까지 공장건설이 시작되게 한다'는 것이 포함되었다. 차관 1억 달러 조달에다 1967년 4월까지 착공! 이것은 종합제철을 갈망하는 박정희의 한국 정부에 산타의 경이로운 크리스마스 선물보다 더 기쁜 소식이었다. 5항의 '최선을 다한다'와 6항의 '직접적 관련은 맺지 않는다'에 숨겨진 '책임회피의 알리바이'를 야무지게 따지지도 않았다.

1967년 1월 16일 독일 뒤스부르크에서 제2차 KISA회의가 열렸다. 프랑스의 엥시드가 추가로 참여해 KISA는 5개국 8개사가 되었다. 여기서 제철소 건설에 필요한 제반 설비의 국가별 공급 내역을 할당했다. 이어서 코퍼스 대표단이 한국으로 들어와서 소요내자 조달 방안을 확인하고 입지 후보지에 대한 타당성 조사를 실시했다.

제3차 KISA회의는 그해 3월 13일부터 사흘간 미국 피츠버그에서 열렸다. 이 회의는 한국의 종합제철 건설에 필요한 외자 규모 1억 달러를 미국 30%, 독일 30%, 이탈리아 20%, 영국 20% 등으로 분담한다는 결정을 내렸다. 이제는 뭔가 '확실히' 돼가는 분위기였다. 그러나 제1차 회의 때 '1967년 4월까지 착공'이라고 했던 합의는 마치 자연스러운 현상처럼 슬그머니 연기되었다.

"KISA는 어중이떠중이 장사꾼, 까딱하면 국가 대들보가 무너져"

1967년 4월 6일 경제기획원에서 장기영 부총리와 포이 KISA 대표가 '종합제철소 건설 가협정'을 체결했다. 포이가 내놓은 예비제안서의 특징은 크게 두 가지였다. 하나는 1차 50만 톤 규모 건설비에서 외자 소요를 2500만 달러 더 늘린 1억2500만 달러로 추정한 것(그 차액 때문에 '기본계약'이 '가협정'으로 바뀌었으며, 가협정에는 'KISA가 제출한 사업계획에 대해 한국 정부가 국제적으로 제철공장에 경험·지식·시설·가격·건설·운영에 관하여 권위가 있고 차관 공여기관이 수락할 수 있는 기술용역단을 구성하여 이를 검토한 후에 확정한다'라는 단서 조항도 포함시켰으니 2500만 달러 증액에 대해 한국 정부가 얼마나 미심쩍어하고 부담스러워했는지를 짐작할 수 있다)이고, 또 하나는 차관단이 소요 외자에 대한 차관을 주선하며 조건은 연리 6%에 3년 거치 12년 상환으로 한다는 것이었다.

그러나 머잖아 사단이 터졌다. KISA의 소요예산 추정치는 박태준이 미리 용역을 맡겼던 일본조사단의 그것보다 너무 높았다. 단번에 100만 톤을 건설하지 않고 KISA의 계획안대로 50만 톤씩 두 단계로 나눈 경우에도 일본의 예산이 KISA의 예산보다 35%쯤 낮았다. 비교표를 받아본 한국 정부도 크게 놀랐다. 6월 15일에는 가협정의 단서 조항에 의거해 국제연합개발계획(UNDP)이 KISA의 사업계획에 대한 기술검토에 착수했다. 그 결과는, KISA의 계획대로 50만 톤씩 두 단계로 쪼개지 않고 단번에 100만 톤 규모로 건설하면 총공사비의 30~35%까지 절감할 수 있다는 것이었다.

한국 언론들이 일제히 KISA의 터무니없이 높게 책정한 건설비 측정치와 차관 금리에 대해 강한 비판을 제기했다. 그러나 그때는 박정희도 한국 정부도 KISA와 결별할 엄두조차 내지 못했다. 마땅한 대안이 없었다. 서방 선진국 철강사들만 골라서 어렵사리 구성한 KISA를 대신할 '차관 조달과 기술 제공'의 파트너를 소비에트연방(소련)에 가서 구한단 말인가?

KISA가 새로이 7월 착공을 제시했다. 그렇다면 늦어도 6월 중에는 지난 몇 년에 걸쳐 검토해온 종합제철소 입지를 선정해야 했다. 결국 포항 영일만으로 귀착되었다. 이것은 모든 정치적 배경과 외압을 배격하고 가와사키제철소의 조언, 박태준 사장의 주장, 한국 조사단의 조사결과 등을 종합한 과학적 자료에 의거한 결정이었다. 1970년 4월 1일 포항 1기 착공에 즈음하여 구성된 일본기술단(JG)의 아리가 단장은 다음과 같은 회고를 남겼다.

> 영일만 제철소 부지의 지형, 수리(水利), 해상(海象), 기상조건 등 상세한 데이터를 조사하면서 나는 진심으로 여기에다 제철소를 건설하고 싶다는 의욕이 솟구쳐 올랐다. 일본의 제철소들이나 세계의 많은 제철소들을 보아왔지만, 임해(臨海) 제철소의 입지조건을, 특히 자연조건을 이토록 완전하게 갖춘 곳은 본 적이 없었다. 누가 어떻게 조사해서 이 지역을 선택한 것인가? KISA가 구성되기 전부터 박태준 사장과 접촉이 있었던 가와사키제철소 상무이사 우에노 나가미쓰의 조언이 큰 영향을 미쳤을 것으로 생각한다."

KISA를 미심쩍은 시각으로 보아온 박태준은 1967년 여름에 접어들면서 그들을 더욱 못마땅하게 생각했다. 그러나 그는 여전히 종합제철 건설에 대한 아무런 공식적 직위가 없었다. KISA와 공식적으로 교섭하고 협상하는 업무들을 죄다 한국 관료들이 거머쥐고 있었다. 그는 관료들이 KISA와 손잡고 추진하는 종합제철소 건설을 지켜보느라 가까운 이들에게 속을 끓이며 불만을 터트리기도 했다.

"우리는 임해(臨海) 제철소로 가야 하는데, 미국에는 임해 제철소가 없어. 피츠버그 제철소들은 주로 펜실베이니아 탄전의 석탄을 쓰고, 슈피리어호 서쪽 호안에서 나오는 철광석을 쓰고 있어. 호주 같은 외국에서 배로 싣고 와야 하는 우리 조건과는 천양지차야. 그러니 포이가 주도해서야 기술적으로 기대할 것이 뭐가 있겠어? KISA 놈들은 장사꾼들이야. 생각이 다른 나라들, 생각이 다른 회사들이 설비나 팔아먹을 꿍꿍이속으로 국제컨소시엄이다 뭐다 해서 뭉친 거지. 그것들은 한마디로 어중이떠중이야. 까딱하면 국가의 대들보가 무너지는 수가 생겨."

드디어 박정희가 박태준을 책임자로 공식 임명하다

KISA가 새로 약속했던 '기본협정 체결과 착공의 1967년 7월'을 맞았다. 그러나 7월이 다 지나도록 한국 정부와 KISA는 '기본협정'조차 체결하지 못했다. 초조한 쪽은 한국 정부, 특히 대통령 박정희였다. KISA와 기본협정을 체결하기 위한 실무단을 미국으로 급파할 수밖에 없었다. 8월 초에 급조된 '철강사절단'(단장은 경제기획원 경제협력국장 황병태)에는 이듬해 4월 포스코 창립요원으로 한동안 몸담게 되는 윤동석 서울대 공대 금속학과 교수도 포함되었다. 사절단이 20일 일정의 KISA 방문을 앞두고 청와대로 들어섰다. 그 자리에서 박정희가 오래 숨겨온 비장의 카드를 공개했다.

"대한중석은 2년 반 동안 박태준 사장이 경영을 잘한 결과 재무상태가 매우 건실해졌고, 더구나 박 사장은 제철소 프로젝트에 필요한 리더십과 뛰어난 경영능력을 갖고 있습니다."

드디어 대통령이 관료들에게 종합제철을 박태준 대한중석 사장에게 맡길 것이라고 밝힌 그때, 당사자는 해외 출장 중이었다. 내년도 중석(텅스텐) 수출 협상을 벌이는 긴 여정이었다.

미국으로 날아간 한국 철강사절단이 작은 성과를 올렸다. 주요 내용은 '연산 50만 톤을 60만 톤으로 늘리고 소요 외자(차관)를 1억2500만 달러에서 9000만 달러로 인하하여 기본계약을 체결하기로 한 것'이었다. 2년 전 가와사키제철소 사장 니시야마 야타로가 조언했던 '100만 톤'에는 겨우 절반을 조금 더 넘긴 수준이었으나 '자본'이 없는 한국 정부로서는 '두 번 쪼개서 건설하더라도 어떡하든 종합제철소를 시작해야 한다'라는 강박관념에 눌려 있었다. 그나마 KISA 대표가 과다한 추정치라는 한국 대표단의 주장을 수용해줘서 3500만 달러나 깎게 되었으니 한숨을 돌릴 만도 했다. 그들이 귀국하여 대통령에게 보고를 마친 즈음, 1967년 9월 8일, 박태준은 영국 런던에서 한 통의 전문을 받았다. 장기영 부총리의 지시를 받아 고준식 대한중석 전무가 날린 것이었다.

대한중석이 종합제철소 건설사업의 책임자로 선정되었음. 박태준 사장은 종합제철소건설추진위원회 위원장으로 내정되었음. 즉시 귀국 바람.

종합제철소건설추진위원장 내정자가 '즉시 귀국은 불가'라는 회신을 보내고 남은 일정을 축소하여 유럽에 머무는 동안, 9월 11일, 박정희는 월간경제동향회의 뒤에 이어진 정부·여당 연석회의를 통해 "대한중석을 종합제철공장의 실수요자로 결정했음"을 공식적으로 밝혔다. 이제 박태준이 박정희의 공식적 임명을 받아 종합제철 건설의 지휘봉을 잡게 되는 것은 가까운 시간의 문제로 남았다.

박태준은 IBRD의 모욕적 조건에 분개하고

1967년 9월 25일 코퍼스사 부사장 샌드빅을 비롯한 KISA 대표 3명이 기본계약서 수정안을 들고 서울로 들어왔다. '총 1억3070만 달러를 들여 연산 60만 톤 규모의 1단계 제철소를 1972년 9월에 완성하고, 국제 차관으로 9570만 달러, 한국 정부가 내자 3500만 달러를 조달한다.' 그러니까 8월에 미국을 방문한 한국 대표단과 합의했던 대로 '가협정' 때보다 생산 규모를 20% 늘리면서도 건설비용을 20%쯤 줄여놓은 수정안이었다. 그들보다 앞서 IBRD가 한국 정부로 의견서를 보내왔다. 차관 제공의 열쇠를 쥔 IBRD는 4가지 주의사항을 단서처럼 달았다.

1. 제한된 계약으로 할 것(즉, 공장을 두 단계로 건설할 것).
2. 국제적인 컨설턴트를 고용할 것.
3. 차관단이 건설한 터키, 브라질의 제철소를 견학할 것.
4. 초기의 원활한 운영을 위해 외부기관과 관리용역 계약을 할 것.

한국 정부가 도저히 무시할 수 없는 IBRD의 충고는 한마디로 '너희는 종합제철 건설의 차관 조달을 할 수 없고 종합제철에 대한 기술도 경험도 없으니 전문기관에 운영 용역을 맡겨야 하고, 먼저 시작한 개도국 종합제철소를 찾아가 착실히 견학부터 해두라'는 지시였다. 그래서 한국 상공부의 기술자들과 철강사절단이 순순히 먼 길을 떠나야 했다. 그들이 날아간 곳은 그래도 브라질보다는 훨씬 가까운 터키(튀르키예) 에르데미르제철소였다.

9월 28일 경제기획원에서 경제관료 6명과 KISA 대표 3명 그리고 대한중석 대표 3명이 기본협정 체결을 위한 예비회담을 열었다. 10월 3일 개천절, 단군이 처음 이 땅에 하늘을 열었다는 뜻 깊은 날, 종합제철소 후보지로 결정된 포항에서 '종합제철공장 기공식'을 개최하기로 공표돼 있었다. 어떡하든 늦어도 10월 2일에는 한국 정부 대표와 KISA 대표가 나란히 앉아 기본계약서에 서명을 해야 모양새가 좋아질 것이었다.

그러나 몇 가지 중요한 문제점들에 대해 양측 견해가 어긋났다. 특히 실수요자로 선정된 대한중석의 종합제철소 담당들이 눈에 불을 켰다. 박태준의 '완벽주의' 원칙과 성품을 익히 아는 그들로서는 야무지게 살피고 따져야 했다. 예비회담은 10월 12일에 다시 만난다는 회의록을 남기고 끝났다. 그 잉크가 채 마르기도 전에 이미 공표한 대로 포항에서는 기공식을 열어야 했다. 딱히 무리는 아니었다. 어쨌든 불원간 KISA와 기본협정을 정식으로 체결하기로 돼 있는 것이었다.

박태준은 유럽 출장 중에 대한중석을 통해 IBRD가 내건 4가지 조건도 보고받았다. 그는 '한국을 모욕하는 4가지 조건'이라고 생각했다. 4번 항은 특히 목에 가시처럼 걸렸다. 초기에 공장을 직접 돌리지도 말고 회사를 직접 경영하지도 말고 외국 용역기관에 의뢰하라는 것은 국가적 차원으로 말하면 신탁통치와 같은 것이 아닌가? 기술식민지, 경영식민지의 종합제철소로 출발하라는 주장이 아닌가? 9월 30일 귀국 비행기에 오른 그는 속이 부글부글 끓고 있었다.

'KISA 놈들의 농간도 개입된 거지. 애초부터 그놈들은 자기들이 IBRD 같은 국제금융기관과 직접 교섭하지 않는다고 했는데, 그게 차관 조달에 대한 책임 회피의 수단이고, 우리가 대들어서 옳게 하자, 정직하게 하자, 이렇게 맞서면 오히려 금융기관을 찾아가 프로젝트를 무산시키자고 로비할 수도 있는 놈들인 거지.'

박태준의 눈에는 종합제철소 건설이라는 국가적 대업과 KISA의 태도가 마치 서로 등을 돌리고 앉아 헤어질 생각에 골몰하는 남녀처럼 보였다. 김포공항에 내린 그는 청와대로 들어갔다. 박 정희가 따뜻하게 맞았다. 말은 단호했다.

> "우리가 오래 기다리고 준비했는데, 이제 때가 왔어. 나는 임자를 잘 알아. 이건 아무나 할 수 있는 일이 아니야. 어떤 고통을 당해도 국가와 민족을 위해 자기 한몸 희생할 수 있는 인물만이 할 수 있어. 아무 소리 말고 맡아! 임자 뒤에는 내가 있어! 소신껏 밀어붙여 봐!"

박태준은 영혼이 찌릿했다. 순간적으로 내면의 저 밑바닥에서 불덩이 같은 무엇이 울컥 솟아올랐다.

박정희가 기공식 참석을 권유해도 가지 않은 박태준

기공식을 불과 사나흘 앞두고 서울로 돌아온 박태준은 장기영 경제기획원 장관(부총리)과 만났다. 그가 박태준에게 10월 12일로 예정된, KISA와의 최후 서명만 남겨둔 기본계약 서류를 내밀며 추진위원장 내정자니까 당연히 같이 서명을 해야 한다고 했다. 그러나 KISA의 장삿속을 미심쩍게 여겨온 '완벽주의자'는 그 서류를 국제변호사에게 검토시켜 문제가 심각하다는 사실을 확인하게 되었다. 이튿날 부총리를 찾아가 한바탕 난리를 쳤다. 그 소식이 대통령의 귀에 들어갔다. 박태준은 불려갔다.

"기공식에도 참석해야지. 일하기 어렵게 왜 그렇게 적을 만드나."

"다른 사람을 음해할 생각은 추호도 없습니다."

박태준은 대통령에게 기본계약의 심각한 문제점을 지적했다. 박정희가 그것을 놓고 가라고 했다.

KISA와의 기본계약에 대해 강한 불만을 제기한 '종합제철소건설추진위원장 내정자'는 대통령의 권유를 받고서도 기공식이 열리는 포항으로 내려가지 않았다. 하지만 대한중석엔 이미 종합제철 실무단이 구성돼 있었다. 9월 11일 한국 정부가 대한중석을 종합제철의 실수요자로 지정한다고 공표한 뒤, 대한중석 고준식 전무가 유럽에 체류 중인 박 사장과 연락을 취해 오래전부터 구상해둔 조직을 즉각 가동했던 것이다. 종합제철 실무단은 황경로 관리부장과 노중열 개발실장이 축을 맡았다.

박정희는 종합제철 기공식에 내려가 기념사를 하게 되는 장기영을 경질하고 박충훈 상공부 장관을 경제기획원 부총리에 발탁했다. 1967년 10월 12일 박충훈의 경제팀(한국 정부)이 KISA와 종합제철소 건설 기본협정에 서명을 했다.

그해 11월 8일, 박정희는 박태준을 '종합제철건설사업추진위원회' 위원장에 임명했다. 추진위는 관료, 학자, 대한중석 임원 등 12명으로 구성되었다. 학자는 두 명으로 윤동석 서울대 공대 금속학과 교수와 최형섭 한국과학기술연구원장이었다. 관료는 다섯 명이었다. 정부 부처 간 업무조정을 위해 정문도 경제기획원 차관보를 비롯해 상공부, 재무부, 건설부에서 각각 차관보급이 차출되었고, 공장부지 매입 및 조성 업무를 주관할 양택식 경북지사도 포함되었다.

박정희가 박태준을 종합제철건설사업추진위원장에 공식 임명한 것은 어떤 의미였을까? 물론 기본적으로는 종합제철소 건설과 경영의 대임에 대한 책임이 '박정희에 의해 공식적으로 관료들의 어깨에서 박태준의 어깨로 넘어갔다'는 뜻이었는데, 또한 그것은 이제부터 KISA가 'KISA의 음험한 장삿속을 의심하는 완벽주의자이며 사심 없는 애국주의자인 박태준'과 본격적이고 전면적으로 상대하게 된다는 뜻도 담겨졌다.

1965년 5월 박정희가 피츠버그를 방문한 때부터 시작된 일이었지만, 1966년 11월 KISA가 출범한 뒤로만 짚어도 꼬박 일 년이 지난 1967년 11월 7일까지 KISA와 상대하는 한국측 대표는 박태준 위원장이 아니라 한국 정부의 경제팀 관료들을 관장하는 부총리(경제기획원장)였다. 그러니까 그동안에 박정희가 강력한 의지로 추진해온 종합제철소 건설은, 경제팀 관료들이 한국 정부의 대표로 전면에 나서서 KISA와 협의하고 박태준은 KISA의 눈에 직접 드러나지 않는 자리에서 양측의 진전 과정을 관찰하고 검증하는 모양새로 진행돼온 것이었다.

'경제팀 관료들의 종합제철소 건설'은 1967년 10월 12일 KISA와 기본협정을 체결하는 것으로 최대 성과를 거두었다. 11월 8일부터는 KISA와의 교섭 및 협약 대표권이 박태준 위원장에게 일임되었다. 그 기본협정은 영일만에서 한국 산업화의 견인차를 만들겠다는 약속이었다. 과연 그렇게 문안대로 실현될 것인가?

박정희와 박태준의 세 번 토의, 상법상 주식회사로 출범

1968년 1월 25일 대통령령에 의거해 '종합제철공장건설사업추진위원회 규정'을 공포하여 추진위에 법적 권한을 부여했다. 추진위가 임시방편의 법적 지위를 확보한 가운데 위원장 박태준은 KISA의 기술계획에 대한 '검토 용역' 파트너를 선정해야 했다. 추진위의 제안에 긍정적 응답을 보내온 호주를 포함한 4개국 중 가장 유리한 용역 조건을 제시했을 뿐만 아니라 한국과 제철산업의 여건이 유사한 일본을 골라잡았다. 그래서 후지제철, 야하타제철, 니혼강관 등 일본의 대표적 철강업체 3사로 구성된 용역단이 전체적인 검토 작업을 수행하게 되었다.

일본 3사의 검토 대상은 KISA가 작성한 사업발전계획, 일반기술계획, 최종 외환비용, 재무계획 등이었다. 또한 박태준은 경비 지출이 배가되더라도 검토 용역을 일본에만 맡길 수 없다고 판단했다. 일본의 검토 결과를 KISA가 기피할 염려가 있으니 또 다른 객관적 자료를 갖춰야 했다. 이왕이면 KISA와 관련도 있는 데가 좋을 것이었다. 미국 바텔연구소를 택했다. 추진위가 일본 용역단이나 바텔연구소와 '검토 용역'의 계약을 체결한 날짜는 똑같이 1968년 2월 2일이었다. 한날한시에 똑같이 의뢰하는 일이니 공정하게 진행하여 정직한 결과물을 내놔라. 이것이 메시지였다.

2월 14일 추진위는 사무실을 대한중석에서 서울 명동 유네스코회관으로 이전했다. 이때부터 대한중석 소속이 아닌 경력 직원을 채용했다. 백덕현, 여상환, 안덕주, 박준민, 권태협, 신광식 등이 포스코 창립요원에 이름을 올리게 된다.

경제팀 관료들과 KISA 간의 기본협정을 물려받은 박태준은 그것이 불량품처럼 마음에 들지 않아도 한국 정부의 공식적 국제문서로서 실효성을 인정할 수밖에 없었다. 그는 KISA와 관련해서 두 가지를 중대 현안으로 보았다. 하나는 차관 조달의 실행 여부이고, 또 하나는 종합제철의 방대한 설비와 기술을 망라한 일반기술계획의 적정성과 정직성이었다. 추진위 직원들은 무엇보다 방대한 서류 검토에 매달려야 했다.

그즈음이었다. 종합제철소를 어떤 형태의 회사로 설립할 것인가. 이것이 박정희와 박태준 앞에 놓였다. 대통령은 '특별법에 의한 국영기업체'로 하자. 위원장은 '상법상 주식회사'로 하자. 서로 의견이 달랐다. 이는 중대한 문제였다. 회사설립 형태에 따라 경영통제, 의사결정, 정부간섭, 자금조달, 세금혜택, 배당정책 등 관리운영의 모든 요소들이 큰 영향을 받기 때문이었다.

국영기업(공기업) 형태는 감시와 통제가 심해 관료적인 관리운영이 이뤄질 수 있다는 단점이 있지만, 재정지원과 조세감면의 혜택이 쉬워진다는 장점이 있다. 상법상 민간기업 형태는 경영효율성을 살리고 시장의 상황에 민첩하게 능동적으로 대처할 수 있다는 장점이 있지만, 초기부터 소요되는 막대한 투자자금을 자립적이고 주체적으로 조달하기가 어렵다는 단점이 있다.

대한중석 경영을 통해 관료주의와 정부의 간섭이 공기업에 끼치는 폐해를 체험한 박태준은, 종합제철은 비록 국영기업일지라도 정치적 영향과 관료의 간섭을 적절히 막아낼 수 있는 상법상 민간기업 형태로 해야 하며 미래의 언젠가는 민영화를 하게 될 것이라는 판단을 세우고 있었다.

박정희와 박태준은 1962년 국가재건최고회의에서 국영기업 '대한중공업공사'를 '인천중공업주식회사'로 바꾼 기억도 들춰냈다. 서로가 선명히 기억하는 일이었다. 그때 박태준은 상공담당 최고위원으로서 직접 관장한 업무였다. 그는 국영기업을 주식회사로 전환하면서 경영의 자율성과 효율성을 고려했을 뿐만 아니라 법률을 제정·공포하여 장래의 민영화에 대한 전망도 제시했었다.

‘인천중공업주식회사법’에서 가장 주목할 점이 ‘정부가 소유한 주식을 매각할 수 있다’라는 것이었다. 멀리 내다보며 정부가 소유한 주식을 민간자본에 불하할 수 있는 길을 열어둔, 다시 말해 장기적인 전망으로 민영화의 길을 열어둔 정책적 결정이었다.

하나의 현안을 놓고 대통령과 위원장이 두 차례나 토의를 했다. 그러나 결말을 보지 못했다. 서로가 똑같이 그만큼 무거운 문제로 보고 있다는 뜻이었다. 청와대에서 세 번째 토의를 했다. 이번에는 박정희가 결론을 내리듯 걱정스레 말했다.

“명치 30년 이후 세워진 일본 제철소들을 보아도 50년 이내에 적자를 모면한 제철소가 없었어. 자네는 민간기업으로 가서 어떻게 하겠다는 거야? 종합제철 설립에 관한 특별법을 제정하고 거기에 근거해 회사를 만들고, 단서 조항에다 매년 회사를 경영한 결과를 정부 감사기관이 감사하기로 하고, 감사결과 경영상 불가피하게 적자가 난 것은 정부 예산으로 보전할 수 있다고 달아놓으면 돼. 이러면 자네도 회사를 경영하기가 쉽지 않나?”

박태준은 대통령의 진심 어린 염려와 애정을 느끼면서도 물러설 수가 없었다.

“염려해주시는 마음은 잘 압니다. 바로 그러한 단서 조항 같은 것 때문에 여태껏 국영기업체들이 적자를 내고 있는 겁니다. 최고관리자의 책임의식이 희박해져서 그렇다고 봅니다. 모든 책임을 맡겨주십시오.”

책임감. 이 말은 박태준의 진심이었다. 종합제철에 인생을 건다는 각오를 세운 그가 내친걸음에 비전도 피력했다.

“우리가 국내 수요만 생각하는 제철소를 만들 수야 없지 않습니까? 국제경쟁력을 확보해서 수출도 해야 하는데, 수출 대상 국가를 생각해보면 일차적으로는 일본과 미국입니다. 일본은 차치해도 미국에 수출한다고 했을 때, 미국은 무역규제가 까다롭지 않습니까? 한국 정부가 경영하는 국영제철회사라고 하면 더 심한 규제조치를 받을 수밖에 없을 것입니다. 제철소 장래에 대한 이러한 고려도 중요하지 않습니까?"

박정희가 미소를 머금었다.

"좋은 방법을 강구해 봐."

대통령의 이해를 얻어낸 박태준은 설립 형태의 장단점을 비교해 장점만 결합한 제3의 회사 형태를 고안했다. 상법상 민간기업 형태로 설립하되, 정부 기관이 지분을 인수하여 지배주주가 되는 방식이었다. 경제팀 관료들 중에 반대 의견이 나왔으나 대통령이 그것을 물리쳤다.

박태준이 박정희 앞에서 밝힌 '수출'은 전혀 허언이 아니었다. 아니, 수출 의지가 강고했다. 그날로부터 2년쯤 지난 1970년 6월, 포항제철 1기 착공식으로부터 불과 두 달밖에 지나지 않은 그때, 그는 임원회의에서 힘차게 독려한다.

> "최초 설비인 100만 톤급 제철소에서부터 일본과 경쟁해 나갈 것입니다. 제철소가 최초 가동되는 순간부터 일본 제철업계와 같은 가격으로 수출할 수 있는 제품을 생산할 수 있도록 각 부장들이 설비단위별로 조업에 대비한 경영계획을 지금부터 준비하시오. 가장 효과적인 공장을 세우고 우수하고 싼 제품을 만들어 일본이 1만 불을 수출하면 우리는 9천 불을 수출할 수 있는 식으로 해내도록 조업 준비를 해야 합니다."

'포항종합제철(POSCO)' 사명(社名)은 박정희가 정했다

1968년 3월 4일, 종합제철 추진위는 4차 회의를 열어 일정을 확정했다. 3월 6일 발기인 대회, 20일 창립총회. 회사설립에 따른 발행 주식의 모집 방법은 재무부 장관으로부터 주식청약서를 받도록 한다고 결정되었다.

빈곤한 국가의 명운이 걸린 역사적 대업을 함께 짊어질 인재들을 어떻게 확보할 것인가? 인재 확보란 대궐 짓는 역사(役事)에 비유하면 대들보와 서까래를 확보하는 것과 마찬가지였다. 박태준은 진작부터 각계의 우수 인재들을 모으되 우선적으로 대한중석 인재들을 종합제철로 데려갈 생각이었다. 한국 최고의 안정된 직장을 버리고 불확실한 쪽을 택해야 하는 그들에게 그가 힘차게 내놓았던 설득을 홍건유 창립요원은 다음과 같이 증언했다.

> "대한민국도 이제 밥 먹고 사는 것은 큰 문제가 없다. 그러나 남자로 태어나서 밥만 먹다가 죽을 수는 없는 것 아니냐? 내가 세계 각국을 돌아보면서 수없이 한국을 일본과 비교하며 생각해봤다. 나는 한국인과 일본인 사이에는 우열의 차이가 없다고 본다. 그런데 일본은 패전국이면서 잘 살고 있는데, 우리는 그렇지 못하다. 그러니 가자. 종합제철로 가서 우리가 함께 고생하면서 이런 상황을 극복하는 일에 앞장서 보자. 우리가 종합제철을 성공하게 되면 일본을 따라잡을 길도 열리게 된다."

사명(社名)도 중요했다. 아기가 태어나면 아버지가 작명에 심혈을 기울이는 한국문화에서 최대 국책사업을 짊어진 회사의 이름을 함부로 지을 수 있겠는가. 대통령의 책상에 올라간 안은 셋이었다.

고려종합제철

한국종합제철

포항종합제철

박정희가 주저 없이 찍었다.

"포항종합제철이 좋아. 이름을 거창하게 짓는다고 해서 성공하는 게 아니야."

박태준이 실질을 중시하는 박정희의 특장을 새삼 확인하는 순간, 마침내 '포항종합제철주식회사(POSCO)'란 이름이 역사의 무대에 등장할 채비를 다 갖추었다.

창립 포스코가 마주한 불확실성과 KISA

1968년 4월 1일 서울 유네스코회관 3층 창립식 때 포스코 사장으로서 박태준은 4가지 운영목표를 제시했다.

인화단결과 상호협조

기술자 훈련의 적극 추진

건설관리의 합리화

경제적 투자체제의 확립

최초 조직은 간단했다. 고작 2실 8부였다. 비서실, 조사역실, 기획관리부, 총무부, 외국계약부, 업무부, 기술부, 생산·훈련부, 건설부, 포항건설본부.

창립요원엔 대한중석 인재들이 대거 포함되었다. 박태준의 말을 빌리면 '남자로 태어나서 밥만 먹다가 죽을 수는 없다'라고 생각한 사내들, '한국인과 일본인은 우열의 차이가 없는데 우리가 종합제철을 성공해서 민족의 자존심도 세우고 우리도 일본처럼 잘살아 보자'라는 사내들이 좋은 직장을 버리고 영일만으로 내려가겠다고 결정한 것이었다.

고준식 전무이사, 황경로 기획관리부장, 노중열 외국계약부장, 안병화 업무부장, 장경환 생산·훈련부 차장, 홍건유, 김규원, 이종열, 이원희, 심인보, 김완주, 도재한, 이상수, 현영환, 이영직. 창립요원 34명 중 사장까지 16명이 대한중석 출신이었다. 도쿄에서 파견된 미군 군무원 신분으로 판문점에 근무하던 박철언(대일청구권자금 전용 과정에 많은 도움을 주게 되는 사람)을 박태준에게 소개해준 육군 장교 출신 정재봉도 창립요원으로 참여했다. 이러한 인적 구성은 무엇보다 미래가 불확실한 신생 조직의 인화단결과 상호협조에 기여할 자산이었다.

대한중석 출신이 아닌 인재들로는 윤동석, 이홍종, 김창기, 배환식, 유식기, 최주선, 김명환, 이관희, 백덕현, 이건배, 육완식, 여상환, 권태협, 신광식, 박준민, 안덕주, 지영학 등이 창업요원에 이름을 올렸다. 대한중석 소속으로 추진위에서 종합제철 업무를 맡았던 신상은, 정윤모, 박종태 등 몇 사람은 앞서 말한 대로 "인재들이 한꺼번에 다 옮겨가면 대한중석 경영에 차질이 생기니 순차적으로 포철로 옮겨야 한다."라는 박태준의 방침에 따라 창립요원에는 이름을 올리지 못하게 되었다.

잉태와 유산을 거듭했던 종합제철이 '포항제철'이란 법인으로 탄생했을 때, 포항 현지에선 이미 경상북도가 주관하여 국민 세금으로 총 232만6951평 공장부지 매수를 진행하고 있었다. 국유지도 11만8000평 포함됐다.

그러나 포스코의 장래는 여전히 암울했다. 무엇보다도 KISA가 차관 도입의 약속을 실행하지 않고 있었다. 특히 미국과 서독이 부정적 태도를 견지했다. 만약 KISA를 통한 차관 도입에 실패하고 대안의 길을 찾지 못한다면, 고작 자본금 4억 원으로 태어난 포스코는 '신생아' 단계에서 굶어죽는 운명을 맞아야 했다.

창립요원들이 최초로 GEP를 검토하고 고로를 구경하다

1968년 4월 8일 경제기획원이 KISA에게 기본협정의 권리와 의무를 포스코가 승계했음을 통보했다. 종합제철사업건설추진위원회는 해산되고, 위원회가 일본 용역단, 미국 바텔연구소와 체결한 KISA의 일반기술계획(GEP)에 대한 검토용역 계약도 포스코가 승계했다. 4월 16일부터 워싱턴에서 한국경제를 지원하려는 국제기구인 IECOK((International Economic Consultative Organization for Korea, 대한국제경제협체, 1966년 12월 파리에서 결성)의 2차 총회가 열렸다. 한국 정부는 종합제철 차관 1억916만9000 달러를 포함한 총 6억7000만 달러의 경제개발 차관을 요청했다. 하지만 겨우 4269만 달러만 승인하면서 종합제철에는 한 푼도 주지 않았다.

그렇게 불투명하고 불안한 상황에서 박태준은 지난 2월 2일 체결한 계약에 따라 4월 27일 일본철강연맹의 초청으로 일본에 가서 GEP 사전 검토, 기술자 훈련문제, 항만과 공장건설의 공정관리 등을 논의했다. 그는 포스코 내부에 구성할 GEP검토단을 매우 중요하게 보았다. 회사가 처음 경험하는 종합적인 제철엔지니어링이라는 차원에서 검토단을 구성했다.

포스코는 5월 초에 GEP검토단 구성을 확정했다. 윤동석 전무가 단장, 유석기 기술부장이 팀장, 부문별로는 박준민이 제선설비, 신광식이 제강설비, 이상수가 일반설비, 이건배가 동력설비, 안덕주가 원료처리설비와 제철소 레이아웃, 백덕현이 압연설비와 전체 종합을 각각 맡았다. 박 사장은 검토단의 활동에 대해 신중하고도 정교한 결정을 내렸다.

'모든 제철설비가 생소하니 일본용역단과 함께 피츠버그로 떠나기에 앞서 충분한 여유를 갖고 먼저 일본으로 들어가서 제철소를 견학하고 어느 정도 사전 지식을 쌓은 다음에 일본 측의 설비별 담당자와 일 대 일로 짝을 이뤄서 미국으로 출발할 것.'

그에 따라 포스코 검토단은 5월 7일 일본으로 건너가 일본용역단과 GEP 주요 항목에 대한 체크 리스트를 보완한 뒤 고로 4기, 연속식 열연공장, 냉연공장 등을 두루 갖춘 치바제철소와 무로랑제철소를 견학했다. 이때의 견학 소감을 백덕현은 이렇게 털어놓았다.

"고로 높이가 110미터였고 고로용 송풍발전의 구동용량이 최소 2만킬로와트에서 3만킬로와트였는데, 그 구조물의 높이는 상상을 초월하는 것이었고, 당시 우리나라 발전능력의 총량이 80만킬로와트였으니 압도를 당할 수밖에 없었어요. 제선, 제강, 압연이라는 주력공장 외에도 코크스, 소결, 원료처리, 산소공장, 보일러공장, 발전소, 대형 항만설비, 공작공장, 각종 부대설비 등 모두가 우리의 상식을 완전히 벗어나는 내용이었어요. 그때 일본에서 첨단으로 알려진 무로랑제철소에서는 견학뿐만 아니라 질의응답도 많이 했는데, 비로소 종합제철소에 대한 어떤 감 같은 것을 잡게 되었어요."

KISA가 제시한 설비들은 싸구려였다

포스코의 GEP검토단은 5월 18일 일본용역단과 함께 미국으로 건너갔다. 곧바로 바텔연구소 요원들과 결합해 20일부터 피츠버그에서 KISA의 GEP 초안을 검토하기 시작했다.

포스코 검토단이 아무리 눈에 불을 켜도 일본용역단의 수준을 따라갈 수는 없었다. 그래서 포스코 검토단보다 일본용역단이 월등히 많은 문제점을 지적했다. '계획한 설비사양으로는 소기의 생산량을 확보할 수 없다, 그런 설비와 생산방식으로는 제품의 품질을 확보하기 어렵다.'라는 지적이 많았다. 전문적인 철강용어를 빼고 누구나 한마디로 알아듣기 쉽게 표현하자면, KISA의 GEP는 "싸구려" 설비사양으로 구성돼 있다는 뜻이었다.

1968년 5월 20일부터 미국 피츠버그에서 포스코 검토단과 일본용역단이 40일에 걸쳐 실시했던 'KISA의 GEP 검토' 작업에 대해 그때 일본용역단 단장으로 동참했던 후지제철 기술부장 아리가는 다음과 같은 증언을 남겼다. 그는 1970년에 포스코를 지원할 일본기술단(JG) 단장으로 영일만에 부임한다.

> 1968년 5월 포항제철과 KISA와의 사이에서 설비사양에 대한 사전협의를 위해 기술자 일단을 미국의 피츠버그에 보냈으며 여기에는 JG멤버들도 동행했다. 일행은 약 40일간 피츠버그에 체재하면서 KISA 계획을 검토했지만, 어느 설비도 우리 눈으로 보아서는 불충분했다. JG가 크고 작은 100여 개의 결함을 지적한 결과, 설비사양은 변경에 이은 변경으로 이어졌고, 설비금액은 2천만 달러 가까이 상승해 1억1200만 달러로 부풀어 있었다. 그래도 우리들의 표준으로 보아 만족하기엔 거리가 먼 것이었다. KISA가 제공하려는 기계설비는 엉성하기 짝이 없는 결함상품이었다. 코크스로도 없었다.

그렇기 때문에 고로에 필요한 코크스는 수입하지 않으면 안되게 돼 있었는데 그마저 어떻게 구입해야할지 불분명했다. 따라서 일관제철소에 반드시 있어야 하는 코크스로의 가스에 의한 에너지 자급도 불가능하고, 자가발전 설비도 없었다. 철광석을 선처리하는 소결설비도 없었다. 제품은 후판과 핫코일이었지만, 압연기는 2기밖에 없었다. 이것을 가지고 분괴압연과 후판과 코일압연을 전부 처리한다는 것은 과거시대의 유물이라고 할 수 있는 '간이 스트립 밀'에 불과했다. 자동차용 강판 등 고급제품의 제조를 기대하는 것은 난망한 일이었다. KISA의 간사 회사인 코퍼스는 수년 전 이것과 거의 같은 설비를 터키에 판매해 제철소를 건설했지만, 그것이 순조롭게 가동되고 있지 않다는 것은 세계 철강업계가 다 아는 사실이었다.

박태준의 분노가 막강한 거간꾼 아이젠버그를 겨누다

KISA의 GEP에 대한 검토 결과를 보고 받은 박태준은 그의 얼굴에서 단연 타인의 시선을 끄는 '호랑이 눈썹'을 무섭게 치켜세웠다. 1967년 여름부터 품었던 "KISA는 어중이떠중이 장사꾼들"이라는 의심에 대한 결정적 증거를 잡은 것이었다. 그는 치가 떨렸다. 진작부터 KISA에 그림자를 드리우고 있는 아이젠버그란 인간을 멀리 쫓아내고 싶었다. 그 무렵에 박태준과 만났던, 뒷날의 대일청구권자금 전용 과정에서 야스오카와 박태준을 연결해주는 박철언, 그의 자서전 『나의 삶, 역사의 궤적』에도 증언이 기록돼 있다.

한국 정부는 이미 미국 코퍼스사를 필두로 구미 5개국 8개사로 구성된 컨소시엄인 KISA와의 사이에 연산 60만 톤 규모의 제철소를 포항에 건설하기로 하고, 이에 필요한 엔지니어링 및 기기 대금으로 총액 1억 달러에 달하는 구매계약을 체결했다. 그 시점까지의 진척사항을 세밀하게 검토한 박태준은 망연자실했다. 계약 내용은 극도로 황당무계하며 몹시 불공정한 것이었다. 나는 당시 그의 사무실로 찾아간 적이 있었다. 보통은 과묵한 사람인데 그날은 점심을 하면서 꽤 많은 잡담을 했다. 나는 그의 말이 잡담으로 들리지 않았다. 국가 이익이 어디에 있고, 무엇이라고 하는 그의 절규가 나를 감동시켰다. 박태준은 제철과 같은 기간산업이 가져야 할 국가적인 좌표에 대해 확고한 신념을 가지고 있었다. "어떠한 사업이라도 성실함과 도덕성이 없는 상인(商人)이 개입하면 실패합니다. 지금 KISA의 주변을 얼쩡거리고 있는 아이젠버그의 그림자가 교활하고 싫습니다. 무섭습니다. 사업이 국제경쟁력이 없고 이윤이 보장되지 않으면 결국 국익에 해를 끼칩니다. 이것을 도외시한 계획은 죄악입니다. 제철에는 선진기술의 도입과 이전이 실현되지 않으면 안 되고, 필요자금의 해외 조달이 가능하지 않으면 안 됩니다." 박태준의 주장은 논리 정연했다. KISA는 그가 생각하는 필수조건을 충족시키지 못했다. 그가 본인 입으로 말하지는 않지만, 나는 박태준이 KISA와의 교섭이 성립되기보다는 좌절되기를 마음속으로 기대하고 있지 않나 의심했다.

유대인 출신의 국제 로비스트 아이젠버그는 빈곤의 한국에 차관 도입이나 공장설립을 주선해온 공로를 앞세우며 KISA의 거간꾼 노릇까지 하고 있었다. 한국 권력층과 유착이 깊은 거물 또는 괴물로 불리는 인물이었다. 조갑제의 『박정희』에는 다음과 같은 서술이 있다.

1997년 사망한 아이젠버그는 독일 출생의 유태인으로서 나치의 박해를 피해 세계를 떠돌아다니다가 일본에서 돈벌이에 성공한 거상이었다. 그는

> 6·25전쟁이 터지자 한국에 지사를 두고 장사를 시작했다. (중략) 오스트리아와 이스라엘의 2중 국적 소지자였다. 오스트리아 출신인 프란체스카 여사와도 친분이 두터웠다고 한다. 아이젠버그는 (중략) 커미션 등 이문을 남겼다. 그가 '일괄 거래' 방식으로 엮어준 사업 목록은 한국 기간산업 총람으로 보일 정도이다. 영월화력 2호기, 부산화력 3·4호기, 영남화력 1·2호기, 인천화전, 월성 원전 3호기, 동해화력 1·2·3호기, 쌍용시멘트 (중략) 미국으로부터 원조가 줄어들 때라 박정희 정권은 아이젠버그가 주선하는 차관이 이자율이 매우 높다는 것을 잘 알면서도 받지 않을 수 없었다.

과연 1960년대 한국 고위층에서 아이젠버그는 어느 정도 거물로 비쳐졌을까? 앞의 책에 등장하는, 1964년 12월 대통령 박정희가 독일을 방문한 당시의 어느 한 장면만 봐도 그의 위세를 짐작할 수 있다.

> 12월 7일 오전 10시 30분, 숙소인 쾨니히스호프 호텔에 노착하자 뤼브게 대통령이 박 대통령을 안내하여 들어섰다. 박 대통령 곁에서 통역을 하려고 바짝 따라붙었던 백영훈 통역관의 증언.
>
> "부동자세로 선 경호원들만 보이는 로비에 웬 서양인이 의자에서 신문을 읽고 있었습니다. 황당했지요. 그 순간 그는 신문을 천천히 접으며 박 대통령을 바라보고 웃더군요. 유태인 거상 아이젠버그였습니다. 순진한 박 대통령은 무척 반가워하면서 저를 통해 뤼브케 대통령에게 아이젠버그를 소개해 주었습니다. '우리나라를 잘 되게 하기 위해 백방으로 도움을 주고 계신 아이젠버그 씨입니다'라고 말입니다. 그날 이후 박 대통령의 서독 체류 기간 내내 아이젠버그는 박 대통령 뒤를 따라다녔습니다."

박태준은 포항 1기 건설 과정에서 아이젠버그와 정면승부를 걸어 결국 그를 물리치게 되지만, KISA의 GEP가 음험한 장삿속을 반영하고 있다는 사실을 발견한 그때로서는 당장에 그 거물을 포스코 주변에서 내쫓을 뾰족한 수가 없었다. 도쿄대학 연구소의 고로 전문가 김철우 박사도 아이젠버그를 주목했다. 일찍이 1965년부터 도쿄에서 박태준을 도와준 김철우는 신격호 롯데 대표의 요청으로 한국 종합제철 건설사업을 준비하기도 했으며 1970년에는 기술담당 임원으로 포스코에 합류한다. 그의 증언이다.

> "유태인(아이젠버그)이 하는 그 컨설팅 회사는 같은 제철 설비를 터키에도 팔아먹었는데, 결국 터키가 당했다. KISA의 프로젝트는 한국에 낡은 기계를 팔아먹기 위한 계획이었다. 포항제철이 내게 그 계획서를 검토해달라고 보내왔는데, 계획은 엉터리였다. 60만 톤 계획이라면 실제로는 30만 톤 정도밖에 나오지 않는 내용이었는데, 이를 후지제철에 검토해 달라고 부탁했는데도 같은 의견이었다. 박태준은 내심 KISA와의 계약이 파기되기를 원했다. IBRD의 일본인 이사도 KISA의 한국제철소 계획이 엉터리라고 주장했다."

박태준이 아이젠버그를 보기좋게 물리친 때는 1970년 착공식 다음으로, 아이젠버그가 준비해놓은 영일만의 중후판공장을 합병한 다음에 자신의 힘으로 오스트리아 푀스트 알피네와 손을 잡고 오스트라아 국립은행의 차관 조달을 성사하여 포스코가 직접 중후판공장을 건설한 일이었다.

롬멜하우스를 짓고 KISA와 GEP 변경 협상을 타결했지만

1968년 초여름이 다가서는 영일만 건설현장에 초라한 건물 한 채가 탄생했다. 5월 1일 육완식 공사부장이 100만 원으로 지은 '포항사무소'. 슬레이트 지붕에 2층으로 짜인 60평짜리 목조건물이었다. 철거와 정지 작업에 나선 건설요원들은 사막전에 투입된 병사처럼 고된 작업을 감당해 나갔다. 누가 먼저였는지 어느새 그들은 건설 사령탑인 포항사무소를 제2차 세계대전 때 사막의 영웅 롬멜 장군의 야전군 지휘소에 빗대어 '롬멜하우스'라 부르고 있었다.

롬멜하우스는 낮에는 건설지휘 사령탑이요 밤에는 몇몇 직원들이 책상을 침대 삼아 모포 몇 장으로 새우잠을 자는 숙소였다. 건설 초기의 온갖 애환과 영광을 간직한 롬멜하우스, 1973년 7월 3일 연산 103만 톤 체제의 포철 1기 준공식을 찾아온 대통령 박정희도 그 애칭으로 불러주는 목조건물은 현재 포스코역사관으로 고스란히 옮겨져서 '회사 재산 1호'라는 예우를 받고 있다.

영일만 모래사장은 주로 세모래, 알갱이가 미세한 모래로 이뤄져 있었다. 바람 드센 겨울에는 온통 먼지 지옥 같았다. 공사 진척 상황을 둘러보려고 현장을 방문한 건설부 장관은 바닷바람이 휘몰아치는 영일만 모래사장의 눈코 뜰 수 없는 광경을 지켜보며 중국의 황진만장(黃塵萬丈)에 빗대어 '사진만장(沙塵萬丈)'이라 표현했다. 그러면서 직원들에게 보안경을 사줄 것을 당부했다.

1968년 6월 24일 유네스코회관에서 YMCA회관으로 이주한 서울의 포스코 직원들도 7월 8일부터 한층 더 바빠졌다. 피츠버그에서 40일 동안 포스코 검토단과 일본용역단이 확인했던 KISA의 문제투성이 GEP 4권(1만여 쪽)을 받아서 전면적인 검토를 다시 시작한 것이다. 7월 10일에는 아리가 단장을 포함한 일본용역단 9명도 합류했다. KISA에 요구할 GEP 수정 '공식' 협상안을 작성하기 위한 협업이었다.

검토 결과에 따라 포스코는 당연히 요구할 수 있는 문제점 20개를 망라하여 '메모A'로 정리하고, 연산 60만 톤 능력을 원활히 달성하는 데 필요한 설비사양의 추가, 변경된 레이아웃에 대한 대안 등 75개 문제점을 '메모B'로 정리했다. 그리고 총 95개 문제점들을 7월 31일 KISA 측에 제시하고 차관 도입과는 별개 협상으로 진행해 나갔다.

1968년 11월 5일 박태준은 모처럼 반가운 소식을 들었다. 지난 7월 31일 KISA에 제안했던 GEP 수정 협상안이 지루한 협의를 거쳐 일괄 타결되었다는 것. 공장 일반배치의 변경에 소요되는 비용 88만5000 달러를 포스코가 추가로 떠맡는 대신, 회사의 가장 큰 부담이었던 제강공장 설계 변경, 가스홀더 공급, 균열로 3기 추가 등을 KISA가 무상으로 맡겠다는 합의가 그 핵심이었다.

1968년 늦가을에는 워싱턴에서 흘러나온 고급정보 하나가 박태준을 긴장시켰다. 제너럴 일렉트릭을 비롯한 미국의 강력한 전기기계 제작업체들이 미국 수출입은행의 자금을 빌려서 한국에 원자력발전소를 건설하기 위해 열을 올리고 있기 때문에 그들에 비해서는 군소업체인 코퍼스 등이 뒤로 밀려나고 있고, IBRD의 '1968년 한국경제동향보고서'에는 종합제철소 건설에 대한 부정적 견해가 포함되고…….

처음 영일만을 찾은 박정희의 쓸쓸한 독백

소문은 사실로 나타났다. 한국의 종합제철소 건설에 제공할 차관에 대해 결정적인 열쇠를 쥐고 있는 IBRD의 실무담당자 영국인 자페가 1968년 한국경제동향보고서에서, 한국의 제철공장은 엄청난 외환비용에 비추어 경제성이 의심스러우므로 이를 연기하고 노동·기술 집약적인 기계공업 개발을 우선해야 한다고 정리했다는 것. 더구나 KISA의 코퍼스가 자금을 조달해야 하는 미국수출입은행도 그의 견해에 동조한다는 것. 자페의 의견이 그대로 실행되고 박정희와 박태준이 KISA를 대체할 다른 대안을 마련하지 못하는 경우, 포스코는 주민들의 보금자리만 파괴한 상태에서 꼼짝없이 문을 닫아야 했다. 그때로부터 무려 20년쯤 지난 뒤에야 자페는 박태준 앞에서, "지금 그 보고서를 다시 쓴다고 해도 그대로 쓰겠지만, 단지 나는 포스코에 당신이 있다는 사실을 모르고 간과했다."라고 털어놓게 되지만…….

윤동석(서울대 금속학과 교수, 포스코 창립요원)은 당시에 KISA의 차관 도입에 대한 부정적 분위기를 이렇게 증언했다.

> KISA와의 계약상 해지는 1969년 9월 2일이지만 그 수개월 전부터 외자조달에 난항을 겪을 징조가 여러 면에서 나타나고 있었다. 1968년 11월의 IBRD가 작성한 한국경제동향보고서, 1969년 4월의 우사드 코스딘조(Usaid Kostanjo) 처장의 'POSCO 사업의 확정재무계획에 대한 분석'은 대표적인 부정적인 자료라 할 수 있다.

포스코가 KISA와의 GEP 변경 협상에서 성과를 올리긴 했으나 KISA가 여전히 차관 도입의 문을 열지 않아서 그 길이 장벽처럼 완전히 막혀 있는 1968년 11월 12일, 박정희가 처음 영일만 부지 현장을 찾아왔다. 빈털터리 포철 사장의 브리핑을 받은 대통령이 천천히 걸음을 옮겨 창가에 다가섰다. 초가집을 헐어낸 자리, 준설선이 바닷물과 모래를 함께 퍼 올린 늪과 비슷한 자리, 여기저기 찌꺼기를 태우는 곳에서 꾸역꾸역 피어오르는 연기, 이따금 자욱하게 모래먼지를 일으키는 드센 바닷바람……. 마치 치열한 전투 직후의 사막 같았다. 바로 이때, 앞에서 밝혔듯, 박정희가 쓸쓸히 혼잣말을 했다.

"이거, 남의 집 다 헐어놓고 제철소가 되기는 되는 건가."

순간적으로 모골이 송연해진 박태준은 KISA의 차관 조달을 기다리며 애태우는 대통령의 심중을 충분히 짐작할 수 있었다.

처음 영일만을 찾은 박정희가 쓸쓸한 독백을 남기고 떠난 뒤 박태준은 세모 분위기를 타는 서울에서 KISA 대표단과 만나 '포스코 사장'으로서 추가협정서에 서명을 했다. 연산 조강 60만 톤 규모 종합제철공장 건설을 위한 최종 차관 규모와 향후 4년 간 이자조정 폭(8%)을 합의한 것이었다. 그렇게 그는 잘못된 조항들을 하나씩 뜯어고치고 있어도 어쩐지 만년필을 거머쥔 손에 힘이 쏠리지 않는 것 같았다. "코쟁이들"의 컨소시엄 구성을 논의하기 시작한 1965년 겨울부터 그들을 의지하는 가운데 그들의 음험한 장삿속에 말려들지 않기 위해 찌지고 볶는 협상을 거쳐 이제는 거의 착공 문턱에 도달한 1968년 12월, 박태준은 더 이상 KISA를 믿었다가는 '국가의 대들보 하나'인 종합제철 프로젝트가 무너질 것이라는 아찔한 위기의식에 싸여 있었다.

'기술식민 포스코'는 '국민기업 포스코'가 아니라는 박태준

해가 바뀌었다. 1969년 새해. '해를 맞이하는 만'이라는 뜻의 영일만(迎日灣), 호수의 저쪽처럼 가까워 보이는 수평선 위로 쇳물 빛깔의 붉은 해가 힘차게 솟아올랐다. 포스코 첫 고로에서 일출 빛깔의 쇳물이 쏟아져 나오고 그 쇳물이 한국산업화의 일출과 같은 역할을 해주는 날이 기어코 오긴 올 것인가?

박태준의 1969년 새해맞이는 착잡했다.

새해에도 KISA의 차관 조달 소식은 캄캄했다. 먹구름만 잔뜩 끼었다는 예측이 흉흉한 소문처럼 들려오고 있었다. 차관 조달도 못해주는 KISA가 주제넘게도 한국 정부에다 종합제철공장 운영에 관해 초기 몇 년 동안은 외국 전문기술단과 운영계약을 맺고 공장관리와 직원교육을 맡기라고 요구해왔다. 1967년 9월에 나왔던 IBRD 요구사항의 복제판이었다. 그러나 박태준은 콧방귀를 날렸다. 무엇보다도 그것이 초래할 '장기적 기술식민(技術植民)'의 상태를 주목하고 아예 다른 길로 나아갔다. 스스로 짜놓은 희망의 시간표에 따라 과감히 '포스코 사원들의 해외 기술연수 프로그램'을 가동한 것이었다.

박태준은 기술 축적에 대한 단기목표와 장기목표를 설정했다. 단기목표는 첫 가동 단계부터 우리 손으로 공장을 직접 돌릴 수 있게 하는 것. 이를 실현하기 위한 지름길은 사원들이 몸소 선진적 제철기술을 습득하는 일이었다.

1968년 10월 24일 경영자금이 부족하고 차관 조달이 막혀 있어도 '연수원'부터 착공했던(이듬해 1월 15일 완공) 박태준은 회사 장래에 교육이 시급히 중요하다는 확신 위에서 그해 11월에 직원 9명을 1개월간 가와사키제철소로 연수를 보내며 '해외 기술연수'의 막을 올렸다. 곧이어 6명이 3개월간 후지제철소로 떠났다. 이렇게 포스코 창업기에 일본, 호주, 서독 등을 다녀온 기술연수생은 포항 1기 건설공사가 한창이던 1972년까지 600명에 이르고, 그 비용도 500만 달러나 든다.

박태준의 기술 축적에 대한 장기목표는 세계 최고 기술력 확보였다. 그거야말로 결코 몇 년 사이에 이룩할 수 없는 일이었다. 기술 개발을 위한 부단한 투자, 경험 축적, 정보화와 과학화……. 원대한 목표는 창립에서부터 15년쯤 지난 뒤 광양제철소에서 활짝 피어난다.

처음부터 박태준에게 '기술식민의 종합제철'은 '대한민국의 종합제철'이 아니었다. 박태준에게 '기술식민의 포스코'는 결코 '국민기업 포스코', '민족기업 포스코'가 될 수 없었다.

이제 남은 문제는 단 하나, 그러나 가장 심대한 문제, 그것이 KISA의 1억 달러 차관 조달이었다. 한국 정부도 한국 대통령도 해결할 수 없는 문제였다. 박정희가 처음 영일만 현장에 와서 쓰라린 비애의 속내를 자신도 모르게 쓸쓸히 드러냈던 그 탄식과 그 독백은 차관 조달의 비원(悲願)에 가까운 기다림일 뿐이지, 그것을 끌어올 힘은 아니었다. 거듭 말하거니와, 그때 대한한국이라는 빈곤한 분단국가의 실력이 딱 그러한 수준이었다.

'포스코 청산 절차'의 밀명을 내린 박태준

1969년 벽두가 쏜살같이 지나가 1월 하순에 접어들었다. 박태준은 기다림에 지치고 있었다. 이제는 결판을 내야 한다고 판단했다. 그는 청와대에서 대통령과 독대했다.

"이대로 앉아서 기다릴 수만은 없습니다. 피츠버그로 가서 직접 포이를 만나보겠습니다."

"그래. 그놈들 속을 들여다봐."

"정문도와 포철에서 두 사람을 데려갈 생각입니다."

고개를 끄덕이는 박정희의 표정은 어두웠다. 그럴 만했다. KISA의 5개국 가운데 영국, 프랑스, 이탈리아는 할당받은 차관을 제공하겠다고 약속했으나 미국과 서독이 난색을 표명하고 있었다. 서독 정부의 거부에는 1967년 7월 한국 중앙정보부가 발표한 동베를린(동백림) 거점의 이른바 '동백림 간첩단 사건'에 대한 항의를 담고 있었다.

“서독과 미국을 대체할 차관 제공선을 구라파에서 더 찾아보라고 지시해놨고, 조만간 부총리가 KISA 회원 국가들에게 종합제철 차관을 최우선적으로 제공하라는 독촉장을 보낼 거야.”

박정희의 말은 실행된다. 2월 3일 박충훈 경제기획원 장관 명의로 KISA 회원국의 주한 대사관을 통해 한국의 종합제철소 건설에 소요되는 차관을 최우선 제공하라고 촉구하는 공한을 보내는 것이다. 하지만 유럽에서 서독과 미국을 대체할 차관선을 구하는 일은 대단히 난망한 상태였다.

“포이 영감을 성의껏 설득해 보겠습니다.”

“해봐야지. 해내야지.”

박정희에게 ‘최선의 KISA 설득’을 약속하고 회사로 돌아온 박태준은 황경로 기획관리부장만 따로 불렀다. 그리고 누구도 모르는 지시를 내렸다.

“회사 청산 절차를 준비해 놓으시오.”

황경로는 되묻지 않았다. 어떤 토를 달지도 않았다. 비장한 결심이구나. 이 느낌만 가슴으로 받았다. 34명으로 출발한 포항제철 임직원은 그때 101명으로 불어나 있었다. 황경로는 사장의 지시를 수행하면서 ‘믿고 모여든’ 가장(家長)들이 살아갈 방안도 궁리하게 된다.

박태준이 미국 피츠버그로 가기 위해 서울을 출발한 날은 1969년 1월 31일이었다. 폭설이 서울을 덮고 있었다. 김포공항에 간신히 제설작업을 마친 활주로가 마련됐다. 대한항공은 뜬다고 했다. 서울에서 함께 출발한 동행은 정문도 경제기획원 차관보와 정재봉 포스코 창립요원이었다. 그들이 김포공항으로 나가는 시각, 천안역에서는 대형 참사가 발생한다. 오전 11시 52분, 쏟아지는 눈보라 속에서 천안역으로 달려오는 부산 발 서울 행 열차의 기관사가 미처 정지 신호등을 보지 못한다. 그것이 천안역 남쪽 800미터 지점에 멈춰 있는 '앞선 열차'의 꽁무니를 들이받는다. 사망 41명, 중경상 103명. 끔찍한 비극을 뒤로하고 여객기에 탑승한 박태준은 머리가 복잡했다.

'만약 KISA가 등을 돌린다면? 그때 대안은? 애당초 KISA 구성에서 빠지겠다고 했던 일본밖에 없지 않는가? 이제라도 될 수만 있다면 일본이 가장 좋다. 일본은 기술적으로나 문화적으로나 코쟁이들보다야 우리에게 훨씬 유리하다. 기술은 어떻게 하든 협력을 받아낸다고 하자. 문제는 차관 아닌가? 일본의 외환보유고나 재정 상태로는 한국, 인도네시아 같은 국가에 식민지배상금 물어주는 것만으로도 형편이 빡빡할 것 아닌가…….'

1965년(한일국교정상화 협약이 성사되어 일본이 한국에 대일청구권자금을 제공하겠다고 서명한 해)을 기준으로 일본의 외환보유 총액은 8억 달러 수준이었다.

'더구나 일본에게는 작년에 이미 퇴짜를 맞지 않았나? 그러니 또 어떻게 일본에 가서 차관 협력을 해달라고 하겠는가?'

박태준은 씁쓸히 침을 삼켰다. 지난해(1968년) 8월 열렸던 한일각료회의에 대한 아쉬움을 떠올렸다. 그때 대통령은 김정렴 상공부 장관, 김학렬 경제수석 등 한국 대표단에게 "종합제철에 대한 일본의 협력을 중점적으로 교섭하고 의사를 타진하라"는 지시를 내렸는데, 거꾸로 자존심만 상하고 말았다. 오히라 마사요시 통산상이 한국 각료들에게 "한국을 위해서도 종합제철 건설은 안 되는 일이다. 한국경제에 폐해만 끼치는 일이다. 현해탄만 건너면 되는데 일본의 질 좋은 철강제품을 국제시세대로 수입해 쓰는 것이 훨씬 유리하다."라고 충고했던 것이다.

대한항공 여객기가 도쿄에 내렸다. 도쿄에서 합류하는 포스코의 인재는 영어회화에 유창하며 영어 문법책이라 불리는 창립요원 최주선이었다. 그는 홋카이도 무로랑제철소에서 관리연수를 받는 중에 불려 나왔다. 역시 영어를 잘하는 창립요원 안병화는 선발대처럼 먼저 피츠버그에 나가 있었다.

박태준이 KISA 대표와 담판하다

박태준의 1차 목적지는 KISA 관계자들이 있는 피츠버그이고, 2차 목적지는 IBRD와 미국수출입은행이 있는 워싱턴이었다. 시카고에서 갈아탄 여객기가 피츠버그에 착륙했다. 박태준은 새삼 착잡했다.

'차관 조달에 나서지 않으려는 포이를 설득할 수 있을까? 처음 계약 때부터 KISA가 IBRD와 직접적인 연관을 맺지 않겠다고 차관 조달의 책임회피 조항을 넣었던 당사자가 그때 그 판단을 바꾸지 않는 경우에는 나까지 워싱턴에 가볼 필요도 없지 않나? KISA가 끝까지 그 모양이라면 IBRD나 수출입은행은 만나볼 필요도 없지 않나?'

박태준 일행의 숙소는 현지 철강업계의 배려로 미국 철강산업의 역사가 숨쉬는 듀케인클럽에 마련돼 있었다. 가장 중요한 상대는 KISA 대표에서 물러나긴 했으나 여전히 실질적인 대표라 할 포이 회장이었다.

"KISA가 포철에 지원하겠다는 결정을 내리면 IBRD도 차관 제공을 결정할 것이며, 우리는 반드시 종합제철소 건설 프로젝트를 성공시킬 것입니다. 종합제철을 하나의 대형사업으로만 판단하는 것이 아닙니다. 근대화의 새로운 역사를 창조하는 견인차를 만드는 것입니다. 이런 점도 깊이 고려해주시기 바랍니다."

포이에게 진심을 토로한 박태준은 KISA의 다른 간부들도 만났다. 철강업계 거구들과 교섭하는 일에 꼬박 이틀을 바쳤다. 그러나 그들이 외교적 수사로 꾸민 답변의 메시지는 명확했다. 자페가 주도적으로 작성한 IBRD 보고서의 '한국 종합제철소 프로젝트는 경제적 타당성이 희박하다'라는 것을 하나같이 인용했다. 그것은 차마 딱 부러지게 표현하지 못하는, 그러나 명백하고 확실한 'No' 사인이었다.

피츠버그 일정이 끝났다. 밤이 깊었다. 박태준은 잠을 이루지 못했다. 방 안엔 어둠과 함께 무거운 침묵이 드리워져 있었다. 그대로는 더 견딜 수가 없었다. 약자의 설움에 짓눌려 있을 것이 아니라 최후의 오기라도 부려야 무슨 길이 뚫릴 것만 같았다. 최주선을 찾았다.

"포이 회장에게 지금 당장 만나자고 전화해."

"늦은 시간에 노인을 깨워도 되겠습니까?"

"돈은 있고 신의가 없는 사람들이잖아. 이대로는 못 가. 30분만 만나자고 해. 이게 KISA와는 마지막이야."

막 잠자리에 들었다는 포이는 당장 만나자는 제안에 깜짝 놀라서 시간을 물리려 했다. 내일 당신들이 워싱턴으로 떠나기 전에 일찍 시간을 내겠다고 했다. 하지만 박태준은 지금 꼭 만나자고 버텼다.

"박 사장님, 하고 싶은 말씀이 무엇입니까?"

그는 사업과 다른 차원의 설득을 시도했다.

"미국이 이렇게 나오는 것은 매우 이해하기 어렵습니다. 한국은 공산주의의 확산을 막는 최일선 방어벽 역할을 하면서 산업화를 추진하고 있습니다. 오랜 빈곤에서 벗어나려고 온 국민이 발버둥을 치는 상황이기도 합니다. 종합제철소를 갖지 못한다면 한국 산업의 미래는 어두워질 수밖에 없습니다. 이런 특수한 사정을 혈맹국의 입장에서 고려해주시고, 특히 회장님께서 KISA 대표들을 직접 설득해주시기를 희망합니다."

백전노장의 자본가 포이는 냉정했다.

"이것은 사업의 관점으로 접근해야 합니다. 경제적 타당성이 없는 프로젝트에 지원할 수는 없습니다. 당신의 애국심을 존중하고 실망감을 이해합니다. 그러나 IBRD의 한국경제에 대한 최종보고서 내용은 달라지지 않을 것입니다. 개인적으로는 박정희 대통령이 정열적으로 지도하는 한국을 도와드리고 싶지만 KISA의 미국측 회사로서는 IBRD의 의견을 무시할 수 없습니다. 그러니 내일 워싱턴에 가서 최선을 다하기 바랍니다."

포이 회장의 마음은 이미 굳게 잠겨 있었다. 자신의 마음을 다시 열어줄 수 있는 열쇠는 워싱턴의 두 은행이 갖고 있다고 했지만, 박태준은 백인 노신사의 점잖은 발뺌에 불과하다고 판단했다. 또한 그의 마음이 굳게 잠겼나는 것은 KISA의 문도 은행들의 문도 잠겼다는 뜻임을 명확히 알아차렸다.

날이 밝았다. 박태준이 말했다.

"우리는 워싱턴 일정을 취소해. 정부 사람들이나 가보라고 해. 뻔해. 내가 포이에게 IBRD를 설득해달라고 하니 포이는 나한테 IBRD를 설득해서 다시 찾아오라고 하는 식인데, 퇴짜가 뻔해. 퇴짜 맞으러 왜 가? 푹 쉬었다가 짐이나 싸자. 돌아가서 생각하자."

그런데 아침에 포이가 박태준의 방에 들렀다. 노신사는 아들 또래밖에 안 되는 가난한 나라의 패기에 찬 젊은 사장을 빈손으로 돌려보내는 것이 사업적으로야 어쩔 수 없더라도 인간적으로는 찔리는 모양이었다.

"워싱턴의 일이 잘되기를 바랍니다."

노신사가 내민 손을 박태준은 정중히 잡았다.

"감사합니다. 하지만 저는 워싱턴에 가지 않습니다. 의례적 절차에 시간을 낭비하고 싶지 않습니다. 귀국해서 다른 방도를 찾아보겠습니다."

노신사는 그래도 가보라고 하지는 않았다. 오히려 따뜻한 눈빛으로 아주 엉뚱한 제안을 내놓았다. 하와이 와이키키 해변에 자기네 부사장의 콘도가 있으니 돌아가는 길에 거기 들러서 며칠 휴식하면 어떠하겠느냐고. 박태준은 그의 호의를 받았다. 어차피 하와이를 거쳐서 가야 하니 거기서 허탈의 웅덩이에 빠진 정신부터 수습하고 절망에서 빠져나갈 구원의 동아줄을 찾고 싶었다.

피츠버그에서 시카고로, 시카고에서 하와이로. 여객기 안의 박태준은 천만 근 쇳덩어리가 가슴을 짓누르는 듯했다. 압박감과 좌절감의 무게였다. 워싱턴으로 날아간 관료들에게는 한 가닥의 미련도 두지 않았다. 포이와 KISA의 완전한 배신, IBRD의 명백한 차관 거부. 서로 맞물린 그것이 포스코 앞의 엄연한 장벽이었다. 장벽을 뚫거나 넘거나 피하지 못하면 그가 황경로에게 지시해 놓은 그대로 신생 포스코 법인은 청산 절차를 밟아야 할 시간이었다.

박태준의 '하와이 구상'

포이가 주선한 콘도는 힐튼하와이빌리지 호텔과 가까운 와이키키의 중심지였다. 백사장과 쪽빛 바다와 하얀 파도를 한눈에 내려다볼 수 있었다. 그 호텔은 미국 대중 드라마 〈하와이 눈동자〉의 중심 무대로, 하와이 태생의 유명가수 돈 호가 노래를 불러 더 이름난 곳이었다.

박태준은 뜨거운 햇볕이 쏟아지는 와이키키 해변으로 나갔다. 비키니 차림의 여성들이 백사장을 차지하고 있었다. 백인은 대다수가 본토에서 찾아온 휴양객이고, 동양인으로는 하와이에 거주하는 일본인과 중국인이 압도적으로 많았다. 그는 십여 년 전 육군 대령 신분으로 미국 연수를 가는 길에 잠시 이곳에 들렀던 추억을 떠올려보았다. 조금도 즐겁지 않았다. 그때와 지금, 그새 강산이 한 번 변하는 세월이 가로놓여 있건만, 변함없는 것은 가난한 나라의 국민이란 신세였다. 변한 것이 있다면, 그때는 '돈 없는 장교'였는데 지금은 '자금 없는 사장'이라는 점이었다. 또한 그때는 국가적 빈곤을 극복하겠다는 의지가 지도력에서 빈약했으나 지금은 그것이 국가적 목표로 확고히 세워져 있다는 점이었다. 그러나 포항제철 1기 건설의 밑천 1억 달러가 없었다. 차관 1억 달러가 없어서 지도력에 큼직한 구멍이 뚫려 있었다.

'철에 인생을 건다고 했는데, 그놈의 1억 달러를 못 구해서 이렇게 나가떨어져야 한단 말인가?'

박태준은 하늘을 쏘아보았다. 강렬한 햇빛이 사정없이 눈동공을 찔렀다. 얼마 동안이나 하늘을 원망하고 있었을까. 내가 일본에 가서 돈을 구해볼까 하는 생각이 떠올랐다. 일본 철강업체들과는 KISA의 일반기술계획 검토 등에 대한 용역체결을 하고 빈번하게 접촉하며 친분을 쌓았지만, 1968년 8월 우리 장관들이 도쿄에 가서 '일본 정부의 한국 종합제철에 대한 협력 거부 의사'를 확인한 뒤로는 박태준도 박정희와 마찬가지로 일본에서 차관을 조달해보겠다는 생각을 접어두고 있었다. 게다가 1969년 9월 2일까지 KISA가 차관 조달을 하게 되면 KISA가 포항종합제철을 주도하게 되는 계약서가 엄연히 실존하고 있고, 한국이 대일청구권자금에다 상업차관까지 받아냈으니 일본의 외환보유고 수준으로 보든 우리의 자존심으로 보든 일본에 가서 새로 1억 달러를 더 조달하겠다는 생각에는 매달리지 말아야 옳은 것이었다.

'일본에서 차관은 무슨 차관…….'

박태준은 거듭 일본 차관을 한쪽으로 밀어내며 아쉬워했다. 처음부터 일본과 했으면 좋았을 텐데. 한 조각의 후회 같은 감상도 스쳐 지나갔다. 바로 그 다음이었다. '일본 차관'이란 단어가 사라진 자리에 전광석화처럼 '대일청구권자금'이란 단어가 나타났다. 순간, 그는 전율했다.

"그래, 바로 그거다!"

박태준은 벌떡 일어섰다.

"아직은 남아있을 거다!"

덩실덩실 춤이라도 추고 싶었다.

한국 산업화의 전환점이 되는 '하와이 구상'과 실현의 전제조건

대일청구권자금 일부의 포항종합제철 건설비 전용. 하와이 와이키키의 뜨거운 해변에서 박태준이 구원의 밧줄로 거머쥔 그 아이디어를 뒷날에 포스코 사람들은 '하와이 구상'이라 명명한다. 그것은 한국 산업화 역사의 중대한 전환점으로 삼아도 좋다. 대일청구권자금 일부를 밑천으로 삼지 않았다면 걸음마조차 제대로 해보지 못하고 영영 쓰러지고 말았을 포스코가 그 덕분에 기사회생한 뒤부터 전화위복 기세로 승승장구해 결과적으로 한국 산업화의 견인차 역할을 대단히 성공적으로 완수했기 때문이다. 이것이 '하와이 구상'의 어마어마한 의미이고 찬란히 빛나는 가치이다.

대일청구권자금 일부를 전용하자는 박태준의 하와이 아이디어는 확인하나마나 현실성을 담보했다. 3억 달러의 무상자금만 해도 1966년부터 10년간 지급하니 아직 남았을 것이고, 대외경제협력기금(유상자금) 2억 달러에도 여유가 있을 것이었다. 더구나 대외경제협력기금은 조건이 좋았다. 미국수출입은행의 차관이 거치기간 2년을 포함해 상환기간 10년에 확정금리만 연 6.29%였지만, 그것은 거치기간 7년을 포함해 상환기간 20년에 확정금리가 연 3.5%에 불과했다.

그 기사회생, 그 전화위복의 아이디어를 서둘러 실현하기 위해 최우선적으로 갖춰야 하는 두 가지 전제조건을 박태준은 냉철히 주시했다. 하나는 기술지원 등 일본철강연맹의 협력을 받아내는 것이었다. 이 문제의 해결에 대한 자신감을 그는 갖고 있었다. 또 하나는 양국 정부가 농림수산업 발전을 위해 사용한다고 합의해둔 대일청구권자금의 용처를 종합제철 건설자금으로 전용하는 데 합의하는 것이었다. 한국 정부에서 해결의 실마리를 거머쥔 사람은 대통령인데, 종합제철에 대한 집념과 의지가 얼마나 강렬한 사람인가?

하와이에서 짐을 꾸리는 박태준은 일본 정부나 철강업계가 경제적 계산에 따라 판단하더라도 긍정적으로 나올 수 있을 것이라는 예상을 해보았다. 일본이 기술지원을 결정한다면 일본의 제철설비들이 대거 영일만으로 들어와야 하니 일본 정부로서도 한국에 지불하는 대일청구권자금을 일본 철강업체들이 회수해 오는 기회라고 볼 수 있을 것이었다.

그는 하와이에서 곧장 도쿄로 날아갔다. 항공기보다 전보가 먼저 도쿄에 도착했다. '이나야마 일본철강연맹 회장(야하타제철 사장)과 만날 수 있게 준비하시오.' 수신인은 도쿄의 박철언이었다.

1926년 평북 강계에서 태어난 박철언은 해방 후 평양을 떠나 서울로 들어와 미군정 시대의 체신청에 근무하다 더 큰 세계, 새로운 인생을 찾아 1948년 부산에서 밀항선을 타고 일본으로 잠입, 신분 세탁을 거쳐 재일조선인 신분으로 도쿄 맥아더 사령부에 군무원으로 취직해 뒷날 한국에서 급진적 통일운동으로 이름을 떨친 문익환 등과 함께 판문점에서 근무하기도 했으며, 군무원을 그만두고 도쿄에 정착해 야스오카 문하의 최고 제자가 된 인물이다. 일본어, 영어에도 유창한 박철언은 1950년대 중반 판문점 근무시절에 육군 장교 정재봉(포스코 창립요원에 합류)의 소개로 육군 대령 박태준과 처음 만났다. 박철언은 장면 정부 시절에 수교 턱밑까지 갔던 한일국교정상화 외교를 막후에서 맡았으며, 1961년 5월 16일 박정희 군사정부가 들어선 뒤 박태준의 주선으로 '군정 1호' 출국자로서 도쿄로 귀환해 그해 '박정희-이케다' 정상회담의 성사에도 일역을 담당했다. 물론 그의 그러한 외교적 물밑 역량은, 뒤에 다시 한번 보겠지만, 야스오카의 방에서 나온 것이었다.

1963년 가을, 윤보선 후보와 아슬아슬한 접전을 벌인 대통령선거에서 당선된 박정희는 박태준에게 국회로 진출하거나 장관을 맡아달라고 권유했다. 하지만 박태준은 거절하고 미국 유학을 떠나려 했다. 그것을 막아선 박정희는 1964년 정초에 그를 청와대로 불러 10개월 간 일본열도를 종단할 '한국 대통령이 가장 신뢰하는 특사'로 파견했다. 그 특사 자격으로 도쿄에 내린 박태준을 맨 먼저 야스오카의 방으로 안내한 이가 박철언이었다. 그리고 박태준과 처음 만나본 야스오카는 측근들에게 "대물(大物)이오. 큰 바위와 마주하는 것 같았소." 하는 말을 남겼다.

박태준-박철언-야스오카-이나야마

도쿄에 내린 박태준은 나가노 후지제철 사장부터 찾아갔다. KISA 계획안에 대한 검토용역 의뢰 과정에서 친분을 맺은 사이였다. 나가노 사장은 기술지원에 따른 정치적 문제를 언급하고 협력 의사를 표명하더니 이나야마 회장에게 협조를 구하는 것이 좋겠다고 했다.

박태준은 박철언과 함께 야스오카를 방문했다. 일본철강연맹 회장 이나야마와의 만남도 야스오카의 방을 거쳐야 더 힘이 붙게 돼 있었다.

야스오카는 직접 응접실 앞까지 나와서 박태준의 손을 잡으며 맞이했다. 그리고 손님의 설명을 경청하고 흔쾌히 조력자로 나섰다. 이 장면에 대한 박철언의 증언은 그의 자서전『나의 삶, 역사의 궤적』에서 만날 수 있다.

> 야스오카는 대일청구권자금 전용에 대해 일본내각을 설득하려면 우선 일본철강업계의 확고한 지지를 얻어야 한다는 박태준의 말에도 고개를 끄덕였다. 그는 즉시 일본철강업계의 지도자 이나야마에게 전화를 걸었다. 이나야마는 일본철강연맹 회장이며 일본에서 제일 큰 제철공장인 야하타제철소 사장이었다.
>
> "지금 제 사무실에 한국 포항제철의 박태준 사장님이 와 계십니다. 그에게 당신의 충고와 지지가 필요합니다. 한일 양국에 이익이 되는 좋은 구상을 갖고 있으니, 가능하시면 박 사장의 구상이 실현되도록 방안을 찾아주셨으면 합니다."

야하타제철 본사는 야스오카의 사무실에서 겨우 몇 블록 떨어져 있었다. 이나야마의 응접실은 편안한 분위기였다. 박태준에게는 바닥에 깔린 짙푸른 카펫에 대한 인상이 오래 남는다. 이나야마는 손님을 정중히 맞이했다. 곤경에 빠진 젊은 동업자의 사정을 충분히 듣고 나서 고개를 끄덕였다.

"중도 폐기할 위기에 빠진 프로젝트를 구할 좋은 구상을 가지고 오셨군요. 복잡한 국제컨소시엄을 결성하지 않는 것이 오히려 다행인지도 모릅니다. 설사 건설자금을 확보할 수 있다 할지라도 사고방식, 기술, 관리방식 등이 다른 사람들과 함께 힘을 합쳐 제철소를 짓는다는 것은 매우 어렵고 복잡한 일입니다."

이나야마의 격려와 위로는 따뜻했다. 박태준은 일본이 기술을 지원할 수 있는가를 타진해보았다.

"기술협력은 고도의 정치성을 띠기 마련이지요. 나의 생각에는 한국의 제철소가 일본의 설비, 기자재, 기술 등을 가지고 세워지면 양국 모두에게 큰 이익이 될 것입니다. 지리적으로 가까울 뿐만 아니라 문화적으로도 공통점이 많기 때문에 의사소통에 따르는 문제점도 그만큼 줄어들 겁니다."

바로 여기가 한국 정부와 KISA, 포스코와 KISA가 실질적으로 결별하는 시간이고 장소였다. 다시 말해, KISA를 의지하는 한국 정부의 뜻에 의해 1968년 4월 1일 탄생한 빈털터리 처지의 포스코가 이제는 일본에게서 '자본과 기술과 경험'을 받아오게 되는 문이 열리기 시작하는 시간이고 장소였다.

"일단 IECOK를 기다리자. 비밀리에 추진하자"

박태준의 대일청구권자금 전용 아이디어를 단박에 받아들인 박정희가 그러나 KISA에 대한 기대와 미련을 즉시 잘라버린 것은 아니었다. 또한 차관 조달을 해주지 않더라도 계약상 9월 2일까지는 권한을 가지게 되는 KISA와 불필요한 마찰을 만들지 말아야 했다. 그래서 박정희는 박태준에게 최소한 그해(1969년) 4월 파리에서 열리는 IECOK 회의 때까지는 기다리면서 비밀리에 정중동으로 대비해 나가자고 했다. 또한 박정희는 미국 정부가 한국의 종합제철 차관 제공에 긍정적인 역할을 해주기를 바라는 기대감도 완전히 접지 않고 있었다. 한국군의 베트남 파병으로 양국 관계가 아주 좋은 시절이었다. 그러한 사정은 현재 포스코역사관에 전시돼 있는, 1969년 3월 31일 작성된 '종합제철 사업에 대한 주미대사 전문 요약'이라는 대통령 보고 문서에도 나타나 있다.

김동조 대사가 번디 미 극동담당 국무 차관보를 방문한 자리에서 종합제철에 대한 우리 정부의 입장을 충분히 설명하고 조속한 시일 내에 호의적으로 처리해줄 것을 요청하였던 바, 번디 차관보는 한국 입장을 충분히 알고 있으므로 단시일 내에 결론을 내리도록 진행 중이나 어떠한 결론이 나올 것인지는 아직 현재로서는 회답이 곤란하다고 하였음.

그러니까 그때 미국 정부의 결론은 'No'였다. 위의 외교 전문은 1969년 2월 도쿄에서 박태준이 이나야마 일본철강연맹 회장과 만나서 한국의 종합제철 건설에 협력하겠다는 의사를 분명히 얻어낸 것이 절명 위기에 내몰렸던 포스코를 기사회생의 길로 끌어가는 대사건이었다는 사실을 뒷받침해주는 하나의 증거라 하겠다. 물론 일본의 자본(대일청구권자금 전용)과 기술과 경험을 영일만 모래벌판으로 불러들이는 과정에는 '박정희-박태준'이 돌파해나가야 하는 또 다른 우여곡절들과 고비들이 기다리고 있었다. 하지만 그것은 힘들고 자존심 상해도 '확실한 희망'을 품고 전진하는 고행의 길이었다.

'하와이 구상' 당시에 포스코 전무이사였던 윤동석은 다음과 같은 증언을 남겼다.

박태준 사장은 그 대책(KISA의 배신에 대한 대책)에 노심초사하던 차에 1969년 2월 미국으로부터 귀국 도중 하와이에서 획기적인 착상을 해냈다. 후일 '하와이 구상'이라고 일컬어지는 이 위기극복 착상은 대일청구권자금(유·무상)을 종합제철용 소요외자로 활용한다는 것으로 여러 가지 의미를 내포하고 있었다. 하와이 구상을 주축으로 대일 설득작업이 꾸준히 진행되어 7300만 달러의 대일청구권자금을 포스코가 사용할 수 있게 되어 역사적인 대역사가 가능하게 되었다는 것은 주지의 사실이다.

물론, 이러한 외자에 대한 시설재 차입과 병행하여 내자에 의한 토목, 용수, 항만, 철도, 도로 등의 건설공사가 꾸준히 진행되었기 때문에 포스코 최대의 위기를 극복하고 오늘에 이를 수 있었다.

윤동석이 말하는 '외자'는 대일청구권자금이다. 외교적 수사(修辭)를 지워버리면 그냥 '일제식민지배상금'이다. 주로 우리나라 농업 발전에 활용하게 돼 있던 자금이었다. 그 돈으로 포스코는 포항제철소 1기 103만 톤 공장을 건설하게 되었다. 민족기업·국민기업 포스코의 운명이 박정희와 박태준에 의해 그렇게 만들어졌다.

윤동석이 말하는 '내자'는 국민 세금이다. 국민 세금으로 항만 도로 철도 용수 같은 포항제철소의 인프라 시설들을 건설하고 부지 233만여 평을 마련했다. 십여 년 더 지나 1981년에 막을 올리는 광양제철소 건설 때는 인프라 시설 건설이나 부지 450만 평 확보에 국민 세금을 쓰지 않는다. 박태준이 이끄는 포스코가 포항제철소의 대성취를 근거로 직접 떠맡는 것이다.

최후 카드를 빼내다

한국경제를 지원하겠다는 국제기구 ICOKE의 1969년 4월 파리 총회. 그러나 서방 선진국들은 IBRD와 유사한 이유를 내세워 포항제철에 대한 차관 제공을 완전히 거절했다. 달포 전 김동조 주미한국대사가 미국의 차관 제공이 어렵다는 보고서를 보내온 데 이어 IECOK마저 차관을 거절한 막다른 골목에 이르러 박정희는 두 달 전 결심해둔 그대로 박태준의 '하와이 구상'이라는 마지막 카드를 빼내 기사회생의 길로 나가야 했다.

5월 27일 박태준은 부총리 박충훈과 함께 KISA 대표단 7명을 경제기획원에서 만났다. 이날 박태준의 안주머니엔 이미 이나야마 일본철강연맹 회장의 편지가 꽂혀 있었다. '일본 정부가 대일청구권자금의 제철소 전용에 동의한다면 일본철강연맹은 종합제철소 건설을 적극 지원하겠으며 일본 6대 철강회사 중 어느 기업이 한국 종합제철소 프로젝트에 참여할지를 개인적으로 알아봐 주겠다.'라는 약속이었다. 박정희에게 보고한 것이기도 했다. 그래서 KISA 대표들과 상면하는 박태준의 속내는 명료했다. KISA와 계약이 공식적으로 종료되지 않은 상황에서 최후 수순으로 강력히 책임 추궁을 해둠으로써 조만간 일본과 본격 접촉해나가는 과정에 제기될지 모르는 '성가신 이의(異議) 제기'를 미리 예방하겠다는 것이었다. 이번에도 KISA 대표단은 그의 예측 그대로 희망적인 의견을 내지 않았다. '자금 없는 사장'은 차라리 후련했다.

KISA와 회의가 또다시 성과 없이 끝나자 신문들이 가만두지 않았다. 종합제철소 건설에 대한 비관론마저 제기했다. 1969년 5월 30일 《동아일보》는 이렇게 질타했다.

> 제철소를 세우려 한다면 60만 톤 용량의 고로를 한 개 만든다 하더라도 외화만 약 1억3천만 달러를 써야 하는데, 이를 마련한다는 것은 지금과 같은 형세 하에서는 전혀 엄두조차 서지 않는 것이다. 그러한 외화가 마련될 수 있다 하더라도 60만 톤이나 100만 톤 정도의 용량으로서는 국제경쟁이라는 견지에서 볼 때 장난감 같은 것이므로 수입하는 것보다 두 곱 세 곱의 생산비를 넣어야 할 것인데, 이는 우리가 지금 한창 머리를 앓고 있는 부실기업을 하나 더 만드는 것밖에 안 된다.

6월 2일, 박정희는 박충훈을 내리고 김학렬을 부총리(경제기획원 장관)에 올린다. 종합제철이 두 번째로 한국 정부의 경제책임자를 바꾼 인사였다. 경제수석에서 경제기획원 부총리로 옮긴 김학렬은 취임 즉시 흑판에 '종합제철'이라 써놓고, "이 사업이 완결되거나 내가 그만둘 때까지는 지우지 말라."고 엄명한다. 취임 사흘째(6월 5일)에는 박정희의 지시를 받들어 종합제철건설전담반(종합제철건설사업계획연구위원회)을 설치한다. 경제기획원의 정문도, 노인환을 비롯해 상공부, 건설부 관료들과 포항제철 4명(노중열, 김학기, 최주선, 조용선) 등 총 14명이었다.

전담반에는 일찍이 이승만 대통령 때 서독으로 국비 유학을 떠나 1964년 12월 박정희 대통령이 서독을 방문했을 때 '종합제철 건설'을 건의했던 김재관 박사도 합류했다. 김재관은 한국과학기술연구소 제1금속연구실장을 맡고 있었다.

전담반은 저마다 고유한 업무를 맡아 사명감과 의욕을 불태우며 속도를 냈다. 예습도 해뒀고 참고서도 갖춘 격이었다. 문제점 많은 KISA의 각종 계획안 및 그에 대한 일본 용역단과 포스코 검토단의 검증작업이 예습이고 관련 문서와 자료들은 참고서였다. 이미 세계 철강업계의 당당한 강자로 부상한 일본, 그들의 철강전문지에는 '연산 제강 총량'을 계산하는 공식까지 나와 있었건만, 아직 한국은 철강 엔지니어링에서 걸음마 수준이었다. 다행히 전담반에는 그것을 엔간히 보강해줄 한국인 인재가 박혀 있었다. 김재관이었다.

김재관이 맡은 것은 '제철소 종합건설계획안'이었다. 그가 주도하여 '연산 103만 톤' 계획안을 완성한다. 4년 전에 니시야마(가와사키제철 사장)가 박태준에게 처음 충고해줬고 근래에는 이나야마(일본철강연맹 회장)도 '필수'라며 권유해준 "제1기 연산 100만 톤"의 종합제철소가 한국인의 손에 의해 계산된 '103만 톤 계획안'으로 등장하는 것(공식에 대입한 정확한 수치는 103만2000톤)이다. 물론 그 계획안은, 몇 달 뒤부터 일본기술단(단장 아리가)이 주도해나갈 '포철 1기 건설'의 방대하고 복잡한 '일반기술계획(GEP)'과는 차원이 전혀 다른 것이었다.

김학렬은 전담반의 활기찬 진도를 살피는 가운데 일본철강업계 지도자들의 긍정적 동향과 대일청구권자금의 전용 가능성을 확인하여 한층 더 자신감을 갖추고 6월 19일 "시설규모에는 약간의 변동이 있을지 몰라도 종합제철 건설의 대원칙은 추호도 변함이 없다." 하고 명확히 밝힌다.

그리고 7월 31일 경제기획원이 다음과 같이 공표한다.

> 종합제철건설전담반으로 하여금 약 2개월 동안에 걸쳐 건설계획을 근본적으로 재검토하게 한 결과, KISA와의 기본협정은 포기하고 대일청구권자금으로 건설을 추진하기로 최종 결정을 내렸으며, 새로 마련된 계획은 종합제철의 시설 규모를 당초의 연간 60만 톤으로부터 국제단위인 100만 톤으로 확장하고 청구권자금으로 이의 건설을 추진하기 위하여 이미 일본 정부에 이를 정식으로 요정하였다.

드디어 박정희가 박태준과 함께 가슴에 품고 있던 최후 비장의 카드를 빼든 것이었다. 다시 박태준이 발바닥에 땀이 나도록 도쿄 거리를 뛰어다녀야 하는 차례이기도 했다. 그해 2월 '하와이 구상'을 수락한 당시에 박정희가 박태준에게 "물밑 교섭은 자네가 책임지라." 하고 맡겨놨으니.

1969년 불볕의 도쿄를 누비는 박태준

1969년 8월, 도쿄는 서울보다 뜨거웠다. 박태준은 맨 먼저 야스오카를 찾아간다. 포항제철에 대해 협력을 아끼지 않겠다고 언약도 해주고 서신도 보내준 이나야마를 또다시 찾아가는 이번 길에도 야스오카의 방부터 거쳐야 더 힘이 붙을 것이고, 일본 정·재계의 거물들과 접촉하는 일도 그래야 더 수월해지고 더 힘이 붙을 것이라고, 그는 확신하고 있었다. 야스오카는 박태준과 포철의 막강한 후원자였다. 1969년 상반기 내내, 그해 여름 내내, 야스오카는 포철을 지원하는 막후 활동을 쉬지 않았다. 박철언은 자서전 『나의 삶, 역사의 궤적』에서 이렇게 정리하고 있다.

> 포항제철을 위한 야스오카의 집요한 막후 활동이 계속되었다. 야기와 나는 야스오카의 의중을 따라 야하따, 후지 제철사를 번갈아 빈번히 방문했다. 이나야마, 나가노, 양 거두의 합심과 협력으로 포철 문제는 일본철강연맹의 소관이 되었다. 포항제철은 연산 103만 톤을 기간으로 하는 종합제철소 건설계획을 일본철강연맹에 제시했다. 철강연맹은 포항제철의 계획을 검토하고 그 타당성을 인정하는 공한을 발부했다.
>
> 69년 8월, 한일각료회의가 동경에서 열리게 되었다. 박태준은 사전 공작을 위해 일본으로 왔다. 그는 동경에 도착하는 대로 야스오카를 찾아왔다. 박태준은 일본철강연맹이 포항제철의 건설계획을 적극적으로 검토하게 한 야스오카의 전력에 대하여 감사를 표하고, 한일각료회담 이전에 정·재계에 대한 접촉을 원만히 할 수 있게 주선해줄 것을 청원했다.

과연 야스오카의 위력은 대단한 것이었다. 그의 후원을 받은 박태준의 활약상은 박철언의 자서전에 잘 찍혀 있다.

> 야스오카는 즉각 주선의 손을 써서 박태준으로 하여금 정계에서 기시 노

부스께(岸信介), 가야 오키노리(賀屋興宣), 지바 사부로(千葉三郎), 이찌마다 나오또(一萬田尙登), 재계에서 해외경제협력기금 총재 다까스기 신이찌(高彬晉一), 경단련 회장 우에무라 코고로(植村甲午郎) 등 주요 인사를 만나게 하였다. 박태준이 만난 이들은 모두가 입을 모아 포항제철의 출현을 축복하고 지지했다.

야스오카가 총리대신 사토 에이사쿠(佐藤榮作)에게 포항제철에 관한 문제를 진지하게 말했다는 하야시 시게유끼의 말이 야기를 통해서 전해졌다. 수일 후에 야기는 내각 관방(官房)의 전갈을 받고 박태준과 같이 총리 관저로 관방부장관 기무라 도시오(木村俊男)를 찾았다. 셋이 하이어를 타고 총리 관저로 갔다. 야기와 박태준이 기무라를 만나는 동안 나는 대기실에 앉아 기다렸다. 상기된 두 사람과 나는 관저를 나와서 차에 올랐다. 차가 총리 관저의 문을 나서자 야기가 입을 연다.

"일은 성사됐어요. 기무라 관방부장관의 말은 이래요. 사또 총리는 포항제철 건설 자금에 관한 한국 정부의 세의를 수락할 것이다. 박 대통령에게 그 취지를 전하라. 그러나 일한각료회의를 앞두고 이 말이 누설되지 않도록 주의하라는 것이었어요."

박태준으로서는 하늘이 주는 일대 복음이었다. 이어 박태준은 야스오카의 주선으로 외상(外相) 아이치 기이치(愛知揆一), 대장(재무)상 후쿠다 다케오(福田赳夫), 통산상 오히라 마사요시(大平正芳) 등을 두루 만났다.

1969년 8월 일본에서 위에 적은 이름들이 "차지하는 무게와 권위"에 대하여 박철언은 "하늘을 찌르고도 남음이 있었다."라고 했다. 그럴 만하다. 총리, 장관들, 재계 최고 실력자들이 두루 등장하는 것이다. 그 놀라운 현실에 대하여 박철언은 기꺼이 털어놓는다.

불혹의 한국인 박태준이 연일 이들을 차례차례 거침없이 만나고 다녔다면 누구나 쉬이 믿을 수 있는 일이 아니었다. 그 믿을 수 없는 일이 눈앞에서 현실로 일어났고 이어졌다. 야스오카가 있었음으로, 그를 그리하게 한 박태준이 있음으로 가능했던 일이다.

일본 정·재계 지도자들의 존경과 신망을 한 몸에 받는 야스오카를 성심으로 움직이게 만든 박태준. 그 저력은 무엇이었을까? 크게 네 가지로 분석할 수 있다.

첫째는 박태준의 완벽한 일본어 구사와 일본문화 체득이다. 그는 1933년의 여섯 살부터 1945년의 열여덟 살까지 일본에서 성장했다. 그때 습득한 일본어와 체득한 일본문화가 이윽고 '근대화 조국'을 위한 보배로운 능력으로 발현된 것이다. 일본어를 완벽하게 구사할 수 없었다면, 일본인의 문화적 특성을 제대로 알지 못했다면, 그는 양명학 대학자로서도 저명한 야스오카에게 자신의 이상과 신념을 제대로 밝히지 못했을 것이다.

둘째는 1964년 1월 야스오카가 박정희의 특사로 장기간 방일한 박태준과 첫 대면을 해본 자리에서 과연 한국 대통령이 가장 신뢰하는 인물이라는 귀띔에 걸맞은 인물이라는 강렬한 첫인상을 받았던 점이다. 바로 그 인물이 맡은 국가적 대사(포항종합제철)이니 야스오카는 듬직했을 뿐만 아니라, 그의 부탁은 곧 박정희의 뜻이 반영된 것이라고 믿을 수 있었다. 이러한 야스오카의 박태준에 대한 신뢰는 그가 대일관계를 헤쳐 나가는 길에서 보이지 않는, 그러나 든든하고도 큼직한 자산이었다.

셋째는 박태준의 강렬하고 순정한 무사욕(無私欲) 애국심이다. 인물이 인물을 알아보고, 애국자는 애국자를 알아본다. 야스오카는 겨우 불혹을 넘어선 한국인과 대화하는 동안 난국에 빠진 조국을 위해 헌신하겠다는 그의 뜨겁고 순수한 영혼을 확인했을 것이다. 불타는 정열과 의지를 안으로 모을 줄 아는 침착성과 지혜도 발견했을 것이다.

넷째는 야스오카의 한국관과 박태준의 일본관이다. 한일관계를 일의대수(一衣帶水)에 비유하면서 일본의 과거를 사과하고 한국을 돕는 것이 일본에도 도움이 된다는 야스오카의 사고, 일본을 알아야 일본을 이용할 수 있고 일본을 이길 수 있다는 박태준의 용일주의(用日主義). 이것은 즐거운 손뼉 소리를 낼 수 있는 정신적 조건이었다.

야스오카의 한국관에는 극단적 냉전체제 속에서 한국이 맡은 '반공 방파제론'도 포함돼 있었다. 박철언은 자서전에서, 야스오카가 일본철강연맹 회장 이나야마에게 전화한 뒤에 그의 뜻을 받아 야기 노부오와 함께 이나야마를 처음 찾아갔던 자리에서 나눈 대화를 명확히 적어둔다. 이것은 극단적 냉전체제에 갇힌 1969년 동북아의 정치적 지형을 알려주는 대화이기도 하다.

> "야스오카 선생의 견해는 산난명료합니다. 한국은 공산세력에 내치해서 전방 방어를 맡고 있는 나라입니다. 한국은 제철에 관한 한 북측에 비해서 빈약합니다. 이는 보강해야 합니다. 두 나라는 일의대수의 상호관계에 있다고 믿고 계십니다."
>
> "예. 야스오카 선생의 의견은 강경하였어요. 옳은 말씀이셨습니다. 나라의 장래를 그르치지 않기 위해서도 선생의 의견은 존중되어야 하겠지요."
>
> 야스오카의 측근 야기 앞에서 이나야마의 발언은 신중했고 그 내용은 상적(商的) 경쟁이나 이해의 수위를 초월하는 것이었다.

통산상 오히라와 세 번 겨루다

1969년 8월 15일, 아이치 외무상이 한국 광복절을 축하하듯 기자회견을 통해 외무성 대장성 통산성 관계자들이 여러 차례 합동회의를 한 결과 대일청구권자금 전용에 대해 긍정적인 방향으로 검토가 이루어졌고 22일 일본 각료회의에서 최종 결정이 내려질 것이라고 발표했다. 이러면 다 된 밥이었다. 며칠 전에 관방부장관 기무라 도시오가 박태준, 야기, 박철언을 총리 관저로 불러서 "성사되었다. 박 대통령에게 보고해라. 단, 끝까지 기밀을 유지해라." 하고 일러준 그대로 '성사'가 되었고, 8월 15일이라는 특별한 날을 맞아 일본 정부가 직접 공개한 것이었다.

거의 널브러진 신생아 포항제철을 기사회생으로 일으켜 세울 대한민국 산업화시대의 그 중대하고 긴요한 외교적 대성과는 '박정희의 사람들'이 저마다 최선을 기울이면서 연합작전을 성공적으로 수행한 결실이기도 했다. 박태준이 도쿄의 각계 거물들과 연쇄적으로 만나서 완벽한 물밑작업을 해내는 동안 경제기획원의 정문도 차관보와 양윤세 투자진흥관을 비롯한 한국 관료들은 김학렬 부총리의 열정적인 지원과 지휘를 받으며 부지런히 일본 정부의 실무자들과 접촉하고, 김종필까지 나서서 일본 정계 지도자들에게 '한국의 반공 방파제론, 그로 인한 과중한 방위비 부담론'을 설파했다. 통치자는 독려만 했을까? 그렇지 않다. 박정희는 주한 일본대사를 직접 청와대로 불러 정중을 대접하며 협력하도록 촉구했다.

그런데 통산상 오히라가 느닷없이 심통을 부리듯 다 된 밥에 재를 뿌렸다. '아직 검토단계에 있고 최종 결정을 내리기에는 시간이 좀 더 필요하다'라는 성명을 낸 것이었다. 만장일치제 원칙의 일본 각료회의가 열리는 8월 22일까지는 일주일의 여유도 없었고, 한일각료회의까지는 딱 열흘이 남아 있었다.

마지막 장애물 오히라. 지난해(1968년) 8월 한일각료회의에서도 "한국은 일본 철강제품을 수입하는 것이 훨씬 유리하다."라는 견해를 피력했던 바로 그 통산상. 박태준은 무슨 수를 쓰든 오히라를 설득해야 했다. 달리 방법이 없었다. 야스오카의 도움으로 오히라와 한 번 안면을 튼 사이여서 '무슨 수'를 쓰긴 써야겠지만 직접 다시 만나는 '수'가 최선의 '수'이자 유일의 '수'였다. 그의 면담 신청을 오히라가 받아줬다. 경제학을 전공한 오히라는 독특하게 생긴 인물이었다. 유난히 큰 얼굴에 눈이 가늘어서 감고 있는 것 같았다. 그가 문제의 성명에 대한 근거를 대듯 박태준에게 경제학원론을 펼쳐놓았다.

"경제원칙에 의하면 산업화의 첫 단계는 농업자립화입니다. 농업자립화가 이루어졌을 때, 이를 바탕으로 성숙한 시장경제가 들어서게 됩니다. 제철소 건설은 그다음의 일이지요. 지금의 한국은 농업에 투자할 시기입니다. 비료공장, 농기계공장을 세워 농업부터 발전시켜야 합니다. 수익성이 보장되지 않는다는 이유로 외국 은행들이 차관을 거부한 환경에서 제철소 건설을 밀어붙이겠다는 것은 무모한 선택이 아닐까요?"

박태준은 오히라가 '반한감정'을 앞세우지 않는다는 점을 그나마 다행이라고 여겨야 했다. 이것이 소득이었다. 그는 나쁜 인상을 남기지 않으려고 일단 얌전히 물러났다. 그러나 두 번째 만남에서도 오히라는 박태준에게 자신의 경제지식을 양보하지 않았다. 박태준은 어떡하든 설득할 논리를 찾아야 했다. 시간은 많지 않았다. 8월 22일 전에 오히라를 설득하고, 22일 전후로 일본철강연맹의 구체적 확약서를 받아야 했다. 그는 박태준의 세 번째 면담 신청도 선뜻 받아줬다.

"한 주일 안에 박 사장을 세 번째로 만나는데, 이런 일은 당신이 처음입니다만, 내 원칙에는 아직 변함이 없어요."

"덕분에 공부를 많이 하게 되었습니다. 청일전쟁을 준비하는 과정에서 일본은 영국으로부터 군함을 차관으로 도입해왔습니다. 제철소가 없었기 때문입니다. 그래서 일본은 청일전쟁을 통해 제철소의 필요성을 절감했고, 명치 30년에 7만 톤짜리 야하타제철소를 세웠습니다. 그 뒤에 일러전쟁을 준비하는 일본에게 제철소의 필요성은 다시 절실해졌고, 제철소 건설을 서두르게 되었습니다. 그러니까 일본은 단순히 산업적 목적의식에서만 제철소를 세웠던 것이 아니라, 안보적 차원을 더 깊이 고려했습니다. 그때 제철소 건설에 심혈을 기울이고 있던 일본의 1인당 GNP는 오늘의 화폐 가치로 100달러 미만이었고, 한국의 현재 1인당 GNP는 200달러에 육박하고 있습니다."

갑자기 오히라의 실눈이 드러났다. 세 번의 만남을 통틀어 그의 눈동자가 처음 빛을 쏘았다.

"그걸 어디 가서 조사했어요?"

"정부간행물보관소를 뒤졌습니다."

그것은 사실이었다. 설득의 논리를 세우고 근거를 찾느라 골몰하는 박태준의 머리에 섬광처럼 떠오른 생각이 그곳을 뒤져보자는 것이었다.

"정말 공부를 했군요."

박태준은 한 발 더 나갔다.

"북한은 일본이 남긴 제철소들이 있는 데다 소련의 지원까지 받으면서 이미 한국보다 열 배 넘는 철강을 생산해서 대규모로 무기를 만들고 농기계도 만듭니다. 한국이 제철소를 짓겠다는 것은 산업적 수익성뿐만 아니라 안보적 차원도 고려한 정책입니다. 현재의 냉전체제 대결에서 한국의 안보는 일본의 안보와 직결되는 문제가 아닙니까?"

오히라의 눈이 다시 사금파리처럼 반짝거리더니 불쑥 엉뚱한 말을 내놨다.

"사실은 내 숙부가 한국의 동남쪽에 사셨던 적이 있습니다. 경상북도 영일군 대송면의 대송국민학교에서 교장으로 봉직했습니다."

"예에? 그렇습니까? 그곳이 바로 우리 공장이 들어서는 자리입니다."
"정말 우연의 일치군요."
"인연이 있는 겁니다."
영일군(포항시로 통합됨) 대송면은 포항제철과 철강공단이 들어서는 터전이니, 박태준은 급히 '남다른 인연'을 상기시키며 한숨을 돌렸다. 대일청구권자금을 전용하기 위한 장도의 마지막 장애물을 한쪽으로 밀어낸 순간이었다.

8월 22일 일본철강연맹은 이나야마 회장의 주선으로 '한국제철소건설협력위원회'를 구성했다. 일본 철강회사들과 종합상사들로 구성한 이 위원회는 설계·건설의 기술지원과 기자재 선정의 협력을 위한 조직이었다. 이날 일본 정부는 한일각료회담의 의제를 검토하려는 각의를 소집하고 한국의 종합제철소 프로젝트를 상정해, 오히라 통산상을 포함한 각료 전원의 지지를 확인했다. 23일 박태준은 야하타, 후지, 니혼강관 등 3개사 대표의 이름으로 된 '포항종합제철 계획의 검토에 관한 건'이라는 공문을 받을 수 있었다. 서울행 비행기에 오른 그는 야스오카, 이나야마 양인의 은혜를 각골난망 심정으로 아로새겼다.

'일응'을 빼야 하는 마라토너

박태준은 홀가분하게 부총리를 방문했다. 뜻밖에 김학렬의 태도가 딱딱해졌다.
"일본 정부가 22일 청구권자금 전용 문제에 대해서는 사실상 동의했지만, 양국 각료회담에서는 기술협력에 대해 까다롭게 나올 수도 있습니다. 일본 철강업계의 확실한 보증이 필요합니다. 그걸 쥐고 있어야 안심할 수 있습니다. 일본 3대 철강회사 사장들의 서명이 담긴 기술협약 문서를 받아주세요."

"이 공문이면 됩니다. 일본인의 특성상 그런 확약 문서까지 요구하는 것은 생각할 수도 없는 일입니다. 그것은 신뢰를 의심하는 겁니다."

"그래도 국가와 국가 간의 관계는 묘할 수 있습니다. 회담 개최 전까지 기술지원을 하겠다는 확약 문서를 대표들의 공동서명으로 받아주세요. 부탁합니다."

박태준은 불가 사유를 꼽았다. 일본 3대 철강사 사장들이 이제 막 포항제철 일을 마치고 시골별장으로 휴가를 떠났을 가능성이 높다는 것, 한일각료회의가 나흘밖에 남지 않았다는 것, 그들의 신의를 의심하는 행동이 오히려 불신을 일으킬 수 있다는 것. 그러나 김학렬은 박태준의 마스코트와 다름없는 '완벽주의'를 들이밀었다.

"일을 완벽하게 처리하자는 것입니다. 완벽을 기하기 위해 다시 한번 수고를 해주실 수 없겠습니까?"

"완벽하지는 않다? 바로 떠나겠습니다."

박태준은 여장을 풀 겨를도 없이 다시 공항으로 나갔다. 참으로 멋쩍고 민망한 심부름에 내몰린 아이처럼 낭패감과 수치심이 마음속에 달라붙었으나 대의(大義) 달성을 위하여 '완벽을 기하자'라고 나오니 사소한 감정에 연연하고 싶지 않았다.

이나야마는 도쿄 본사에 있었다. 박태준은 괴로운 숙제를 솔직히 털어놓았다. 서양인들(KISA)과의 약속에서 너무 크게 당했기에, 만의 하나라도 대비하려는 한국 정부의 노심초사를 이해해 달라는 양해도 구했다.

"다른 두 분 사장님의 입장을 확인한 다음에 내일 연락을 드리겠습니다."

이나야마가 호의를 무시당한 섭섭함을 참느라 말씨를 낮게 깔았다. 박태준은 난처했다. 그러나 체면을 구길 수밖에 없었다.

"시간이 너무 촉박하다는 점을 고려해주십시오. 한국 정부는 확실한 문서를 갖고 싶은 것입니다."

잠시 생각에 잠겼던 이나야마가 입을 열었다.

"알았습니다. 최선을 다해보겠습니다. 두 분께 전화를 해볼 테니 대기실에서 기다려주십시오."

대기실로 나온 박태준은 면목이 없었다. 초조하기도 했다. 여태껏 수많은 일본인과 접촉했으나 지금처럼 마음이 무거운 적은 없었던 것 같았다. 다행히도 행운은 여전히 박태준의 편이었다. 이나야마가 서명한 문서를 건네주면서 후지제철 사장과 니혼강관 사장도 마침 도쿄 사무실에 계시니 당장 찾아가라고 했다.

박태준은 김학렬이 요구한 기술지원 확약서를 품에 넣자 곧장 도쿄 시가지를 빠져나왔다. 하네다공항에는 서울행 오후 5시 노스웨스트오리엔트 항공기가 있었다. 그걸 아슬아슬하게 잡아타고 저녁놀에 물드는 대한해협을 건너오는 동안 그의 가슴은 성취 희열과 포항제철의 희망으로 뿌듯했다.

그런데 김학렬이 또 문제점을 집어냈다.

"서류에는 '100만 톤 규모의 포항제철소 건설계획을 검토한 결과 일응(一應) 타당성이 있다고 판단되며…….' 하는 구절이 있군요."

박태준은 잠자코 기다렸다. 부총리가 말을 이었다.

"일응 타당성이 있다? 이게 안 좋아요. 일응 타당성이 있다, '일응', 이게 분명치가 않아요. 이래서는 지원 의사가 완전히 확실하다고 생각할 수 없습니다. '일응'을 빼고 '타당성이 있다'라고만 된 문서를 새로 받아주세요."

박태준은 입술을 굳게 다물었다. 희열과 희망으로 뿌듯했던 가슴에 순간적으로 서운한 감정이 넘쳐났다. 실망감이 꿈틀대고 분노마저 일어서려 했다.

'일응을 불안해하다니. 일응, 일정 정도, 이걸로 사람을 거듭 망신시켜야 한단 말인가!'

그는 버럭 고함을 지르고 싶었다. 그러나 가만히 침을 삼켰다.

"일본 철강 3사 대표들이 시골로 휴가를 떠나서 도쿄를 비웠습니다. 이건 서명을 받는 자리에서 직접 확인한 사실입니다. 그러니 시간이 안 됩니다."

박태준이 불가 사유를 차분히 밝혔다.

"그래도 한 번 더 수고하셔야 합니다. '일응'을 빼야만 완벽한 것입니다."

"그 한 단어 때문에 우리가 그분들의 신의를 의심해야 합니까? 우리는 당신들을 제대로 믿지 못하고 있다, 그러니 '일응'을 반드시 빼줘야 한다, 이렇게 되는 것인데, 이러한 우리 정부의 태도를 그분들에게 알려주자는 것입니까?"

"미안합니다. '일응'이 있으면 애매, 모호한 문서라는 지적을 받을 수도 있습니다."

김학렬은 '일응'을 뺀 확약서로 다시 받아와야 한다고 버텼다. 박태준은 어쩔 것인가? 똑같은 일로 세 번째 일본으로 날아가서 '일응'만 뺀 문서로 다시 만들어 달라고 고개 숙여 부탁해야 하는가? '일응' 때문에 쩔쩔매며 두려워하다니! 그는 벌레를 씹는 기분이었다. 아직 박태준은 몰랐으나 김학렬에게는 그럴 수밖에 없는 사정이 있었다. 한일각료회담을 준비하는 그에게 박정희가 "이번에 도쿄 가서 포철 자금을 합의하지 못하면 돌아오지 말라." 하고 강력히 지시해둔 것이었다.

그즈음에 박정희는 가나야마 야시히데(金山政英) 주한 일본대사를 청와대로 불러 사토 에이사쿠 일본 총리에게 보내는 친서를 맡기며 김학렬에게 그랬듯이 "포항제철과 관련해 좋은 답장을 받지 못하면 서울로 돌아올 필요가 없다." 라고 을러멨다.

박태준은 도리 없이 또다시 김포공항으로 달려갔다. 오직 '일응'이라는 두 글자의 일본어(한자)를 빼기 위하여. 그러나 그것이 '마라톤 같은 장정'이 될 것이라는 예상까지는 못하고 있었다.

박태준은 도쿄에 닿기 바쁘게 이나야마 회장에게 연락을 취했다. 미리 들었던 그대로 이나야마는 도쿄에 없었다. 비서가 하코네에 가서 휴가를 보내시는 중이라고 했다. 다음, 그는 나가노 후지제철 사장에게 전화를 넣었다. 나가노는 고향에 내려가 있었다. 도쿄에서 800킬로미터나 떨어진 히로시마, 그 원폭 피해의 대명사가 그의 고향이었다. 세 번째로 그는 아카사카 니혼강관 사장을 찾았다. 아직 아카사카는 도쿄에 있었다. 휴가 떠날 준비를 하는 중이었다. 간발의 차이로 한 명은 쉽게 만날 수 있는 상황이었다. 그러나 가장 중요한 상대, 가장 확실한 상대는 역시 일본철강연맹 회장이었다.

박태준은 얼굴에 철판을 깔았다는 심정으로 이나야마의 비서실에 들렀다. 회장에게 연락을 취해달라는 그의 부탁을 받은 비서가 '휴가중'이라며 정중히 거절했다. 어쩌겠는가? 고함을 칠 수도, 빌어볼 수도 없는 노릇이었다.

이제 구원을 요청할 곳은 딱 한 군데. 박태준은 염치없는 부탁을 들고 하릴없이 야스오카를 찾아갔다. 야스오카는 곤란한 표정부터 지었다. 기껏 '일응' 때문에 휴가 떠난 거물에게 결례해야 하는가. 야스오카의 마음속으로 지나가는 불편한 말들을 박태준은 생생히 엿들을 수 있었다.

"포항제철에 대한 한국 각료들의 노심초사에서 비롯된 일입니다. 신의를 의심하는 것이 아닙니다. 만의 하나라도 실수가 없도록 예방하고 점검하는 차원입니다. 이 점을 깊이 이해해주시기를 부탁드립니다."

박태준은 정성껏 간곡한 부탁을 내놓았다. 야스오카의 얼굴에서 망설이는 표정이 깨끗이 스러졌다. 그가 이나야마의 비서에게 전화를 넣었다.

"박 사장님의 곤란한 사정에 대해서는 들었을 테지요. 결례할 수밖에 없는 박 사장님의 국사(國事)에 대하여 깊은 이해를 부탁드린다는 나의 뜻을 이나야마 회장님께 잘 전해주기 바랍니다."

박태준은 야스오카에게 깊은 마음에서 우러나오는 감사를 올렸다. 그리고 찻잔을 앞에 두고 담소를 나누는 십여 분이 흘러갔다. 이나야마의 비서가 전화를 걸어왔다. 역시 이나야마는 변함없이 따뜻한 은인이었다. 비서에게 다음과 같은 지시를 내린 것이었다.

박 사장이 원하는 대로 해드리라. 나가노 사장에게는 내가 직접 전화를 해두겠다. 도쿄에 계시다는 아카사카 사장에게는 자네가 전화를 드려서 상황을 잘 말씀드리고 승낙을 받아내라.

이제 박태준 앞에 기다리는 것은 마라톤 시간이었다. 그는 '일응'을 빼고 새로 작성한 협조각서를 품고 자동차로 비행기로 이틀에 걸쳐 세 곳을 찾아다녔다. 이윽고 서울로 돌아왔을 때는 한일각료회담이 하루 앞으로 다가와 있었다.

"해냈어요?"

김학렬이 '일응'을 뺀 서류를 보자고 했다.

"여기 있습니다."

박태준은 웃으며 새 각서를 넘겨주었다. 피로가 몰려들었으나 마음은 잔잔해지고 있었다.

오래 앓아온 어금니들이 빠지고

1969년 8월 26일 오후, 도쿄에서 제3차 한일각료회담이 열렸다. 한국 정부 대표단은 김학렬 부총리를 중심으로 외무부장관 최규하, 재무부장관 황종률,

농림부장관 조시형, 상공부장관 김정렴, 교통부장관 강수종 등으로 꾸려져 있었다. 일본 정부가 한국 정부의 대일청구권자금 일부의 포항제철 건설비 전용에 합의할 것이라는 정보가 공공연한 비밀로 취급되고 있던 그날, 박태준은 참으로 속이 후련한 문서를 받게 되었다. '한국과 KISA 간 기본계약을 무효화한다'라는 KISA의 통보가 그것이었다. 그는 오래 앓아온 이빨 몇 개가 한꺼번에 쑥 빠진 것 같았다.

한일각료회담 사흘째, 드디어 종합제철소 프로젝트가 책상 위에 올랐다. 일본 정부 대표단은, 원칙적으로 찬성하지만 일본철강업계와 상의한 후 자세하게 검토하겠다는 입장을 표명했다. 김학렬은 바로 그 순간을 위해 '철저히' '완벽하게' 준비한 서류를 꺼냈다. 박태준이 마라토너처럼 뛰어다니며 확보한, 일본철강업계 3사 대표의 '협조각서'였다. '일응'마저 삭제한 그 문서에는, 100만 톤 규모는 경제적 타당성이 있다는 요지와 기술협력을 약속한다는 내용을 포함하고 있었다.

1969년 8월 24일을 전후하여 도쿄와 서울을 세 차례나 오가며 마라노너처럼 뛰어다닌 그때 박태준의 모습에 대해 일본 지도자들은 어떻게 기억하고 있었을까? 이 책의 3부에 등장한 일본인 가운데 두 사람의 회고를 짤막히 소환한다. 뒷날에 일본 총리(1982~87)를 지낸 나카소네는 이렇게 회고했다.

> "뭐니 뭐니 해도 박태준 선생의 노력이 일본의 협력을 도출해냈던 것으로 보는 것이 타당할 것이다. 그는 보는 이들이 오히려 안타까워할 정도로 열심히 뛰어다녔다. 일본 측은 박 선생의 진지한 노력에 감동을 받았다."

대장상, 외무상을 거쳐 1978년부터 수상을 맡게 되는 후쿠다 다케오는 이렇게 회고했다.

"나는 '철강산업을 일으켜 국가건설의 초석이 되겠다'는 박태준 선생의 기백에 압도되었다. 박 선생은 '그것이 내가 이 땅에 태어난 뜻'이라고 단호히 말했다."

'한국인으로 태어난 뜻이 철강산업을 일으켜 국가건설의 초석이 되는 것'이라는 확고한 신념을 일본 지도자들에게 당당히 천명한 박태준, 그리고 불퇴전을 지시한 박정희의 강철 같은 의지를 받들어 박태준에게 '일응 빼기 마라톤'까지 부탁한 김학렬의 철저한 협상준비. 이것이 1969년 8월 28일 일본 정부의 매우 귀중한 성명을 탄생시킨다. '한국 종합제철소 프로젝트를 위해 서울로 대표단을 파견한다'라고 발표한 것이다. 이튿날에는 일본의 종합제철 기업을 선도하는 야하타제철, 후지제철, 니혼강관 대표들이 서울로 날아와서 경제기획원 부총리를 예방한다.

무려 10년 가까이 끌어온 한국의 종합제철소 건설이 극적으로 마침내 불임 상태를 벗어날 가능성이 열린 시간이었다. 그러나 아직은 포스코의 씨앗이 완전히 한국경제의 자궁에 착상한 상태는 아니었다. 곧 영일만을 방문하는 일본 조사단의 보고서가 어떤 방향으로 가느냐. 이것이 최후 관문이었다.

가을비의 섭리가 있었네

1969년 9월 17일 포항종합제철 건설 타당성 조사를 위한 일본조사단(단장 아카자와 쇼이치)이 김포공항에 내렸다. 서울 거리가 한창 소란스러운 날이었다. 9월 14일(일요일) 새벽 2시 30분, 이효상 국회의장이 야당 의원들과 학생들의 철야 농성장으로 변한 세종로 국회 본회의장을 피해 제3별관 3층 회의실에서 전격적으로 3선 개헌안 통과 방망이를 두드리고 나서 겨우 사흘째였다.

그러나 아카자와는 정치인이 아니라 관료였다. 동경대학 법학부를 졸업한 엘리트로서 그해 8월 도쿄의 한일각료회담이 '대일청구권자금 일부의 포철 건설 전용'을 다루는 시간에는 일본 경제기획청 조정국장으로서 배석하고 있었으며, 양국 공동성명 문안의 작성자이기도 했다. 이 책의 3부에서 아카자와는 그때의 팽팽한 분위기를 정확히 증언해주었다. 한국 부총리는 김포공항에 내린 귀국성명에서 "한일 양국은 종합제철 건설사업을 추진하는 데에 기본적 합의를 했다."라고 발표했으나, 일본 정부에서는 "일단 타당성 조사를 한 후 검토하기로 했다."라는 요지를 내놓았다. 뉘앙스의 차이가 컸다. 다급한 쪽은 '다 됐다'라는 것이고, 느긋한 쪽은 '현장 실사부터 해보자'라는 것이었다.

대일청구권자금 일부의 포철 전용에 대한 한일협약 서명과 포철 착공은 야무지게 맞물린 일이었다. 서명이 없으면 착공이란 있을 수 없었다. 또 하나의 중대 문제는 착공 시기였다. 일본과 되기는 된다고 하더라도 언제 착공할 수 있을 것인가? 밑도 끝도 모르게 다시 질질 끌어댈 것인가? 아니면 착착 하나씩 풀어내서 서명을 앞당기고 그만큼 앞당겨 건설을 시작할 수 있을 것인가? 자금도 기술도 경험도 없는 포스코의 운명이 꼼짝없이 일본조사단에 맡겨졌다. 그리고 그것은 그들의 보고서, 다시 말해 단장 아카자와의 판단에 달려 있었다.

'포항제철 건설 시작'의 칼자루를 쥐고 말로만 들어온 영일만을 직접 방문한 아카자와는 엄청난 충격을 받는다. 종합제철소라는 곳이 온통 황량한 모래벌판이고 오히려 롬멜하우스라 불리는 목조건물 하나가 눈길을 끌었으니 오죽했겠는가. 그러나 그는 '가을비 내리는 열차' 안에서 박태준과 생애 처음 다섯 시간 가까이 대화를 나누는 동안 '해야 한다'라는 주사위를 던져놓은 심판관으로 바뀌었다. 박태준의 인격과 신념이 자신을 그렇게 만들었다는 아카자와는 그것을 인간이 거역할 수 없는 가을비의 섭리가 작용한 일이라고 털어놓았다.(이 책 3부 참조) 가을비가 주룩주룩 내리지 않았더라면 서울에서 특별열차로 내려오는 게 아니라 애당초 계획대로 항공기를 타고 포항 해병사단 비행장에 내렸을 테고, 그랬다면 그가 박태준의 됨됨이를 제대로 알아차리는 기회를 얻지 못했을 테니…….

대일청구권자금 전용의 한일협약 체결

아카자와 쇼이치가 인솔한 일본조사단이 포항을 다녀간 1969년 9월 중순, 박태준은 포스코 내에 '건설기획조정위원회'를 구성했다. 이 조직은 설계 및 공정 기획, 시공업체와 계약업무 조정, 예산 통제, 설비구매 기획, 설비 인도 및 설치 기획 등에 대한 실무적 검토와 실행을 맡는다.

그러나 아직도 포스코는 '무(無)'의 상태와 다름없었다. 직원들이 여러 선진국 제철소에서 기술연수를 받고 있어도, 순수한 포스코의 힘으로는 건설공정관리와 설비 선택을 감당할 능력이 모자랐다. 그래서 박태준은 업무를 크게 둘로 쪼갠다. 설비 선정과 설치에 대한 감독은 일본 기술자문단에 맡기고, 부지조성과 공장건물 건립과 국내 건설업체 감독은 포스코가 전담하기로 한다.

이 지점에서 박태준은 업무효율의 극대화를 위하여 중요한 또 하나의 결정을 내린다. 그가 십여 년 전 미국 육군부관학교에서 처음 배웠고 이태 전부터는 일본 월간지 《토목》에서 접해온 '복잡한 공정관리를 위한 PERT기법'을 포스코에 도입하는 것이다.

PERT기법이란 정해진 공기(工期)와 예산에 맞춰 효율적으로 프로젝트를 진행하는 공사 실행계획이다. 이는 공사일정과 전체적 공기를 산출하고 각 부문의 상호의존 활동을 조정하는 업무에 딱 알맞았다. 공사부장 심인보가 며칠을 끙끙댄 끝에 『새로운 공정관리기법』이란 교재를 만들었다. 박태준은 모든 간부를 불러 모아 그의 강의를 듣게 했다. 그리고 못을 박았다.

"오늘 이 시점부터 모든 업무를 PERT기법으로 관리하고 모든 추진계획을 PERT기법에 의거해 보고하라."

포스코가 영일만 공장 건설의 착공지점 쪽으로 침착하게 차질 없이 다가가는 1969년 10월 17일, 박태준이 전혀 기웃거리지 않은 정치권은 저항과 소란을 거쳐서 3선 개헌안 국민투표를 실시했다. 투표율 77.1%에 찬성 65.1%, 반대 31.3%였다. 박정희가 3선 개헌 찬반에다 '대통령 직위 진퇴'를 직결시켜 일대 정치적 승부수를 걸었던 결과였다. 1969년 가을이 저물었다. 11월 하순에 접어들자 국민투표 후유증이 가라앉으며 한국경제 전망에 희망적인 수치들이 나타났다. 농업은 벼 수확 773만7천여 석을 올려 최대 풍작을 달성하고, GNP 성장률은 15% 이상 -1969년 GNP 성장률은 유례없이 15.9%였음—으로 예측되고, 소비자물가 상승률은 9%대로 떨어져서 1960년대를 통틀어 최저치에 머물렀다.

천신만고의 가시밭길을 헤쳐 나온 포철 착공식

1969년 12월 3일, 드디어 '박정희 근대화의 가장 선명한 청신호'에 불이 들어온다. 한국 종합제철소 건설자금 조달을 위한 한일기본협약 조인식이 그것이다. 만약 아카자와가 보고서에 부정적 평가나 미적지근한 평가를 담았더라면 또다시 얼마나 더 질질 끌게 될지 몰랐을 시대적 국가적 대사(大事)가 불과 100일 남짓 후에 실현되었다. 박태준도 곁에 앉아서 지켜보는 가운데 김학렬 부총리와 가네야마 주한 일본대사가 양국을 공식 대표하여 서명한 문서에는 다음과 같은 내용이 담겨 있다.

> 종합제철소의 규모, 설비, 내용, 건설, 공기 등에 관해서는 기본적으로 한국측의 건설계획을 조정한 일본조사단의 보고서에 따라 실시한다. 일본측은 재산 및 청구권에 관한 일본국과 대한민국의 협정 및 관련 문서에 의거하여 한국의 종합제철 건설을 위한 협력을 제공한다는 의도를 표명한다.

거듭 말하지만 '일본조사단의 보고서'라는 단서를 주목해야 한다. 그들의 펜에 착공 시기 등 포철의 장래가 걸렸던 것인데, 박태준이 이미 그해 가을에 가을비에 깃들었던 어떤 기묘한 섭리를 받은 것처럼 단장(아카자와)을 감화시켜 놓았으니…….

그리고 협약서에는 '일본측의 협력은 다음의 설비를 대상으로 구체화한다'라는 조항도 포함되고, 그 밑에 제선공장(고로), 코크스공장, 소결공장, 제강공장, 연속주조공장, 분괴압연공장, 반(半)연속식 압연공장, 원료하역 및 처리 설비, 동력 및 용수설비 등이 제시돼 있다. 특이한 것은, 포스코 역사를 통틀어 '첫 판매 제품'을 생산하게 되는 '중후판공장'이 빠져 있다는 점이다. 이것은 유대인 괴상이라 불린 글로벌 로비스트 아이젠버그가 중후판공장을 선수 치듯이 설립하겠다고 해놓았기 때문에 발생한 사안인데, 1970년 여름에 박태준이 아이젠버그와 거의 결투에 가까운 승부를 거친 다음에야 포스코가 중후판공장(현재는 '후판공장'이라 함)을 첫 준공 공장으로 직접 건설하게 되며, 그때 결정적인 도움을 주는 인물이 이 책의 3부에 등장한 오스트리아 국립은행장 헬무트 하세크다.

포항제철 1기 완공(조강 연산 103만 톤 규모)을 위해 3년에 걸쳐 일본이 제공할 자금은 총 1억2천370만 달러였다. 청구권자금 7천370만 달러와 일본수출입은행 상업차관 5천만 달러. 청구권자금은 유상 4천290만 달러, 무상 3천80만 달러.

1962년 울산 30만 톤 종합제철소 건설계획 좌절, 1964년 12월 박정희의 서독 방문과 종합제철에 대한 새로운 결심, 1965년 5월 박정희의 미국 피츠버그 방문과 포이 접견, 박정희가 박태준에게 내린 종합제철에 대한 특명, 1966년 1월 박정희의 미국 방문과 포이 접견, 그해 11월 서방 5개국 8개 철강사의 KISA 구성, 그리고 기나긴 교섭, 1967년 10월 3일 박정희의 '준비 덜 된 종합제철' 기공식(포항) 강행, 11월 8일 종합제철건설사업추진위원회 위원장에 박태준 공식 임명, 1968년 4월 1일 상법상 주식회사 형태의 공기업 포항종합제철 창립, 박태준의 KISA를 향한 비판과 불만 및 재협상, 1969년 2월 박태준의 대일청구권자금 전용 건의('하와이 구상')와 박정희의 재가, 한국 정부가 믿었넌 KISA의 배반과 IBRD의 모욕, 박태준과 정부 관료들의 곡절 많은 한일협상과 1969년 8월 양국의 원칙적 합의, 그리고 박태준과 아카자와 쇼이치의 인연에 스며든 '가을비의 섭리'……. 그렇게 박정희와 박태준의 포항종합제철은 천신만고의 가시밭 길을 헤쳐 나와 창립 2주년을 기념하는 1970년 4월 1일 비로소 만반의 준비를 갖춘 착공식을 개최하게 된다.

대일청구권자금(일제식민지 배상금) 일부를 전용하여 포항종합제철 건설에 투입하자는 한일협약식을 현장에서 증인처럼 지켜본 박태준은 '국가적 대의'에 순수하게 복무하라는 대명의 천만 근 무게를 온 영혼으로 감당하며 다시 옷깃을 가다듬었다. 자립경제 기반 위에서 번영을 구가하고 선진제국과 어깨를 나란히 한다는 국가적 숙원이 이루어질 수 있느냐 없느냐. 이것이 포항제철의 성패와 직결돼 있다는 자각을 새삼 똑바로 세웠다. 협약 서명을 지켜본 자리가 어쩌면 자기 인생에서 영원히 잊지 못할 엄숙한 한 장면이 될 것 같았다.

박태준의 '우향우'와 박정희의 '종이마패

1970년과 1970년대의 개막을 한꺼번에 알리는 붉은 햇덩이가 영일만 수평선 위로 얼굴을 내밀었다. 쇳물, 바로 그 빛깔이었다. 한국 산업화 역사에서 1970년 새해에 기록할 쾌거는 무엇보다도 종합제철소 건설의 막을 올렸다는 것이다. 빼앗긴 국가, 부서진 국가, 쪼개진 국가, 빈곤한 국가에서 각각 53년과 43년을 살아온 박정희와 박태준은 1970년대의 개막과 더불어 종합제철소 건설의 막을 올리면서 마침내 '진정한 대망'을 손에 잡히는 벅찬 실체로 느낄 수 있었다.

국가와 국민과 역사의 이름으로 도전하는 포항종합제철 건설. 박태준이 마련한 출정식 자리는 겨울바람이 드세게 몰아치는 영일만 황량한 모래벌판이었다. 그가 연단 위에 올랐다. 제복을 입은 사원들이 군인들처럼 오와 열을 맞춰서 열중쉬어 자세를 취하고 있었다. 그는 속으로 헤아렸다. 입으로 하는 말은 잔소리에 그치겠지만, 깊은 내면에서 뿜어져 나오는 외침은 상대의 내면에 씨앗처럼 안착한다는 것을.

> "포항종합제철은 조상의 혈세로 짓는 제철소입니다. 실패하면 조상에게 죄를 짓는 것이고 우리 농민들에게 죄를 짓는 것이니, 목숨을 걸고 일해야 합니다. 실패란 있을 수 없습니다. 실패하면 우리 모두 '우향우'해서 영일만 바다에 빠져 죽어야 합니다. 기필코 제철소를 성공시켜 나라와 조상의 은혜에 보답합시다. 제철보국! 이제부터 이 말은 우리의 확고한 인생철학이 되고, 우향우는 우리의 확고한 행동원칙이 되어야 합니다."

박태준은 비장했고 사원들은 뭉클했다. 누가 애쓸 필요도 없이 그 외침은 가슴과 가슴을 타고 번져나갔다. '조상의 혈세'는 포철 1기 건설에 투입되는 일제식민지 배상금을 의미했다. 이는 민족주의를 자극했다. 오른쪽으로 돌아서 곧장 나아가 바다에 투신하자는 '우향우'는 비장한 애국주의를 고양했다. 둘은 '제철보국' 이념에 자양분이 되었다. 제철로써 조국의 은혜를 갚고 조국 바로세우기에 이바지하자는 것은, 민족과 국가를 위한 대역사에 참여한다는 자긍심을 조직에 불어넣으며 빠르게 '포철 혼', '포스코 스피릿'으로 뿌리내렸다.

그런데 출발선을 막 떠난 박태준 앞에는 벌써 장애물이 기다리고 있었다. 거대한 국가자금을 다루고 있으면 그림자처럼 따라붙는 정치자금 요구를 어떡할 것인가?

"서울사무소에 큰 문제가 발생했다고 합니다. 각종 청탁 전화들이 빗발치는 바람에 업무가 마비될 정도랍니다."

포항에서 비서실장의 보고를 받은 그는 와야 할 것들이 지각도 안 하고 빨리도 왔다고 생각했다.

"누가 그런 짓을 해? 그거 이리 내."

비서실장이 내민 것은 권력자들의 주문사항이었다. 박태준은 쫙쫙 찢어서 쓰레기통에 던져 버렸다. 그리고 이태 전 창립식(1968년 4월 1일)에서 '사회사업적' 관리를 철저히 배제하겠다고 선언한 원칙을 사장실 책상 앞에 강철 말뚝처럼 박아둬야 했다. 흔히 청탁을 거절당한 실력자들은 거절한 이를 모함하지 않는가? 어떻게 대처할 것인가? 그는 앞으로 더 철저하게 원칙주의자로 일관해야 한다는 각오를 새삼 가다듬었다.

대일청구권자금으로 포항제철을 건설하는 박태준의 사명의식이나 윤리의식은 '조상의 혈세'라는 말에 함축돼 있다. 그 자금의 전용을 위한 사전정지 작업을 위해 도쿄에서 활약하는 박태준과 만났던 도쿄대학 연구소의 고로 전문가 김철우. 이 책 2부에 실린 그의 글을 불러온다.

> 한국이 제철소 건설에 일본의 식민지배상금을 쓰기로 하는 과정에서 나는 큰 걱정부터 앞섰다. 대표적으로 그때 인도네시아 정권은 권력자 개인과 정당이 그 돈을 뜯어먹었던 것이다. 그러한 내 염려에 대해 박태준 사장은 단호히 답했다.
>
> "그런 실례가 있기는 있는데, 내가 맡은 이상 그렇게 못합니다. 김 박사는 저를 잘 모르실 겁니다. 한국에 오셔서 제 주변 사람들에게 물어보면 저를 아시게 될 겁니다."
>
> 이 자리에서 나는 박 사장에게 감명을 받았다. '이 사람은 믿어도 되겠구나.' 하고 마음을 놓았다.

1970년 1월을 지나는 동안, 박태준은 '조상의 혈세'를 한 푼도 더럽히거나 낭비하지 않겠다는 원칙을 사수하는 일이 자신의 의지만으로는 버거울 것 같은 구조적 문제와 맞닥뜨렸다. 포철 1기 설비구매의 대금 지불과 설비 선정, 그 중대한 절차에 비능률과 잡음을 부르는 혼선이 깔려 있었다. 청구권자금은 정부 간 협정이어서 포스코가 직접 사용할 수 없고, 상업차관은 계약 당사자의 합의를 거치고 나서 정부의 승인을 받아야 했다. 이는 포스코를 설비구매의 주체로 나서지 못하게 하는 덫이었다. 포스코는 정부기관인 '주일구매소'를 통해 설비구매를 계약할 수밖에 없었다.

그러한 이중구조가 당장 말썽을 일으켰다. 서울 어딘가의 입김에 휘둘리는 주일구매소가 부당하게 설치는 것이었다. 포스코가 면밀히 검토한 설비공급업체에 대해 성능이나 가격에서 생트집을 잡는가 하면, 포스코가 정당하게 탈락시킨 업체와 계약하겠다고 우기는 것이었다. 엎친 데 덮친 격으로, 공급업체로부터 상납이나 리베이트를 받아내려는 유력 정치인들의 노골적인 협잡도 개입했다.

박태준은 판단했다. 출발하자마자 맞닥뜨린 장애물들을 일거에 뛰어넘지 못하면 정치적 스캔들에 휘말리고 설비구매 차질로 전체 공기와 비용에 심각한 폐해를 초래할 것이라고.

단단히 벼르고 있는 그에게 기회가 왔다. 각하께 공사 진척 상황을 보고하라는 청와대 비서실의 연락을 받았다. 1970년 2월 초. 박태준이 브리핑을 시작하려 하자 박정희가 참석한 비서들에게 나가 있으라고 했다.

"완벽주의자가 알아서 잘하고 있을 텐데 보고는 무슨 보고. 그래, 일은 순조롭게 되어가나?"

박정희는 박태준의 속내를 꿰뚫는 듯했다.

"구매절차에 문제가 있습니다."

"어떤 건가?"

박태준은 설비구매에서 부닥친 난관을 설명하고 개선방안을 건의했다. 심각하게 듣고 있던 박정희가 말했다.

"지금 건의한 내용을 여기에 적어봐."

박정희가 메모지를 내밀자, 박태준은 경제부처 회의에서 지시할 자료인가 하며 건의사항을 간략히 정리했다.

박태준의 구매방식에 관한 건의는, 구매방법 결정에서 고려할 요소 4가지와 이를 뒷받침할 행정절차 3가지였다. 전문·목표·방법으로 구성한 그것은, 설비구매를 둘러싼 모든 문제를 단번에 해결할 요건을 갖추고 있었다.

'포철이 일본기술협력회사와 협의하여 공급업체를 선정하도록 한다'는 것은 주일구매소나 관료들이나 정치인들의 간섭을 배제한다는 뜻이다. '경우에 따라 사전 시행을 할 수 있도록 하는 간편계약을 했을 때 정부에서 이를 보증

해준다'는 것은 포철이 구매계약의 주체로 나서고 정부가 구매절차의 간소화에 동의한다는 뜻이다.

박태준이 박정희에게 메모지를 넘겼다. 깜짝 놀랄 일이 벌어졌다.

내용을 야무지게 훑어본 박정희가 메모지의 좌측 상단 모서리에 친필서명을 하여 도로 내밀지 않는가. 그는 당혹스러웠다. 박정희를 오래 보좌했으나 처음 보는 결재방식이었다.

"내 생각에 이게 필요할 것 같아. 어려울 때마다 나를 만나러 오기가 거북할 것 같아서 아예 서명을 해주는 거야. 고생이 많을 텐데, 소신껏 밀고 나가."

박정희는 따뜻한 목소리에 미소까지 지었다. 박태준은 가슴이 찡했다.

몇 달 전 '3선 개헌 지지 성명'의 서명에 동참해달라는 중앙정보부의 요청을 받은 박태준이 "나는 정치에는 끼지 않겠다"라며 거부했다는 보고를 받았을 때도 "원래 그런 친구야. 건드리지 마." 했던 바로 그 사람이 이번엔 대통령 권한의 일부를 자신에게 일임하지 않는가.

"반드시 해내겠습니다."

박태준은 영혼으로 주먹을 불끈 쥐었다. 박정희의 전폭적 신임과 지지, 이것은 박태준의 책임감과 사명감에 더 활력을 불어넣는 영양분이 되었다.

너무나 가볍고 건조한 종이 한 장, 그러나 그것은 박정희의 무겁고 극진한 마음의 선물이었다. 대일청구권자금 전용을 착상하고 건의하고 그 물밑 교섭을 완벽하게 이뤄낸 노고에 대한 고마움의 뜻도 담았을 것이다.

박정희의 친필서명이 적힌 그 메모지는 포스코 역사에서 '종이마패'라 불린다. 임금이 암행어사에게 마패로써 전권을 위임했듯, 제왕적 대통령이 포철 사장에게 사인 메모지로써 전권을 위임했기 때문이다.

종이마패는, 박정희가 박태준에게 종합제철을 맡기는 자리에서 말했던 그대로 한 푼 에누리 없이 그가 '소신껏' 밀고 나갈 수 있는 버팀목이 된다. 그러나 박태준은 한 번도 그것을 내민 적이 없었다. 관계자 외에는 일절 언급조차 않다가, 1979년 10월 26일 박정희 대통령의 급서 후 고인의 포항종합제철에 대한 집념과 애정을 회고하는 자리에서 처음 공개하게 되며, 현재 그것은 진본 그대로 포스코역사관에 전시돼 있다.

포항제철은 역사의 철교(鐵橋)다

공장부지 약 233만 평에 주택단지와 연관단지 부지를 합하면 약 389만 평. 1970년 4월 1일 오후 3시, 영일만 모래벌판에서 천둥 같은 폭발음과 함께 오색찬란한 연기가 피어오르고, 지반을 다지기 위해 항타기로 파일을 두들겨 박는 굉음이 요란하게 울려 퍼졌다. 1961년부터 박정희가 꿈꿔온 종합제철소, 그로부터 10년 가까이 숱한 고난과 시련을 헤쳐 나온 포항종합제철 착공식. 한국 건설현장 착공식에서 최초로 선보인 파일 박기에서 항타기 버튼을 누른 사람은 셋이었다.

박정희 대통령, 김학렬 부총리, 박태준 사장.

박정희의 기념사는 웅대한 포부, 그 자체였다. “공업국가 건설에 선행돼야 할 근간산업 중 철강산업이 가장 중요한 분야”라는 사실을 강조하고 “공업국가 건설을 위해서는 온 국민이 총역량을 집중해야 하며, 포항종합제철은 1973년까지 103만 톤 규모의 공장을 예정대로 완공하면 계속 확장하여 1970년대에 1000만 톤 규모까지 생산 능력을 갖추기 바란다.” 하고 역설했다.

‘포항제철 1000만 톤’이라는 박정희의 비전을 받아 연단에 오른 박태준은 “민족중흥의 기틀”을 놓겠다는 각오로써 포스코의 ‘존재 이유’를 천명했다. 그것은 사원들과 우리 국민, 그리고 박정희를 향한 약속이었다. “종합제철 건설은 바로 우리가 비축했던 민족역량의 결정일 뿐만 아니라, 강력한 국민 의지의 발현이며 우리의 오랜 꿈을 현실화하는 가교가 될 것"이라며 "훌륭한 공장을 최소 비용으로 건설하고, 완벽한 조업준비 자세로서 공장가동 시점에서 바로 정상조업에 돌입해야 하며, 보장된 품질의 철강재를 원활히 공급"하겠다고 당당히 밝혔다.

박태준이 천명한 가교(架橋), '우리의 오랜 꿈을 현실화하는 가교'란 어떤 가교인가? 대한민국을 '빈곤 골짜기'에서 '융성 대평원'으로 건네주는 튼튼한 철교(鐵橋)다. 과연 그는 영일만 모래벌판에서 역사의 철교를 완성할 수 있을 것인가?

역사의 의지가 지명한 제철보국의 운명

정말 인생에는 피할 수 없는 운명이란 것이 있을까? 있다면, 그 운명을 관장하는 존재가 절대자인가? 철학에서는 진리의 실재(진실)에 도달해야 하는 여정이 참다운 삶의 운명이라고 한다. 그 운명이 필생의 과업이다. 진실(진리의 실재)이란 삶과 세계를 지배하는 근원적이고 궁극적인 주체로서, 언어와 시간을 초월하는 존재다. 곧 절대자다.

인간의 예지로는 온전히 해명할 수 없는 또 하나가 역사다. 역사는 절대자에 근접하는 무엇이다. 그래서 역사는 특정 개인에게 어떤 특별한 운명을 피할 수 없고 벗을 수 없는 굴레로 씌우는가?

대한민국 산업화 역사에서 한참을 유심히 들여다봐야 하는 장면이 '1969년 8월 도쿄의 박태준'이다. 여기엔 가정(假定)의 돋보기가 적어도 네 개쯤 필요해 보인다.

만약 박정희가 1964년 정초에 정치도 권력도 마다하고 미국 유학을 떠나려는 박태준을 돌려세워서 '10개월간 특사'로 일본에 파견하지 않았다면? 그래서 박태준이 그때 이미 야스오카를 만나지 못했거나 박정희의 특사로서 그에게 '큰 바위와 같다'라는 강렬한 첫인상을 남기지 못했다면? 일찍이 박철언의 됨됨이와 능력을 알아본 박태준이 1961년 5월 하순 박정희에게 박철언의 존재를 알리고 '제1호 출국허가증'을 그에게 내줘서 일찌감치 그의 삶터인 도쿄로 보내주지 않았다면? 그리고 박태준과 박철언이 서로 돈독한 인간관계를 맺지 않았다면?

위의 네 가지를 모두 충족하지 못했더라면, 포항제철에 종합제철공장의 기술을 제공하는 일본철강연맹의 협력이나 대일청구권자금 전용에 대한 일본정부의 협력을 1969년 8월 '단번에 그토록 순탄하게' 끌어내기란 거의 불가능했을 것이다. 그러한 인연의 얼개야말로 역사가 간택하고 관장한 특정 개인의 운명이 아니라면 무엇이란 말인가?

그리고 그 운명은 포항종합제철, POSCO의 운명으로 전화될 수밖에 없었다. 포항제철의 대성취는 한국 산업화의 견인차가 될 것이라는 박정희의 강력한 의지와 집념, 그것을 고스란히 공유한 박태준의 탁월한 리더십과 '짧은 인생을 영원 조국에'라는 애국적 사명의식과 무사욕 신념, 대일청구권자금을 '조상의 혈세'로 규정한 박태준의 제철보국과 우향우를 가슴과 가슴으로 받아들인 포스코 창업세대의 헌신과 열정과 자긍심, 이들이 마치 보이지 않는 절대자의 뜻과 같은 역사의 의지에 순응하며 유기적으로 혼연일체 융합해서 '국민기업·민족기업 POSCO'의 굳건한 뿌리가 되고 듬직한 밑동이 되었다. 이것은 곧 포스코의 운명이 되었다.

역사의 의지가 지명한 운명은 회피할 수 없고 바꿀 수 없다. 회피할 수 있고 바꿀 수 있는 것은 진작에 처음부터 운명이 아니다.

K-축복: 짧은 인생을 영원 조국에

발행일 2026년 1월 20일 초판 1쇄 발행
엮은이 이대환
펴낸이 김재범
펴낸곳 (주)아시아
출판등록 2006년 1월 27일 제406-2006-000004호
주소 경기도 파주시 회동길 445
(서울 사무소 : 서울시 동작구 서달로 161-1, 3층)
전자우편 bookasia@hanmail.net

ISBN 979-11-5662-812-5(03300)
값 23,000원

[뒤에 붙임]

박태준은 박정희와 약속한 철강 2100만 톤 시대를 열어젖힌 직후, 1992년 10월 5일, 스스로 회장직에서 물러났다.

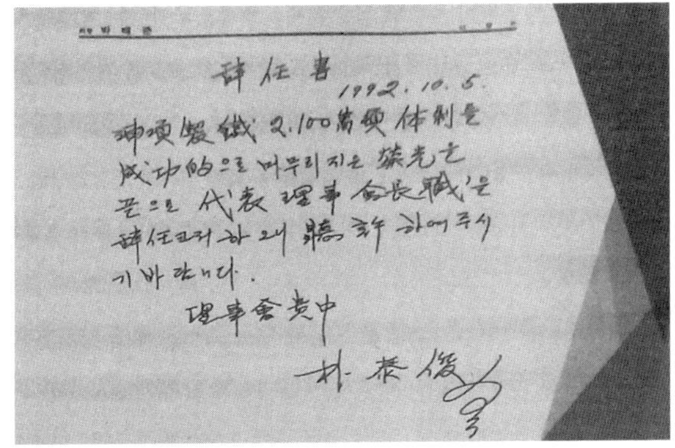

辭任書 1992. 10. 5.

浦項製鐵 2,100萬噸 体制를 成功的으로 마무리지은 榮光을 끝으로 代表理事 會長職을 辭任코저 하오니 聽許하여 주시기 바랍니다.

理事會 貴中

朴泰俊

박태준의 육필 사임서

〈포항제철 2,100만 톤 체제를 성공적으로 마무리지은 영광을 끝으로 대표이사 회장직을 사임코저 하오니 청허(聽許)하여 주시기 바랍니다.〉

建議文

저희 임원 일동은 그간 회장님의 거취와 관련된 언론보도를 접하고 걱정을 금치 못하는 가운데서도, 이는 단순한 추측보도이거나 아니면 회장님과 회사를 음해하는 부추김일 것으로 생각하고 애써 마음을 달래 왔습니다.

그러나 막상 오늘 회장님의 돌연한 사퇴서 제출이라는 청천벽력같은 사태를 접하고 충격과 당혹감을 금치 못하겠습니다.

우리는 엊그제 회사의 4반세기 대역사의 종합준공을 축하하였습니다.

그러나, 이 축하는 결코 회사 역사의 끝이 아니라 새로운 시작인 것이며, 우리 모두가 회장님을 중심으로 더욱 단결하여 새로운 4반세기의 역사를 창조해 나가야 한다는 결의였기에 더욱 값진 것이라고 생각하고 있었습니다.

그러나, 이것이 만에 하나 회장님의 사퇴를 위한 한 단계였다면, 저희들로서는 이것이 축하해야 할 경사스러운 날이라는 의미를 어디에서도 찾을 수 없습니다.

한마디로 회장님없는 회사의 미래는 없으며, 발전도 없다는 것이 저희들의 일치된 신념입니다.

지금 회사는 대내외적으로 가장 영광스러우면서도 또한 가장 중차대한 변혁의 시기에 직면해 있습니다.

임직원들의 사임 반대 건의를 반려하는 박태준의 육필 메모

이 소식을 접한 포스코 임직원 일동이 즉각 퇴임에 반대하며 철회 청원의 건의서를 올렸다. 하지만 박태준은 건의서 여백에다 다음과 같은 뜻을 육필로 적어 돌려보냈다.

〈충정은 이해하나 사람이란 때가 되면 진퇴를 명확히 해야 한다고 사료됨. 24년 6개월의 고난은 신체적으로나 정신적으로도 견디기 어려울 정도의 타격이 되었음을 여러분이 이해해주기 바람. 그동안 여러 임직원이 고난과 시련을 함께 견뎌내고 포철의 오늘을 있게 해주신 협조에 대해 만강(滿腔)의 경의를 표합니다.〉

그리고 제2대 포스코 회장에는 박태준과 영혼의 동반(同伴), 필생의 동지로 살아간 황경로(1930-2025) 포스코 창립요원이 취임했다.

[이대환]

아시아 현대사 인물 탐구

이대환 지음

세계 최고의 철강인 박태준 평전

무사심 일류국가주의와 무소유 대기업가정신은 어떤 고투를 거쳐 어떻게 실현되는가, 이 책은 그 길이고 그 실체다.

1,032쪽 | 값 35,000원

외국에서 나오는 수작(秀作)의 전기에 비견할 만한 이 작품이 나온 것은 전적으로 저자의 노력 덕분이다._**조선일보**

작가로서 내가 지켜본 박태준의 최고 매력은 무엇인가? 지장, 덕장, 용장의 리더십을 두루 갖춘 그의 탁월한 능력인가? 흔히들 그것을 꼽는다. 나도 흔쾌히 인정한다. 그러나 그것을 최고 매력으로 꼽진 않는다. 내 시선이 포착한 박태준의 최고 매력은 '정신적 가치'를 가치의 최상에 두는 삶의 태도였다._**'작가의 말'에서**